Java professionell programmieren

Springer-Verlag Berlin Heidelberg GmbH

Kay Schulz

Java
professionell programmieren

Eine Einführung
in die erweiterten APIs
der Java 2 Plattform

Mit 164 Abbildungen und 35 Tabellen

Springer

Dipl.-Ing. BA Kay Schulz
Strassberger Straße 10
D-80809 München
email: kay_schulz@yahoo.com

Additional material to this book can be downloaded from http://extras.springer.com.

Die Deutsche Bibliothek – Einheitsaufnahme

Schulz, Kay: Java professionell programmieren: eine Einführung in die erweiterten APIs der Java-2-Plattform/Kay Schulz. - Berlin; Heidelberg; New York; Barcelona; Hongkong; London; Mailand; Paris; Singapur; Tokio: Springer, 2000

ISBN 978-3-540-65710-1   ISBN 978-3-642-59619-3 (eBook)
DOI 10.1007/978-3-642-59619-3

Vorwort

Java ist eine sich ständig verändernde Programmiersprache. Daher ist es nicht leicht, ein Buch zu schreiben, das möglichst aktuell ist. Zum Zeitpunkt der Entstehung des Buches ist der meist genutzte Browser Netscape 4.X., aber sehr viele Anwender verwenden auch Microsoft Internet Explorer 4.X. Welcher im Rennen vorne liegt, ist schwer zu sagen. Beide unterstützen noch das JDK 1.1.X. Erst mit Verwendung des Java PlugIn können auch zu JDK 1.2 (Java-2-Plattform) kompatible Applets laufen. Ich werde in diesem Buch ausschließlich auf die Java-2-Plattform eingehen. Diese ist komplett mit allem was notwendig ist und andere APIs wie Java 3D benötigen ebenfalls das JDK 1.2. Das Buch ist in drei Teile aufgeteilt:

- Grafikprogrammierung
- Netzwerkprogrammierung
- Enterpriseprogrammierung

Die Abgrenzung ist nicht immer eindeutig. CORBA z.B. kann sowohl als Netzwerkprogrammierung als auch als Enterpriseprogrammierung verstanden werden. Daher ist diese Einteilung nur als grobe Richtlinie gedacht.

Außerdem habe ich versucht, mich an die alte deutsche Rechtschreibung zu halten, da auch hier die neue Version noch nicht so richtig verbreitet ist.

Der Dank für dieses Buch gilt vor allen den Trainern von Sun in München und Singapur, die mich hervorragend geschult haben, so daß ich richtig Lust auf Java bekam, und dem Team des Springer-Verlages, das mich in allen Belangen des Layouts und sonstiger Probleme unterstützt hat.

Inhalt

Grafikprogrammierung

1 JFC/Swing

1.1
Einführung

1.1.1
Allgemeines

Das Ziel dieses Kapitels besteht darin, daß Sie Swing, den bekanntesten und mächtigsten Teil der Java Foundation Classes (JFC), kennenlernen, verstehen und anwenden können. Vor allem sollten Ihnen die Vorteile von Swing, dem AWT-Nachfolger, gegenüber dem AWT deutlich werden. Sie werden ähnliche Funktionalitäten kennenlernen, wie Sie sie vom AWT kennen. Diese beinhalten vor allem die Swing-Komponenten, Layout-Manager und die Events. Außerdem enthält das Kapitel komplette Beispiele zu den Komponenten. *AWT-Nachfolger*

Als Voraussetzung für dieses Kapitel sollten Sie das AWT und das Event-Modell von JDK 1.1.X kennen.

Bevor Sie loslegen, sollten Sie sich die Beispiele im Verzeichnis demo/jfc anschauen. Sie sind sehr hilfreich und zeigen für die verschiedenen Komponenten sehr aussagekräftige Beispiele, wie die Komponenten erschöpfend eingesetzt werden können. Besonders interessant ist das SwingSet-Beispiel, das ich noch des öfteren erwähnen werde. *Demos ansehen*

JFC ist das Ergebnis einer Zusammenarbeit von Netscape, IBM, Lighthouse Design und Sun Microsystems. Die API kann ab jedem JDK 1.1.2+ verwendet werden und ist im JDK 1.2 eingebaut. Aber Vorsicht, die Versionen von JDK 1.2 und der unabhängigen Version des JFC sind nicht notwendigerweise identisch. *Sun, Netscape, IBM, Lighthouse*

Das Look&Feel des GUI einer Applikation wurde verbessert. Damit können auch große grafische Anwendungen geschrieben werden.

Insgesamt bestehen die JFC-Klassen aus fünf APIs:

- AWT
- Java 2D
- Accessibility
- Drag und Drop
- Swing

Der AWT-Teil ist der bekannte AWT-Teil aus dem JDK 1.1.X. Java 2D ist eine grafische API, die von IBM/Taligent lizensiert wurde und auf die im nächsten Kapitel detailliert eingegangen wird.

Die Accessibility API ist für jedwede Art von Behinderungen geeignet. Damit werden Spracheingaben und große Fonts etc. zur Verfügung gestellt. Drag und Drop ist Teil der JavaBeans (Codename Glasgow) und wird daher komplett eigenständig entwickelt.

Swing ist auf die Zielgruppe von formular-orientierten Applikationen, wie Sie später sehr schnell erkennen werden, ausgerichtet. Eine Verbindung zu Lotus Notes ist visuell ersichtlich. Aber Swing ist in gewisser Weise mit den Internet Foundation Classes (IFC) von Netscape verwandt. Swing ist der wichtigste und größte Teil und wird die Entwicklung von Java-Anwendungen am meisten beeinflussen. Aus diesem Grund wird Swing in diesem Kapitel ausführlich besprochen.

Swing beinhaltet einen großen Satz von GUI-Komponenten und die Spezifikation, wie diese plattformunabhängig dargestellt werden. Bei der Erstellung dieses Buches existierte Swing in der Version 1.1.1, und das JDK 1.2 verwendet die Version 1.1.

1.1.2
IFC, JFC, AWT, Swing

Auch wenn Swing sehr mit den IFCs von Netscape verwandt ist, für den Entwickler sind die beiden APIs gänzlich unterschiedlich. Das Look&Feel von Swing entspricht dem der IFC, und es werden Ihnen sicher auch andere Dinge auffallen, die ähnlich sind.

Das AWT 1.1 und sein Event-Modell sind auch in JDK 1.2 vorhanden, auch wenn Swing im JDK 1.2 enthalten ist. Aber das Event-Modell von JDK 1.0.2 ist mit Swing nicht mehr kompatibel.

Einfach gesagt erweitert Swing das AWT, um zusätzliche Komponenten, die JComponents, und eine Menge von unterstützenden Klassen. Alle Swing-Komponenten sind JavaBeans und verwenden daher das Beans-Event-Modell. Das AWT, wie Sie es aus dem JDK 1.0.2 kennen, wird früher oder später wegfallen. Ein Teil der Swing-Komponenten ist analog der AWT-Komponenten. In einigen Fällen sind die Swing-Komponenten sog. leichtgewichtige (Lightweight) Komponenten und bauen nicht auf Betriebssystemkomponenten auf (peerbased, heavyweight). Aber das soll uns hier nicht weiter interessieren.

MVC

Die Architektur der Lightweight-Komponenten wurde mit dem AWT von JDK 1.1 eingeführt. Es erlaubt Komponenten, ohne die „nativen" Betriebssystem-Komponenten auszukommen. Anstelle dessen nehmen sie an der Model-View-Controller (MVC)-Architektur teil, die ich später erläutern werde. Außerdem enthält Swing zusätzliche Komponenten wie zum Beispiel Bäume (Trees), Tabbed Panes, Splitter Panes etc. Diese werden alle in diesem Kapitel erläutert und an Beispielen erklärt. Sie erweitern auf jeden Fall die Funktionalität und das Aussehen des GUI.

JComponents
sind Unterklassen von
Container

Im alten AWT konnten Unterklassen von java.awt.Container java.awt.Components enthalten. Da Container aber auch wieder Komponenten sind, konnten diese geschachtelt werden. Das führte zu der Möglichkeit, in einem Frame zwei Panels zu haben, die wiederum jeder zwei Buttons beinhalteten. Swing geht hier noch einen Schritt weiter. Alle JComponents sind Unterklassen von java.awt.Container. Damit können Swing-Komponenten wie z.B. JLabel andere Komponenten enthalten. Zum Beispiel kann Button jetzt die Komponente Label enthalten, die ihrerseits die Komponente X enthält. Damit ist es wesentlich einfacher, z.B. ImageButtons (Buttons mit Grafiken) zu erzeugen.

1.1.3
Überblick über Swing-Packages

Bevor wir in die Details von Swing eintauchen, soll Ihnen dieser Abschnitt einen Überblick über die Pakete (Packages) von Swing geben. Damit können Sie die entsprechende Dokumentation von JavaSoft besser nutzen. Es sind insgesamt 16 Packages. Sie müssen nicht alles gleich verstehen, warten Sie die Beispiele ab, dann wird alles viel klarer.

`javax.swing`
High-Level-Paket (und sehr wichtig), das hauptsächlich aus Components, Adaptern und Interfaces besteht.

`javax.swing.plaf`

Dieses Paket ist für das pluggable Look&Feel der API zuständig.
Dies ist für Entwickler gedacht, die daran interessiert sind, eigene
GUIs zu erzeugen.

`javax.swing.plaf.basic`

Dieses Package beinhaltet die User-Interface (UI)-Klassen, die das
Default-Look&Feel für die Komponenten implementieren.

`javax.swing.plaf.metal`

Klassen für das plattformunabhängige Metal Look&Feel.

`javax.swing.plaf.multi`

Dieses Package ist für das Multiplexing UI zuständig, das es erlaubt, Komponenten von unterschiedlichen UI-Factories zu erzeugen. Mehr dazu später.

`javax.swing.border`

Das Border-Package deklariert das Border-Interface und die dazugehörigen Klassen, die Sie später noch kennenlernen werden. Diese dienen dazu, den Komponenten bestimmte Rahmen geben zu
können.

`javax.swing.colorchooser`

Diese Paket enthält Klassen und Interfaces, die von JColorChooser
verwendet werden.

`javax.swing.event`

Kein GUI ohne Event-Handling. Diese Klasse ist für Swing-spezifische Event-Typen und Event-Listener notwendig. Swing-Komponenten können ihre eigenen Event-Typen erzeugen.

`javax.swing.filechooser`

Enthält Klassen und Interfaces, die von JFileChooser verwendet
werden.

`javax.swing.table`

Swing enthält eine eigene Klasse, um Tabellen darzustellen. Dieses
Paket dient zur Unterstützung für Action Target Management.

`javax.swing.text`

Dieses Package beinhaltet die Klassen für das Dokumenten-Frame-
work.

`javax.swing.text.html`
Liefert die Klasse HTMLEditorKit und andere, um HTML-Textedi-
toren erstellen zu können.

`javax.swing.text.html.parser`
Das Paket enthält einen Parser für HTML, entsprechende SGML
DTD-Klassen etc.

`javax.swing.text.rtf`
Dieses Paket liefert die Klasse RTFEditorKit, um RTF-Texteditoren
erstellen zu können.

`javax.swing.tree`
javax.swing.tree enthält Klassen und Interfaces, um die Tree-Kom-
ponente zu verwalten.

`javax.swing.undo`
Dieses Paket dient dazu, UNDO- und REDO-Funktionalität zur
Verfügung zu stellen.

1.2
Swing und das AWT

1.2.1
Swing-Komponenten

1.2.1.1 Einführung

In diesem Kapitel werden die verschiedenen Swing-Komponenten
behandelt. Einiges wird Sie sehr stark an das AWT erinnern, denn
die Basiskomponenten sind entweder gleich geblieben oder nur ein
wenig verändert oder erweitert worden.

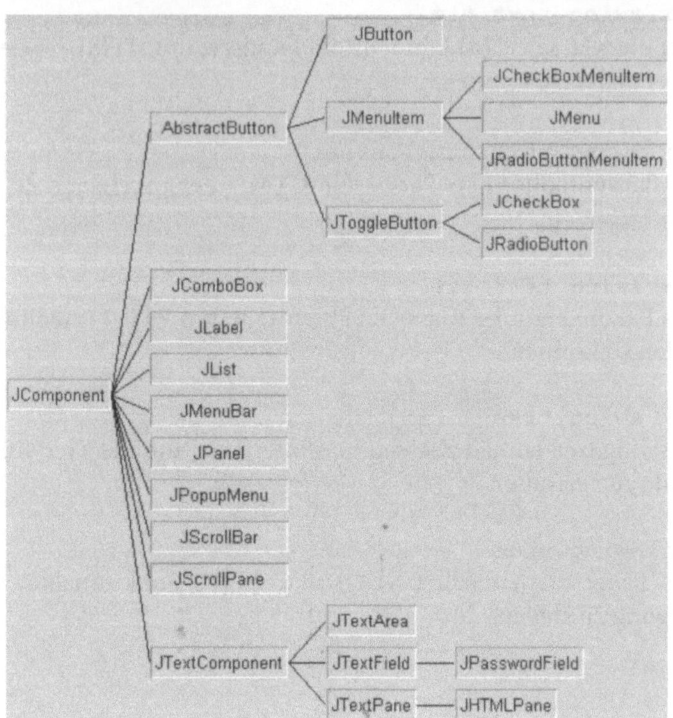

J(XXX)

Wie Sie sehen können, hat sich an der reinen Logik der Klassen nur wenig geändert. Alle Komponenten (außer den Layout-Managern) haben jetzt vor dem Komponentennamen ein großes J, wenn man so will, eine visuelle Unterscheidung von AWT und Swing. Damit ist sofort ersichtlich, daß die Komponente aus Swing stammt und nicht aus dem AWT. Interessant sind im obigen Bild die Strukturen für AbstractButton und JTextComponent, auf die in diesem Kapitel noch genauer eingegangen wird.

Masse mal zwei

Swing hat über doppelt so viele Komponenten wie das AWT. Sie werden erkennen, daß sich nicht nur die Masse verändert hat, sondern auch die Funktionalität einiger Komponenten. Das folgende Beispiel zeigt die Hierarchie der Komponenten, die fast alle in diesem Kapitel vorgestellt werden.

1.2.1.2 SwingSet

Um einen ersten Überblick zu erhalten, was Swing alles bietet, gehen Sie in das Unterverzeichnis des JDK 1.2 und dort in demo/jfc/SwingSet. Dort finden Sie im JDK 1.2 einen index.html, den Sie nur mit dem Appletviewer anschauen können. Sie können auch

```
java SwingSet
```

eingeben. In beiden Fällen erhalten Sie einen hervorragenden Überblick über die Möglichkeiten, die Swing bietet. Nehmen Sie sich die Zeit und spielen Sie damit ein wenig, mit den neuen Buttons, den verschiedenen Look&Feels usw.

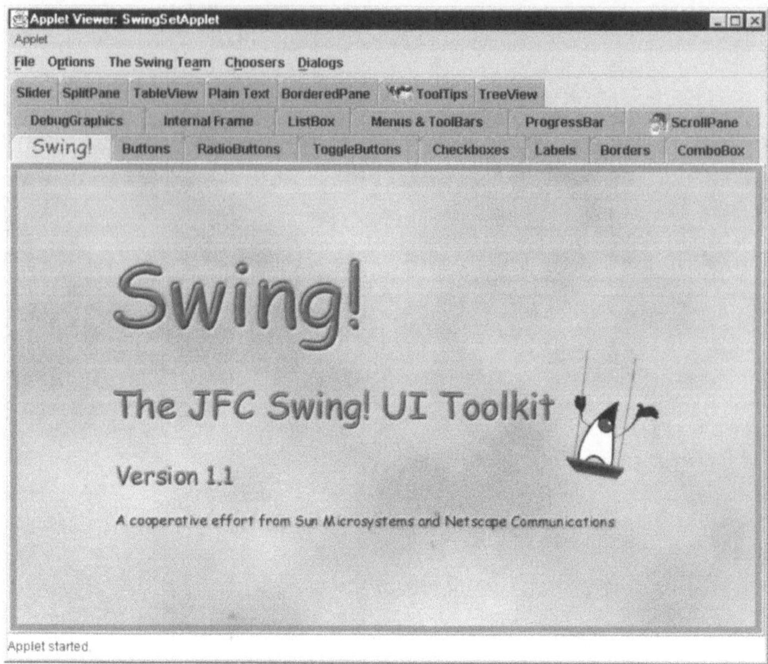

Sie sehen, das JDK 1.2 verwendet Version 1.1, wo hingegen Swing allein in der Version 1.1.1 vorliegt. Interessant ist der Menüpunkt Options, der Ihnen eine Auswahl des Look&Feel bereitstellt. Sie können zwischen Motif, Windows 95 und Java wählen. Apple MacOS gibt es nur für den MacIntosh. Auf diesen Mechanismus gehen wir später ein.

1.2.1.3 JPanel

JPanel ist ein leichtgewichtiges Panel-Objekt, das einen eingebauten Support für Double-Buffering zur Verfügung stellt. Buffering kann auf zweierlei Art eingestellt werden:

1. Durch den Konstruktor!
2. Durch die Methode setBuffered ()!

Alle grafischen Darstellungen werden zuerst im Speicher gezeichnet, bevor das Bild auf dem Bildschirm dargestellt wird. Die Klasse JPanel wird in den meisten der folgenden Beispielen verwendet, daher verzichte ich hier auf ein Beispiel.

Ansonsten funktioniert JPanel aber so, wie Sie es aus dem AWT kennen.

1.2.1.4 Icons

Diese Komponente ist neu und stellt eigentlich gar keine klassische Komponente dar. Da sie aber mit fast allen anderen Komponenten verwendet werden kann, möchte ich sie gleich zu Anfang einführen.

Ein Icon wird verwendet, um ein Bild fester Größe zu beschreiben. Normalerweise wird das Icon in der Klasse JButton oder JComponent eingesetzt. Damit umgeht man die unglaublichen Schwierigkeiten, die es bisher gab, interessante Buttons zu erzeugen.

Objekte, die wie Icons fungieren können, implementieren das Icon-Interface.

Im folgenden sehen Sie die Implementierung des Interfaces. Es beinhaltet die Methode

```
paintIcon (),
```


das das Original genauer spezifiziert. Das Icon wird in einem Viereck dargestellt. Dieses Viereck kann das darüberliegende Viereck der Komponente nicht überschreiten. In anderen Worten, die Größe des Icons kann nicht über den Werten des Buttons liegen, das würde den Button vergrößern und zu undefinierten Gebilden führen.

Um dies zu gewährleisten, gibt es folgende Methoden:

```
getIconWidth ()
getIconHeight ()
```

Normalerweise werden die Parameter für die paintIcon ()-Methode nicht benötigt, aber sie sind vorhanden, wenn zusätzliche Informationen über die Komponente erforderlich sind.

Beispiel:

```
public interface Icon
{
  void paintIcon (Component c, Graphics g, int x,
int y);
  int getIconWidth ();
  int getIconHeight ();
}
```

Die Klasse ImageIcon ist eine Implementierung der Klasse Icon und erzeugt ein Icon aus einem Bild.

Beispiel:

```
Icon bild = new ImageIcon ("bild.gif");
```


Alternativ dazu kann der Konstruktor von ImageIcon ein Bild oder eine URL als Parameter verarbeiten, dazu kommt noch ein optionaler String zur Beschreibung des Icons. Vorteilhaft hierbei ist, ImageIcon überprüft zuerst den Cache, bevor es ein Bild lädt.

Swing verwendet ImageIcon anstelle von Image. Dies hat zwei Gründe:

1. Ein Image wird normalerweise asynchron geladen, dadurch benötigt man einen Monitor für den Ladeprozeß (z.B. Mediatracker).

2. Ein Image kann nicht serialisiert werden (siehe JavaBeans).

Für den Fall, daß das Image ein GIF89-Format ist, wird ein Image-Observer-Objekt benötigt. Der Observer ist die Komponente, in der das Image angezeigt wird.

Beispiel:

```
ImageIcon bild = new ImageIcon ("bild.gif");
JButton button = new JButton (bild);
bild.setImageObserver (button);
```


Neben der Verwendung von ImageIcon können Sie auch Ihr eigenes Interface implementieren.

Beispiel:

```
public class RedOval implements Icon
{
  public void paintIcon (Component c, Graphics g,
int x, int y)
  {
    g.setColor (Color.red);
    g.drawOval (x, y, getIconWidth (), getIcon-
Height ());
  }

  public int getIconWidth ()
  {
    return 10;
  }
```

```java
  public int getIconHeight ()
  {
    return 10;
  }
}
```

1.2.1.5 JLabel

JLabel ist vergleichbar mit der Komponente des AWT. Da diese Komponente aber auch ImageIcons anzeigen kann, ist folgende Funktionalität hinzugekommen:

1. Hinzufügen eines Icon.

2. Setzen der horizontalen und vertikalen Position des Textes, relativ zum Icon.

3. Setzen der relativen Position des Textes (des Labels) innerhalb der Komponente.

Beispiel 01:

In diese ersten Beispiel und allen anderen wird JFrame verwendet, die Erklärung dazu folgt später in einem komplexeren Kontext. Nehmen Sie es im Moment einfach als gegeben hin. Außerdem ist hier der vollständige Code aufgeführt. In den folgenden Beispielen werden dann nur noch die wichtigen Teile gezeigt, aber Sie können die Beispiele auf der CD komplett anschauen und laufen lassen. Des weiteren sind die Beispiele sehr einfach, und daher ist es ein leichtes, das Gerüst zu schreiben, zumal meistens nur der main ()-Teil verändert ist.

```java
import javax.swing.*;
import java.awt.*;
import java.awt.event.*;
public class Beispiel01 extends JPanel
{
  public Beispiel01 ()
  {
```

```java
        JLabel plainLabel = new JLabel ("Plain Small
Label");
    add (plainLabel);
    JLabel fancyLabel = new JLabel ("Fancy Big La-
bel");
    Font fancyFont = new Font ("Serif", Font.BOLD
| Font.ITALIC, 32);
    fancyLabel.setFont (fancyFont);
    // Erzeugen eines Icons
    Icon tiger = new ImageIcon ("bild.gif");
    // Plazieren des Icons in den Label
    fancyLabel.setIcon (tiger);
    // Text rechts vom Icon anordnen Icon
    fancyLabel.setHorizontalAlignment (JLa-
bel.RIGHT);
    add (fancyLabel);
  }

  public static void main (String args[])
  {
    JFrame jf = new JFrame ("Swing Beispiel01");
    jf.getContentPane ().setLayout (new BorderLay-
out ());
    jf.getContentPane ().add ("Center", new Bei-
spiel01 ());
    jf.addWindowListener (new WindowAdapter()
    {
      public void windowClosing(WindowEvent e)
      {
        System.exit(0);
      }
    });
    jf.pack ();
    jf.setSize (300, 300);
    jf.setVisible (true);
  }
}
```

1.2.1.6 Buttons

1.2.1.6.1 *JButton*

Ein JButton kann genauso wie der java.awt.Button aus dem JDK
1.1 verwendet werden. Die Default-Hintergrundfarbe ist die des
Containers, der den Button beinhaltet. Daher sollte der Hintergrund immer auf die Farbe SystemColor.control gesetzt werden.

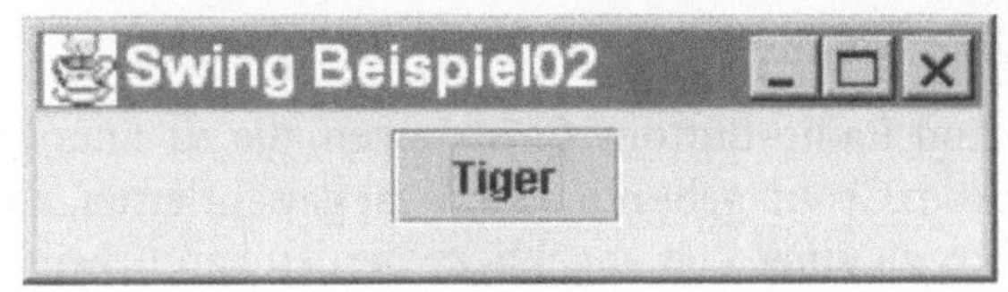

Beispiel 02:

```
blic class Beispiel02 extends JPanel

public Beispiel02 ()
{
  JButton myButton = new JButton ("Tiger");
  myButton.setBackground (SystemColor.control);
  add (myButton);
}
```

Aber auch JButton unterstützt Icons. Dies kann via Konstruktor
er der Methode

```
tIcon ()
```

schehen.

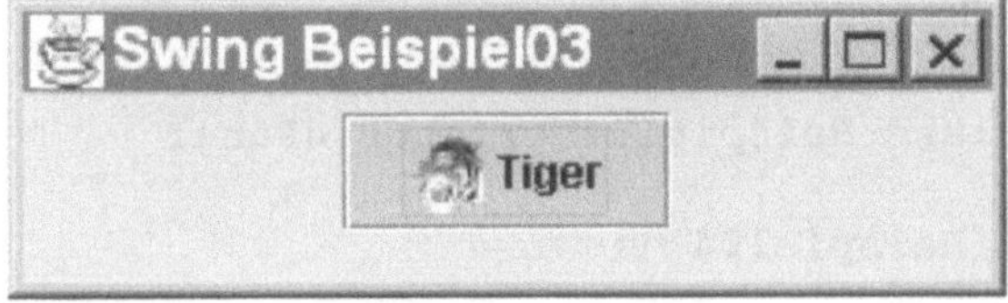

Beispiel 03:

```
blic class Beispiel03 extends JPanel

public Beispiel03 ()
{
  Icon tiger = new ImageIcon ("bild.gif");
  JButton myButton = new JButton ("Tiger", ti-
r);
  myButton.setBackground (SystemColor.control);
  add (myButton);
}
```

1.2.1.6.2 JRadioButton

Im AWT sind Radio-Buttons Checkboxen, die zu einer gemeinsamen CheckboxGroup gehören. Damit ist gewährleistet, daß nur eine Checkbox zu einer Zeit angeklickt werden kann. Swing hat eine separate Komponente, die JRadioButton heißt. Jeder JRadioButton wird zu einer ButtonGroup hinzugefügt, so daß die Gruppe sich wie eine Gruppe von Radio-Buttons verhält. ButtonGroup funktioniert wie die CheckboxGroup ohne visuelle Darstellung.

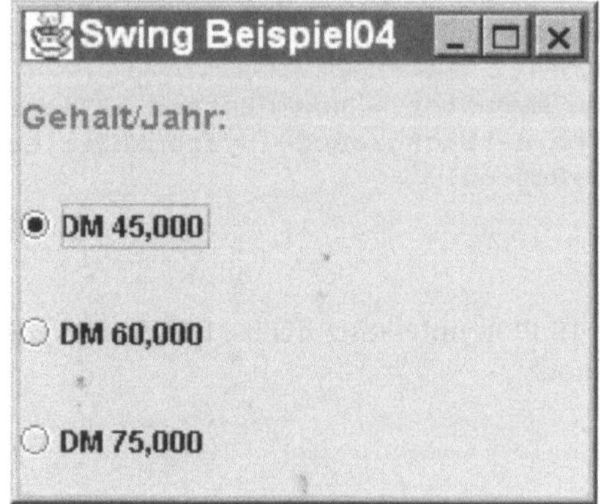

Abbildung 7
JRadioButton

Beispiel 04:

```java
public class Beispiel04 extends JPanel
{
  public Beispiel04 ()
  {
    setLayout (new GridLayout (4, 1));

    JRadioButton radioButton;

    // Instantiieren einer ButtonGroup
    // als RadioButtons
    ButtonGroup rbg = new ButtonGroup ();
    JLabel label = new JLabel ("Gehalt/Jahr: ");
    label.setFont(new Font("SansSerif", Font.BOLD,
14));
    add(label);
    radioButton=new JRadioButton("DM 45,000");
    add (radioButton);
    // Button der ButtonGroup hinzufuegen
    rbg.add (radioButton);
    // Setzen des RadioButton als default
```

```java
    radioButton.setSelected (true);

    // Zwei zusaetzliche RadioButtons
    radioButton=new JRadioButton("DM 60,000");
    add (radioButton);
    rbg.add (radioButton);
    radioButton=new JRadioButton("DM 75,000");
    add (radioButton);
    rbg.add (radioButton);
  }
}
```

1.2.1.6.3 JToggleButton

JToggleButton ist der Vater von JCheckBox und JRadioButton. Es gibt dazu kein AWT-Äquivalent. JToggleButton funktioniert wie ein Button, der immer gedrückt bleibt, wenn er an ist. Ist er aus, kann ein JToggleButton nicht von einem normalen Button unterschieden werden.

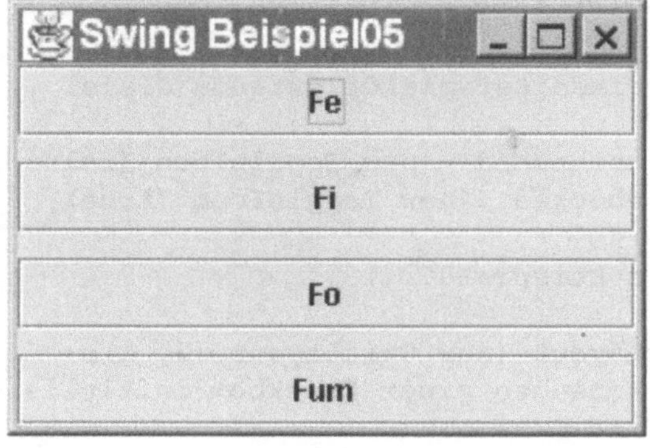

Abbildung 8
JToggleButton

Beispiel 05:

```java
public class Beispiel05 extends JPanel
{
  public Beispiel05 ()
  {
    setLayout (new GridLayout (4, 1, 10, 10));
    add (new JToggleButton ("Fe"));
    add (new JToggleButton ("Fi"));
    add (new JToggleButton ("Fo"));
    add (new JToggleButton ("Fum"));
  }
}
```

1.2.1.6.4 JCheckBox

JCheckBox ist vergleichbar mit der Checkbox aus dem AWT, wenn
es nicht in einer CheckboxGroup verwendet wird. Hier aber können eigene Icons sowohl für den angeklickten als auch den nicht
angeklickten Modus verwendet werden.

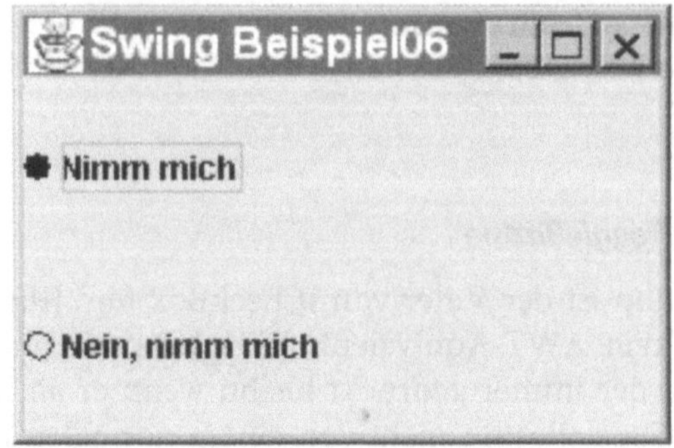

Beispiel 06:

```java
public class Beispiel06 extends JPanel
{
  Icon unchecked = new ToggleIcon (false);
  Icon checked = new ToggleIcon (true);

  public Beispiel06 ()
  {
    setLayout (new GridLayout (2, 1));
    // Erzeugen einer Checkbox initialisiert
    // mit true
    JCheckBox cb1 = new JCheckBox ("Nimm mich",
true);
    cb1.setIcon (unchecked);
    cb1.setSelectedIcon (checked);
    JCheckBox cb2 = new JCheckBox ("Nein, nimm
mich", false);
    cb2.setIcon (unchecked);
    cb2.setSelectedIcon (checked);
    add (cb1);
    add (cb2);
  }

  class ToggleIcon implements Icon
  {
    boolean state;
    public ToggleIcon (boolean s)
    {
```

```java
        state = s;
    }

    public void paintIcon (Component c, Graphics
g, int x, int y)
    {
      int width = getIconWidth();
      int height = getIconHeight();
      g.setColor (Color.black);

      if (state)
      {
        g.fillOval (x, y, width, height);
      }
      else
      {
        g.drawOval (x, y, width, height);
      }
    }

    public int getIconWidth ()
    {
      return 10;
    }

    public int getIconHeight ()
    {
      return 10;
    }
  }
}
```

1.2.1.6.5 *AbstractButton*

Diese Klasse läßt schon auf Grund ihres Namens vermuten, daß sie nicht direkt verwendet wird. Aber mehrere der allgemeineren JComponent-Klassen erben einiges von dieser Klasse. Zum Beispiel kommen die Methoden

Mutter vieler
Komponenten

```java
getIcon ()
setIcon ()
```

für Icons von der Klasse AbstractButton (Sun™ wird seine Gründe gehabt haben).
Hier folgt eine unvollständige Liste der Features, die AbstractButton zur Verfügung stellt:

- setKeyAccelerator – Setzt einen Tastatur-ShortCut

- doClick – Aus dem Programm (nicht auf Grund eines Events) den Button auswählen

- setDisabledIcon, setDisabledSelectedIcon, setPressedIcon, setRolloverIcon, setRolloverSelectedIcon, setSelectedIcon – Verändern des angezeigten Icons anhand des Status des Buttons (zusätzlich zu setIcon)

- setVerticalAlignment, setHorizontalAlignemnt – Verankern (anchors) Icon/Text in verschiedenen Bereichen des Buttons

- setVerticalTextPosition, setHorizontalTextPosition – Positioniert den Text an verschiedenen Stellen um das Icon. Beide hängen von Swing-Konstanten ab.

1.2.1.7 JTextComponents

Diese Komponente ist eine allgemeine Klasse für Textobjekte, die genau die Funktionalität enthält, die man von einem einfachen Texteditor erwartet. Hier eine kleine Auswahl der Methoden:

```
copy ()
cut ()
paste()
getSelectedText ()
setSelectionStart ()
setSelectionEnd ()
selectAll ()
replaceSelection ()
getText ()
setText ()
setEditable ()
setCaretPosition ()
```

Auch wenn Sie diese Klasse nie instantiieren werden, so werden Sie diese Methoden doch des öfteren verwenden, da sie auch in den normalen AWT-Text-Komponenten vorkommen.

JTextComponent-Objekte können in ein Panel plaziert werden. Dies geschieht fast identisch zu den Textobjekten des AWT. Es gibt hauptsächlich drei Unterklassen von JTextComponent:

- JTextField

- JTextArea

- JtextPane

1.2.1.7.1 JTextField, JTextArea

JTextField und JTextArea verhalten sich genauso wie ihre AWT-Vorgänger java.awt.TextField und java.awt.TextArea:

Beispiel 07:

```
public class Beispiel07 extends JPanel
{
  public Beispiel07 ()
  {
    JTextField tf = new JTextField ();
    JTextArea ta = new JTextArea ();
    tf.setText ("TextField");
    ta.setText ("JTextArea\n erlaubt mehrere Zei-
len");
    add (tf);
    add (ta);
  }
}
```

1.2.1.7.2 JTextPane

JTextPane ist ein vollständiger Texteditor, der u.a. formatierten Text, Wortumbrüche und Anzeige von Bildern erlaubt. Bei der Besprechung von MVC wird nochmals auf die Textmöglichkeiten eingegangen.

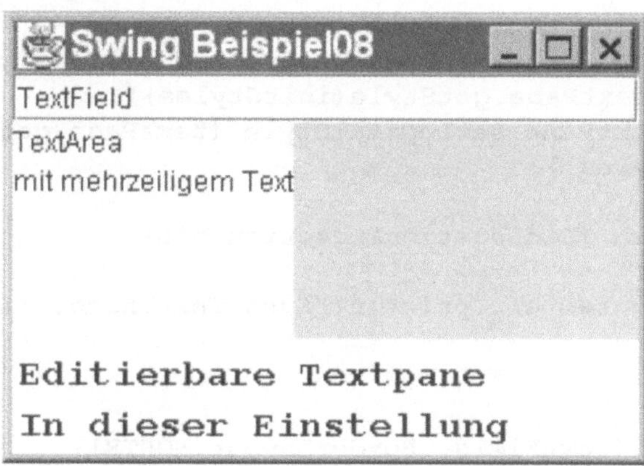

Abbildung 10
JTextPane

Beispiel 08:

```java
public class Beispiel08 extends JPanel
{
  String newline = System.getProperty ("line.separator");

  public Beispiel08 ()
  {
    setLayout (new BorderLayout ());
    String areastring = "TextArea" + newline +
"mit mehrzeiligem Text";
    // Erzeugen von drei Text Komponenten
    JTextField textField = new JTextField ("TextField");
    JTextArea textArea = new JTextArea (areastring);
    JTextPane textPane = new JTextPane ();
    //Setzen von Textpane's font properties
    String initString = "Editierbare Textpane" +
newline + "In dieser Einstellung";
    String initStyles = "bold";

    Style s = textPane.addStyle ("bold", null);
    StyleConstants.setBold (s, true);
    StyleConstants.setFontSize (s, 16);
    Document doc = textPane.getDocument();
    try
    {
      doc.insertString(doc.getLength(), initString, textPane.getStyle(initStyles));
      textPane.setLogicalStyle (textPane.getStyle (initStyles));
    }
    catch (BadLocationException ble)
    {
      System.err.println("Kann Text nicht einführen");
    }

    add (textField, BorderLayout.NORTH);
    add (textArea, BorderLayout.WEST);
    add (textPane, BorderLayout.SOUTH);
  }
}
```

Eine andere Möglichkeit besteht in der Verwendung von Attri-
buteSets, z.B. MutableAttributeSet. Mehr dazu finden Sie in der
API-Dokumentation unter javax.swing.text.AttributeSet.

1.2.1.7.3 *JPasswordField*

JPasswordField ist ein JTextField, das den geschriebenen Text
nicht anzeigt. Standardmäßig wird ein * als Zeichen dargestellt.
Das kann bei Bedarf aber geändert werden. Dazu dient die Methode

```
setEchoChar ()
```

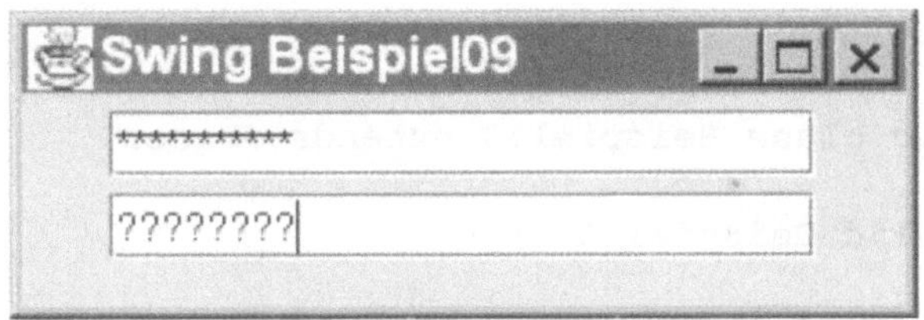

Abbildung 11
JPasswordField

Beispiel 09:

```
public class Beispiel09 extends JPanel
{
  public Beispiel09 ()
  {
    JPasswordField pass1 = new JpasswordField
(20);
    JPasswordField pass2 = new JpasswordField
(20);
    pass2.setEchoChar ('?');
    add (pass1);
    add (pass2);
  }
}
```

1.2.1.8 Scrollbars und ihre Variationen

1.2.1.8.1 *JScrollBar*

JScrollBar ist eine sog. „Lightweight-Version" (denken Sie wieder
an die in JDK 1.1 eingeführten Lightweight-Komponenten) von ja-
va.awt.Scrollbar.

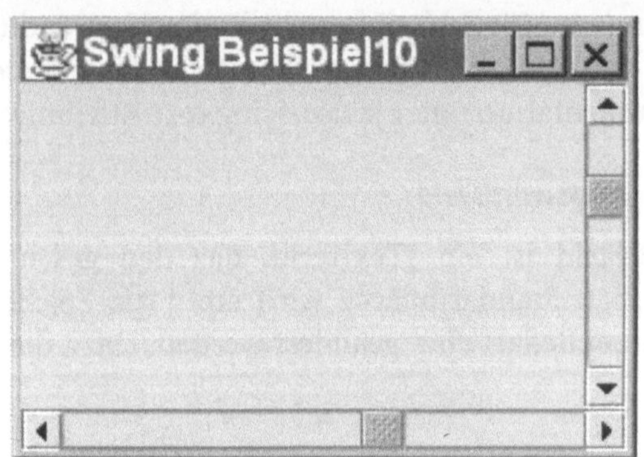

Beispiel 10:

```java
public class Beispiel10 extends JPanel
{
  public Beispiel10 ()
  {
    setLayout (new BorderLayout ());
    JScrollBar scrollBar1 = new JScrollBar
(JScrollBar.VERTICAL, 0, 5, 0, 100);
    add (scrollBar1, BorderLayout.EAST);
    JScrollBar scrollBar2 = new JScrollBar
(JScrollBar.HORIZONTAL, 0, 5, 0, 100);
    add (scrollBar2, BorderLayout.SOUTH);
  }
}
```

1.2.1.8.2 JSlider

JScrollBar plus
Rahmen plus Tick-
marks

JSlider funktioniert genauso wie JScrollBar, aber es hat noch zusätzliche Funktionalität. Zum einen kann ein Rahmen (Border) um
das Slider gezogen werden, zum anderen können sog. Tickmarks
eingebaut werden. Damit erhält man eine Skala.

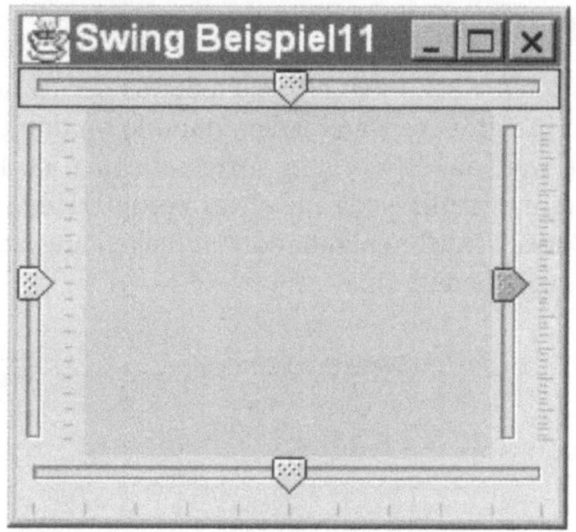

Beispiel 11:

```
blic class Beispiel11 extends JPanel

public Beispiel11 ()
{
  setBackground (Color.lightGray);
  setLayout (new BorderLayout ());
  setBackground (Color.lightGray);
  JSlider slider1 = new JSlider (JSli-
r.VERTICAL, 0, 100, 50);
  slider1.setPaintTicks (true);
  slider1.setMajorTickSpacing (10);
  slider1.setMinorTickSpacing (2);
  add (slider1, BorderLayout.EAST);
  JSlider slider2 = new JSlider (JSli-
r.VERTICAL, 0, 100, 50);
  slider2.setPaintTicks (true);
  slider2.setMinorTickSpacing (5);
  add (slider2, BorderLayout.WEST);
  JSlider slider3 = new JSlider (JSli-
r.HORIZONTAL, 0, 100, 50);
  slider3.setPaintTicks (true);
  slider3.setMajorTickSpacing (10);
  add (slider3, BorderLayout.SOUTH);
  JSlider slider4 = new JSlider (JSli-
r.HORIZONTAL, 0, 100, 50);
  slider4.setBorder (LineBor-
r.createBlackLineBorder());
  add (slider4, BorderLayout.NORTH);
}
```

1.2.1.8.3 *JProgressBar*

Diese Komponente zeigt den aktuellen Status der Aktion an. Wollen Sie z.B. eine größere Datei laden, dann kann damit angegeben werden, wie weit dieser Vorgang fortgeschritten ist. Dies ist vergleichbar, wenn Sie mit Netscape etwas herunterladen und auf Save gehen. Dabei wird Ihnen anhand von Balken angezeigt, wie weit der Ladevorgang bereits ist.

Die allgemeine Verwendung zeigt

Beispiel 12:

```java
public class Beispiel12 extends JPanel
{
  public Beispiel12 ()
  {
    int numberSubOperations = 10;

    JProgressBar progressBar = new JProgressBar
();
    progressBar.setMinimum (0);
    progressBar.setMaximum (numberSubOperations);

    // Jedesmal, wenn eine Operation aus-
    // gefuehrt werden soll

    progressBar.setValue (progressBar.getMinimum
());

    for (int i=0; i<numberSubOperations; i++)
    {
      progressBar.setValue(i);
    }
    add (progressBar);
  }
}
```

Meistens läuft die Operation aber in einem Thread ab, und dieser separate Thread soll dann anzeigen, wie weit das Laden fortgeschritten ist (z.B. das Laden eines Images über das Internet). Das erlaubt dem Anwender dann auch das Abbrechen der Operation, wenn es zu lange dauert.

Hier nun ein ausführlicheres Beispiel. Der erste Thread zählt einfach und zeigt den aktuellen Stand in einem JTextField an, während der zweite anhand eines Balkens das Fortschreiten des Vorgangs darstellt.

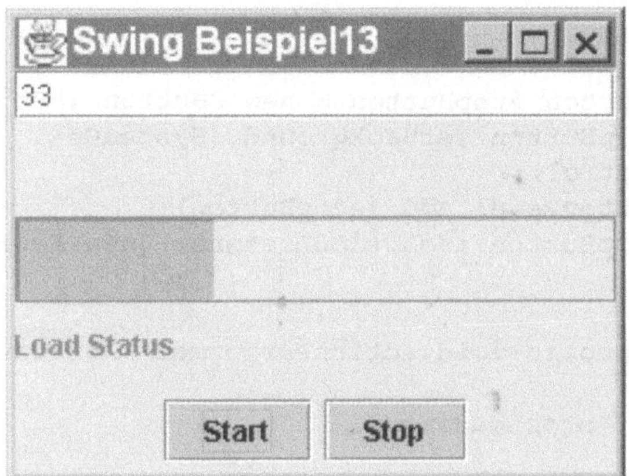

Beispiel 13:

```java
public class Beispiel13 extends JPanel
{
  Thread loadThread;
  Object lock = new Object ();
  boolean shouldStop = false;
  JTextField progressTextField;
  JProgressBar progressBar;
  public Beispiel13 ()
  {
    setLayout (new BorderLayout ());

    progressTextField = new JTextField ();
    add (progressTextField, BorderLayout.NORTH);

    JPanel bottomPanel = new JPanel ();
    progressBar = new JProgressBar ();
    bottomPanel.setLayout (new GridLayout (0, 1));
    bottomPanel.add (progressBar);
    bottomPanel.add (new JLabel ("Load Status"));
    JPanel buttonPanel = new JPanel ();
```

```java
      JButton startButton = new JButton ("Start");
      startButton.setBackground (SystemColor.control);
      buttonPanel.add (startButton);
      startButton.addActionListener (new ActionListener ()
        {
          public void actionPerformed(ActionEvent e)
          {
            startLoading();
          }
        });

      JButton stopButton = new JButton ("Stop");
      stopButton.setBackground (SystemColor.control);
      buttonPanel.add (stopButton);
      stopButton.addActionListener (new ActionListener ()
        {
          public void actionPerformed (ActionEvent e)
          {
            stopLoading();
          }
        });
      bottomPanel.add (buttonPanel);
      add (bottomPanel, BorderLayout.SOUTH);
    }

  public void startLoading ()
  {
    if(loadThread == null)
    {
      loadThread = new LoadThread ();
      shouldStop = false;
      loadThread.start ();
    }
  }

  public void stopLoading ()
  {
    synchronized(lock)
    {
      shouldStop = true;
      lock.notify ();
    }
  }
```

```java
class LoadThread extends Thread
{
  public void run ()
  {
    int min = 0;
    int max = 100;
    progressBar.setValue(min);
    progressBar.setMinimum(min);
    progressBar.setMaximum(max);
    for (int i = min; i <= max; i++)
    {
      progressBar.setValue (i);
      progressTextField.setText ("" + i);
      synchronized (lock)
      {
        if (shouldStop)
          break;
        try
        {
          lock.wait (100);
        }
        catch (java.lang.InterruptedException e)
        {
        // Ignoriere Exceptions
        }
      }
    }
    loadThread = null;
  }
}
```

1.2.1.8.4 *JScrollPane*

JScrollPane ist vergleichbar mit ScrollPane, das im AWT 1.1 eingeführt wurde. Komponenten werden via ScrollPaneLayout angeordnet, das später erläutert wird (bei den Layout-Möglichkeiten). Das
Wesentliche, was man bei der Verwendung von JScrollPane wissen
muß, ist die Tatsache, daß es einen JViewport zum Hinzufügen
von Objekten, die gescrollt werden sollen, gibt. Auch JViewport
wird später behandelt. Um an diesen JViewport zu gelangen, gibt
es die Methode

Braucht JViewport

```java
getViewport (),  damit wird eine Komponente dem Viewport hin-
zugefügt.
```

```java
JViewport vport = someScrollPane.getViewport ();
vport.add (someComponent);
```

Und für alteingesessene C-Programmierer:

```
someScrollPane.getViewport().add(someComponent);
```

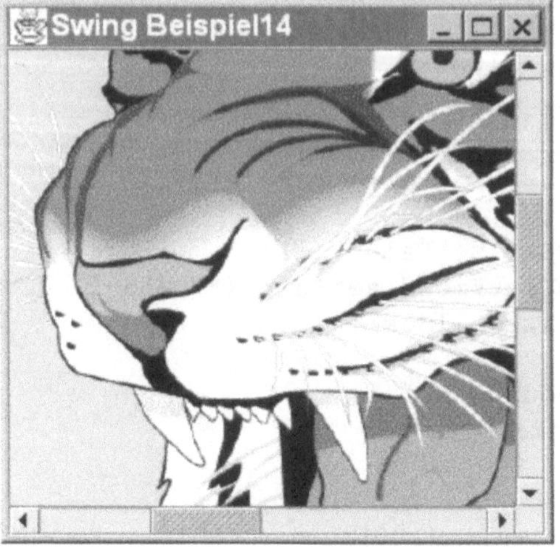

Beispiel 14:

```
public class Beispiel14 extends JPanel
{
  public Beispiel14 ()
  {
    setLayout (new BorderLayout ());
    Icon bigTiger = new ImageIcon ("BigTi-
ger.gif");
    JLabel tigerLabel = new JLabel (bigTiger);
    JScrollPane scrollPane = new JScrollPane ();
    scrollPane.getViewport ().add (tigerLabel);
    add (scrollPane, BorderLayout.CENTER);
  }
}
```

1.2.1.8.5 Viewports

JViewport erlaubt es, mehr zu sehen, als eigentlich sichtbar ist. Es wird mit der Komponente JScrollPane verwendet. Ein JViewport kann auch alleine verwendet werden, dann müssen Sie aber die vollständige Kontrolle über das Fenster haben. Doch wird dies sicher eher selten geschehen. JViewport wird auch von anderen Swing-Komponenten benutzt, z.B. in den Textkomponenten.

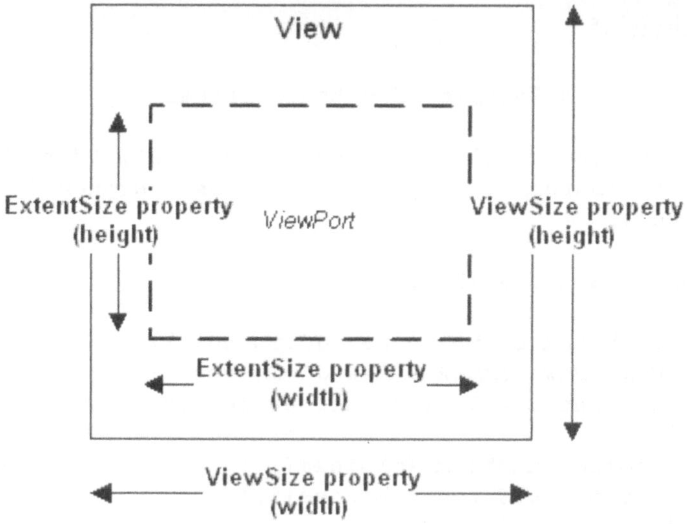

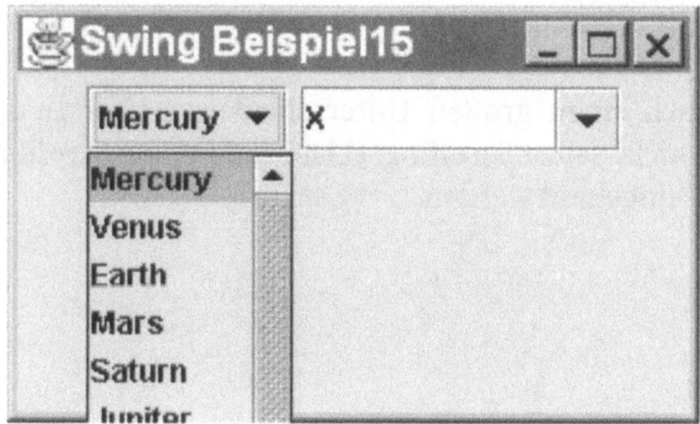

Abbildung 17
Viewport-Erklärung

1.2.1.9 JComboBox

JComboBox ist das Swing-Pendant zum AWT-ChoiceButton. Einige Methoden wurden umbenannt, und es gibt eine Option, die Einträge zu editieren. Damit kann der Programmierer eine Liste vorgeben; wenn diese nicht ausreicht, kann der Anwender noch Einträge hinzufügen. Diese Funktionalität kann man der Box nicht ansehen, und viele Anwender werden es gar nicht erst versuchen, weil sie es nicht gewohnt sind. Auch wird jetzt direkt auf den Eintrag gesprungen, wenn nur der erste Buchstabe gedrückt wird. Haben Sie eine Liste von Wochentagen, und es wird „D" gedrückt, wird sofort Dienstag aktiv (wenn Sie die Liste in der Reihenfolge der Wochentagen angelegt haben und Dienstag vor Donnerstag in dieser Liste erscheint).

Neuer ChoiceButton

Abbildung 18
JComboBox

Beispiel 15:

```java
public class Beispiel15 extends JPanel
{
  String choices[] = {"Mercury", "Venus", "Earth",
"Mars", "Saturn", "Jupiter", "Uranus","Neptune",
"Pluto"};

  public Beispiel15 ()
  {
    JComboBox combo1 = new JComboBox();
    JComboBox combo2 = new JComboBox();
    for (int i = 0; i < choices.length; i++)
    {
      combo1.addItem (choices[i]);
      combo2.addItem (choices[i]);
    }
    combo2.setEditable (true);
    combo2.setSelectedItem ("X");
    combo2.setMaximumRowCount (4);
    add (combo1);
    add (combo2);
  }
}
```

1.2.1.10 JList

JList hat zwei Implementierungen, eine einfache (nicht MVC) und
eine komplizierte (mit MVC), die später betrachtet wird. Der einfache Teil folgt hier. Es wird eine Liste von Stringobjekten wie in
der AWT-List-Komponente dargestellt. Aber jetzt ist es wesentlich
einfacher geworden. Soll ein String-Array (String []) oder gar ein
Vektor hinzugefügt werden, kann das dem Konstruktor mitgegeben werden oder es wird die Methode

```java
setListData () verwendet.
```

Es gibt dennoch einen großen Unterschied von JList zu List:
JList unterstützt nicht selbst Scrolling. JList muß in eine ScrollPane
oder JScrollPane eingebaut werden.

Beispiel 16:

```java
public class Beispiel16 extends JPanel
{
  String label [] = {"Melone", "Orange", "Banane",
"Kiwi", "Blaubeere", "Kartoffel", "Apfel", "Bir-
ne", "Wassermelone"};

  public Beispiel16 ()
  {
    setLayout (new BorderLayout ());
    JList list = new JList (label);
    ScrollPane pane = new ScrollPane ();
    pane.add (list);
    add (pane, BorderLayout.CENTER);
  }
}
```

1.2.1.11 Borders

Das Paket javax.swing.border beinhaltet mehrere Objekte, um Rahmen zu verwenden. Alle implementieren das Border-Interface, das aus folgenden drei Methoden besteht:

Border-Interface

```java
public Insets getBorderInsets (Component c)
```

beschreibt die zeichenbare Fläche, die benötigt wird, um den Rahmen zu zeichnen.

```java
public boolean isBorderOpaque ()
```

definiert, ob der Rahmen undurchsichtig oder transparent ist.

```
public void paintBorder (Component c, Graphics g,
int x, int y, int width, int height)
```

spezifiziert, wie der Rahmen in der Umgebung gezeichnet wird. Diese Routine sollte nur in den Bereich schreiben, der von getBorderInsets () zurückgeliefert wird.

Da das Verhalten von Border in der Komponente JComponent definiert ist, erben alle Unterklassen diese Funktionalität.

Swing selber liefert neun Rahmen. Es besteht aber auch die Möglichkeit, eigene zu erzeugen.

- BevelBorder – Ein 3D-Rahmen, der wie ein Button gedrückt oder gehoben gezeigt werden kann

- CompoundBorder – Hier können mehrere Rahmen geschachtelt werden

- DefaultBorder – Implementiert das Interface, tut aber nichts

- EmptyBorder – Ein Rahmen, indem der Platz für einen nicht gezeichneten Rahmen reserviert wird.

- EtchedBorder – Rahmen, der gerillt angezeigt wird, aber nicht gehoben oder gesunken

- LineBorder – Klasse für einfache, farbige Rahmen, mit unterschiedlicher Dicke

- MatteBorder – Erlaubt es, den Rahmen aus einem kleinen Icon darzustellen

- SoftBevelBorder – 3D-Rahmen mit weichen Ecken

- TitledBorder – Rahmen, der Titel für den Rahmen erlaubt und dies an verschiedenen Positionen

Border-Objekte können direkt vom Klassenkonstruktor erzeugt werden, oder es wird BorderFactory verwendet, das Methoden wie

```
createBevelBorder () oder
```

```
createTitleBorder () enthält.
```

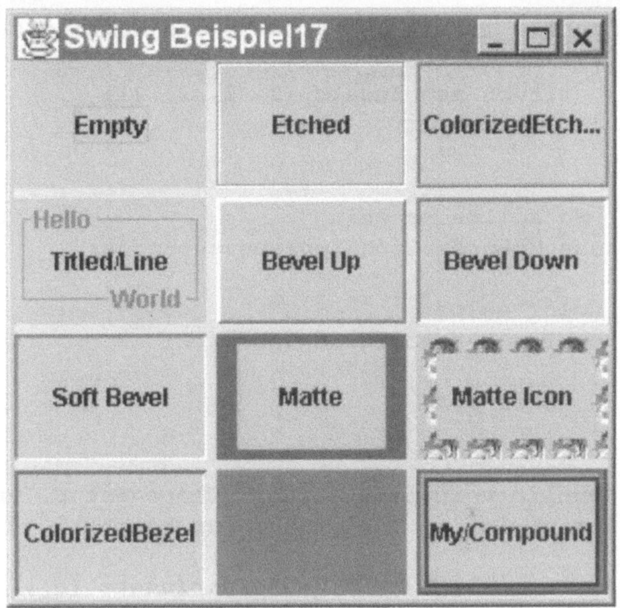

Abbildung 20
Rahmen

Beispiel 17:

```java
public class Beispiel17 extends JPanel
{
  // Ein schlechter Border, der dort
  // malt, wo er es nicht sollte
  class MyBorderBad implements Border
  {
    Color color;
    public MyBorderBad (Color c)
    {
      color = c;
    }

    public void paintBorder (Component c, Graphics
g, int x, int y, int width, int height)
    {
      Insets insets = getBorderInsets (c);
      g.setColor (color);
      g.fillRect (x, y, width, height);
    }

    public boolean isBorderOpaque()
    {
      return false;
    }
```

```java
    public Insets getBorderInsets(Component c)
    {
      return new Insets (2, 2, 2, 2);
    }
  }

  // So sollte es sein
  class MyBorderGood implements Border
  {
    Color color;
    public MyBorderGood (Color c)
    {
      color = c;
    }

    public void paintBorder (Component c, Graphics
g, int x, int y, int width, int height)
    {
      Insets insets = getBorderInsets (c);
      g.setColor (color);
      g.fillRect (x, y, 2, height);
      g.fillRect (x, y, width, 2);
      g.setColor (color.darker());
      g.fillRect (x+width-insets.right, y, 2,
height);
      g.fillRect (x, y+height-insets.bottom,
width, 2);
    }

    public boolean isBorderOpaque()
    {
      return false;
    }

    public Insets getBorderInsets(Component c)
    {
      return new Insets (2, 2, 2, 2);
    }
  }
  public Beispiel17 ()
  {
    setLayout (new GridLayout (4, 3, 5, 5));
    JButton b = new JButton("Empty");
    b.setBackground (SystemColor.control);
    b.setBorder (new EmptyBorder (1,1,1,1));
    add(b);
    b = new JButton ("Etched");
    b.setBackground (SystemColor.control);
```

```java
    b.setBorder (new EtchedBorder ());
    add(b);
    b = new JButton ("ColorizedEtched");
    b.setBackground (SystemColor.control);
    b.setBorder (new EtchedBorder (Color.red, Co-
lor.green));
    add(b);
    b = new JButton ("Titled/Line");
    b.setBackground (SystemColor.control);
    b.setBorder (new TitledBorder (new TitledBor-
der (LineBorder.createGrayLineBorder (), "Hello"),
"World", TitledBorder.RIGHT, TitledBor-
der.BOTTOM));
    add(b);
    b = new JButton ("Bevel Up");
    b.setBackground (SystemColor.control);
    b.setBorder(new BevelBorder (BevelBor-
der.RAISED));
    add(b);
    b = new JButton ("Bevel Down");
    b.setBackground (SystemColor.control);
    b.setBorder (new BevelBorder (BevelBor-
der.LOWERED));
    add(b);
    b = new JButton ("Soft Bevel");
    b.setBackground (SystemColor.control);
    b.setBorder(new SoftBevelBorder (SoftBevelBor-
der.LOWERED));
    add(b);
    b = new JButton ("Matte");
    b.setBackground (SystemColor.control);
    b.setBorder(new MatteBorder(5, 10, 5, 10, Co-
lor.red));
    add (b);
    b = new JButton ("Matte Icon");
    b.setBackground (SystemColor.control);
    Icon icon = new ImageIcon ("bild.gif");
    b.setBorder(new MatteBorder(10, 10, 10, 10,
icon));
    add (b);
    b = new JButton ("ColorizedBezel");
    b.setBackground (SystemColor.control);
    b.setBorder(new BevelBorder (BevelBor-
der.RAISED, Color.red, Color.pink));
    add (b);
    b = new JButton ("MyBorder-Bad");
    b.setBackground (SystemColor.control);
    b.setBorder(new MyBorderBad (Color.magenta));
```

```
    add (b);
    b = new JButton ("My/Compound");
    b.setBackground (SystemColor.control);
    b.setBorder(new CompoundBorder(new MyBorder-
Good(Color.red), new CompoundBorder (new MyBorder-
Good(Color.green), new MyBorderGood (Co-
lor.blue))));
    add (b);
  }
}
```

Der Rahmen kann jederzeit geändert werden. JComponent liefert hierzu eine Methode

```
setBorder ()!
```

1.2.1.12 Menüs

Das Modell für Menüs, das in Swing verwendet wird, ist nahezu identisch mit dem des AWT. Drei Dinge sind aber anders:

- Die Menü-Klassen (JMenuItem, JCheckBoxMenuItem, JMenu, JMenuBar) sind Unterklassen von JComponent. Sie sind also nicht mehr unabhängig wie zuvor. Das erlaubt es, z.B. eine JMenuBar in ein Applet einzubauen.

- Die neue Klasse JRadioButtonMenuItem wurde hinzugefügt.

- Und es können jetzt Icon-Objekte einem JMenuItem hinzugefügt werden.

Abbildung 21
Menü mit Icons

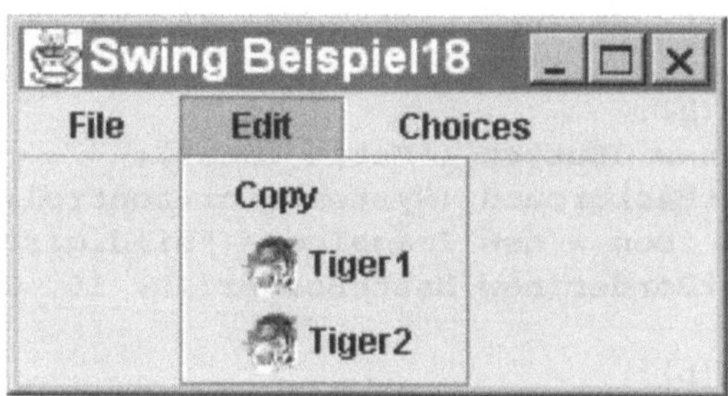

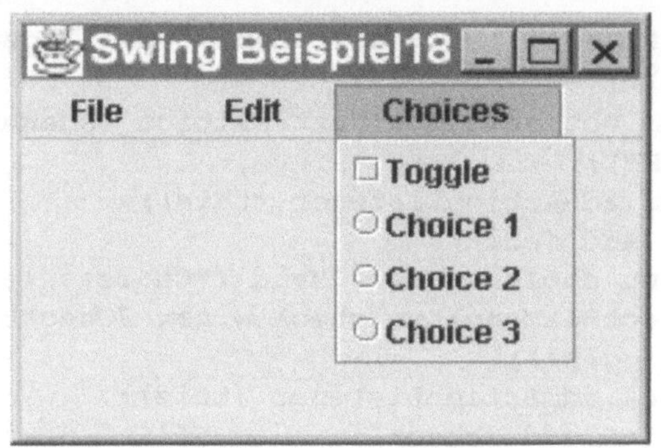

Beispiel 18:

```java
import javax.swing.*;
import java.awt.*;
import java.awt.event.*;

public class Beispiel18 extends JFrame implements
ActionListener
{
  public void actionPerformed (ActionEvent e)
  {
    System.out.println (e.getActionCommand());
  }

  public Beispiel18()
  {
    super ("Swing Beispiel18");
    JMenuBar jmb = new JMenuBar();
    JMenu file = new JMenu ("File");
    JMenuItem item;
    file.add (item = new JMenuItem ("New"));
    item.addActionListener (this);
    file.add (item = new JMenuItem ("Open"));
    item.addActionListener (this);
    file.addSeparator();
    file.add (item=new JMenuItem ("Close"));
    item.addActionListener (this);
    jmb.add (file);
    JMenu edit = new JMenu ("Edit");
    edit.add (item = new JMenuItem ("Copy"));
    item.addActionListener (this);
    Icon tigerIcon = new ImageIcon ("bild.gif");
    edit.add (item = new JMenuItem ("Tiger1", ti-
gerIcon));
    item.addActionListener (this);
```

```java
        edit.add (item = new JMenuItem ("Tiger2", ti-
gerIcon));
        item.setHorizontalTextPosition (JMenuI-
tem.RIGHT);
        item.addActionListener (this);
        jmb.add (edit);
        JMenu choice = new JMenu ("Choices");
        JCheckBoxMenuItem check = new JCheckBoxMenuI-
tem ("Toggle");
        check.addActionListener (this);
        choice.add (check);
        ButtonGroup rbg = new ButtonGroup ();
        JRadioButtonMenuItem rad = new JRadioButtonMe-
nuItem ("Choice 1");
        choice.add (rad);
        rbg.add (rad);
        rad.addActionListener (this);
        rad = new JRadioButtonMenuItem ("Choice 2");
        choice.add (rad);
        rbg.add (rad);
        rad.addActionListener (this);
        rad = new JRadioButtonMenuItem ("Choice 3");
        choice.add (rad);
        rbg.add (rad);
        rad.addActionListener (this);
        jmb.add (choice);
        setJMenuBar (jmb);
        setSize (300, 300);
        setVisible (true);
    }

    public static void main (String args[])
    {
        new Beispiel18 ();
    }
}
```

1.2.1.13 JSeparator

Linie JSeparator stellt eine Linie im Menü dar, um visuell Bereiche zu
trennen. In Beispiel 18 im File-Menü sehen Sie die Verwendung,
die Ausgabe folgt hier.

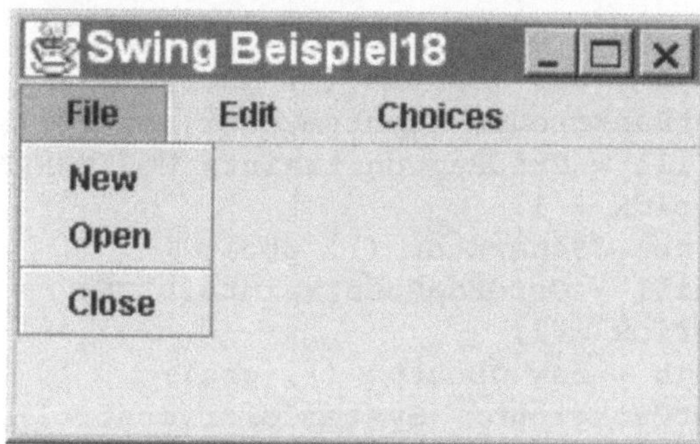

Abbildung 23
JSeparator in Menüs

Weil Swing-Menü-Objekte echte Komponenten sind, kann der JSeparator auch außerhalb von Menüs verwendet werden. Mit etwas Aufwand kann der Separator vertikal oder auch horizontal erzeugt werden, indem das GridBagLayout verwendet wird.

Abbildung 24
JSeparator außerhalb von Menüs

Beispiel 19:

```
public class Beispiel19 extends JPanel
{
  public Beispiel19 ()
  {
    JButton jb;
    setLayout(new GridBagLayout());
    GridBagConstraints gbc = new GridBagCon-
straints ();
    gbc.weightx = 1.0;
    gbc.weighty = 1.0;
    gbc.ipadx = 2;
    gbc.anchor = GridBagConstraints.CENTER;
    gbc.fill = GridBagConstraints.BOTH;
    gbc.gridx = 0;
```

```
        gbc.gridy = 0;
        add (jb = new JButton (), gbc);
        jb.setBackground (SystemColor.control);
        gbc.fill = GridBagConstraints.HORIZONTAL;
        gbc.gridx = 1;
        add (new JSeparator (), gbc);
        gbc.fill = GridBagConstraints.BOTH;
        gbc.gridx = 2;
        add (jb = new JButton (), gbc);
        jb.setBackground (SystemColor.control);
        gbc.fill = GridBagConstraints.VERTICAL;
        gbc.gridx = 0;
        gbc.gridy = 1;
        add (new JSeparator (), gbc);
        gbc.fill = GridBagConstraints.BOTH;
        gbc.gridx = 1;
        add (jb = new JButton (), gbc);
        jb.setBackground (SystemColor.control);
        gbc.fill = GridBagConstraints.VERTICAL;
        gbc.gridx = 2;
        add (new JSeparator(), gbc);
        gbc.fill = GridBagConstraints.BOTH;
        gbc.gridx = 0;
        gbc.gridy = 2;
        add (jb = new JButton (), gbc);
        jb.setBackground (SystemColor.control);
        gbc.fill = GridBagConstraints.HORIZONTAL;
        gbc.gridx = 1;
        add (new JSeparator (), gbc);
        gbc.fill = GridBagConstraints.BOTH;
        gbc.gridx = 2;
        add (jb = new JButton (), gbc);
        jb.setBackground (SystemColor.control);
    }
}
```

1.2.1.14 JFrame und Windows

Die Hierarchie der Klasse Window ist ein wenig anders, wenn die
Swing Window Klassen hinzugefügt werden.

Wie das Bild zeigt, sind es alle Unterklassen von Window, nicht
von JComponent.

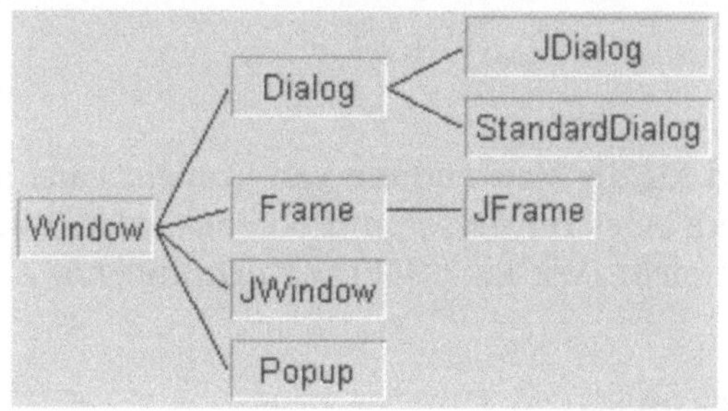

Abbildung 25
Unterklassen von
Window

Das bedeutet u.a., daß sie keine Lightweight-Komponenten sind und nicht transparent sein können.

JFrame ersetzt die Frame-Klasse des AWT. Ein Unterschied ist auch in JWindow und JDialog zu finden. Es werden nicht mehr länger einfach Komponenten hinzugefügt oder Layouts durch setLayout () geändert. Jetzt muß zuvor ein sog. Content Pane geladen werden, erst dann werden die Komponenten hinzugefügt.

Layouts anders ansprechen

Abbildung 26
JFrame

Beispiel 20:

```java
public class Beispiel20
{
  public static void main (String args[])
  {
    JFrame f = new JFrame ("Swing Beispiel20");
    Container c = f.getContentPane();
    c.setLayout (new FlowLayout());
    for (int i = 0; i < 5; i++)
    {
      c.add (new JButton ("Nein")). setBackground
(SystemColor.control);
      c.add (new Button ("Ja"));
    }
    c.add (new JLabel ("Swing"));
    f.setSize (300, 200);
    f.show();
```

```
        }
}
```

Der Grund für die Verwendung von Content Pane liegt darin,
daß das Innere eines Fensters von JRootPane erzeugt wird. Dieses
schützt nicht mehr (wie im AWT) vor dem inneren Ablauf eines
Fensters.

1.2.1.14.1 *JRootPane*

Vater zweier Kinder JRootPane ist ein Container, der zwei Objekte besitzt, Glass Pane
und Layered Pane. GlassPane ist nicht sichtbar, somit ist alles, was
Sie zu sehen bekommen die Layered Pane. Layered Pane selber be-
sitzt wiederum zwei Objekte, ein Content Pane und eine optionale
Menubar. Mit dem Content Pane wird genauso gearbeitet wie mit
Window, Dialog oder Frame im AWT. Die Art und Weise wie Glass
Pane arbeitet entspricht dem Setzen einer Komponente in das Pa-
ne. Diese Komponente erscheint dann „über" der Content Pane.
Daher der Name Layered Pane für den sichtbaren Teil.

Layering Dadurch werden die Funktionalitäten für Popup-Menüs und
Tooltip-Texte gewährleistet. Das Layering wird mit Hilfe der neuen
Komponente JLayeredPane erzeugt, die als nächstes betrachtet
wird.

Normalerweise ist kein großer Unterschied in der Kodierung.
Bisher haben Sie vielleicht folgendes verwendet:

```
aFrame.setLayout (new FlowLayout ());
aFrame.add (aComponent);
```

Dies wird nun folgendermaßen verändert:
```
aFrame.getContentPane ().setLayout (new FlowLayout
());
aFrame.getContentPane ().add (aComponent);
```

Der Rest der Panes wird mit vergleichbaren Methoden ange-
sprochen. Doch geschieht dies wohl eher selten. Das Layout-
Management der Panes wird normalerweise durch einen Custom
Layout Manager verwaltet. Hier einige Methoden:

```
Container getContentPane ();
setContentPane (Container);
Component getGlassPane ();
setGlassPane (Component);
JLayeredPane getLayeredPane ();
setLayeredPane (JLayeredPane);
JMenuBar getMenuBar ();
setMenuBar (JMenuBar);
```

1.2.1.14.2 JLayeredPane

Der Container JLayeredPane verwaltet seine „Kinder" in Layern
(Schichten), um eine Reihenfolge der Darstellung zu definieren.
Wenn eine Komponente einem Pane hinzugefügt wird, spezifizie-
ren Sie, auf welcher Schicht Sie es möchten:

Schichtarbeit

```
layeredPane.add (component, new Integer (5));
```

Es gibt eine Instanzvariable, die den Defaultwert beschreibt:

```
JLayeredPane.DEFAULT_LAYER
```

Es können Werte addiert oder subtrahiert werden, je nachdem,
ob Sie Komponenten über dem Default oder darunter haben
möchten. Der Layout-Manager der Pane bestimmt, was mit den
Schichten passiert. Verwenden Sie FlowLayout oder GridLayout als
Layout, dann werden die Komponenten so angelegt, wie Sie sie
hinzufügen, sie werden nicht übereinander dargestellt.

1.2.1.14.3 JPopupMenu

JPopupMenu tut genau das, was der Name sagt: Es stellt kontext-
sensitive Menüs zur Verfügung (siehe auch linker Mausknopf unter Windows 95). Dies kann für jede JComponent verwendet werden. Das ist vergleichbar mit dem Popup-Menu des AWT, das in
JDK 1.1 eingeführt wurde.

Kontextsensitive
Menüs

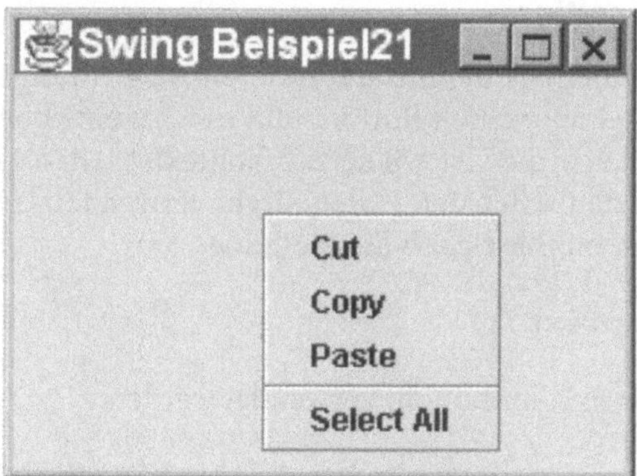

Abbildung 27
JPopupMenu

Beispiel 21:

```java
public class Beispiel21 extends JPanel
{
  JPopupMenu popup = new JPopupMenu ();
  public Beispiel21 ()
  {
    JMenuItem item;
    popup.add (item = new JMenuItem ("Cut"));
    popup.add (item=new JMenuItem ("Copy"));
    popup.add (item=new JMenuItem ("Paste"));
    popup.addSeparator ();
    popup.add (item = new JMenuItem ("Select
All"));
    enableEvents (AWTEvent.MOUSE_EVENT_MASK);
  }

  protected void processMouseEvent (MouseEvent e)
  {
    if (e.isPopupTrigger())
    {
      popup.show (e.getComponent (), e.getX (),
e.getY ());
      super.processMouseEvent (e);
    }
  }
}
```

1.2.1.15 Tooltips

Tooltips kennen Sie bereits aus anderen Anwendungen. Man fährt mit der Maus über einen Button, und es wird eine kurze Erklärung angezeigt. Auch dies ist wiederum kontextsensitiv. JToolTip wird aber nur in den seltensten Fällen direkt verwendet. Um ein Tooltip zu erzeugen, muß lediglich die Methode

```java
setToolTipText ()
```

von der Klasse JComponent verwendet werden.

Beispiel 22:

```java
public class Beispiel22 extends JPanel
{
  public Beispiel22 ()
  {
    JButton myButton = new JButton ("Hello");
    myButton.setBackground (SystemColor.control);
    myButton.setToolTipText ("World");
    add (myButton);
  }
}
```

1.2.1.16 Toolbars

JToolBar erlaubt die Steuerung von Komponenten in der Art von
Toolbars. Jede Applikation hat heute eine Toolbar. Da auch hier
ein Bild mehr als tausend Worte sagt, hier eine Toolbar.

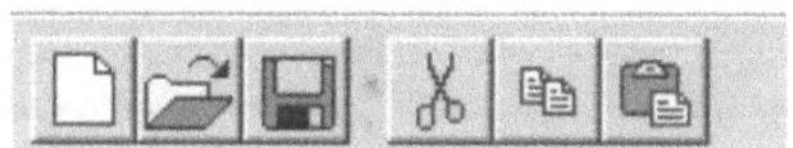

Verschiedene User-Interfaces erlauben sog. floatable Toolbars.
So auch das Default-User-Interface. Wenn dies aber nicht benötigt
wird, dann muß es ausgeschaltet werden. Dies geschieht auf etwas
umständlichem Wege. Das User-Interface muß mit der Methode

```java
getUI ()
```

geladen werden, und Sie müssen eine Klasse besitzen, die Floating
unterstützt. Dann kann mit der Methode

`setFloatable ()` das Floating ausgeschaltet werden.

Da das Verhalten nicht nur für Toolbars gilt, sondern allgemein
zu den Fähigkeiten eines User-Interfaces gehört, ist die Methode
nicht eine Methode von JToolBar.

Beispiel:

```java
// Disabling floating
ToolBarUI ui = toolbar.getUI();
if (ui instanceof BasicToolBarUI)
  ((BasicToolBarUI)ui).setFloatable (false);
```

Wenn JToolBar floatable ist, dann kann es überall auf dem Bildschirm plaziert werden, sogar außerhalb des eigentlichen Containers.

Um das alles zu verdeutlichen, schauen Sie sich das folgende Beispiel an. Sie werden feststellen, daß es keine Restriktionen gibt, welche Komponenten in einer Toolbar erscheinen. Natürlich sollten sie alle dieselbe Größe haben.

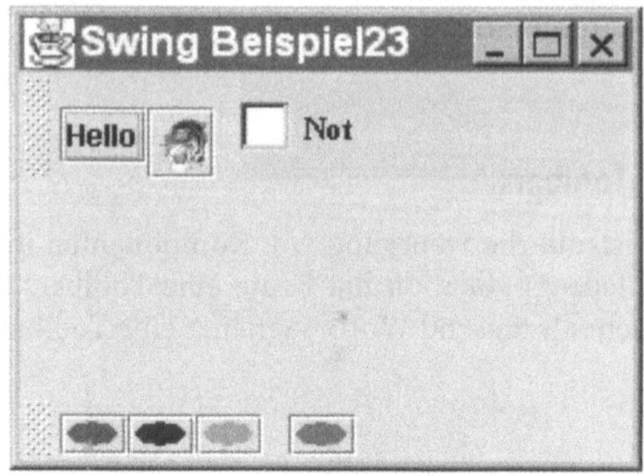

Beispiel 23:

```java
public class Beispiel23 extends JPanel
{
  public Beispiel23 ()
  {
    setLayout (new BorderLayout ());
    JToolBar toolbar = new JToolBar ();
    JButton myButton = new JButton ("Hello");
    toolbar.add (myButton);
    Icon tigerIcon=new ImageIcon ("bild.gif");
    myButton = new JButton (tigerIcon);
    toolbar.add (myButton);
    toolbar.addSeparator ();
    toolbar.add (new Checkbox ("Not"));
    add (toolbar, BorderLayout.NORTH);
    toolbar = new JToolBar ();
    Icon icon = new AnOvalIcon (Color.red);
    myButton = new JButton (icon);
    toolbar.add (myButton);
    icon = new AnOvalIcon (Color.blue);
    myButton = new JButton (icon);
    toolbar.add (myButton);
    icon = new AnOvalIcon (Color.green);
    myButton = new JButton (icon);
```

```java
    toolbar.add (myButton);
    toolbar.addSeparator ();
    icon = new AnOvalIcon (Color.magenta);
    myButton = new JButton (icon);
    toolbar.add (myButton);
    add (toolbar, BorderLayout.SOUTH);
  }

  class AnOvalIcon implements Icon
  {
    Color color;
    public AnOvalIcon (Color c)
    {
      color = c;
    }
    public void paintIcon (Component c, Graphics
g, int x, int y)
    {
      g.setColor (color);
      g.fillOval (x, y, getIconWidth (), getIcon-
Height ());
    }
    public int getIconWidth ()
    {
      return 20;
    }
    public int getIconHeight ()
    {
      return 10;
    }
  }
}
```

Ein gutes Beispiel für das Dragging findet sich auch in dem Beispiel SwingSet, das in Abschnitt 1.2.1.2 SwingSet schon einmal erwähnt wurde.

1.2.1.17 JTabbedPane

Neues
CardLayout

JTabbedPane ist die konsequente Weiterführung des CardLayouts aus dem AWT. Es vereinfacht das Wechseln zwischen verschiedenen Layouts. Mit der Methode

`addTab ()` werden Cards hinzugefügt.

Drei Formen

Es gibt drei Formen für die addTab ()-Methode. Die erste bietet die Möglichkeit, sehr einfach und schnell ein JToolTip dem Tab hinzuzufügen, wohingegen die anderen nur Text, Icon oder beides erlauben. Jede Unterklassen-Komponente kann als Objekt der Card hinzugefügt werden.

Die Methoden lauten:

- addTab (String title, Component component) – Erzeugt ein neues Tab mit dem Titel title und der Komponente, die angezeigt wird, wenn das Tab selektiert wird

- addTab (String title, Icon icon, Component component) – Fügt ein optionales Icon dem Tab hinzu

- addTab (String title, Icon icon, Component component, String tip) – Fügt noch einen String als Tooltip hinzu

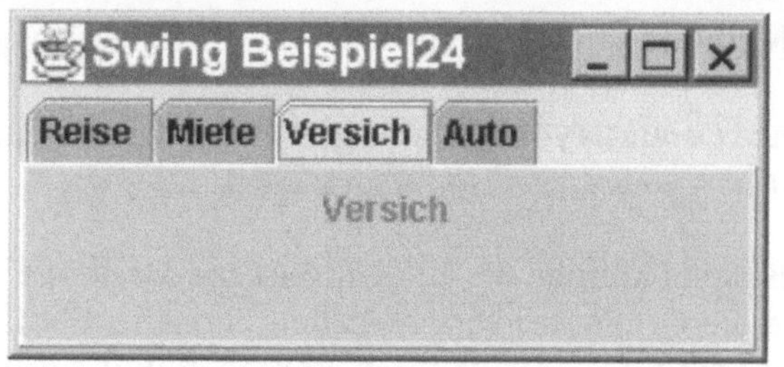

Beispiel 24:

```java
public class Beispiel24 extends JPanel
{
  String tabs[] = {"Reise", "Miete", "Versich",
"Auto"};
  public JTabbedPane tabbedPane = new JTabbedPa-
ne();

  public Beispiel24 ()
  {
    setLayout (new BorderLayout ());
    for (int i = 0; i < tabs.length; i++)
    {
      tabbedPane.addTab (tabs[i], null, createPane
(tabs[i]));
    }
    tabbedPane.setSelectedIndex(0);
    add (tabbedPane, BorderLayout.CENTER);
  }
  JPanel createPane(String s)
  {
    JPanel p = new JPanel();
    p.setBackground (SystemColor.control);
    p.add(new JLabel(s));
    return p;
  }
}
```

1.2.1.18 JSplitPane

Mit JSplitPane bekommt der User die Möglichkeit, zwei Komponenten innerhalb eines Containers in der Größe zu verändern.
Sollen mehr als zwei Komponenten diese Funktionalität besitzen,
dann kann eine JSplitPane in einer JSplitPane plaziert werden. Es
kann auch festgelegt werden, ob das „Splitting" vertikal oder horizontal stattfinden soll.

Größe ändern

Die Methode

`setContinuousLayout` () sorgt dafür, daß jedes Pane aktualisiert wird.

Als Beispiel können Sie an den Netscape Messenger denken, bei dem Sie die Größe der verschiedenen Bereiche modifizieren können und somit das Layout Ihren Vorgaben und Vorlieben anpassen können. Das folgende Bild und Beispiel zeigt das eben Gesagte, auf Java bezogen.

Abbildung 33

JSplitPane

Obiges Bild zeigt ein Layout, bevor der Trenner bewegt wurde. Das folgende Bild zeigt das Layout danach.

Auch hier kann ich wieder nur empfehlen, SwingSet als praktisches Beispiel zu konsultieren.

Abbildung 34

JSplitPane 2

Beispiel 25:

```java
public class Beispiel25 extends JPanel
{
  JComponent createSplitter (int orientation, boo-
lean depth)
  {
    JButton butt1 = new JButton ("One");
    butt1.setBackground (SystemColor.control);
    Component c;
    if (depth)
    {
      int newOrientation = ((orientation ==
JSplitPane.HORIZONTAL_SPLIT) ? (newOrientation =
JSplitPane.VERTICAL_SPLIT) : (newOrientation =
JSplitPane.HORIZONTAL_SPLIT));
      c = createSplitter (newOrientation, false);
    }
    else
    {
      c = new JButton ("Two");
      c.setBackground (SystemColor.control);
    }
    JSplitPane jsp = new JSplitPane (orientation,
butt1, c);
    return jsp;
  }
  public Beispiel25 ()
  {
    setLayout(new BorderLayout (10, 10));
    add (createSplitter (JSplitPa-
ne.HORIZONTAL_SPLIT, false), BorderLayout.NORTH);
    add (createSplitter (JSplitPa-
ne.HORIZONTAL_SPLIT, false), BorderLayout.SOUTH);
    add (createSplitter (JSplitPa-
ne.VERTICAL_SPLIT, false), BorderLayout.WEST);
    add (createSplitter (JSplitPa-
ne.VERTICAL_SPLIT, false), BorderLayout.EAST);
    add (createSplitter (JSplitPa-
ne.VERTICAL_SPLIT, true), BorderLayout.CENTER);
  }
}
```

1.2.1.19 Layouts

Swing hat fünf wesentliche Layout-Manager, zwei davon sind in Komponenten eingegliedert (ScrollPaneLayout und ViewportLayout), die anderen drei (BoxLayout, OverlayLayout und SpringLay-

Fünf Layout-Manager

out) werden genauso verwendet wie im AWT. Das BoxLayout kann auch in Box-Komponenten eingebaut werden.

1.2.1.19.1 *BoxLayout*

Mit dem BoxLayout können die Komponenten entweder entlang der X-Achse oder entlang der Y-Achse angelegt werden. Entlang der Y-Achse heißt, von oben nach unten in der Reihenfolge, in der die Komponenten hinzugefügt werden.

Im Gegensatz zum GridLayout können die Komponenten unterschiedlich viel Platz belegen. Ein JTextField kann wesentlich weniger Platz beanspruchen als z.B. eine JTextArea, die darunter steht. Entlang der nicht primären Achse (also der Y-Achse, wenn die X-Achse ausgewählt wurde) versucht BoxLayout, alle Komponenten so groß zu machen wie die größte Komponente.

Geht der Versuch schief, dann versucht BoxLayout anhand des Alignments der Komponente, diese am besten anzuzeigen. Normalerweise ist das Alignment von Klassen, die von JComponent erben, 0.5, was bedeutet, sie werden zentriert. Die Methoden

```
getAlignmentX ()
getAlignmentY ()
```

können überschrieben werden, um ein anderes Default-Alignment zu verwenden.

JButton z.B. hat standardmäßig Left-Alignment spezifiziert.

Um BoxLayout verwenden zu können, werden zwei Parameter benötigt:

```
setLayout (new BoxLayout (this, BoxLay-
out.Y_AXIS));
```

Der erste Parameter bestimmt den Container, der zweite die primäre Achse. Danach können Komponenten wie früher beim GridLayout oder FlowLayout hinzugefügt werden.

```
add (myComponent);
```

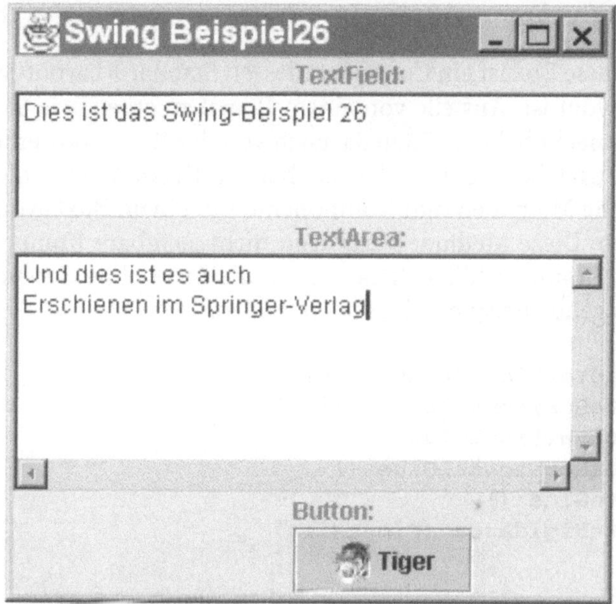

Abbildung 35
BoxLayout 1

Beispiel 26:

```java
public class Beispiel26 extends JPanel
{

  public Beispiel26 ()
  {
// Setzen des Layout als y-axis BoxLayout
    setLayout(new BoxLayout(this, BoxLay-
out.Y_AXIS));

    TextField textField = new TextField();
    TextArea textArea = new TextArea(4, 20);
    JButton button = new Jbutton ("Tiger", new
ImageIcon ("bild.gif"));
    button.setBackground (SystemColor.control);

    add (new JLabel ("TextField:"));
    add (textField);
    add (new JLabel ("TextArea:"));
    add (textArea);
    add (new JLabel ("Button:"));
    add(button);
  }
}
```

1.2.1.19.2 Box

Die Klasse Box ist ein Container, dessen Standard-Layout-Manager BoxLayout ist. Anstelle von einem JPanel zu erben, wie Sie es bisher gemacht haben, hätten Sie auch von der Klasse Box erben können. Zusätzlich zum BoxLayout hat die Klasse noch einige nette statische Methoden, um Komponenten in einem BoxLayout anzuordnen. Diese Methoden erzeugen nicht-sichtbare Komponenten, die als Raumausfüller dienen. Hier die Liste ohne Beschreibung, das folgende Beispiel zeigt die Methoden.

```
createVerticalStrut (int)
createHorizontalStrut (int)
createVerticalGlue ()
createHorizontalGlue ()
createGlue ()
createRigidArea (Dimension)
```


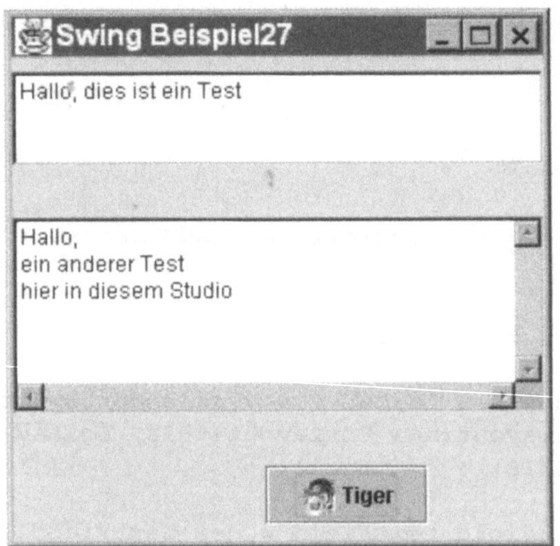

Beispiel 27:

```
public class Beispiel27 extends Box
{

  public Beispiel27 ()
  {
    super (BoxLayout.Y_AXIS);

    TextField textField = new TextField ();
    TextArea textArea = new TextArea (4, 20);
```

```
    JButton button = new JButton ("Tiger", new
ImageIcon ("bild.gif") );
    button.setBackground (SystemColor.control);

    // Teilen der drei Komponenten durch
    // struts und spacing
    add (createVerticalStrut (8));
    add (textField);
    add (createVerticalGlue());
    add (textArea);
    add (createVerticalGlue());
    add (button);
    add (createVerticalStrut (8));
  }
}
```

1.2.1.19.3 ScrollPaneLayout

Dieser Layout-Manager wird von JScrollPane verwendet. Es ist nicht notwendig, diesen selbst zu erzeugen oder an JScrollPane zu binden. Das Layout selber definiert neun Bereiche für JScrollPane:

1 JViewport – im Zentrum des Inhalts
2 JScrollBar Objekte – jeweils eine für horizontales und vertikales Scrollen
2 JViewport Objekte – einen für den Spaltenkopf den anderen für die Zeile
4 Component Objekte – jeweils einen für jede Ecke

Die Konstanten für die Ecken lauten:

```
LOWER_LEFT_CORNER, LOWER_RIGHT_CORNER,
UPPER_LEFT_CORNER, UPPER_RIGHT_CORNER
```

1.2.1.19.4 ViewportLayout

Dieser Layout-Manager wird von JViewport verwendet. Sie sollten ihn niemals selber direkt verwenden.

1.2.1.20 JInternalFrame/JDesktopPane

Die Kombination aus JInternalFrame und JDesktopPane kann dazu verwendet werden, Fenster in den Fenstern zu erzeugen. Damit könnten Sie beispielsweise eine Applikation schreiben, die als Hauptfensterden ganzen Bildschirm verwendet und bei dem die Applikationen in diesem Fenster ihre eigenen Fenster haben. Diese internen Frames können wie die normalen Frames mit allen be-

Java-Desktop

kannten Funktionen wie Ikonifizieren oder Schließen versehen
werden.

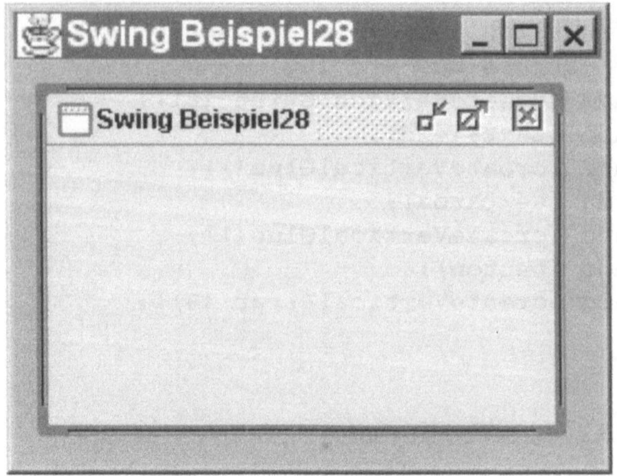

Abbildung 37
Internes Fenster

Beispiel 28:

```java
class Beispiel28 extends JPanel
{
  public Beispiel28 ()
  {
    setLayout (new BorderLayout ());
    JInternalFrame w = new JInternalFrame ("Swing
Beispiel28");
    Container c = w.getContentPane ();
    w.setBounds (10, 10, 170, 150);
    w.setResizable (true);
    w.setClosable (true);
    w.setMaximizable (true);
    w.setIconifiable (true);
    JLayeredPane lc = new JDesktopPane ();
    lc.setOpaque (false);
    lc.add (w, JLayeredPane.PALETTE_LAYER);
    add ("Center", lc);
  }
}
```

1.2.1.21 JFileChooser

Dateiauswahl

JFileChooser ist eine Swing-Implementierung für die Auswahl von
Dateien, wie sie jedes GUI-Betriebssystem zur Verfügung stellt. JFileChooser ist aber komplett in Java geschrieben und daher plattformunabhängig. Es ist relativ einfach, Dateifilter einzubauen, mit

denen nur Dateien mit bestimmter Endung angezeigt werden. Wollen Sie nur Dateien mit der Endung .mif für Framemaker anzeigen, geht das ganz einfach. Vor allem da JavaSoft im Unterverzeichnis demo/jfc/JFileChooserDemo an einem guten Beispiel zeigt, wie der ExampleFileFilter eingesetzt werden kann. Dieser wird ggf. in der nahen Zukunft der DefaultFileFilter für die abstrakte Klasse FileFilter.

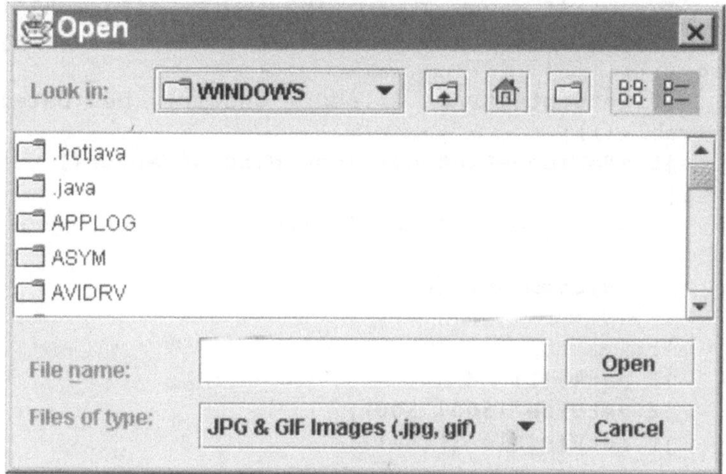

Abbildung 38
JFileChooser

Beispiel 29:

```java
import javax.swing.*;
import javax.swing.filechooser.*;
import java.awt.*;
import java.awt.event.*;

public class DateiAuswahl extends JPanel
{
  public DateiAuswahl ()
  {
    JFileChooser chooser = new JFileChooser ();
ExtensionFileFilter filter = new ExtensionFileFil-
ter ();
    filter.addExtension ("jpg");
    filter.addExtension ("gif");
    filter.setDescription ("JPG & GIF Images");
    chooser.setFileFilter (filter);
    int returnVal = chooser.showOpenDialog (this);
    if (returnVal == JFileChooser.APPROVE_OPTION)
    {
```

```java
      System.out.println ("Folgende Datei wurde
ausgewaehlt: "+ chooser.getSelectedFile
().getName());
    }
  }

  public static void main (String args[])
  {
    JFrame jf = new JFrame ("Swing DateiAuswahl");
    jf.getContentPane ().setLayout (new BorderLay-
out ());
    jf.getContentPane ().add ("Center", new Datei-
Auswahl ());
    jf.addWindowListener (new WindowAdapter()
    {
      public void windowClosing(WindowEvent e)
      {
        System.exit(0);
      }
    });
    jf.pack ();
    jf.setSize (300, 300);
    jf.setVisible (true);
  }

}
```

ExtensionFileFilter.java

Diese Datei stellt einen Dateifilter zur Verfügung, der anhand
der Endung Dateien anzeigt oder wegläßt, wie Sie das von anderer
Software wie z.B. PhotoShop oder WinWord kennen.

```java
import java.io.File;
import java.util.Hashtable;
import java.util.Enumeration;
import javax.swing.*;
import javax.swing.filechooser.*;

public class ExtensionFileFilter extends FileFil-
ter
{
    private static String TYPE_UNKNOWN = "Type Un-
known";
    private static String HIDDEN_FILE = "Hidden
File";

    private Hashtable filters = null;
    private String description = null;
```

```java
    private String fullDescription = null;
    private boolean useExtensionsInDescription =
true;

    public ExtensionFileFilter()
    {
      this.filters = new Hashtable();
    }

    public ExtensionFileFilter(String extension)
    {
      this (extension,null);
    }

    public ExtensionFileFilter(String extension,
String description)
    {
      this();
      if (extension != null)
        addExtension(extension);
      if (description != null)
        setDescription(description);
    }

    public ExtensionFileFilter(String[] filters)
    {
      this(filters, null);
    }

    public ExtensionFileFilter(String[] filters,
String description)
    {
      this();
      for (int i = 0; i < filters.length; i++)
      {
        // add filters one by one
        addExtension(filters[i]);
      }
      if (description != null)
        setDescription(description);
    }

    public boolean accept(File f)
    {
      if (f != null)
      {
        if (f.isDirectory())
        {
```

```java
            return true;
        }
        String extension = getExtension(f);
        if (extension != null && filters.get (ge-
tExtension(f)) != null)
        {
            return true;
        };
    }
    return false;
}


public String getExtension(File f)
{
    if (f != null)
    {
        String filename = f.getName();
        int i = filename.lastIndexOf('.');
        if (i>0 && i<filename.length()-1)
        {
            return filename.substring
(i+1).toLowerCase ();
        };
    }
    return null;
}


public void addExtension(String extension)
{
    if (filters == null)
    {
        filters = new Hashtable(5);
    }
    filters.put(extension.toLowerCase(), this);
    fullDescription = null;
}


public String getDescription()
{
    if (fullDescription == null)
    {
        if(description == null || isExtension-
ListInDescription ())
        {
            fullDescription = description==null ?
"(" : description + " (";
            Enumeration extensions = filters. keys
();
```

```java
            if(extensions != null)
            {
                fullDescription += "." + (String) ex-
tensions.nextElement ();
                while (extensions.hasMoreElements ())
                {
                    fullDescription += ", " +
(String) extensions.nextElement ();
                }
            }
            fullDescription += ")";
        }
        else
        {
            fullDescription = description;
        }
    }
    return fullDescription;
}

    public void setDescription (String descripti-
on)
    {
        this.description = description;
        fullDescription = null;
    }

    public void setExtensionListInDescription
(boolean b)
    {
        useExtensionsInDescription = b;
        fullDescription = null;
    }

    public boolean isExtensionListInDescription ()
    {
        return useExtensionsInDescription;
    }
}
```

1.2.2
Event-Überblick

1.2.2.1 Swing-Event-Objekte

Eigene Events

Ebenso wie das AWT hat auch Swing sein eigenes Event-Package für Swing-spezifische Events. Es gibt Events und Event-Listener, die Event-Sources befinden sich aber außerhalb des Packages.

Tabelle 1
Swing-Events

Eventtyp	Aktionen
AncestorEvent	ancestor added, moved, removed
ChangeEvent	state change
DocumentEvent	document state change (Note: interface)
DragEvent	drag support until Java 1.2
ListDataEvent	contents changed, interval added or removed
ListSelectionEvent	list selection status change
MenuEvent	menu selected/posted, deselected, cancelled
TableColumnModelEvent	table column model change
TableModelEvent	table model change
TreeExpansionEvent	tree expanded or collapsed
TreeModelEvent	tree model change
TreeSelectionEvent	tree selection status change

Während die meisten neuen Events zum schwierigeren Model-View-Control (MVC) gehören, wurde im Menu-Event einiges an geforderten Möglichkeiten eingebaut.

Abbildung 39
Menü als normale
Komponente

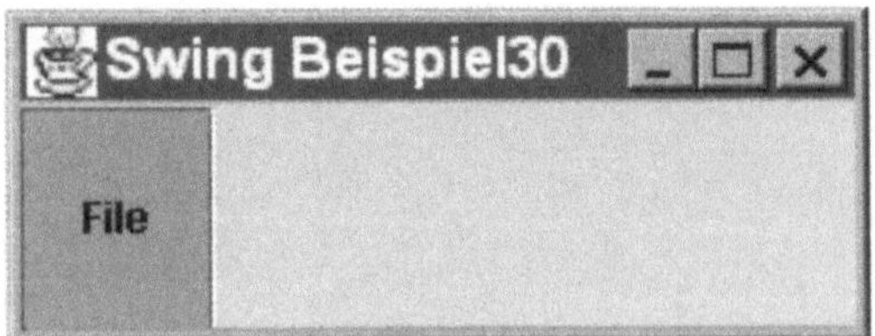

Beispiel 30:

```
import javax.swing.*;
```

```java
import java.awt.*;
import java.awt.event.*;
import javax.swing.event.*;

public class Beispiel30 extends JFrame
{
  public Beispiel30 ()
  {
    setTitle ("Swing Beispiel30");
    JMenuBar jmb = new JMenuBar ();
    getContentPane ().setLayout (new BorderLayout
());
    JMenu file = new JMenu ("File");
    file.addMenuListener (new MenueEvent());

    addWindowListener (new WindowAdapter()
    {
      public void windowClosing(WindowEvent e)
      {
        System.exit(0);
      }
    });
    jmb.add (file);
    getContentPane ().add (jmb);
    pack ();
    setSize (300, 300);
    setVisible (true);
  }

  class MenueEvent implements MenuListener
  {
    public void menuSelected (MenuEvent e)
    {
      System.out.println ("Selected");
    }

    public void menuDeselected (MenuEvent e)
    {
      System.out.println ("Deselected");
    }

    public void menuCanceled (MenuEvent e)
    {
      System.out.println ("Cancelled");
    }
  }

  public static void main (String args[])
```

```
{
   new Beispiel30 ();
}
}
```

1.2.2.2 Swing-Event-Listener

Jedes Listener-Interface gehört zu einem Event-Typ und beinhaltet
eine Methode für jeden dieser Events.

Beispiel:

Der ListDataListener enthält drei Methoden, jeweils eine für jeden
Typ von Event:

```
contentsChanged ()
intervalAdded ()
intervalRemoved ()
```

Zusammenfassung der Listener-Interfaces und Methoden:

Interface	Methoden
AncestorListener	ancestorAdded(AncestorEvent e) ancestorMoved(AncestorEvent e) ancestorRemoved(AncestorEvent e)
ChangeListener	stateChanged(ChangeEvent e)
DocumentListener	changedUpdate(DocumentEvent e) insertUpdate(DocumentEvent e) removeUpdate(DocumentEvent e)
ListDataListener	contentsChanged(ListDataEvent e) intervalAdded(ListDataEvent e) intervalRemoved(ListDataEvent e)
ListSelectionListener	valueChanged(ListSelectionEvent e)
MenuListener	menuCancelled(MenuEvent e) menuDeselected(MenuEvent e) menuSelected(MenuEvent e)
TableColumnModel-Listener	columnAdded (TableColumnModelEvent e) columnMarginChanged(ChangeEvent e columnMoved(TableColumnModelEvent e) columnRemoved(TableColumnModelEvent e) columnSelectionChanged(ListSelectionEvent e)

TableModelListener	tableChanged(TableModelEvent e)
	tableRowsInserted(TableModelEvent e)
	tableRowsRemoved(TableModelEvent e)
TreeExpansionListener	treeCollapsed(TreeExpansionEvent e)
	treeExpanded(TreeExpansionEvent e)
TreeModelListener	treeNodesInserted(TreeModelEvent e)
	treeNodesRemoved(TreeModelEvent e)
	treeStructureChanged(TreeModelEvent e)
TreeSelectionListener	valueChanged(TreeSelectionEvent e)

Im Moment gibt es keine Adapterklassen für die Events, wie im AWT. Das bedeutet, wenn Sie nur eine Methode benötigen, müssen Sie trotzdem alle Methoden implementieren, auch wenn sie leer sind.

Ebenso wie auch die Klasse PropertyChangeSupport aus Java-Beans, unterstützt Swing eine Klasse, die die EventListener-Liste verwaltet und die Delegation bewältigt. Die Klasse EventListener-List existiert für alle Arten von Listenern.

1.2.2.3 Swing-Event-Sources

Swing-Events werden von Swing-Komponenten ausgelöst. Die folgende Tabelle zeigt die Quellen der Events an. Vergessen Sie dabei nicht die Klassenhierarchie. Wenn z.B. AbstractButton die Quelle des Events darstellt, so gilt das auch für alle Unterklassen. Dasselbe gilt dann auch für JComponent etc.

Die Tabelle stellt das folgendermaßen dar: Für jede Klasse der linken Spalte gibt es eine add- und remove-Methode für den Event-Listener der rechten Spalte, was bedeutet, daß die Klasse eine Quelle für einen Event ist.

Klasse	Listener
AbstractButton DefaultButtonModel JDirectoryPane JTextField Timer	ActionListener
JScrollBar Spinner	AdjustmentListener
JComponent	AncestorListener
DefaultCellEditor	CellEditorListener
AbstractButton	

DefaultBoundedRangeModel DefaultButtonModel DefaultCaret DefaultSingleSelectionModel FontChooser.Patch JProgressBar JSlider JTabbedPane JViewport StandardDialog StyleContext	ChangeListener
AbstractDocument	DocumentListener
AbstractButton DefaultButtonModel JComboBox	ItemListener
AbstractListModel	ListDataListener
DefaultListSelectionModel JList	ListSelectionListener
JMenu	MenuListener
AbstractAction DefaultTreeSelectionModel DirectoryModel JComponent TableColumn	PropertyChangeListener
DefaultTableColumnModel	TableColumnModelListener
AbstractTableModel	TableModelListener
JTree	TreeExpansionListener
DefaultTreeModel	TreeModelListener
DefaultTreeSelectionModel JTree	TreeSelectionListener
JComponent	VetoableChangeListener
JPopupMenu	WindowListener

Als Erinnerung: Hier folgen die geerbten Listener von Component, Container und Window.

Komponente	Listener
Component	ComponentListener FocusListener KeyListener MouseListener MouseMotionListener
Container	ContainerListener
Window	WindowListener

1.3
Erweiterte Swing-Möglichkeiten

1.3.1
Einführung

Dieser Teil geht über das bisher Gesagte hinaus. Ab diesem Abschnitt wird Swing nicht mehr nur als AWT-Ersatz oder Verbesserung gesehen, sondern die erweiterten Möglichkeiten der Datenmodellierung stehen im Mittelpunkt:

Datenmodellierung

Die Model-View-Control-Architektur!

Außerdem werden die Modelle Document und Table genauer betrachtet, die Unterstützung für die Darstellung von Dokumenten und mehrspaltigen Daten liefern. Die Ziele dieses Unterkapitels sind:

- Erlernen der Basiskonzepte für Swing (nicht nur AWT)
- Komplexe GUI-Architekturen mit Swing
- Verständnis für das Swing-Text-Document-Modell
- Erzeugen des eigenen pluggable Look&Feel

In Kapitel 1.2 haben Sie die generellen Komponenten wie z.B. den Layout-Manager kennengelernt und die dazugehörigen neuen Events. In diesem Teil geht es nun darum, die erweiterten Möglichkeiten von Swing zu betrachten. Zunächst wird eine Einführung in die Model-View-Controller-Architektur gegeben, die im Hintergrund arbeitet. Dann wird dieses Wissen verwendet, um damit zu zeigen, wie ein besseres GUI entwickelt werden kann.

Komponenten für MVC

Danach werden die Komponenten, die Gebrauch von MVC machen, ausführlicher beschrieben. Das sind:

- JTree
- JList
- JComboBox
- JTextPane
- JTable

Zu guter Letzt werden die notwendigen Schritte beschrieben, um ein eigenes pluggable Look&Feel zu erzeugen.

Hier nun wieder das Beispiel des SwingSet mit den verschiedenen Look&Feels. Am Anfang haben Sie den Standard gesehen, der immer das Metal Look&Feel startet. Jetzt gehen Sie auf Motif und Sie erhalten folgendes:

Abbildung 40

SwingSet im Motif-Look

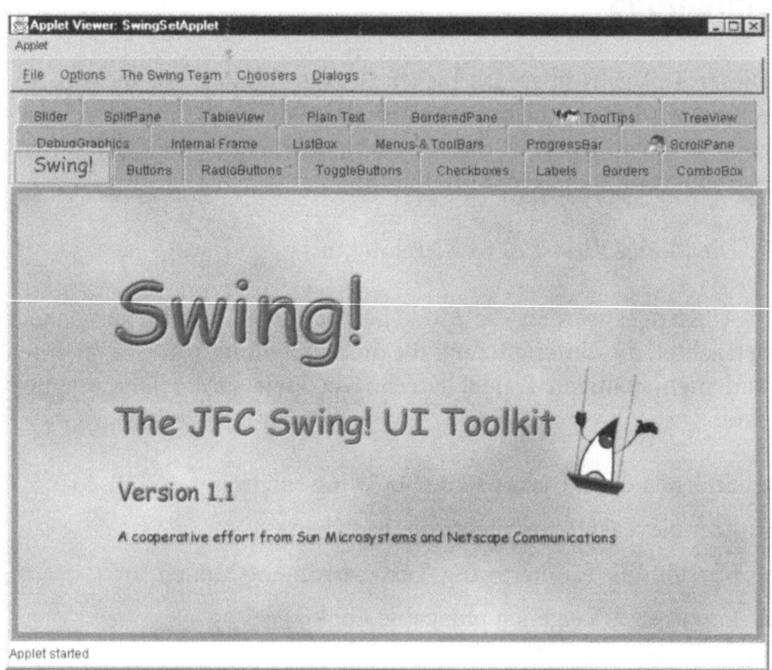

Sie sehen dasselbe Programm mit einem anderen Look&Feel. Und wenn Sie nun Windows verwenden wollen, dann können Sie dies hier anklicken und erhalten ein Aussehen, wie Sie es von Windows kennen. Und um genau diese Mechanismen geht es jetzt.

1.3.2
Model-View-Controller-Architektur

1.3.2.1 Überblick

Es gibt viele Wege, mit Swing ein GUI zu entwickeln. Wie Sie in Kapitel 1.2 gesehen haben, können Sie Swing genauso verwenden wie das AWT, mit einigen kleinen Verbesserungen und Erweiterungen. Wenn Sie diesen Weg gehen möchten, ist der Übergang von JDK 1.1.X ohne Swing zu JDK 1.2 mit Swing leicht.

Aber Swing bietet viel mehr als das. Mit der neuen Architektur, die den schönen Namen Model-View-Controller-Architektur trägt, haben die Entwickler von Swing dem Applikations-Programmierer ein mächtiges Werkzeug an die Hand gegeben, um das Aussehen des GUI zu bestimmen: wie es z.B. auf Eingaben reagieren soll und wie die Daten für die komplexeren Komponenten repräsentiert werden sollen.

An dieser Stelle soll zunächst Grundlegendes zur Sprache kommen, auf das dann später immer wieder zurückgegriffen wird. Wenn Sie es nicht erwarten können, dann können Sie auch gleich zu Abschnitt 1.3.3 gehen.

Neben dem erweiterten Satz von Komponenten und der verbesserten Funktionalität hat Swing einen noch größeren Vorteil, das MVC. MVC ist ein sog. Design Pattern, das häufig für den Bau von UIs verwendet wird. In einem MVC UI gibt es drei Kommunikationsobjekte: das Modell (the model), die Ansicht (the view) und den Steuerer (the controller). Ich werde ab hier die englischen Begriffe verwenden.

- Das Modell ist die darunterliegende logische Repräsentation.

- Der View ist die visuelle Darstellung.

- Der Controller kümmert sich um die Ein- und Ausgabe.

Wenn sich ein Modell ändert, werden alle Ansichten, die davon abhängen, darüber informiert. Diese Aufteilung des Status und der Präsentation erweist sich aus folgenden Gründen als sehr vorteilhaft:

1. Es können mehrere Views auf ein und demselben Modell basieren. Zum Beispiel können Daten in einer Tabelle als auch in Chartform präsentiert werden. Werden die Daten geändert,

dann werden beide Views davon in Kenntnis gesetzt und erhalten somit die Möglichkeit sich selber zu aktualisieren.

2. Da Modelle nichts über die Präsentation aussagen, können beliebig viele Views erzeugt oder modifiziert werden, ohne das Modell in irgendeiner Form zu berühren.

Ein View verwendet einen Controller, um sein Antwortverhalten zu spezifizieren. Zum Beispiel bestimmt der Controller, welche Aktionen ausgeführt werden sollen, wenn eine Tastatureingabe gemacht wird.

Obwohl das MVC für UIs entwickelt wurde, ist es damit durchaus möglich, ähnliche Mechanismen (z.B. die Kommunikation zwischen Modell und View) auch für nicht-sichtbare Objekte zu implementieren. Ein Objekt vom Typ Modell kann andere Objekte informieren, wenn sich etwas geändert hat, ohne genau zu wissen, was die Details des Objektes sind. Seit JDK 1.0 gibt es in Java diesen Mechanismus mit den Objekten Observer/Observable aus dem Package java.util.

1.3.2.2 Swing-Component-Architektur und MVC

1.3.2.2.1 Swings Delegation

Swing repräsentiert die Komponenten in einer Variation des MVC. Diese Variation besagt, daß View und Controller in einem Objekt zusammengefaßt sind, das sog. Delegate. Wenn Sie bereits unter NextStep/OpenStep und Objective-C programmiert haben, dürfte Ihnen das bekannt vorkommen.

Das Delegate repräsentiert sowohl das Modell, wie ein View das auch tut, und übersetzt ebenso wie der Controller die User-Eingaben in das Modell. Die Kommunikation zwischen View und Controller ist sehr komplex. Die Kombination zwischen beiden vereinfacht das Design von Komponenten.

Als Beispiel denken Sie an eine Checkbox. Egal, wie diese visuell dargestellt wird, der Status ist immer entweder true oder false. Dies hängt mit dem Modell von Checkbox zusammen. Wie diese beiden Zustände am Bildschirm sichtbar gemacht werden, liegt im Delegate-View. Klickt ein User mit der Maus auf die Checkbox, dann ist der Delegate-Controller dafür verantwortlich, daß diese Veränderung weitergeleitet wird.

Normalerweise verwendet der Delegate, der mit einer Checkbox eingesetzt wird, eine Box, die abgehakt werden kann, um den Status true anzuzeigen, und eine „leere" Box, um false anzuzeigen. Die Klicks dazwischen verändern den Status. In dieser Art und Weise spiegelt der Delegate-View das Modell und der Delegate-Controller übersetzt Anwendereingaben in das Modell.

Swing-Komponenten sind, wie Sie gesehen haben, Unterklassen von JComponent, wie z.B. JButton. Zu jedem Zeitpunkt besitzt eine JComponent ein Modell und ein Delegate, das damit verbunden ist. Mögliche Modelle für spezielle Komponenten sind Klassen, die das Model-Interface implementieren, das spezifisch für diese JComponent ist. Damit eine Klasse wie ein Button-Modell fungieren kann, muß sie das ButtonModel-Interface implementieren. Ebenso sind Delegates Implementierungen des Delegate-Interfaces dieser speziellen Komponente. Das ButtonUI definiert das Delegate von JButton. Das folgende Bild soll dies veranschaulichen.

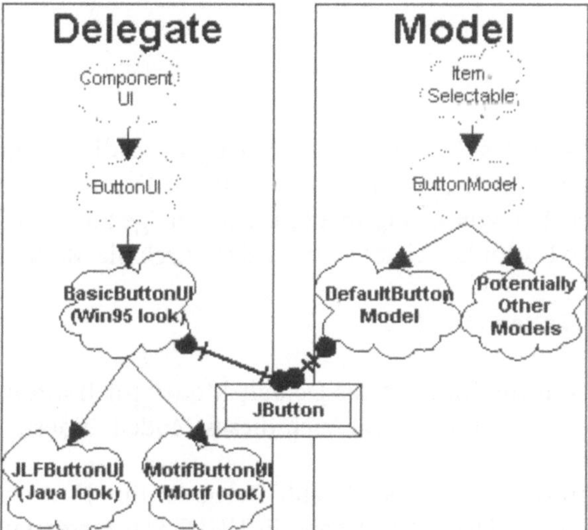

Abbildung 41
JButton-Delegation

Wie oben schon bemerkt, kann eine JComponent verschiedene Modelle und Delegates haben. Diese verschiedenen Modelle werden mit den Methoden

```
getModel ()
setModel ()
```
angesprochen, Delegates stehen für die Methoden

```
setUI ()
getUI ()
```
zur Verfügung.

Basisfunktionalität Alle Delegates, wie das eben erwähnte ButtonUI, erweitern (erben) das ComponentUI und sind Teil des Packages javax.swing.plaf. ComponentUI enthält Basisfunktionalität, um zu definieren, wie ein Delegate mit einer JComponent zusammenarbeitet. Die primäre Methode dieses Interfaces ist in Applets zu sehen: die Methode paint (). Zusammen mit anderen Methoden wie z.B. getPreferredSize () und getMinimumSize () beschreiben diese ComponentUI-Methoden den View-Teil des Delegates. Geerbte Interfaces von ComponentUI bestimmen den Controller-Teil des Delegates.

Um das Beispiel des JButton zu komplettieren, schauen Sie sich das ButtonModel und das ButtonUI-Interface an und ihre Default-Implementierungen. ButtonModel verwendet Methoden wie

```
isPressed ()
setPressed ()
```

um den Status des Buttons anzuzeigen, egal, wie dieser Button grafisch dargestellt wird. Die meiste Funktionalität, die ButtonUI beinhaltet, erbt es von ComponentUI. Die einzige zusätzliche Information, die ButtonUI, bietet ist inset size durch die Methode

```
getDefaultMargin ().
```

DefaultButtonModel ist das Default-Modell für JButton. Es wird wohl selten vorkommen, daß sich dieses Modell ändert, denn ein Button ist ein Button.

BasicButtonUI ist das Default-Delegate für JButton. MotifButtonUI ist das Default-Delegate für UNIX-Plattformen usw.

1.3.2.3 Look and Feel

Keine nativen Peers Swing und AWT verwenden beide dasselbe Konzept: die Trennung der Darstellung des GUI von den Klassen, die dieses GUI zusammenbauen. Im AWT hatte jede Komponente eine sog. „native peer class", die die Umsetzung von der Java-Komponente in die Betriebssystemkomponente übernahm. Das hat der Programmierer aber meist nicht bemerkt und gesehen. Zum Beispiel bedeutet dies, daß java.awt.Button unter Windows 95 wie ein Windows 95-Button aussieht und unter Solaris wie ein Motif-Button. Wie dem auch sei, der Entwickler hatte keinen Einfluß auf diesen Prozeß. Es gab nur eine Darstellungsmöglichkeit für Buttons mit Windows, für Buttons mit UNIX usw. Die Trennung war lediglich eine Vereinfachung für die Plattformunabhängigkeit.

Die Basis der Swing-Komponenten ist die Lightweight-Architektur, die in JDK 1.1 eingeführt wurde. Als solche haben die Komponenten keine Peer-Klassen mehr, und sie verwenden auch keine nativen Komponenten des Betriebssystems. Anstelle dessen sind sie Teil des MVC-Frameworks.

Anders als im AWT können Swing-Komponenten auf verschiedenen Plattformen verschiedenes Aussehen annehmen, wie Sie im SwingSet gesehen haben. Dieses Konzept wird durch das Look&Feel beschrieben.

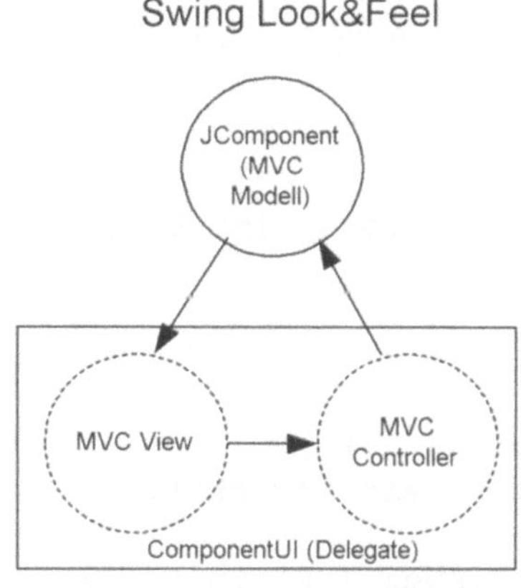

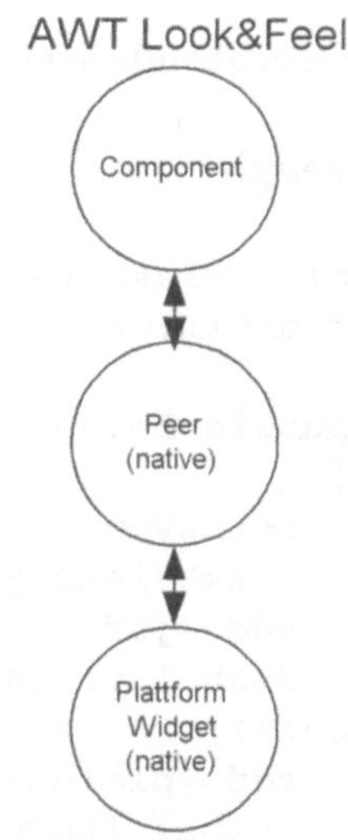

Abbildung 42
Vergleich: Look & Feel bei Swing und AWT

Wegen der modularen Natur von MVC kann jedes auf Swing basierende GUI als Ganzes wie eine Windows-Applikation oder wie eine Motif-Applikation aussehen oder eben ein Java Look&Feel haben. Hinzu kommt noch, daß der Entwickler selbst andere Look&Feels implementieren kann, und zwar mit minimalem Aufwand. Diese Fähigkeit wird „Pluggable Look&Feel" genannt. Eine Veränderung des Look&Feels kann, wie Sie gesehen haben, zur Laufzeit gemacht werden.

Dies wird durch den Aufruf des Objektes AbstractLookAndFeel erreicht, welches das Mapping von JComponents mit ComponentUIs vornimmt. Das Setzen von AbstractLookAndFeel für eine Applikation verändert das ganze GUI. Damit ein GUI einer Applikation aussieht wie das Java Look&Feel, muß das folgende programmiert werden:

```
try
{
  UIManager.setLookAndFeel ("ja-
vax.swing.plaf.metal.MetalLookAndFeel");
}
catch (java.lang.ClassNotFoundException e)
{
// Wenn ein Wechsel aus welchen Gründen auch
// immer nicht
// möglich ist
}
```

Oder ausführlicher, für alle Look&Feels in separaten Methoden:

Beispiel 31:

```
public class Beispiel31 extends JPanel implements
ActionListener
{
  public Beispiel31 ()
  {
    setLayout (new GridLayout (3, 3));
    JTextField jtf = new JTextField ("Text");
    add (jtf);
    JLabel plainLabel = new JLabel ("Plain Small
Label");
    add (plainLabel);
    JLabel fancyLabel = new JLabel ("Fancy Big La-
bel");
    Font fancyFont = new Font ("Serif", Font.BOLD
| Font.ITALIC, 32);
    fancyLabel.setFont (fancyFont);
    // Erzeugen eines Icons
    Icon tigerIcon = new ImageIcon ("bild.gif");
    // Plazieren des Icons in den Label
    fancyLabel.setIcon (tigerIcon);
    // Text rechts vom Icon anordnen
    fancyLabel.setHorizontalAlignment (JLa-
bel.RIGHT);
    add (fancyLabel);
    JCheckBox jcb = new JCheckBox ("Auswahl");
    add (jcb);
    JRadioButton jrb = new JRadioButton ("Ra-
dio/TV");
    add (jrb);
    String[] data = {"eins", "zwei", "drei"};
    JList dataList = new JList (data);
    add (dataList);
```

```java
      JButton jbmetal = new JButton ("Metal");
      jbmetal.addActionListener (this);
      add (jbmetal);
      JButton jbwin = new JButton ("Windows");
      jbwin.addActionListener (this);
      add (jbwin);
      JButton jbmotif = new JButton ("Motif");
      jbmotif.addActionListener (this);
      add (jbmotif);
   }

   public void actionPerformed (ActionEvent e)
   {
      if (e.getActionCommand ().equals ("Windows"))
      {
         System.out.println ("Windows");
         setWindows ();
      }
      if (e.getActionCommand ().equals ("Motif"))
      {
         System.out.println ("Motif");
         setMotif ();
      }
      if (e.getActionCommand ().equals ("Metal"))
      {
         System.out.println ("Metal");
         setJLF (); // oder setNative ()
      }
   }

   public void setWindows ()
   {
      try
      {
      UIManager.setLookAndFeel
("com.sun.java.swing.plaf.windows.WindowsLookAndFe
el");
         SwingUtilities.updateComponentTreeUI (this);
      }
      catch (Exception e)
      {
         e.printStackTrace();
      }
   }
   public void setMotif ()
   {
      try
      {
```

```java
        UIManager.setLookAndFeel
("com.sun.java.swing.plaf.motif.MotifLookAndFeel")
;
        SwingUtilities.updateComponentTreeUI (this);
      }
    catch (Exception e)
      {
        e.printStackTrace();
      }
  }

  public void setJLF()
  {
    try
      {
        UIManager.setLookAndFeel ("ja-
vax.swing.plaf.metal.MetalLookAndFeel");
        SwingUtilities.updateComponentTreeUI (this);
      }
    catch (Exception e)
      {
        e.printStackTrace();
      }
  }

  public void setMac()
  {
    try
      {
        UIManager.setLookAndFeel
  ("javax.swing.plaf.mac.MacLookAndFeel");
        SwingUtilities.updateComponentTreeUI (this);
      }
    catch (Exception e)
      {
        e.printStackTrace();
      }
  }

  public void setNative ()
  {
    try
      {
        UIManager.setLookAndFeel (UIManager. getSy-
stemLookAndFeelClassName ());
        SwingUtilities.updateComponentTreeUI (this);
      }
    catch (Exception e)
```

```java
    {
        e.printStackTrace();
    }
}
```

Das Metal Look&Feel hat ein Java-natives Aussehen, das mit Swing mitgeliefert wird. Es kommt mit mehreren sog. Themes. Diese stellen verschiedene Farbkombinationen dar. Im Verzeichnis demo/jfc/MetalWorks finden Sie die verschiedenen Themes. Damit kann gewährleistet werden, daß der User, egal an welchem Rechner mit welchem Windows (X, 95, 98, NT, MacOS) er arbeitet, immer dasselbe Aussehen bekommt.

Themes

Später wird noch erläutert, wie Sie Ihr eigenes Look&Feel entwickeln können.

1.3.3
Drei Wege, ein Swing-GUI zu entwerfen

Glücklicherweise können Sie das meiste der angesprochenen Internals ignorieren, wenn es darum geht, einfache GUIs zu entwerfen.

Wie Sie zuvor gesehen haben, können Sie Ihr GUI genauso entwerfen, wie Sie es mit AWT getan hätten. Es kommen aber noch zwei Techniken hinzu, die flexible und mächtige GUIs mit MVC erlauben:

Hier sind drei Möglichkeiten, die danach im Detail erläutert werden:

1. Einfaches GUI-Design: Instantiieren von Komponenten, Hinzufügen zu dem entsprechenden Container, Auswählen eines Look&Feel für das gesamte GUI (sehr nahe am AWT)

2. Komplexes GUI-Design: Auch wenn Swing es nicht explizit angibt, können Komponenten in einer MVC-Umgebung miteinander interagieren. Eine Komponente kann als Controller fungieren, indem sie auf Eingaben reagiert und dann das Datenmodell verändert. Dieses leitet die Information dann an die anderen Widgets weiter, die den View verändern.

3. Komplexe Widget-Architektur: Einige Swing-Komponenten wie JList, JTree und die Textkomponenten sind am mächtigsten, wenn der Programmierer das Modell und Teile des Delegates bestimmt. In dieser Weise kann z.B. eine Gruppe von Komponenten in einem JList-Widget dargestellt werden.

Die ersten beiden Punkte werden anhand eines ausführlichen Beispiels erklärt, während der dritte Punkt bei der detaillierten Betrachtung der genannten Komponenten erläutert wird.

1.3.3.1 Einfaches GUI-Design mit Swing

Wie schon erwähnt, können GUIs in derselben Art entwickelt werden wie im AWT. Daher genügt das folgende Beispiel zur Erläuterung.

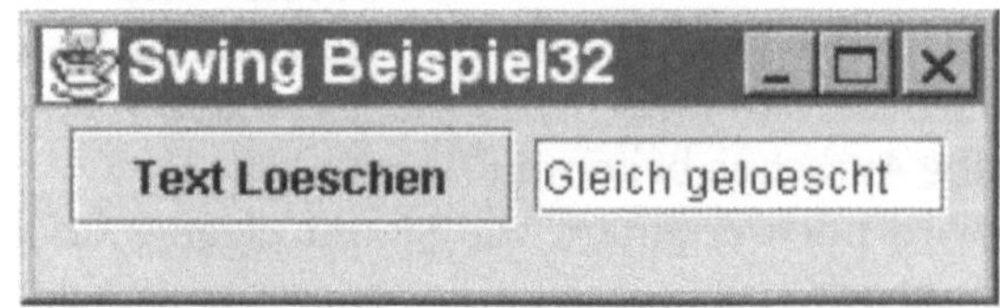

Beispiel 32:

```java
// Erben von JPanel, um die Widgets in das
// Panel zu plazieren
class SimplePanel extends JPanel
{
  // Die beiden Komponenten
  JTextField textField;
  JButton button;

  // Konstruktor für JPanel
  // Hier wird ein Grossteil erledigt
  public SimplePanel()
  {
    // Erzeugen eines JButton
    button = new JButton ("Text Loeschen");

    // Dem Panel hinzufuegen
    add (button);

    // Erzeugen eines JTextField mit 10
    // sichtbaren Spalten
    textField = new JTextField (10);
    // Dem Panel hinzufuegen
    add (textField);

    // Eventlistener fuer JButton
    // der JTextField loescht; wir verwenden
    // "inline" Methoden
```

```java
      button.addActionListener (new ActionListener
()
      {
        public void actionPerformed(ActionEvent e)
        {
          textField.setText("");
        }
      });
    }
}


// Erzeugen eines einfachen Frameworks
// um das Panel anzuzeigen
// Dieses Framework kann auch fuer andere
// Panels mit wenigen Modifikationen
// verwendet werden

// Erben von JFrame, damit wir ein Fenster
// anzeigen koennen
public class Beispiel32 extends JFrame
{

  // Setzen der Konstanten
  static final int WIDTH = 300;
  static final int HEIGHT = 100;

  // Konstruktor fuer unseren Frame
  public Beispiel32 (String title)
  {
    // Titel setzen
    super(title);

    // Hintergrundfarbe setzen
    setBackground(Color.lightGray);

    // Instantiieren und hinzufuegen von
    // SimplePanel zum Frame
    SimplePanel simplePanel = new SimplePanel ();
    // das ist jetzt neu, die Panes, wie wir
    // ja besprochen haben
    Container c = getContentPane ();
    c.add (simplePanel, BorderLayout.CENTER);
  }
}
```

1.3.3.2 Komplexes GUI-Design mit Swing

Dieser Teil handelt hauptsächlich davon, wie Sie Events in einem Swing-GUI behandeln. Dies wird an zwei Beispielen erläutert. Im ersten werden Events in einer einfachen AWT-1.1-Weise als Adapter verwendet. Danach werden die Probleme diskutiert, die mit der Flexibilität einhergehen. Es werden Alternativen untersucht und zum Schluß erhalten Sie ein Beispiel unter Verwendung des MVC. Es ist wesentlich komplexer, aber dafür wartbarer und flexibler auf lange Sicht.

Abbildung 44
Einfacher Event

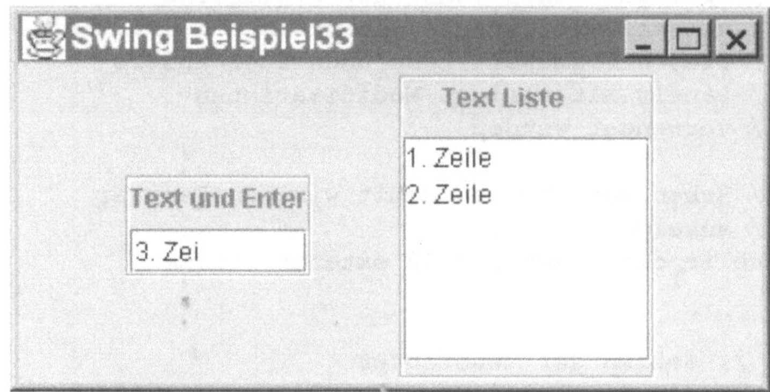

Beispiel 33:

```java
// Das ist eine kleine Applikation,
// die einen einfachen Weg aufzeigt,
// wie Widgets in einem GUI interagieren.
// Neben einem JTextField und einer
// JTextArea wird noch ein ActionListener
// dem Textfeld hinzugefuegt. Damit wird
// die Zeile des Textfeldes der TextArea
// hinzugefuegt

import java.awt.*;
import java.awt.event.*;
import javax.swing.*;

public class Beispiel33 extends JFrame
{
    static final int WIDTH=350;
    static final int HEIGHT=180;
    JTextField textField;
    JTextArea textList;
    JScrollPane pane;
```

```java
  public Beispiel33 (String lab)
  {
    super (lab);
    setBackground (Color.lightGray);

    // Erzeugen eines Containers fuer das
    // Textfeld
    JPanel textPanel = new JPanel ();

    // Eine Border geben, zur Hervorhebung
    // Per default haben Panels keine
    // Border
    textPanel.setBorder (BorderFactory. crea-
teEtchedBorder ());

    textPanel.setLayout (new BorderLayout ());

    JLabel textTitle = new JLabel ("Text und
Enter");
    textPanel.add(textTitle, BorderLayout.NORTH);
    textField = new JtextField ();
    textPanel.add (textField, BorderLayout.SOUTH);

    // Ein strut TextPanel hinzufuegen als
    // unterer Rand
    textPanel.add(Box.createVerticalStrut(6));

    // Erzeugen eines Containers fuer TextArea
    JPanel listPanel = new JPanel ();
    listPanel.setBorder (BorderFactory. crea-
teEtchedBorder());
    listPanel.setLayout(new BoxLayout (listPa-
nel,BoxLayout.Y_AXIS));
    JLabel title = new JLabel ("Text Liste");
    listPanel.add (title);
    listPanel.add (Box.createVerticalStrut (10));

    textList = new JTextArea("", 6, 10);
    textList.setEditable(false);
    pane = new JScrollPane (textList);
    listPanel.add(pane);
    listPanel.add(Box.createVerticalStrut(6));

    // Einen Listener dem Textfeld
    // hinzufuegen
    textField.addActionListener (new ActionListe-
ner()
```

```java
        {
          public void actionPerformed (ActionEvent e)
          {
            // Anhaengen des Textfeldtextes
            // an textList
            textList.append (textField.getText());
            textList.append("\n");
            pane.validate();
            textField.setText("");
          }
        });

        Container c = getContentPane ();
        c.setLayout (new FlowLayout ());
        c.add (textPanel);
        c.add (Box.createHorizontalStrut (30));
        c.add (listPanel);
    }

    public static void main (String args[])
    {
        Beispiel33 frame = new Beispiel33 ("Swing Bei-
spiel33");

        frame.addWindowListener (new WindowAdapter ()
        {
          public void windowClosing (WindowEvent e)
          {
            System.exit (0);
          }
        });

        frame.setSize(WIDTH, HEIGHT);
        frame.setVisible(true);
    }
}
```


Dieses GUI-Framework funktioniert gut für einfache Anwendungen. Wenn jedoch die Widgets in einer Anwendung ein schwierigeres Verhältnis haben, hat die einfache Adapterannäherung einige Schwächen.

Betrachten Sie ein anderes Szenario, in dem Sie ein drittes Widget erstellen möchten, ein avgField, das den Durchschnitt der in textList eingetragenen Zahlen berechnet und das Resultat anzeigt. Mit der gleichen einfachen Adapterarchitektur haben Sie drei Möglichkeiten, dies auszuführen. Jede hat jedoch Schwächen. Betrachten Sie im folgenden diese drei Möglichkeiten und dann noch eine vierte mit MVC, um das Problem zu lösen.

1. Sie können einen anderen Adapter verwenden, um eine Verbindung von Benutzereingaben mit dem textField-Objekt und dem avgField-Objekt herzustellen. In diesem Listener jedoch müssen Sie das textList-Objekt ansprechen, um die Durchschnittsfunktion auszuführen. Jetzt fungiert das textList in zwei Rollen. Es zeigt die Zahlen, die in das textField eingetragen sind, und es füttert das avgField-Objekt mit einer Liste von Zahlen zur Durchschnittsberechnung. In MVC-Bezeichnungen heißt das, daß textList jetzt eine Ansicht (einen View) und ein Modell ist. Außerdem garantiert das AWT-Eventmodell nicht, daß diese Anordnung arbeitet. Das textField-Objekt hat zwei ActionListener. Es gibt keine Garantie für die Reihenfolge der Events im AWT. Das avgField könnte den Event vor dem textList-Objekt verarbeiten. In diesem Fall nimmt die neueste eingetragene Zahl nicht an der Durchschnittsfunktion teil. Dieses Problem kann mit einer speziellen Art Adapter überwunden werden, der ein sequentielles Multicasting der Events handhaben kann, wobei aber die Mischrolle von textList bestehen bleibt. *Anderer Adapter*

2. Sie können einen Adapter dem textList-Objekte anstatt des textField-Objektes hinzufügen. Wenn sein Inhalt geändert wird, erneuert textList das avgField. Dieses beseitigt nicht das Problem von textList, das in zwei Rollen fungiert. Es löst jedoch das Problem der Reihenfolge der Aktualisierung. Ein neues Problem mit diesem Design entsteht, wenn Sie anfangen, die Spur zu verlieren, wo die Events auftreten. Sie verketten Events von einem Widget an das andere. Dies kann schwer zu verfolgen sein. *Adapter anders hinzufügen*

3. Sie können den Code hinzufügen, um das avgField zum gleichen Adapter zu aktualisieren, der das textList aktualisiert. Dieses gewährleistet die Reihenfolge von Events, aber bindet wieder das avgField an textList. *Code hinzufügen*

Die Verbindung des avgField mit dem textList ist die Stelle, wo sich das Primärproblem befindet. Wenn Sie entscheiden, daß Sie nicht mehr die Liste anzeigen möchten, sondern nur den Durchschnitt, verursacht dies ein Problem: Sie errechnen den Durchschnitt von textList. Was Sie hier wirklich benötigen, ist eine Listendatenstruktur für jede mögliche Zahl der zu beobachtenden Widgets. Wenn die Daten in dieser Liste sich ändern, müssen die

Observer benachrichtigt werden. Sie können einige Methoden der Listendatenstruktur hinzufügen, die dann Mitteilungen an die Observer schicken. Schließlich, wenn Sie eine Zahl in das textField eintragen, fügen Sie es der Liste anstatt dem textList hinzu.

Dieses ist die MVC-Architektur. Die Liste dient als ein Modell für zwei Views, avgField und das textList. Das textField dient als Controller und führt die Benutzereingaben der Liste zu. Sie können solch eine Anordnung in der folgenden Weise entwerfen:

Beide, avgField und textList, implementieren die ChangeListener-Schnittstelle und fügen sich als Listener dem List-Model hinzu. Dadurch besitzen sie eine stateChanged-Methode zum Verarbeiten aller möglichen Änderungen in der Liste.

Das textField (Controller) verwendet ein ActionListener, um Daten in der Liste zu ändern. Die Liste behält eine ChangeListener-Liste bei und benachrichtigt sie, immer dann, wenn Daten geändert wurden (Aufruf ihrer stateChanged-Methoden). Das folgende Bild soll dies verdeutlichen:

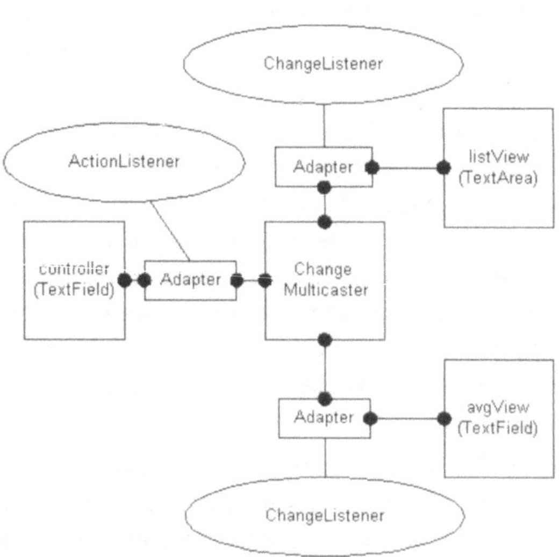

Das Problem bei der Verwendung dieser Architektur liegt in der Methode stateChanged, die keine relevanten Daten enthält (sie enthält einen ChangeEvent). Die View-Objekte müssen in der Lage sein, sich die Daten der Modelle zu besorgen.
Im Idealfall werden einige Modell-Daten an die stateChanged ()-Methode übergeben. In unserem Beispiel könnte es sogar die ganze aktualisierte Liste sein.

Dieses Problem kann unter Verwendung von Adaptern gelöst werden. Der Adapter arbeitet dann als ChangeListener für das Modell und nicht als View. Der wesentliche Unterschied zum vorhergehenden Szenario liegt darin, daß der Adapter anstelle des Views sowohl Typ- als auch Methodeninformationen über das Modell besitzt. Der Konstruktor des Adapters hat Schnittstellen zu beiden Teilen, zum Modell und View, die er als Parameter erhält.

Im folgenden sehen Sie ein solches Arrangement. Es ist ähnlich dem vorherigen Beispiel, aber mit einem zusätzlichen View, avgView, der einen fortlaufenden Durchschnitt der eingegebenen Nummern enthält. Die anderen beiden Objekte bekommen neue Namen, um ihre neue Rolle im MVC zu unterstreichen.

Das textField heißt jetzt controller und die textList heißt jetzt listView.

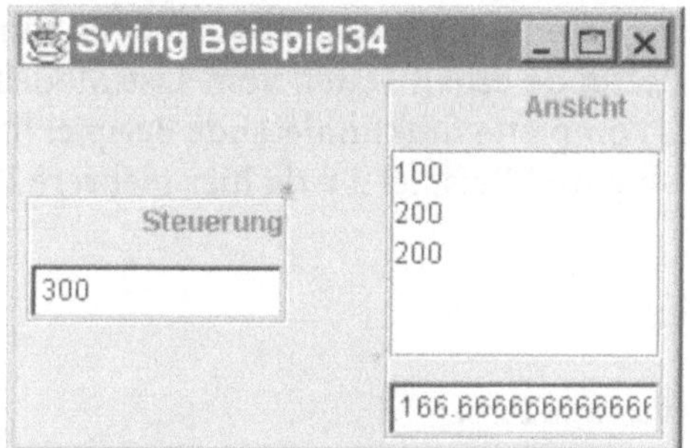

Abbildung 46
Erstes MVC-Beispiel

Insgesamt sind drei wichtige Klassen involviert:

1. ListView beinhaltet einen View, der wie bisher auch auf der JTextArea basiert.

2. IntVectorModel ist ein Vector-Modell, das die Nummern enthält.

3. FirstMVC enthält den Frame, die Adapter und die main ()-Methode.

Das Konzept dazu sieht folgendermaßen aus (controller und avgView sind Objekte vom Typ JTextField):

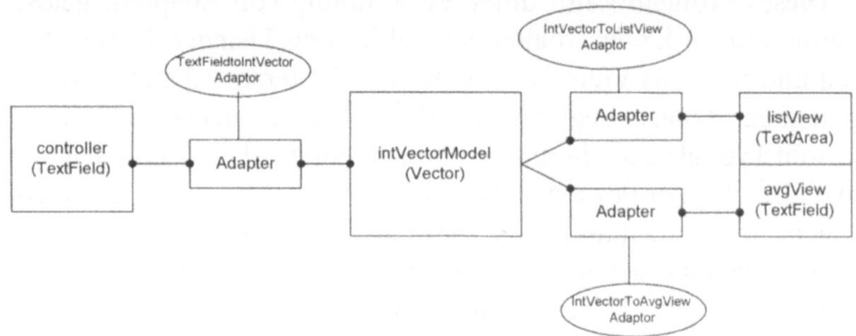

1.3.3.2.1 ListView

Die Klasse ListView arbeitet als View für das IntVectorModel. Es
ist eine einfache Erweiterung von JTextArea. Es werden im Konstruktor Initialisierungen vorgenommen, und die Klasse enthält
eine changed ()-Methode, die der Adapter kennt und aufruft. Diese
changed ()-Methode erhält Daten vom List-Modell in Form eines
Vektors. Das komplette funktionierende Beispiel finden Sie auf der
CD unter Swing und Beispiel 34, da hier mehrere Dateien benötigt
werden.

Beispiel 34:

```java
import java.util.*;
import javax.swing.*;

public class Beispiel34 extends JTextArea
{
  public Beispiel34 (int n)
  {
    super("", n, 10);
    setEditable (false);
  }

  public void changed (Vector v)
  {
    setText ("");
    Enumeration e = v.elements ();
    while (e.hasMoreElements ())
    {
      Integer i = (Integer)e.nextElement ();
      append (i.toString() + "\n");
    }
    // Sicherstellen: Scrollbar ist sichtbar
    getTopLevelAncestor ().validate ();
  }
}
```

1.3.3.2.2 *IntVectorModel*

Die IntVectorModel-Kategorie enthält die Liste von Zahlen und
verfolgt und benachrichtigt ChangeListener-Objekte durch eine
EventListenerList. Betrachten Sie, wie man einen Event-Listener
mit EventListenerList beibehält.

Beispiel 35:

```java
import java.util.*;
import javax.swing.*;
import javax.swing.event.*;

// public class IntVecModel
public class Beispiel35
{
  protected Vector data = new Vector ();
  protected EventListenerList changeListeners =
new EventListenerList ();

  public Beispiel35 ()
  {
  }

  public void addElement (int i)
  {
    data.addElement (new Integer (i));
    fireChange ();
  }

  public Vector getData ()
  {
    return data;
  }

  public void addChangeListener (ChangeListener x)
  {
    changeListeners.add (ChangeListener.class, x);
    x.stateChanged(new ChangeEvent (this));
  }

  public void removeChangeListener (ChangeListener
x)
  {
    changeListeners.remove (ChangeListener.class,
x);
  }
```

```java
  protected void fireChange ()
  {
    ChangeEvent c = new ChangeEvent (this);
    // Hole Listener-Liste
    Object[] listeners = changeLi-
steners.getListenerList ();
    for (int i=listeners.length-2;i>=0;i-=2)
    {
      if (listeners[i]== ChangeListener.class)
      {
        ChangeListener cl = (ChangeListener) li-
steners[i+1];
        cl.stateChanged(c);
      }
    }
  }
}
```

1.3.3.2.3 FirstMVC

Die Klasse FirstMVC ist die Klasse, wo das MVC-Framework zusammengebaut wird. Es erzeugt einen View und zwei Modelle und plaziert Adapter dazwischen.

Beispiel 36:

```java
// Demonstriert die Verwendung des MVC
// fuer GUI-Designs: Interaktion zwischen
// Komponenten!
// Das Modell ist ein Vector von Nummern
// Die Views sind die Nummernliste und
// der Durchschnitt (average)
// Die Views "hoeren" nicht direkt auf
// Veraenderungen. Adapter werden hier
// verwendet, um Typ-Informationen zu kapseln
// und flexibel zu bleiben. Der einzige
// wirkliche Swing-Teil ist der
// ChangeListener und das Boxlayout

import java.awt.*;
import java.awt.event.*;
import javax.swing.*;
import javax.swing.event.*;
import java.util.*;


// public class FirstMVC extends JFrame
public class Beispiel36 extends JFrame
{
```

```java
public static int WIDTH = 300;
public static int HEIGHT = 200;


ListView listView = new ListView (5);
TextField avgView = new TextField (10);
IntVectorModel model = new IntVectorModel ();


TextField controller = new TextField (10);


// Adapter, der IntVector nach ListView
// umsetzt
private static class IntVectorToListviewAdaptor
implements ChangeListener
  {
    IntVectorModel model;
    ListView view;

    public IntVectorToListviewAdaptor (IntVector-
Model m, ListView v)
      {
        model = m;
        view = v;
      }


    public void stateChanged (ChangeEvent e)
      {
        view.changed (model.getData ());
      }
  }


  private static class IntVectorToAvgViewAdaptor
implements ChangeListener
  {
    IntVectorModel model;
    TextField view;

    public IntVectorToAvgViewAdaptor (IntVectorMo-
del m, TextField v)
      {
        model = m;
        view = v;
      }

    public void stateChanged(ChangeEvent e)
      {
        double avg = 0.0;
        Vector d = model.getData();
        Enumeration enum = d.elements();
```

```java
          while (enum.hasMoreElements())
          {
            Integer i = (Integer) enum.nextElement();
            avg += i.intValue();
          }
          if (d.size () > 0)
            avg = avg / d.size ();
          view.setText (""+avg);
      }
    }


    private static class TextFieldToIntVectorAdaptor
  implements ActionListener
    {
      IntVectorModel model;
      TextField controller;

      public TextFieldToIntVectorAdaptor (TextField
  c, IntVectorModel m)
      {
        model = m;
        controller = c;
      }

      public void actionPerformed (ActionEvent e)
      {
        String n = controller.getText();
        n = n.substring(0, n.length());
        controller.setText("");
        try
        {
          model.addElement (Integer.parseInt (n));
        }
        catch(NumberFormatException nfe)
        {
          System.err.println ("Ungueltig '"+n+"'");
        }
      }
    }


  public Beispiel36 (String lab)
  {
    super(lab);
    getContentPane ().setLayout (new FlowLayout
());
    setBackground (Color.lightGray);

    // Anzeige Controller
```

```java
    JPanel controlPanel = new JPanel();
    controlPanel.setBorder (BorderFacto-
ry.createEtchedBorder());
    controlPanel.setLayout(new BoxLay-
out(controlPanel,BoxLayout.Y_AXIS));
    JLabel ctitle = new JLabel("Control");

  ctitle.setHorizontalTextPosition(JLabel.CENTER);
    controlPanel.add(ctitle);
    controlPanel.add (Box.createVerticalStrut
(10));
    controlPanel.add (controller);
    Container c = getContentPane ();
    c.setLayout (new FlowLayout ());
    c.add (controlPanel);

    c.add (Box.createHorizontalStrut (30));

    // Anzeige Views
    JPanel viewPanel = new JPanel();
    viewPanel.setBorder (BorderFacto-
ry.createEtchedBorder ());
    viewPanel.setLayout (new BoxLayout (viewPanel,
BoxLayout.Y_AXIS));
    JLabel title = new JLabel("Views");
    viewPanel.add (title);
    title.setHorizontalAlignment (JLabel.CENTER);
    title.setHorizontalTextPosition (JLa-
bel.CENTER);
    viewPanel.add (Box.createVerticalStrut (10));
    viewPanel.add(new JScrollPane(listView));
    viewPanel.add (Box.createVerticalStrut (10));
    viewPanel.add (avgView);
    c.add (viewPanel);

    // Controller an Modell binden
    TextFieldToIntVectorAdaptor CM = new Text-
FieldToIntVectorAdaptor (controller, model);
    controller.addActionListener (CM);

    // Simple avgView an Modell binden
    IntVectorToAvgViewAdaptor MV1 = new IntVector-
ToAvgViewAdaptor (model, avgView);
    model.addChangeListener(MV1);

    IntVectorToListviewAdaptor MV2 = new IntVec-
torToListviewAdaptor (model, listView);
    model.addChangeListener(MV2);
```

```java
    }

    public static void main(String args[])
    {
      Beispiel34 frame = new Beispiel34 ("Swing Bei-
spiel34");
      frame.addWindowListener (new WindowAdapter()
      {
        public void windowClosing(WindowEvent e)
        {
          System.exit(0);
        }
      });

      frame.setSize (WIDTH, HEIGHT);
      frame.setVisible (true);
    }
}
```

Nun, da Sie ein allgemeines Gefühl für die Model-View-Controller-Architektur entwickelt haben, betrachten wir einige der JComponents, die diese Architektur nutzen.

1.3.4
JTree

1.3.4.1 Allgemeines

Hierarchien darstellen

Swing hat einen sehr flexiblen Satz von Klassen für das Erstellen von TreeControls. Die JTree-Klasse ist die Grundlage zum Darstellen der hierarchischen Daten. JTree-Objekte werden von den TreeNode-Objekten aufgebaut, die eine einfache Darstellung eines Baumknotenpunktes sind. Sie haben keinen oder einen Elternknoten und keine oder mehrere Kinderknoten. Es gibt eine Vielfalt an Methoden in der DefaultMutableTreeNode-Klasse für die Betrachtung und Manipulierung der Knoten in einem Baum. Diese Klasse implementiert das MutableTreeNode-Interface, welches das TreeNode-Interface erweitert. Hier nun eine Liste von einigen der nützlicheren Methoden:

Methode	Beschreibung
getParent()	Liefert den TreeNode des Vaters
children()	Liefert eine Aufzählung der untergeordneten Blätter
isLeaf()	Liefert true, wenn das Blatt keine Kinder hat
getChildAt(int)	Liefert das untergeordnete Blatt dem Index entsprechend im Array des Blattes

Tabelle 5
TreeNode

Methode	Beschreibung
insert (MutableTreeNode, int)	Ein Blatt als Kind an Position index einfügen
remove(int)	Löscht das Kind an Position index
remove (MutableTreeNode)	Löscht das Blatt des Kindes aus dem Baum und setzt den Vater auf null
setParent (TreeNode)	Versetzt den Teilbaum an eine andere Stelle

Tabelle 6
MutableTree-Node

Methode	Beschreibung
add (MutableTreeNode)	Fügt das Blatt als Kind am Ende des Baum-Arrays ein
getRoot()	Liefert die Wurzel des Baumes
getLevel()	Liefert den Level des Baumes
getNextSibling()	Liefert den nächsten Verwandten des Blattes
isNodeSibling (TreeNode)	Liefert true, wenn das Blatt ein Verwandter des Baum-Parameters TreeNode ist
getSharedAncestor (DefaultMutableTreeNode)	Liefert den nächsten Vorgänger zwischen dem Blatt und dem parameter TreeNode
isNodeChild (TreeNode)	Liefert true, wenn der Baum TreeNode ein Kind des TreeNode-Parameters ist
pathFromAncestorEnumeration (TreeNode)	Liefert eine Aufzählung des Weges vom Vorgänger zum aktuellen Blatt

Tabelle 7
DefaultMutable-TreeNode

Ein MutableTreeNode kann einen beliebigen Handle zu einem willkürlichen Objekt mit der userObject-Eigenschaft und der setUserObject ()-Zugriffsmethode enthalten. Die getUserObject ()-

Alle Objekte gültig

Methode ist ein Teil von DefaultMutableTreeNode. Auf diese Weise kann ein JTree alle möglichen Objekte enthalten. Die toString ()-Methode von TreeNode liefert das Resultat der userObject.toString ()-Methode oder null zurück, wenn userObject ungültig ist.

Drei Schnittstellen arbeiten zusammen, um es Entwicklern zu erlauben, das Modell und die Ansicht eines Baumes anzupassen:

- TreeModel
- TreeSelectionModel
- TreeCellRenderer

1.3.4.2 TreeModel

Datenmodell Die TreeModel-Schnittstelle beschreibt ein zugrundeliegendes Datenmodell von JTree. JTree enthält eine Eigenschaft, Modell, mit den Zugriffsmethoden getModel () und setModel (), die feststellen, welches TreeModel ein JTree verwendet. Die TreeModel-Schnittstelle spezifiziert, wie mit den folgenden Methoden ein Baum über einer Datenstruktur abgebildet wird:

```
getChild (Object parent, int index)
getChildCount (Object parent)
getIndexOfChild (Object parent, Object child)
getRoot ()
isLeaf (Object node)
```

Diese sind ihren analogen JTree-Methoden ähnlich, außer daß sie mit Objekten anstatt TreeNodes arbeiten. Drei zusätzliche Methoden,

- addTreeModelListener (),
- removeTreeModelListener () und
- valueForPathChanged ()

kümmern sich um das Hinzufügen, das Löschen und das Benachrichtigen der Listener. Diese Listener werden von den Änderungen im TreeModel benachrichtigt, indem man TreeModelEvent-Meldungen empfängt.

Ein Objekt, das diese Methoden definiert, kann als Modell für ein JTree fungieren.

DefaultTreeModel ist eine einfache Implementierung von TreeModel, das ausdrücklich TreeNode- und MutableTreeNode-Objekte benutzt.

1.3.4.3 TreeSelectionModel

TreeSelectionModel ist eine Schnittstelle, die angibt, wie ein User *Schnittstelle*
einen Pfad eines beliebigen Objekts auswählt. JTree verwendet es,
um die Auswahlregeln zu bestimmen. DefaultTreeSelectionModel
ist eine einfache Implementierung von TreeSelectionModel. Es erlaubt eine normale Auswahl, wie z.B. das Auswählen von Dateien
in einem Verzeichnis.

1.3.4.4 TreeCellRenderer

Die TreeCellRenderer-Schnittstelle wird von JTree benutzt, um ei- *Grundlage*
ne Komponente zu spezifizieren, die visuelle Knotenpunkte im
Baum darstellt. Es gibt zum Beispiel den sog. Standard-Cell-
Renderer BasicTreeCellRenderer, der Verzeichnisse als Wurzel
und interne Knotenpunkte und gefüllte Kreise als Blattknoten-
punkte benutzt (siehe Beispiel unten). Kundenspezifisches Aussehen kann definiert werden, indem man Klassen erstellt, die diese
Schnittstelle implementieren, die nur die folgende Methode enthält:

getTreeCellRendererComponent (JTree tree, Object value, boolean selected, boolean expanded, boolean leaf, int row, boolean
hasFocus) – Die Methode liefert den Teil, der für die Übertragung
von Knotenpunkten benutzt wird.

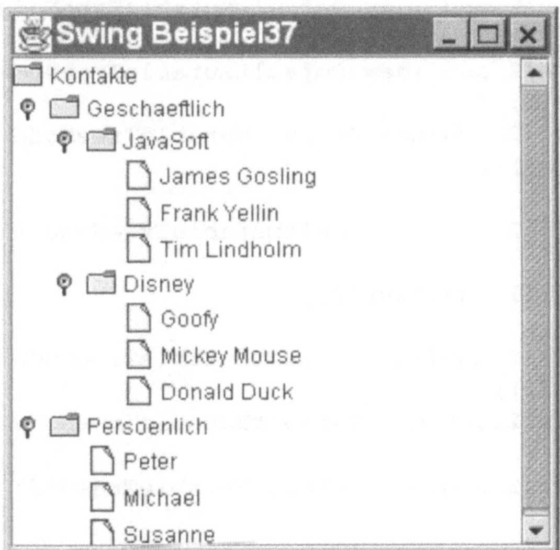

Abbildung 48
JTree

Unter Verwendung des Default-Modell und der Ansicht eines
JTree, können Sie einen Dateiverzeichnisbaum leicht herstellen.

Falls der Darstellungsbereich nicht groß genug ist, müssen, daß Sie den Baum in eine JScrollPane plazieren.

Beispiel 37:

```java
public class Beispiel37 extends JPanel
{
  public Beispiel37 ()
  {
    setLayout (new BorderLayout());

    // Rootnode erzeugen
    DefaultMutableTreeNode root = new Default-
MutableTreeNode ("Kontakte");

    // Erzeugen 1st level child
    DefaultMutableTreeNode level1 = new Default-
MutableTreeNode ("Geschaeftlich");
    // Hinzufuegen 1st level child
    root.add(level1);

    DefaultMutableTreeNode level2 = new Default-
MutableTreeNode ("JavaSoft");
    level1.add(level2);

    level2.add (new DefaultMutableTreeNode ("James
Gosling"));
    level2.add (new DefaultMutableTreeNode ("Frank
Yellin"));
    level2.add(new DefaultMutableTreeNode ("Tim
Lindholm"));

    level2 = new DefaultMutableTreeNode ("Dis-
ney");
    level1.add(level2);

    level2.add(new DefaultMutableTreeNode
("Goofy"));
    level2.add(new DefaultMutableTreeNode ("Mickey
Mouse"));
    level2.add(new DefaultMutableTreeNode ("Donald
Duck"));

    level1 = new DefaultMutableTreeNode ("Persoen-
lich");
    root.add(level1);
    level1.add(new DefaultMutableTreeNode ("Pe-
ter"));
```

```java
    level1.add(new DefaultMutableTreeNode ("Micha-
el"));
    level1.add(new DefaultMutableTreeNode ("Susan-
ne"));

    // Erzeugen eines Baumes von der Wurzel aus
    JTree tree = new JTree(root);

    // Plazieren des Baumes in JScrollPane
    JScrollPane pane = new JScrollPane();
    pane.getViewport().add (tree);

    add(pane, BorderLayout.CENTER);
  }
}
```

1.3.5
Ausführliche Betrachtung von JList/JComboBox

1.3.5.1 Allgemeines

Mit der Einführung von MVC haben Sie mehr Möglichkeiten, JList
oder JComboBox zu verwenden. Indem Sie ein Datenmodell mit
einer Komponente verbinden, um auf diese Weise eine Ansicht des
Modells darzustellen, können Sie kompliziertere GUIs erstellen.
Um MVC innerhalb dieser zwei Komponenten zu demonstrieren,
können Sie das gleiche Datenmodell für eine JList und JComboBox
benutzen, weil das ComboBoxModel das ListModel erweitert. Auch
haben beide das gleiche Renderer-Interface: ListCellRenderer.

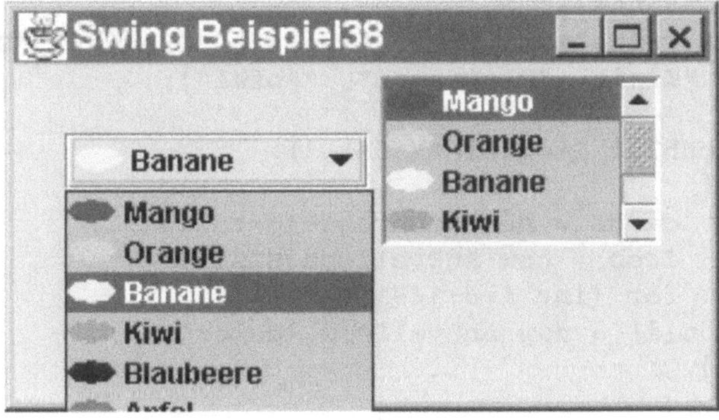

Abbildung 49
MVCList

Beispiel 38:

```java
public class Beispiel38 extends JPanel
{
  public Beispiel38 ()
  {
    ImageListModel ilm = new ImageListModel();
    JComboBox combo = new JComboBox (ilm);
    combo.setRenderer (new ImageCellRenderer ());
    combo.setSelectedIndex (0);
    add (combo);
    JList list = new JList (ilm);
    list.setCellRenderer (new ImageCellRenderer
());
    list.setSelectedIndex (0);
    list.setVisibleRowCount(4);
    JScrollPane pane = new JScrollPane ();
    pane.setBorder (BorderFacto-
ry.createLoweredBevelBorder ());
    pane.getViewport ().add (list);
    add (pane);
  }

  class ImageListModel extends DefaultListModel
implements ComboBoxModel
  {
    Object currentValue;
    Icon icon[];
    Hashtable cache[];
    final int SIZE = 6;
    Color color[] = {Color.red, Color.orange, Co-
lor.yellow, Color.green, Color.blue, Co-
lor.magenta};
    String label [] = {"Mango", "Orange", "Bana-
ne", "Kiwi", "Blaubeere", "Apfel"};

    public ImageListModel ()
    {
      cache = new Hashtable[getSize()];
      icon = new AnOvalIcon[SIZE];
      for (int i=0;i<SIZE;i++)
  icon[i] = new AnOvalIcon (color[i]);
    }

    public int getSize()
    {
      return SIZE;
    }
```

```java
public Object getElementAt(int index)
{
  if (cache[index] != null)
  {
    return cache[index];
  }
  else
  {
    Hashtable result = new Hashtable();
    result.put ("label", label[index]);
    result.put ("icon",     icon[index ]);
    cache[index] = result;
    return result;
  }
}


//ComboBoxModel-Methoden
//DefaultComboBoxModel macht das fuer Sie

public Object getSelectedItem()
{
  return currentValue;
}

public void setSelectedItem(Object anObject)
{
  currentValue = anObject;
  fireContentsChanged(this, -1, -1);
}
}


class ImageCellRenderer extends JLabel imple-
ments ListCellRenderer
{
  private boolean focused = false;

  public ImageCellRenderer ()
  {
    setOpaque (true);
  }

  public Component getListCellRendererCompo-
nent(JList list, Object value, int index, boolean
isSelected, boolean cellHasFocus)
  {
    Hashtable h = (Hashtable) value;
    if (value == null)
    {
```

```java
        setText("");
        setIcon(null);
      }
      else
      {
        setText((String)h.get ("label"));
        setIcon((Icon)h.get ("icon"));
      }
      setBackground (isSelected ? SystemCo-
lor.textHighlight : SystemColor.text);
      setForeground (isSelected ? SystemCo-
lor.textHighlightText :
        SystemColor.textText);
      return this;
    }

    public Dimension getPreferredSize()
    {
      Dimension dim = super.getPreferredSize();
      dim.width += 15;     // verbreitern
      return dim;
    }
  }

  class AnOvalIcon implements Icon
  {
    Color color;

    public AnOvalIcon (Color c)
    {
      color = c;
    }

    public void paintIcon (Component c, Graphics
g, int x, int y)
    {
      g.setColor(color);
      g.fillOval (x, y, getIconWidth(), getIcon-
Height());
    }

    public int getIconWidth()
    {
      return 20;
    }

    public int getIconHeight()
    {
```

```
    return 10;
  }
 }
}
```

Wie gerade demonstriert, kann JList von Swing sehr unterschiedlich zu seinem AWT-Äquivalent sein, wenn es an einem
MVC teilnimmt.

Drei Schnittstellen arbeiten zusammen, um es Entwicklern zu
erlauben, das Modell und die Ansicht einer ListBox anzupassen:

- ListModel

- ListSelectionModel

- ListCellRenderer

Diese werden im folgenden näher erläutert.

1.3.5.2 ListModel

Das ListModel-Interface ist ein allgemeines Modell für eine Liste   *Allgemeines Modell*
von Objekten, die die von JList darzustellenden Daten spezifiziert.
Es ist eine ziemlich einfache Schnittstelle und enthält vier Methoden:

```
Object getElementAt (int index);
int getSize ();
void addListDataListener (ListDataListener liste-
ner);
void removeListDataListener (ListDataListener li-
stener);
```

Die getElementAt ()-Methode liefert ein einzelnes Datenelement
zurück, das in ListBox an der Position index steht. Die getSize ()-
Methode liefert die Anzahl von Elementen im Modell und folglich
in JList zurück. Die abschließenden zwei Methoden enthalten eine
Liste der View-Objekte, die an den Änderungen am Modell interessiert sind. Die DefaultListModel-Klasse verwaltet die Listener-Liste
für Sie. Dies geschieht durch seine Superklasse AbstractListModel.
Wenn ein ListDataEvent geschieht, benachrichtigen Sie die Listener mit einer der folgenden Methoden:

- fireContentsChanged – Aufruf, wenn sich ein Item der Liste ändert

- fireIntervalAdded – Aufruf, wenn ein paar Items zur Liste hinzugefügt wurden

- fireIntervalRemoved – Aufruf, wenn ein paar Items aus der Liste gelöscht wurden

1.3.5.3 ListSelectionModel

Objektauswahl

ListSelectionModel ist eine Schnittstelle, die spezifiziert, wie der Benutzer ein Set willkürlicher Objekte auswählen kann. JList verwendet es, um Auswahlrichtlinien aufzustellen.

DefaultListSelectionModel ist eine einfache Implementierung von ListSelectionModel. Das Auswahlmodell beschreibt, ob eine JList sich im Einzel- oder Multiauswahlmodus befindet oder nicht.

1.3.5.4 ListCellRenderer

Visuelle Darstellung

Eine andere Schnittstelle, ListCellRenderer, spezifiziert, wie man visuell Einzelteile in einer Liste darstellt. Ähnlich anderen Widgets mit „Renderer"-Schnittstelle enthält es eine Methode getListCellRendererComponent (JList list, Object value, int index, boolean isSelected, boolean cellHasFocus) die den Typ der Komponente zur Darstellung des List-Items liefert.

Es gibt einen DefaultListCellRenderer, Sie können also ein String-Array (oder einen Vektor) der JList hinzufügen und es verwendet den Default.

1.3.6
Swing Text Framework

1.3.6.1 Allgemeines

Document Interface

Die Art und Weise, wie Swing textbasierte Widgets behandelt, ist ein weiteres Beispiel der komplexen Architekturanwendung von MVC, wie oben gesehen. Textinhalt (Model) und seine Darstellung (View) werden entkoppelt. Damit ein Objekt die Rolle eines Modells spielen kann, muß es das Document-Interface implementieren oder, wahrscheinlicher, eine seiner „eingebauten" Implementierungen erweitern, die mit Swing mitgeliefert werden. Observer eines Dokumentes erweitern die abstrakte View-Klasse oder eine ihrer Unterklassen. Ein View nimmt normalerweise die Form eines übertragenen Bestandteils auf dem Bildschirm an.

Die Abbildung unten zeigt, wie Dokumente und Ansichten zusammenwirken. UI-Events werden normalerweise zum Dokument geschickt. Wenn eine Änderung eintritt, an der ein View interessiert ist, erzeugt das System ein DocumentEvent und führt es ihm zu. Dieses läßt die Synchronisierung des Dokumentes und der Ansicht zu. Events, wie Auswahl des Textes mit der Maus, schicken den DocumentEvent direkt zur Ansicht für die Verarbeitung.

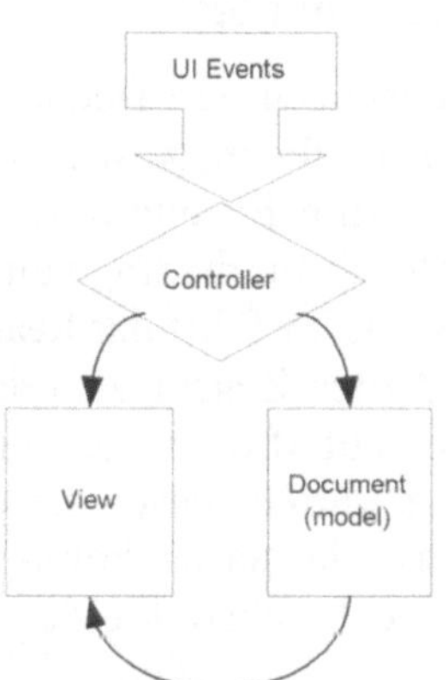

Abbildung 50
*Verbindung von
Dokumenten und
Views*

1.3.6.2 Document-Interface

Die Dokumentschnittstelle beschreibt eine unabhängige Struktur der Implementierung für das Speichern von Text. Sie unterstützt Markup von verschiedenen Styles, Mitteilungen der Änderungen und das Mitführen der Änderungen um „Undo“-Funktionalität zuzulassen. Text wird mit den Strukturen gekennzeichnet, ein Konzept, das von SGML kommt (dem Vater von HTML). Elemente beschreiben den Zustand eines Dokumentes mit einem willkürlichen Satz von Attributen. Sie bauen eine Ansicht von einer Art Elementstruktur auf. Dokumente enthalten auch Methoden, um die Zeilenzahl und Paragraphen des Textes zu beschreiben.

Unabhängige Struktur

In den meisten Fällen kann eine einzelne Dokumentenstruktur das Modell eines Textbestandteils beschreiben. Die Dokumentschnittstelle jedoch läßt mehrfache strukturelle Darstellungen der Textdaten zu. Um dies auszunützen, erstellen Sie ein Dokument, das mehrfache Wurzelelemente hat, eins für jede strukturelle Darstellung. Das Swing-Team gibt die folgenden Beispiele, bei denen solch eine Anordnung nützlich sein könnte:

- Logical document structure

- View projections

- Lexical token streams

- Parse trees

- Conversion to a format other than the native format
- Modification specifications
- Annotations

1.3.6.3 Document Implemented

Einige Hilfsimplementierungen von Document werden mit Swing geliefert. Die einfachste von ihnen, AbstractDocument, wird hauptsächlich als Superklasse zum Erweitern verwendet, um komplexe Modelle zu erzeugen. Der Primärbeitrag von AbstractDocument ist sein Locking-Mechanismus. Er führt das Reader-/Writermodell ein, um entweder einem Writer Zugriff zu erlauben oder mehreren Readern. Writer müssen auf Mitteilungen aller Observer einer vorhergehenden Änderung warten, bevor sie eine weitere Veränderungsschleife (mutation cycle) starten können.

AbstractDocument ist die abstrakte Superklasse von zwei voll funktionsfähigen Dokumentmodellen, PlainDocument und DefaultStyledDocument. PlainDocument ist für ziemlich kurzen und einfachen Text gedacht. Es handhabt den Textinhalt als Zeichenkette und unterstützt weder die Geschichte des Textes noch Undo-Operationen. DefaultStyledDocument läßt Speicherung des formatierten Textes zu, der dem RTF-Textformat ähnlich ist. Es beruht auf Strukturelementen, um den Text in Styles zu kennzeichnen. Diese Style-Elemente beziehen sich auf Elemente, die die Paragraphen markieren.

1.3.6.4 Basic Swing Text-Widgets

Das auf MVC basierende Textframework ist sehr leistungsfähig, aber auch sehr komplex. Schließlich möchten die meisten Entwickler einfach einige Textbestandteile in einen Container werfen und ihr vorbestimmtes Verhalten verwenden. Glücklicherweise kann Swing die Mechanik von MVC vor Ihnen verbergen. Wenn Sie einfach ein Text-Widget instantiieren und es einem Container geben, wird ein Defaultdokument erzeugt, initialisiert und für Sie verwaltet. Sie können an Text-Widgets als JTextComponents denken, die ein gebrauchsfertiges Delegate und ein gebrauchsfertiges Modell (Document) besitzen.

1.3.6.4.1 *Verwendung von JTextPane und DefaultStyledDocument*

Die JTextPane-Komponente gibt Unterstützung für Multi-Attribut-Text. Sie sind nicht mehr beschränkt auf die einzelnen Farben- oder Schriftbeschränkungen von TextArea. Mit Hilfe der Klasse DefaultStyledDocument für das Modell und einem guten Verständnis des javax.swing.text-Pakets, sind Sie auf dem richtigen Wege bei der Erstellung einer zukünftigen Textverarbeitung oder eines Programmiersprachen-empfindlichen Editors. Sie können auch im demo-Verzeichnis unter StylePad schauen. Dieses Beispiel liefert eine ausführliche Implementierung des bis hierher Gesagten.

Das Erstellen einer JTextPane für eine komplizierte Textbildschirmanzeige benötigt zwei einfache Schritte:

1. Erzeugen eines DefaultStyledDocument als Modell für die Daten

```
DefaultStyledDocument doc = new DefaultStyledDocument();
```

2. Erzeugen einer JTextPane unter Verwendung von DefaultStyledDocument

```
JTextPane pane = new JTextPane (doc);
```

Wenn Sie auf diese Weise ein Dokument bekommen haben, können Sie verschiedene AttributeSet-Objekte verwenden, um den Style des Inhalts zu beschreiben.

```
SimpleAttributeSet defaultStyle = new SimpleAttributeSet();
SimpleAttributeSet italicStyle = new SimpleAttributeSet();
StyleConstants.setItalic(attr, true);
SimpleAttributeSet bigStyle = new SimpleAttributeSet();
StyleConstants.setFontSize(attr, 36);
```

Nun können Sie JTextPane füllen, indem Sie die Attribute mit den verschiedenen Paragraphen des Styled-Documents assoziieren:

```
doc.insertString (doc.getLength(), "Hello World\n", bigStyle);
doc.insertString (doc.getLength(), "What's up Doc?\n", italicStyle);
doc.insertString (doc.getLength(), "Boring...\n", defaultStyle);
```

StyleConstants

Zur gegebenen Zeit dann können Sie die verschiedenen Methoden von StyleConstants verwenden, um die Art des ausgewählten Inhalts innerhalb des JTextPane zu ändern oder StyledDocument-Methoden wie setCharacterAttributes (), setParagraphAttributes ()oder nur setLogicalStyle () einzusetzen, um die Dokumenteigenschaften zu ändern. Erstellen Sie einfach ein SimpleAttributeSet und konfigurieren Sie jedes mögliche Attribut, das Sie möchten:

1. Durch StyleConstants-Methoden, um Attribute des gerade ausgewählten Textes zu verändern. Außerdem müssen die Methoden setCharacterAttributes () oder setParagraphAttributes () für JTextPane verwendet werden.

```
void setAlignment()
void setBold()
void setComponent()
void setFirstLineIndent()
void setFontFamily()
void setFontSize()
void setForeground()
void setIcon()
void setItalic()
void setLeftIndent()
void setLineSpacing()
void setRightIndent()
void setSpaceAbove()
void setSpaceBelow()
void setUnderline()
```

2. Durch JTextPane-Methoden, um ausgewählten Text durch einem String, einen Icon oder eine Komponente zu ersetzen.

```
void replaceSelection(String c)
void insertComponent(Component c)
void insertIcon(Icon g)
```

Verändert den aktuellen Style:

```
void setLogicalStyle(Style s)
```

Für bestimmte Funktionalität müssen Sie nur eine der verändernden Style-Methoden in einen ActionListener übernehmen und in einem Menü oder mit einem Button zur Verfügung stellen. Um es einfacher zu machen, sind die meisten dieser Adapter bereits für Sie entwickelt worden. Bilden Sie eine Instanz und fügen Sie sie als ActionListener einem Menü oder Button hinzu. Mit einer dieser Methoden müssen Sie sich nicht um das Suchen des ausgewählten Textes kümmern, um herauszufinden, was geändert werden muß. Es gibt sogar eine dritte Möglichkeit, Sie brauchen sich aber keine Gedanken um spezifische Klassennamen zu machen, sondern nur um die Funktionalität. Die StyledEditorKit-Klasse stellt einen minimalen Satz von Text-Actions als Reihe innerer Klassen zur Verfügung, die in der folgenden Tabelle gezeigt werden.

Aktion	Konstruktor
StyledEditorKit.AlignmentAction	AlignmentAction (String textAction, int alignment)
StyledEditorKit.BoldAction	BoldAction()
StyledEditorKit.FontFamilyAction	FontFamilyAction (String textAction, String family)
StyledEditorKit.FontSizeAction	FontSizeAction (String textAction, int size)
StyledEditorKit.ForegroundAction	ForegroundAction(String textAction, Color color)
StyledEditorKit.ItalicAction	ItalicAction()

Tabelle 8
StyleEditorKit-InnerClasses

Zusätzlich zu den inneren Klassen von StyledEditorKit gibt es einen vollständigen Satz von anderen Klassen. Die meisten davon sind nützlich, wenn Sie alternative Eingabemechanismen innerhalb des JTextPane zur Verfügung stellen möchten. Jedoch sind keine von ihnen public.

- DefaultEditorKit.BackwardAction
- DefaultEditorKit.BeginAction
- DefaultEditorKit.BeginParagraphAction
- DefaultEditorKit.BeepAction
- DefaultEditorKit.CopyAction
- DefaultEditorKit.CutAction
- DefaultEditorKit.DeleteNextCharAction

- DefaultEditorKit.DeletePrevCharAction
- DefaultEditorKit.DownAction
- DefaultEditorKit.DumpModelAction
- DefaultEditorKit.EndAction
- DefaultEditorKit.EndParagraphAction
- DefaultEditorKit.ForwardAction
- DefaultEditorKit.InsertBreakAction
- DefaultEditorKit.InsertContentAction
- DefaultEditorKit.PageDownAction
- DefaultEditorKit.PageUpAction
- DefaultEditorKit.PasteAction
- DefaultEditorKit.ReadOnlyAction
- DefaultEditorKit.SelectionBackwardAction
- DefaultEditorKit.SelectionForwardAction
- DefaultEditorKit.UpAction
- DefaultEditorKit.WritableAction
- JTextField.NotifyAction

1.3.6.4.2 TextActions

Da keine der inneren Klassen im StyledEditorKit public sind, muß
ein anderer Weg gefunden werden, um auf diese Funktionalität
zuzugreifen. Es kann JTextComponent angesprochen werden, um
zu erfahren, wie manche Funktionalität erreicht wird. Das liefert
dann „etwas" zurück, das einen ActionListener implementiert.

Aktion wird zurückge-
liefert
Normalerweise erhält man nur eine innere Klasse, aber man
muß das alles nicht wissen. Wichtig für Sie ist nur zu wissen, daß
Sie eine Action zurückgeliefert bekommen, die auftritt, wenn Sie
das ActionListener-Interface implementieren. Dieser Listener wird
dann einfach dem MenuItem oder Button hinzugefügt. Um diesen
etwas verwirrenden Zusammenhang aufzuzeigen, erläutert das folgende Beispiel Cut&Paste in einer JTextArea.

Abbildung 52
Cut&Paste

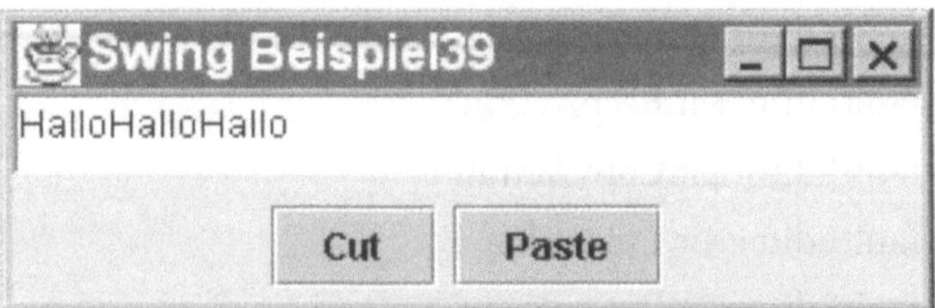

Beispiel 39:

```java
class CutPastePanel extends JPanel
{
  CutPastePanel ()
  {
    setLayout (new BorderLayout (5, 5));
    JTextArea jt = new JTextArea();
    JScrollPane pane = new JScrollPane();
    pane.setBorder (BorderFacto-
ry.createLoweredBevelBorder ());
    pane.getViewport().add(jt);
    add(pane, BorderLayout.CENTER);

    Hashtable commands = new Hashtable();
    Action[] actions = jt.getActions();
    for (int i = 0; i < actions.length; i++)
    {
      Action a = actions[i];
      commands.put (a.getValue (Action.NAME), a);
    }

    JButton cut = new JButton("Cut");
    cut.setBackground (SystemColor.control);
    Action cutAction =    (Action)commands.get (De-
faultEditorKit.cutAction);
    if (cutAction == null)
    {
      cut.setEnabled (false);
    }
    else
    {
      cut.setActionCommand (DefaultEditor-
Kit.cutAction);
        cut.addActionListener (cutAction);
    }
    JButton paste = new JButton("Paste");
    paste.setBackground (SystemColor.control);
    Action pasteAction = (Action) commands.get
(DefaultEditorKit.pasteAction);
    if (pasteAction == null)
    {
      paste.setEnabled (false);
    }
    else
    {
      paste.setActionCommand (DefaultEditor-
Kit.pasteAction);
```

```java
      paste.addActionListener (pasteAction);
    }
    JPanel p = new JPanel();
    p.add(cut);
    p.add(paste);
    add (p, BorderLayout.SOUTH);
  }
}

public class Beispiel39 extends JFrame
{
  // Setzen der Konstanten
  static final int WIDTH = 300;
  static final int HEIGHT = 100;

  // Konstruktor fuer unseren Frame
  Beispiel39 (String title)
  {
    // Titel setzen
    super(title);

    // Hintergrundfarbe setzen
    setBackground(Color.lightGray);

    // Instantiieren und hinzufuegen von
    // SimplePanel zum Frame
    CutPastePanel cpp = new CutPastePanel();
    // das ist jetzt neu, die Panes, wie wir
    // ja besprochen haben
    Container c = getContentPane();
    c.add(cpp, BorderLayout.CENTER);
  }
}
```

1.3.6.4.3 *TextAction-Tabelle*

Es gibt Zeichenkettenkonstanten, die in den verschiedenen Klassen
helfen, mit den Text-Actions zu arbeiten. Die folgende Tabelle
zeigt die Befehle mit eingebautem Support in den Textkomponenten zusammen mit den Konstanten und wo sie lokalisiert werden.

Komponente	Konstante
JTextComponent und DefaultEditorKit (class variables)	backwardAction beepAction beginAction beginParagraphAction copyAction cutAction deleteNextCharAction deletePrevCharAction downAction endAction endParagraphAction forwardAction insertBreakAction insertContentAction pageDownAction pageUpAction pasteAction readOnlyAction selectionBackwardAction selectionForwardAction upAction writableAction
JTextField adds (class variable)	notifyAction
JTextPane adds (strings, not class variables)	center-justify left-justify right-justify font-italic font-bold font-size-8 font-size-10 font-size-12 font-size-14 font-size-16 font-size-18 font-size-24 font-size-36 font-size-48 font-family-Courier font-family-Helvetica font-family-TimesRoman

Mit Hilfe der Action-Objekte können Sie innerhalb von Swing Komponenten über die Programmierung aktivieren oder sperren können, in dem Sie eine Action aktivieren oder sperren. Dieses bezieht die Möglichkeit mit ein, die Komponente mit Action als JavaBeans PropertyChangeListener zu verbinden und dementsprechend reagieren zu können. Ist zum Beispiel boldAction () die Action, um den ausgewählten Text fett zu machen, dann können Sie die Funktionalität mit dem folgenden Code umschalten:

```java
JButton b1 = new JButton ("Toggle Bold");
b1.addActionListener (new ActionListener ()
{
  public void actionPerformed (ActionEvent e)
  {
    boldAction.setEnabled (!boldAction.isEnabled
());
  }
});
...

class MyButton extends JButton implements Proper-
tyChangeListener
{
  public void propertyChange (PropertyChangeEvent
e)
  {
    if (e.getPropertyName ().equals ("enabled"))
    {
      if (!(e.getNewValue () == e.getOldValue ()))
        setEnabled (((Boolean)e. getNewVa-
lue ()).booleanValue ());
    }
  }
};

MyButton b2 = new MyButton ();
b2.setText ("Do Bold1");
b2.addActionListener (boldAction);
boldAction.addPropertyChangeListener (b2);

MyButton b3 = new MyButton ();
b3.setText ("Do Bold2");
b3.addActionListener (boldAction);
boldAction.addPropertyChangeListener (b3);
```

Wenn dann der Toggle-Button ausgewählt wird, werden die Komponenten, die mit boldAction () verbunden sind, aktiviert oder deaktiviert.

1.3.6.5 View- und ViewFactory-Interfaces

Das View-Interface spezifiziert eine Darstellung, die auf einem Teil oder dem ganzen Dokument basiert. Es enthält eine paint ()-Methode für die Übertragung und das Layout. ViewFactory beschreibt, wie Ansichten abgebildet werden, um Elemente zu strukturieren. Es enthält eine Methode create (), die eine Ansicht zurückliefert, wenn ein Element übergeben wird.

1.3.7
Swing Table Framework

1.3.7.1 Allgemeines

Im allgemeinen ist JTable KEINE Kalkulationstabelle (Excel) und sollte auch nicht wie eine verwendet werden. Sie sollte eher mit JDBC eingesetzt werden, um die Ergebnisse aus JDBC in einer Tabelle darstellen zu können. Tatsächlich sind die Beispiele zu JTable im JDK 1.2 fast alle eine Verbindung mit JDBC.

Kein Excel

Tabellensupport für Swing findet sich im javax.swing.table-Paket. Das Paket besteht aus einer Reihe von Klassen und Schnittstellen, um die Erstellung und die Präsentation von Tabellendaten zu bearbeiten. Die Art und Weise wie Swing Tabellen unterstützt, ist ein anderes Beispiel von MVC. Das Tabellendatenmodell ist im TableModel-Interface enthalten, während der View-/Controllerteil in der JTable-Klasse zu finden ist.

1.3.7.2 TableModel

Das TableModel-Interface spezifiziert, wie man die Daten in den Tabellenzellen beschreibt, und benötigt eine TableModelListener-Liste. Weil Sie diese Liste beibehalten müssen, wann immer Sie das Datenmodell der Tabelle erstellen, gibt es eine AbstractTableModel-Klasse, die die Liste für Sie verwaltet. Die Methoden von TableModel sind Tabelle 10 in aufgeführt.

Methode	Beschreibung
int getColumnCount()	Liefert die Anzahl der Spalten im Datenmodell zurück
int getRowCount()	Liefert die Anzahl der Zeilen im Datenmodell zurück
Class getColumnClass(int column)	Liefert die Klasse der Spalte zurück
Object getColumnIdentifier (int column)	Liefert den eindeutigen Identifizierer für die Spalte. Das ist notwendig, da die Anzeige der Daten die Reihenfolge der Spalten verändern kann.
String getColumnName (int column)	Liefert einen nicht-eindeutigen Namen für den Spaltenkopf
Object getValueAt (int row, int column)	Liefert den aktuellen Wert der Zeilen/Spalten-Kombination
void setValueAt (Object aValue, int row, int column)	Modifiziert den Wert einer Zelle an der Stelle (row/column). Es muß der entsprechende Listener informiert werden unter Verwendung von fireTabelChanged von AbstractTabelModel
void addTableModelListener (TableModelListener l)	Fügt einen Listener der TableModelListener-Liste hinzu
void removeTableModelListener (TableModelListener l)	Löscht den Listener aus der Liste

Verwaltung der Liste
Wie oben schon erwähnt, verwaltet AbstractTableModel die Listener-Liste für Sie. Die Liste ist durch die Variable listenerList verfügbar, die als protected definiert ist. Wenn Sie dann eine Unterklasse des Adapters erzeugen, müssen Sie nur die Methoden getColumnCount (), getRowCount (), getValueAt () und setValueAt () implementieren. Wenn Sie eine Read-only-Tabelle erzeugen, benötigen Sie natürlich setValueAt () nicht mehr. Wie dem auch sei, wenn Sie setValueAt () implementieren, dann sollten Sie nicht vergessen, die entsprechenden Listener über die Verände-

rung zu informieren. Neben Veränderungen der Daten können auch auf Zellenebene Veränderungen vorgenommen werden. Um diese den anderen Teilnehmern mitzuteilen, müssen Sie die Methode fireTableChanged () verwenden.

Beispiel:

```java
class SomeDataModel extends AbstractTableModel
{
  ...
  public void setValueAt (Object aValue, int row,
int column)
  {
    ...
    foo[row][column] = aValue;
    fireTableChanged (new TableModelEvent (this,
row));
    ...
  }
}
```

1.3.7.3 JTable

Sobald Sie das Datenmodell der Tabelle in eine Form des Table-Model-Interfaces gebracht haben, können Sie die Tabelle wirklich erstellen und anzeigen. Es gibt zwei Schritte, die hier involviert sind:

1. Erzeugen der Tabelle und Verbindung mit dem Datenmodell. Dieses kann auf zweierlei Arten geschehen:

```java
JTable table = new JTable();
table.setModel (theModel);
```

oder einfach

```java
JTable table = new JTable (theModel);
```

2. Anzeigen der Tabelle in einer JScrollPane für den Fall, daß die Tabelle größer als der verwendbare Raum zum Anzeigen ist. Das erzeugt und präsentiert ebenfalls einen Satz von Spaltenköpfen der Tabelle:

```java
JScrollPane scrollPane =
JTable.createScrollPaneForTable(table);
```

Um den ganzen Vorgang noch zu vereinfachen, müssen Sie sich nicht um TableModel kümmern. Wenn Sie Ihre Daten in einem Set von Vektor-Objekten oder Object-Arrays untergebracht haben, können Sie alles über den JTable-Konstruktor abwickeln.

1.3.7.4 Erweiterter JTable

JTable hat noch viel mehr Möglichkeiten, wie z.B. Support für das Editieren, das Kolorieren, simultane Reihen-Spaltenauswahl und das Erhalten von Informationen über die ausgewählten Einträge. In der API-Dokumentation über diese zusätzlichen Fähigkeiten sollten Sie einmal nachschlagen. Hier finden Sie alles, was Sie wissen müssen.

MitarbeiterNr	Vorname	Nachname	Abteilung
0181	Kay	Schulz	IT
0915	Narissara	Dasri	Rechtsa...
1912	Tim	Poston	Forschung
3182	Susanne	Gehlen	Sicherheit
4104	Markus	Wenzel	Beratung
5476	Claudia	Schulz	Grafikde...
6289	Linus	Torvalds	Entwickl...
7268	Benno	Lange	Entwickl...
8133	Nicola	Wenzel	Grafikde...
9923	Heiner	Schepers	Entwickl...

Abbildung 53
JTable

Der Sourcecode für die in Abbildung 53 dargestellte Tabelle wird nachfolgend gezeigt.

Beispiel 40:

```java
import java.awt.*;
import java.awt.event.*;
import javax.swing.*;
import javax.swing.event.*;
import javax.swing.table.*;

public class Beispiel40 extends JPanel
{
  Beispiel40 ()
  {
    setLayout (new BorderLayout());
```

```java
    // Datamodel erzeugen
    EmployeeDataModel employeeModel = new Em-
ployeeDataModel ();

    JTable table = new JTable (employeeModel);

    // Einstellen der Spaltengroesse
    table.sizeColumnsToFit (ta-
ble.AUTO_RESIZE_OFF);

    // Plazieren von table in JScrollPane
    JScrollPane scrollPane = new JScrollPane (ta-
ble);
    add(scrollPane, BorderLayout.CENTER);
  }

  public static void main (String args[])
  {
    JFrame jf = new JFrame ("Swing Beispiel40");
    jf.getContentPane ().setLayout (new BorderLay-
out ());
    jf.getContentPane ().add ("Center", new Bei-
spiel40 ());
    jf.addWindowListener (new WindowAdapter()
    {
      public void windowClosing(WindowEvent e)
      {
        System.exit(0);
      }
    });
    jf.pack ();
    jf.setSize (300, 300);
    jf.setVisible (true);
  }
}

class EmployeeDataModel extends AbstractTableModel
{

  // Durch die Erweiterung von AbstractTableModel
  // anstelle einer eigenen Implementierung von
  // TableModel uebernimmt AbstractTableModel
  // die Verwaltung der TableModelListener-Liste

  String columns[] = {"MitarbeiterNr", "Vorname",
"Nachname", "Abteilung"};
  String rows[][] = {{"0181", "Kay", "Schulz",
"IT"}, {"0915", "Narissara",    "Dasri", "Rechts-
```

```java
abteilung"}, {"1912", "Tim", "Poston", "For-
schung"}, {"3182", "Susanne",  "Gehlen", "Sicher-
heit"}, {"4104", "Markus", "Wenzel", "Beratung"},
  {"5476", "Claudia", "Schulz", "Grafikdesign"},
{"6289", "Linus", "Torvalds", "Entwicklung"},
{"7268", "Benno", "Lange", "Entwicklung"},
{"8133", "Nicola", "Wenzel",  "Grafikdesign"},
{"9923", "Heiner", "Schepers", "Entwicklung"}};

  private int numColumns = columns.length;
  private int numRows = rows.length;

  public int getColumnCount()
  {
    return numColumns;
  }

  public int getRowCount()
  {
    return numRows;
  }

  public Object getValueAt (int row, int column)
  {
    return rows[row][column];
  }

  public void setValueAt (Object aValue, int row,
int column)
  {
    String cellValue;
    if (aValue instanceof String)
    {
      cellValue = (String)aValue;
    }
    else
    {
      cellValue = aValue.toString();
    }

    rows[row][column] = cellValue;
    fireTableChanged (new TableModelEvent (this,
row));
  }

  public String getColumnName (int columnIndex)
  {
    return columns[columnIndex];
```

```
        }
}
```

Anstelle EmployeeDataModel hätte die JTable auch so erzeugt
werden können:

```
String columnNames[] = ...
String data[][] = ...
JTable table = new JTable (data, columnNames);
```

1.3.8
Erzeugen eines neuen Aussehens

1.3.8.1 Allgemeines

Ein anderes Look&Feel zu erstellen ist nicht für jedermann gedacht. Die meisten Entwickler arbeiten mit dem, was Swing bereits
zur Verfügung stellt. Für Designer, die die komplette Kontrolle
über das Look&Feel des Interfaces haben wollen, stellt Swing diese
Steuerung zur Verfügung. Hierbei müssen Sie beim AbstractLookAndFeel beginnen. Was Sie jedoch vermutlich tun werden, ist ein
vorhandenes Look&Feel zu erweitern oder es zu modifizieren (BasicLookAndFeel), um einige Ihrer eigenen Komponenten zu unterstützen. So müssen Sie nicht alles sofort zur Verfügung stellen. Es
kann durchaus sein, daß Sie die Button verändern möchten, aber
Textfelder etc. so beibehalten möchten, wie sie sind.

Um das zu demonstrieren, können Sie Ihr eigenes Look&Feel,
MyLookAndFeel, erstellen, das das Aussehen des JButton ändert,
um mehrfarbige Dreiecke zu verwenden.

Nicht einfach

Abbildung 54
Eigenes Look&Feel

1.3.8.2 Die Klasse LookAndFeel

Wenn Sie BasicLookAndFeel erweitern, ist die einzige Sache, die
Sie mit Ihrer LookAndFeel-Klasse tun müssen, das Umsetzen Ihrer
UI-Klassen in die passenden UI-Namen. Diese Namen können im
javax.swing.plaf.basic-Paket gefunden werden, oder Sie können

Namen wichtig

bestimmte Komponenten mit der getUIClassID-Methode nachfragen.

Beispiel 41:

```java
package my;
import java.awt.Color;
import javax.swing.UIDefaults;
import javax.swing.basic.BasicLookAndFeel;

public class MyLookAndFeel extends BasicLookAndFeel
{
  public String getName()
  {
    return "My Look and Feel";
  }

  public String getDescription()
  {
    return "The My Look and Feel";
  }

  public boolean isNativeLookAndFeel()
  {
    return false;
  }

  public boolean isSupportedLookAndFeel()
  {
    return true;
  }

  protected void initClassDefaults (UIDefaults table)
  {
    super.initClassDefaults(table);
    table.put ("ButtonUI", "my.MyButtonUI");
  }
}
```

1.3.8.3 Die Klasse ButtonUI

Wenig Änderungen   Nachdem Sie definiert haben, welche UI-Klassen Sie erstellen werden, müssen Sie diese Klassen auch erstellen. In den meisten Fällen sind die UI-Klassen, mit Ausnahme von der paint ()-Methode, identisch. Der Rest sind allgemeine Verwaltungsroutinen, die geringfügige Änderungen zwischen Komponenten haben. Für das bestimmte ButtonUI, das Sie neu erstellen, benötigen Sie zwei Supportklassen: Die Klasse MyButtonBorder zeichnet die Ränder um den Button, und die MyButtonListener-Klasse beschreibt, wie Ihre UI-Komponente auf Maus- und Tastatureingaben reagiert.

Nachfolgend ist der Code für das ButtonUI aufgeführt. Die installUI-, uninstallUI- und createUI-Methoden sollten die einzigen Methoden sein, die Ihnen neu sind. Die Installationsprogramme installieren im allgemeinen gerade Ihren Listener und Border, die Sie für Ihr Interface wünschen. Offensichtlich zeichnet paint () die Objekte. Jedoch wird die Hauptarbeit für die Border-Klasse gelassen.

Beispiel:

```java
package my;
import java.awt.*;
import java.awt.event.*;
import javax.swing.*;
import javax.swing.border.*;
import javax.swing.plaf.ComponentUI;
import javax.swing.basic.*;
import java.io.Serializable;
import javax.swing.plaf.ButtonUI;

public class MyButtonUI extends ButtonUI implements Serializable
{

  protected final static Insets defaultMargin =
new Insets (2, 5, 2, 5);
  protected final static Font defaultFont = new
Font ("Serif", Font.BOLD, 10);

  private final static Border defaultBorder = new
CompoundBorder( MyButtonBorder. getButtonBorder(),
BasicMarginBorder. getMarginBorder());

  protected static final int textIconGap = 3;

  protected MyButtonListener listener;
  protected static ButtonUI buttonUI;

  public static ComponentUI createUI (JComponent
c)
  {
    if (buttonUI == null)
    {
```

```java
      buttonUI = new MyButtonUI();
  }

  return buttonUI;
}

public void installUI (JComponent c)
{
  listener = new MyButtonListener(c);
  c.addMouseListener(listener);
  c.addMouseMotionListener(listener);
  c.setFont (defaultFont);
  if (c.getBorder() == null)
  {
    c.setBorder (defaultBorder);
  }
}

public void uninstallUI (JComponent c)
{
  c.removeMouseListener (listener);
  c.removeMouseMotionListener (listener);
  if (c.getBorder() == defaultBorder)
  {
    c.setBorder(null);
  }
}

public void paint (Graphics g, JComponent c)
{
  AbstractButton ab = (AbstractButton) c;
  ButtonModel bm = ab.getModel();

  Dimension size = ab.getSize();
  g.setFont (c.getFont());
  FontMetrics fm = g.getFontMetrics();

  int shiftOffset = 0;

  Rectangle viewRect = new Rectangle(size);
  Rectangle iconRect = new Rectangle();
  Rectangle textRect = new Rectangle();

  String text = SwingUtili-
ties.layoutCompoundLabel (fm, ab.getText(),
ab.getIcon(), ab.getVerticalAlignment(),
ab.getHorizontalAlignment(),
ab.getVerticalTextPosition(),
```

```java
ab.getHorizontalTextPosition(), viewRect, icon-
Rect, textRect, textIconGap);

    if (bm.isArmed() && bm.isPressed())
    {
      shiftOffset = 1;
    }

    // Hintergrund zeichnen
    if (c.isOpaque())
    {
      g.setColor (ab.getBackground());
      g.fillRect (0, 0, size.width, size.height);
    }


    // Icon zeichnen

    if (ab.getIcon() != null)
    {
      Icon icon = null;
      if (!bm.isEnabled())
      {
        icon = ab.getDisabledIcon();
      }
      else if (bm.isPressed() && bm.isArmed())
      {
        icon = ab.getPressedIcon();
      }
      else if (bm.isRollover())
      {
        icon = ab.getRolloverIcon();
      }

      if (icon == null)
      {
        icon = ab.getIcon();
      }

      if (bm.isPressed() && bm.isArmed())
      {
        icon.paintIcon (c, g, iconRect.x + shif-
tOffset, iconRect.y + shiftOffset);
      }
      else
      {
        icon.paintIcon (c, g, iconRect.x, icon-
Rect.y);
```

```java
            }
        }

        // Zeichne Text

        if ((text != null) && (text.length() != 0))
        {
          if (bm.isEnabled())
          {
            g.setColor (ab.getForeground());
            BasicGraphicsUtils.drawString (g, text,
bm.getKeyAccelerator(), textRect.x + shiftOffset,
textRect.y + fm.getAscent() + shiftOffset);
          }
          else
          {
            g.setColor (ab.getBackground(). brigh-
ter());
            BasicGraphicsUtils.drawString (g, text,
bm.getKeyAccelerator(), textRect.x, textRect.y +
fm.getAscent());
            g.setColor (ab.getBackground().darker());
            BasicGraphicsUtils.drawString (g, text,
bm.getKeyAccelerator(), textRect.x - 1, textRect.y
+ fm.getAscent() - 1);
          }
        }
      }

    public Dimension getMinimumSize (JComponent c)
    {
      return getPreferredSize (c);
    }

    public Dimension getMaximumSize (JComponent c)
    {
      return getPreferredSize (c);
    }

    public Dimension getPreferredSize (JComponent c)
    {
      if ((c.getComponentCount() > 0) || !(c instan-
ceof AbstractButton))
      {
        return null;
      }

      AbstractButton ab = (AbstractButton) c;
```

```java
    Icon icon = ab.getIcon();
    String text = ab.getText();

    Font font = ab.getFont();
    FontMetrics fm =
ab.getToolkit().getFontMetrics (font);
    Rectangle viewRect = new Rectangle
(Short.MAX_VALUE, Short.MAX_VALUE);
    Rectangle iconRect = new Rectangle();
    Rectangle textRect = new Rectangle();

    SwingUtilities.layoutCompoundLabel (fm, text,
icon, ab.getVerticalAlignment(),
ab.getHorizontalAlignment(),
ab.getVerticalTextPosition(),
ab.getHorizontalTextPosition(), viewRect, icon-
Rect, textRect, textIconGap);

    Rectangle rect=iconRect.union(textRect);

    Insets insets = getInsets (c);

    rect.width += insets.left + insets.right;
    rect.height +=insets.top + insets.bottom;

    return rect.getSize();
  }

  public Insets getDefaultMargin (AbstractButton
b)
  {
    return defaultMargin;
  }

  public Insets getInsets (JComponent c)
  {
    Border border = c.getBorder();
    Insets insets = ((border != null) ? bor-
der.getBorderInsets (c) : new Insets (0,0,0,0));
    return insets;
  }
}
```

1.3.8.4 Der MouseListener

Abgesehen davon, daß Sie spezielle Events für Tastatur-Events
und/oder Drawing Focus verwenden, kann Ihr Listener-Code über
mehrere Objekte praktisch geteilt benutzt werden. Im allgemeinen

müssen Sie sich so oder ähnliche Abläufe vorstellen: Der Mouse-Press-Event veranlaßt die Taste, sich darauf vorzubereiten, um dann betätigt zu werden. Dieses startet der Reihe nach das passende Verhalten der JButton-Objekt-Listener. Sie können jede mögliche Aktivität als Auslöser für dieses Verhalten wünschen. Zum Beispiel können Sie mit einem ButtonUI Ihren Benutzer veranlassen, ein Flugzeug zwischen zwei Gebäuden zu fliegen, bevor die Taste aktiviert wird. In unserem Beispiel hier, unterstützt das My-ButtonUI die allgemeinen Maus-Events für die Auswahl.

Beispiel:

```java
package my;
import java.awt.*;
import java.awt.event.*;
import javax.swing.*;
import java.io.Serializable;

public class MyButtonListener implements MouseLi-
stener, MouseMotionListener, Serializable
{
  AbstractButton ab;

  public MyButtonListener (JComponent c)
  {
    ab = (AbstractButton) c;
  }

  public void mouseMoved (MouseEvent e)
  {
  }

  public void mouseClicked (MouseEvent e)
  {
  }

  public void mouseDragged (MouseEvent e)
  {
    ButtonModel bm = ab.getModel();
    if (bm.isPressed())
    {
      Graphics g = ab.getGraphics();
      if (g != null)
      {
        Rectangle r = g.getClipBounds();
        if (r.contains (e.getPoint()))
        {
```

```java
      bm.setArmed(true);
    }
    else
    {
      bm.setArmed(false);
    }
  }
}

public void mousePressed (MouseEvent e)
{
  ButtonModel bm = ab.getModel();
  bm.setArmed(true);
  bm.setPressed(true);
}

public void mouseReleased (MouseEvent e)
{
  ButtonModel bm = ab.getModel();
  bm.setPressed (false);
}

public void mouseEntered (MouseEvent e)
{
  if (ab.getRolloverIcon() != null)
  {
    ab.getModel().setRollover (true);
  }
}

public void mouseExited (MouseEvent e)
{
  if (ab.getRolloverIcon() != null)
  {
    ab.getModel().setRollover (false);
  }
}
}
```

1.3.8.5 Button Border

Die MyButtonBorder-Klasse ist die Arbeiterklasse dieses neuen
User-Interface-Objektes. Hier muß der Rand Dreiecke in den Ein-
fügungen der Komponente zeichnen. Abhängig von dem Zustand
der Komponente, legt sie die wirklich gezeichnete Farbe fest.

Beispiel:

```java
package my;
import java.awt.*;
import javax.swing.*;
import javax.swing.border.*;
import javax.swing.basic.BasicGraphicsUtils;

public class MyButtonBorder extends AbstractBorder
{
  private static Border buttonBorder = new MyBut-
tonBorder();

  public static Border getButtonBorder()
  {
    return buttonBorder;
  }

  public void paintBorder (Component c, Graphics
g, int x, int y, int width, int height)
  {
    boolean pressed = false;
    boolean focused = false;

    if (c instanceof AbstractButton)
    {
      AbstractButton b = (AbstractButton)c;
      ButtonModel bm = b.getModel();

      pressed = bm.isPressed();
      focused = (pressed && bm.isArmed()) ||
(b.isFocusPainted() && b.hasFocus());
    }

    Insets in = getBorderInsets(c);
    Polygon p1 = new Polygon ();
    p1.addPoint (x+in.left, y);
    p1.addPoint (x, y+(height/2));
    p1.addPoint (x+in.left, y+height);

    Polygon p2 = new Polygon ();
    p2.addPoint (x+width-in.right, y);
    p2.addPoint (x+width, y+(height/2));
    p2.addPoint (x+width-in.right, y+height);

    if (pressed)
    {
      g.setColor (c.getForeground());
```

```
    }
    else if (focused)
    {
      g.setColor (SystemColor.green);
    }
    else
    {
      g.setColor (SystemColor.red);
    }
    g.fillPolygon (p1);
    g.fillPolygon (p2);

  }

  public Insets getBorderInsets (Component c)
  {
    return new Insets (5, 10, 5, 10);
  }
}
```

1.3.8.6 Beispiel

Und das ist alles. Für die Beispiele wurden viele Teile des von
Swing mitgelieferten Simple Example ausgeliehen. Hier ist nun ein
Beispiel, das die ganze harte Arbeit zeigt. Sie können es erweitern,
indem Sie mehr Benutzerschnittstellen MyLookAndFeel hinzufügen. Beachten Sie, daß sich die Abhängigkeit mit dem JButton
nicht ändert.

Beispiel:

```
import java.awt.*;
import java.awt.event.*;
import javax.swing.*;

public class MyExample extends JPanel
{

  public MyExample()
  {
    JButton button=new JButton("Hello, world");

    ActionListener myListener = new ActionListe-
ner()
    {
      public void actionPerformed (ActionEvent e)
      {
        String lnfName = null;
```

```java
          if (e.getActionCommand().equals ("My"))
          {
            lnfName = "my.MyLookAndFeel";
          }
          else
          {
            lnfName = "ja-
vax.swing.basic.BasicLookAndFeel";
          }
          try
          {
            UIManager.setLookAndFeel(lnfName);
            SwingUtilities. updateComponentTreeUI
(MyExample.this);
            MyExample.this.validate();
          }
          catch (Exception ex)
          {
            System.err.println ("Could not swap Loo-
kAndFeel: " + lnfName);
          }
        }
      };

    ButtonGroup group = new ButtonGroup();
    JRadioButton basicButton = new JRadioButton
("Basic");
    basicButton.setSelected(true);
    basicButton.addActionListener (myListener);
    group.add (basicButton);

    JRadioButton myButton = new JRadioButton
("My");
    myButton.addActionListener (myListener);
    group.add (myButton);

    add (button);
    add (basicButton);
    add (myButton);
  }

  public static void main (String args[])
  {
    JFrame f = new JFrame ("LnF Example");
    JPanel j = new MyExample();
    f.addWindowListener(new WindowAdapter()
    {
      public void windowClosing(WindowEvent e)
```

```
    {
      System.exit(0);
    }
  });

  f.getContentPane().add (j, BorderLay-
out.CENTER);
  f.setSize (300, 100);
  f.show();
  }
}
```

Wenn Sie alle Teile, die bis hierher vorgestelltwurden, eingeben, dann haben Sie ein schönes Beispiel für ein eigenes Look&Feel, auf dem Sie aufbauen können.

1.4
Drag-and-Drop

1.4.1
Einführung

Dieses Unterkapitel beschreibt noch das Drag-and-Drop, das nicht Teil von Swing ist, sondern übergreifend überall in der Java-2-Plattform verwendet werden kann. Aber da Sie es sicher vor allem mit Swing-Komponenten verwenden werden, ist hier der Platz, um es vorzustellen.

Ich bin mir fast sicher, Sie wissen, was Drag-and-Drop ist, auch wenn Ihnen der Begriff selber spanisch vorkommt. Es ist einer der Mechanismen, der die Arbeit am Computer intuitiver macht: Sie klicken die linke Maustaste auf einem Icon in Ihrem Explorer, lassen sie nicht los und ziehen das Icon auf ein anderes Icon in Ihrem Explorer und lassen die Maustaste dann los. Sie ziehen (drag) das Icon und (and) lassen das Icon dann fallen (drop).

Die Java-2-Plattform erlaubt es jetzt endlich, Daten auf die eben genannte Weise zu transferieren. Dieser Mechanismus verwendet den aus dem JDK 1.1 bekannten Datatransfer (java.awt.data-transfer). Dieser kommuniziert mit dem Clipboard des Systems. Die Verwendung von Drag-and-Drop macht natürlich vor allem mit UI-Komponenten Sinn, kann aber laut Java-Spezifikation auf alles angewandt werden. Es gibt also keine Beschränkung.

Um den Mechanismus des Drag and Drop in Java einzubauen, mußten neue Klassen entwickelt werden, die Sie im Paket java.awt.dnd finden können. Die Beispiele werden mit Swing-Komponenten durchgeführt, aber prinzipiell kann der Mechanismus des Drag-and-Drop auf alle Komponenten angewandt werden, die eine Unterklasse von java.awt.Component sind.

Es gibt im günstigsten Fall drei Teilnehmer an einer Drag-and-Drop Operation:

- Die Datenquelle (DragSource)
- Die zu transferierenden Daten (Transferable Data)
- Das Zielobjekt (DropTarget)

Zuerst wird die GUI-Komponente erläutert, die die Datenquelle liefert, dabei kann es sich um einen JLabel oder einen Text aus einem JTextField etc. handeln. Dieses Objekt muß eine Verbindung mit einem

```
java.awt.dnd.DropSource-Objekt
```

haben. Danach wird beschrieben, wie das Zielobjekt aufgesetzt werden muß. Dieses muß eine Verbindung zu einem

```
java.awt.dnd.DropTarget-Objekt
```

besitzen. Zu guter Letzt betrachten wir dann noch, wie ein Objekt vom Typ

```
java.awt.datatransfer.Transferable
```

den Datentransfer zwischen einem DragSource-Objekt und einem DropTarget-Objekt ausführt. Das folgende Bild beschreibt das eben Gesagte grafisch.

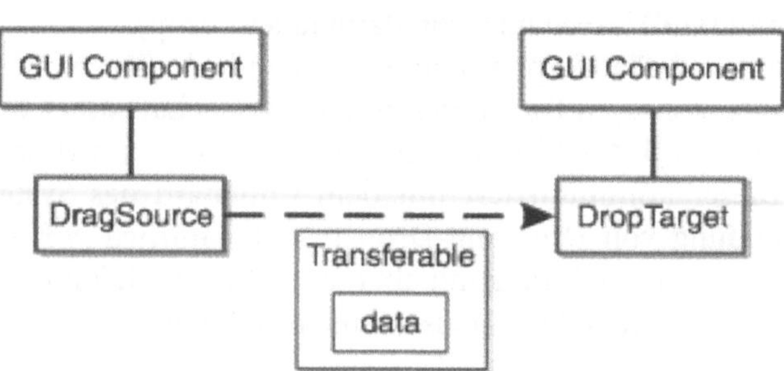

1.4.2
Datentypen und Aktionen

Das Transferable Objekt kapselt die Daten. Danach können die Daten dem DropTarget-Objekt auf verschiedene Arten zur Verfügung gestellt werden. Falls die Daten innerhalb einer Java Virtual Machine (JVM) ausgetauscht werden (also innerhalb Ihrer Applikation, von einem JLabel z.B. zu einem JTextField), dann wird eine Objektreferenz verwendet.

Transferobjekt

Das funktioniert jedoch nicht, wenn die Daten zwischen zwei JVMs oder zwischen Java und einer nativen Applikation ausgetauscht werden sollen. Daher wird normalerweise ein Datentyp verwendet, der eine Unterklasse von

Vorsicht bei mehr als einer JVM

`java.io.InputStream` darstellt.

Wenn Sie Drag-and-Drop-Operationen anbieten wollen, können verschiedene Aktionen eingeschaltet werden. Die Klasse DnDConstants definiert die Klassenvariablen für diese Aktionen:

Aktionen

- ACTION_NONE – Keine Aktion ausführen
- ACTION_COPY – Die DragSource bleibt erhalten
- ACTION_MOVE – Wurde die Operation erfolgreich ausgeführt, wird die DragSource gelöscht
- ACTION_COPY oder ACTION_MOVE – Die DragSource führt eine der beiden Operationen aus, je nachdem, welche das DropTarget-Objekt verlangt
- ACTION_LINK oder ACTION_REFERENCE – Ein Datenaustausch erfolgt entweder zur Quelle oder zum Zielobjekt per Link oder Referenz

1.4.3
Erzeugen einer Quellkomponente

Damit eine GUI-Komponente als DragSource-Objekt verwendet werden kann, muß sie mit fünf anderen Objekten verbunden werden. Diese sind:

DragSource

```
java.awt.dnd.DragSource
java.awt.dnd.DragGestureRecognizer
java.awt.dnd.DragGestureListener
```

```
java.awt.datatransfer.Transferable
java.awt.dnd.DragSourceListener
```

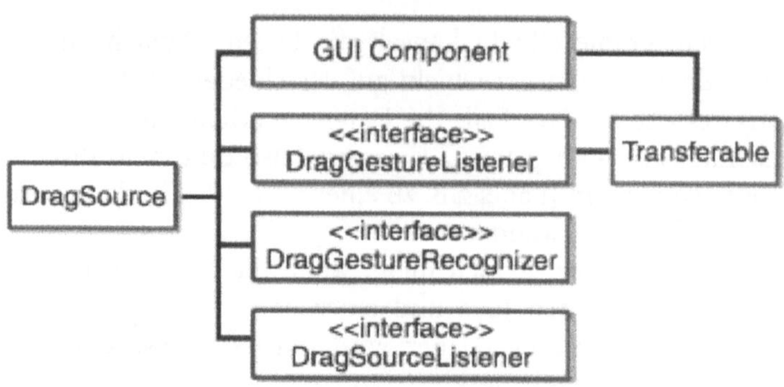

Abbildung 56
DragSource-
Komponenten

1.4.3.1 DragSource

Der generelle Weg, ein Objekt vom Typ DragSource zu erhalten, ist
die Verwendung der Methode

```
DragSource.getDefaultDragSource ().
```

Diese besteht so lange, wie auch die JVM existiert. Das bedeutet,
es gibt ein Objekt pro Lebenszeit der JVM. Eine andere Möglichkeit ist die Verwendung einer DragSource pro Instanz der Komponente. Diese müssen Sie jedoch dann selber verwalten und implementieren.

1.4.3.2 DragGestureRecognizer

Die Aktionen, die das Drag-and-Drop initiieren, variieren von
Komponente zu Komponente, von Gerät zu Gerät und von Plattform zu Plattform.

Tabelle 11
Windows Drag-and-
Drop-Aktionen

Aktion	Funktion
Klick auf den linken Mausknopf	Move
CTRL und Klick auf den linken Mausknopf	Copy
Shift-CTRL und Klick auf den linken Mausknopf	Link

Tabelle 12
Motif Drag-and-Drop-
Aktionen

Aktion	Funktion
Shift und mittlerer Mausknopf	Move
CTRL und mittlerer Mausknopf	Copy
Shift-CTRL und mittlerer Mausknopf	Link

Um den Entwickler von diesen Einzelheiten abzuschirmen und das Drag and Drop plattformunabhängig gestalten zu können, wurde ein DragGestureRecognizer eingeführt, der diese Dinge kapselt. Die Methode

```
dragSource.createDefaultDragGestureRecognizer ()
```

erhält einen Recognizer und verbindet diesen mit der Komponente, der Aktion und dem entsprechenden Event-Listener (DragGestureListener).

Das folgende Beispiel erzeugt eine Unterklasse von JLabel. Im Konstruktor sind die entsprechenden Parameter angegeben, damit die Objekte sowohl als DragSource für Copy als auch für Move verwendet werden können. Dies ist der erste Schritt, um eine Komponente zu erstellen, die als DragSource eingesetzt werden kann. Als nächstes folgen die Listener.

```
public class DragJLabel extends JLabel
{
  private DragSource dragSource;
  private DragGestureListener dgListener;
  private DragSourceListener dsListener;
  private int dragAction = DnDCon-
stants.ACTION_COPY;

  public DragJLabel (String inittext)
  {
    this.setText (inittext);
    this.setOpaque (true);
    this.dragSource = DragSource. getDefault-
DragSource ();
    this.dgListener = new DGListener ();
    this.dsListener = new DSListener ();

    // Komponente, Aktion, Listener
  this.dragSource.createDefaultDragGestureRecogniz
er (this, this.dragAction, this.dgListener);
  }
```

1.4.3.3 DragGestureListener

Wenn der DragGestureRecognizer, der mit der GUI-Komponente verbunden ist, eine Drag-and-Drop-Operation bemerkt, dann sendet er eine Botschaft an den DragGestureListener. Danach leitet der DragGestureListener eine startDrag-Nachricht an die DragSource weiter, um die Drag-Operation zu initiieren.

```
interface DragGestureListener
{
  public void dragGestureRecognized (DragGestureE-
vent e);
}
```


Wenn DragSource die Botschaft startDrag erhält, dann erzeugt sie ein Objekt vom Typ DragSourceContext. Dieses Objekt verfolgt den Ablauf der Operation, indem es (via Listener) beobachtet, was das native DragSourceContextPeer macht. In diesem Fall kann DragSource auch vom Event oder einer Instanzvariablen erhalten werden.

Der spezielle DragSourceListener, der während der Drag-and-Drop-Operation informiert wird, wird als Parameter der Methode dragGestureRecognized übergeben. Außerdem gibt es noch einen sog. Drag-Cursor, der den Status der Operation anzeigt und ebenfalls als Parameter übergeben wird.

Je nach Plattform ist es möglich, zusätzlich noch „drag image" anzugeben, das die Operation visuell unterstützt. Win32 erlaubt dies jedoch nicht.

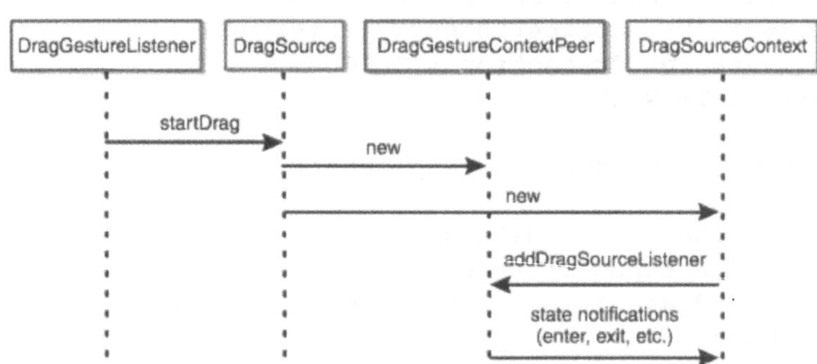

Abbildung 57
DragSourceContext

Das Transferable Objekt kapselt Daten, die transferiert werden sollen (meistens die, die mit der Komponente verbunden sind). Hier nun der Auszug des Codes dazu:

```
public void dragGestureRecognized (DragGestureE-
vent e)
{
  System.out.println (e.getDragAction ());
  if ((e.getDragAction () & DragJLa-
bel.this.dragAction) == 0)
  {
    return;
```

```java
}
System.out.println ("Starte Dreck");

  // Text erhalten und in Transferable tun
  // Transferable transferable = new StringSelec-
tion (DragJLabel.this.getText ());
  Transferable transferable = new StringTrans-
ferable (DragJLabel.this.getText ());

  // los geht's
  try
  {
    e.startDrag (DragSource.DefaultCopyNoDrop,
transferable, DragJLabel.this.dsListener);

    // oder wenn dragSource eine Variable ist
    // dragSource.startDrag (e, DragSour-
ce.DefaultCopyDrop, transferable, dsListener);

    // Wenn drag image unterstuetzt wird
    /*
    if (DragSource.isDragImageSupported ())
    {
      // Cursor, Image, Punkt, Transferrable,
      // dsource Listener
      e.startDrag (DragSource.DefaultCopyDrop,
image, point, transferable, dsListener);
    }
    */
  }
  catch (InvalidDnDOperationException idoe )
  {
    System.err.println (idoe );
  }
}
```

1.4.3.4 Transferable Objekt

Die Klasse java.awt.datatransfer.StringSelection funktioniert ein- *StringSelection*
wandfrei innerhalb derselben JVM. Aber sie löst eine bekannte
ClassCastException aus, wenn sie mit einer anderen JVM verbunden wird. Um dieses zu umgehen, müssen Sie Ihr eigenes Transferable Objekt erzeugen.

Dieses Objekt erzeugt Instanzen der Datentypen, die es unterstützen will. Das Interface Transferable verwendet die Methode
getTransferDataFlavors (), um ein Array von den Datentypen zurückzuliefern.

Im folgenden wird hier eine Darstellung von java.util.List dieses Arrays erzeugt, um die Implementierung von isDataFlavorSupported (DataFlavor) zu erleichtern. Dieses Beispiel hier unterstützt zwei Typen. Da in diesem Beispiel nur Text verwendet wird, können zwei vordefinierte Datentypen (DataFlavors) verwendet werden. Innerhalb derselben JVM kann DataFlavor.stringFlavor verwendet werden. Für alle anderen Fälle wird besser DataFlavor. plainTextFlavor verwendet, da die interne Darstellung java.io.InputStream ist.

Sie können hier Ihre eigenen Datentypen definieren, z.B. entsprechend der MIME-Types wie image/GIF oder entsprechend der verschiedenen Charactersets. Aber diese Details würden hier viel zu weit führen.

ClipboardOwner

Auch wenn Transferable nicht notwendigerweise eine Unterklasse von ClipboardOwner für das Drag and Drop sein muß, sollten Sie dies doch verwenden, um Clipboard Transfers zu erlauben. Hier eine einfache Implementierung:

```java
public class StringTransferable implements Transferable, ClipboardOwner
{
  public static final DataFlavor plainTextFlavor =
DataFlavor.plainTextFlavor;
  public static final DataFlavor localStringFlavor
= DataFlavor.stringFlavor;

  public static final DataFlavor[] typen =
  {
    StringTransferable.plainTextFlavor,
    StringTransferable.localStringFlavor
  };

  private static final List typListe =
Arrays.asList (typen);
  private String string;

  /**
   * Konstruktor.
   * Initialisieren der Instanzvariable
   */
  public StringTransferable (String string)
  {
    this.string = string;
  }
```

```java
  public synchronized DataFlavor[] getTransferDa-
taFlavors ()
  {
    return typen;
  }

  public boolean isDataFlavorSupported (DataFlavor
flavor)
  {
    return  (typListe.contains (flavor));
  }
```

Das Interface Transferable liefert die Daten für die Typen durch
die Methode getTransferData (). Wird nach einem nichtunter-
stützten Typ gefragt, so wird eine Exception ausgelöst. Wird ein
lokaler Transfer (sprich eine JVM) unter Verwendung von

localStringFlavor

```
StringTransferable.localStringFlavor
```

erbeten, dann wird eine Referenz auf das Objekt zurückgeliefert.
Außerhalb einer JVM macht dies natürlich keinen Sinn.

Wenn Sie mit einer anderen JVM Daten austauschen wollen
oder mit einer nativen Applikation, sollten Sie eine Unterklasse
von java.io.InputStream verwenden. Wenn Sie also

InputStream

```
StringTransferable.plainTextFlavor
```

benutzen, liefert die Methode getTransferData () einen

```
java.io.ByteArrayInputStream
```

zurück. Textdaten können entsprechend der MIME-Spezifikation
verschiedene Zeichenkodierungen haben.

Der folgende Codeabschnitt zeigt die unterschiedliche Verwendung und Möglichkeiten des eben Gesagten.

```java
public synchronized Object getTransferData (DataF-
lavor flavor) throws UnsupportedFlavorException,
IOException
{
  System.err.println ("getTransferData (): ");
  dumpFlavor (flavor);

  if (flavor.equals (StringTransferable. plain-
TextFlavor))
  {
```

```
    return new ByteArrayInputStream
(this.string.getBytes ("Unicode"));
  }
  else if (StringTransferable. localStringFla-
vor.equals (flavor))
  {
    return this.string;
  }
  else
  {
    throw new UnsupportedFlavorException (flavor);
  }
}
```

1.4.3.5 DragSourceListener

Der DragSourceListener ist für die sog. „drag over"-Effekte während einer Drag-and-Drop-Operation verantwortlich. Diese liefern
ein visuelles Feedback, während sich der Cursor über einer Komponente befindet. Sie haben sicherlich schon gesehen, wie ein kleines Icon sich ändert, wenn Sie anstelle einer Copy-Operation (in
Windows ein + Zeichen) eine Move-Operation ausführen wollen.

```
interface DragSourceListener
{
  public void dragEnter (DragSourceDragEvent e);
  public void dragOver (DragSourceDragEvent e);
  public void dragExit (DragSourceEvent e);
  public void dragDropEnd(DragSourceDropEvent e);
  public void dropActionChanged (DragSourceDragE-
vent e);
}
```


Normalerweise führt der DragSourceListener diverse Effekte
aus, wenn ein Objekt über ein DropTarget gezogen wird. Diese
werden Cursor Changes genannt. Es gibt zwei mögliche Cursor:

- Einen Drop-Cursor, der angezeigt wird, wenn sich die Maus
  über einem gültigen DropTarget befindet.

- Einen NoDrop-Cursor, der dargestellt wird, wenn sie sich auf
  keinem gültigen DropTarget plaziert ist.

Die Klasse DragSource hat mehrere vordefinierte Cursor als
Klassenvariablen.

DefaultCopyDrop	DefaultCopyNoDrop
DefaultMoveDrop	DefaultMoveNoDrop
DefaultLinkDrop	DefaultLinkNoDrop

Das DragSourceListener-Objekt verändert den Cursor, indem es eine setCursor ()-Nachricht an den DragSourceContext schickt. Die Definitionen der Methoden dragOver () und dropActionChanged () sind mit diesem vergleichbar. Diese Methoden werden nicht aufgerufen, wie Sie noch sehen werden, wenn DropTarget die Operation ablehnt. Der folgende Code zeigt, wie der Cursor für dragOver verändert werden kann.

```
public void dragEnter (DragSourceDragEvent e)
{
  System.out.println ("dragEnter " + e);
  DragSourceContext context =
e.getDragSourceContext ();

  int meineaktion = e.getDropAction ();
  if ((meineaktion & DragJLabel.this.dragAction)
!= 0)
  {
    context.setCursor (DragSour-
ce.DefaultCopyDrop);
  }
  else
  {
    context.setCursor (DragSour-
ce.DefaultCopyNoDrop);
  }
}
```

Wenn die Operation beendet wurde, dann erhält der DragSourceListener eine Nachricht der Form dragDropEnd. Nun liegt es am Listener, den Erfolg der Operation zu überprüfen. Wenn die Operation erfolgreich war, führt er die entsprechenden Aktionen aus, ansonsten tut der Listener gar nichts.

dragDropEnd

Im Falle einer Move-Operation muß der Listener natürlich auch noch die Quelldaten löschen. Ist es eine Komponente, wird sie aus der Hierarchie herausgenommen, handelt es sich um Text innerhalb der Komponente, dann wird der Text der Komponente gelöscht. Das folgende Beispiel zeigt die Methode für dragDropEnd.

```
public void dragDropEnd (DragSourceDropEvent e)
{
```

```java
if (e.getDropSuccess () == false )
{
  System.out.println ("Drop fehlgeschlagen");
  return;
}

/*
 * Die dropAction sollte das sein, was
 * in acceptDrop angegeben wurde
 */
System.out.println ("Ende von DragonDrop " +
e.getDropAction ());

if (e.getDropAction () == DnDCon-
stants.ACTION_MOVE)
{
  DragJLabel.this.setText ("");
}
}
```

1.4.3.6 Fluß des Systems

Nachdem Sie jetzt gesehen haben, wie viele Nachrichten zwischen den verschiedenen Objekten ausgetauscht werden, ist es sinnvoll, den Fluß des ganzen Systems zu betrachten.

1. Der DragGestureRecognizer erkennt eine Drag-Operation und informiert den DragGestureListener.

2. Angenommen die Aktionen und Datentypen sind o.k., dann sagt der DragGestureListener der DragSource, sie solle start-Drag () aufrufen.

3. DragSource erzeugt dann einen DragSourceContext und einen DragSourceContextPeer. Der DragSourceContext fügt sich selbst als DragSourceListener dem DragSourceContextPeer hinzu.

4. Der DragSourceContextPeer erhält Nachrichten über den Zustand (eingetreten, ausgetreten etc.) im nativen System und leitet sie an den DragSourceContext weiter.

5. Der DragSourceContext informiert den DragSourceListener, der das dragOver-Feedback liefert (wenn die Operation erlaubt ist). Normalerweise enthält dieses Feedback die Anfrage an DragSourceContext, den Cursor zu ändern.

6. Wenn der Drop letztendlich abgeschlossen ist, erhält der DragSourceListener die Nachricht dragDropEnd.

Hier das entsprechende Bild dazu:

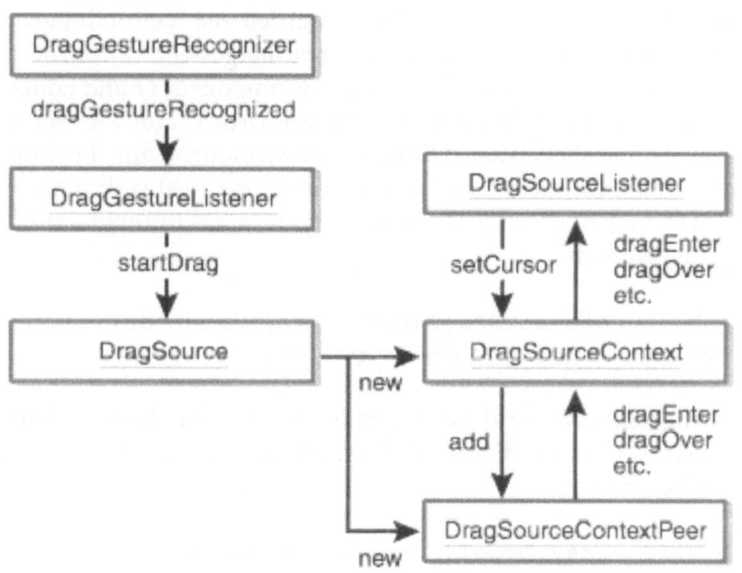

Abbildung 58
Datenfluß

1.4.4
Erzeugen einer Drop-fähigen Komponente

Wenn Sie ein Objekt als Ziel einer Drag-and-Drop-Operation einsetzen wollen, dann müssen Sie dieses Objekt mit zwei anderen
Objekten assoziieren:

```
java.awt.dnd.DropTarget
java.awt.dnd.DropTargetListener
```

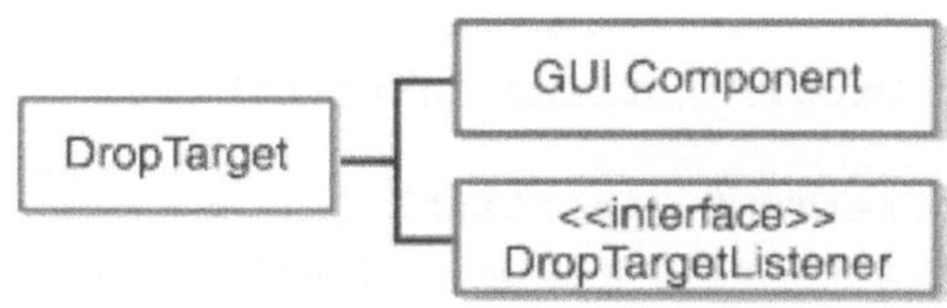

Abbildung 59
*DropTarget-
Komponenten*

1.4.4.1 DropTarget

Im Konstruktor von DropTarget werden die Verbindungen mit DropTarget und DropTargetListener hergestellt. Zusätzlich hat DropTarget noch zwei Methoden, setComponent () und addDropTargetListener (). Der Konstruktor von DropTarget verwendet die neu definierten java.awt.Component-Methoden, um die Komponente zu informieren, daß sie nun mit DropTarget verbunden ist.

Die folgenden zwei Methoden sind java.awt.Component hinzugefügt worden:

```
public void setDropTarget (DropTarget dt)
public DropTarget getDropTarget ()
```

Im folgenden wird Ihnen gezeigt, wie Sie eine Komponente definieren können, die als Zielkomponente einer Drop-Operation fungieren kann.

```
public class DropTF extends JTextField
{
  private DropTarget dropTarget;
  private DropTargetListener dtListener;

  /**
   * unterstuetzte Aktionen, hier nur
   * ACTION_COPY
   */
  private int acceptableActions = DnDConstants.ACTION_COPY;
  // private int acceptableActions = DnDConstants.ACTION_MOVE;
  // private int acceptableActions = DnDConstants.ACTION_COPY_OR_MOVE;

  private Color randFarbe;

  public DropTF (String inittext)
  {
    this.setText (inittext);
    this.randFarbe = Color.green;
    this.dtListener = new DTListener ();

    // Komponente, Operation, Listener,
    // Akzeptieren
    this.dropTarget = new DropTarget (this,
  this.acceptableActions, this.dtListener, true);
  }
```

1.4.4.2 DropTargetListener

Der DropTargetListener benötigt eine Verbindung mit der Komponente, so daß die Komponente den Listener informieren kann, den sog. „drag under"-Effekt während der Operation auszuführen. Dieser Listener, den Sie als innere-Klasse erzeugen können, transferiert die Daten dann, wenn der Drop erfolgt ist. Nun könnten Sie auf die Idee kommen, die Komponente selbst als Listener aufzusetzen. Davon sollten Sie aber absehen, da dies implizit bedeutet, daß sie evtl. für andere Komponenten als Listener verfügbar sein kann.

Die Methoden dragEnter (), dragOver () und dropActionChanged () inspizieren zuerst die Operation und den Typ. Abhängig vom Ergebnis müssen sie die Operation entweder erlauben oder abweisen. Nur wenn die Operation angenommen wird, ruft der DragSourceListener die Methoden dragEnter () und dragOver () auf.

Hinzu kommt noch, daß der DropTargetListener die Methode dragExit () aufruft, wenn der Anwender den Bereich, auf dem der Drop möglich ist, verläßt. Der Listener kann dann ggf. die „drag under"-Effekte zurücksetzen.

Das folgende Codefragment zeigt einen DropTargetListener, der „drag under"-Feedback liefert, indem ein grüner Rahmen angezeigt wird, wenn der Transfer erlaubt ist. Ist die Operation nicht erlaubt, wird ein roter Rahmen gezeigt. Danachsehen Sie, wie is-DragOk () dieses bestimmt.

```java
class DTListener implements DropTargetListener
{
  /**
   * starte "drag under"-Feedback fuer die
   * Komponente, rufe acceptDrag oder
   * rejectDrag basierend auf
   * isDragOk auf
   */
  public void dragEnter (DropTargetDragEvent e)
  {
    System.out.println ("dtlistener dragEnter");
    if (isDragOk (e) == false)
    {
      System.out.println ("Enter nicht ok");
      DropTF.this.randFarbe = Color.red;
      showBorder (true);
      e.rejectDrag ();
      return;
    }
    DropTF.this.randFarbe=Color.green;
    showBorder (true);
```

```java
      System.out.println ("dt enter: Akzeptiere " +
e.getDropAction ());
      e.acceptDrag (e.getDropAction ());
   }

   public void dragOver (DropTargetDragEvent e)
   {
     if (isDragOk (e) == false)
     {
       System.out.println ("dtlistener dragOver
nicht OK");
       DropTF.this.randFarbe=Color.red;
       showBorder (true);
       e.rejectDrag ();
       return;
     }
     System.out.println ("dt over: Akzeptiere");
     e.acceptDrag (e.getDropAction ());
   }

   public void dropActionChanged (DropTargetDragE-
vent e)
   {
     if (isDragOk (e) == false)
     {
       System.out.println ("dtlistener veraendert
nicht OK" );
       e.rejectDrag ();
       return;
     }
     System.out.println ("dt veraendert: Akzeptiere
" + e.getDropAction ());
     e.acceptDrag (e.getDropAction ());
   }

   public void dragExit (DropTargetEvent e)
   {
     System.out.println ("dtlistener dragExit");
     DropTF.this.randFarbe = Color.green;
     showBorder (false);
   }
```


Wenn das System erst einmal gestartet ist, dann sehen Sie nichts mehr von den ganzen Botschaften, sie laufen im Hintergrund ab. Für die Interessierten unter Ihnen: Die Event-Objekte verwalten eine Referenz zu ihrem dazugehörigen DropTargetContext. Dieser DropTargetContext verwaltet wiederum eine Referenz zum nativ vorhandenen DropTargetContextPeer. Wenn der Listener die entsprechenden Botschaften ablehnt oder annimmt, werden sie alle bis zum Betriebssystem durchgereicht.

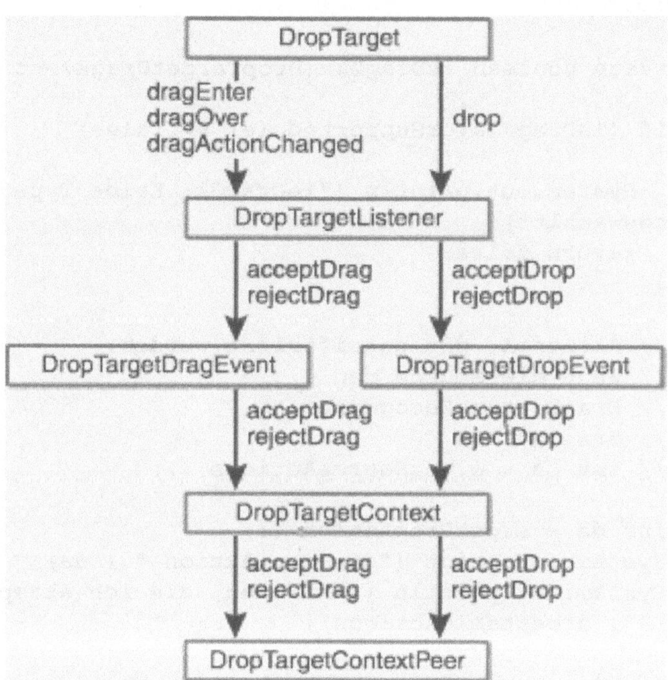

Gültigkeitsüber-
prüfung

Schauen wir uns jetzt an, wie der Listener festlegt, ob die aktuelle Drag-Operation gültig ist oder nicht. Die Methoden dragEnter (), dragOver () und dropActionChanged verwenden die Methode isDragOK (), um festzustellen, ob der gezogene Datentyp (DataFlavor) kompatibel zu den Typen ist, die das DropTarget akzeptiert. In diesem Beispiel werden alle Datentypen akzeptiert, die in der Klasse StringTransferable definiert sind. Zusätzlich dazu kann eine Klassenvariable in der Drop-Komponente verwendet werden, die eine Sammlung der definierten Datentypen enthält.

Wenn der Typ kompatibel ist, vergleicht der DropTargetListener die Aktionen, die von DragSource unterstützt werden, mit denen von DropTarget. Die Aktionen, die angegeben wurden, als die Komponente den DragGestureRecognizer erzeugt hat, können durch die Methode getSourceActions () aus der Klasse DropTargetDragEvent erhalten werden. Wenn sowohl die Aktion als auch die Flavors in Ordnung sind, wird ein true-Wert zurückgeliefert wird.

Schauen wir uns die Definition von isDragOk () an. Die DataFlavors und Aktionen, die von DragSource unterstützt werden, werden überprüft.

```java
private boolean isDragOk (DropTargetDragEvent e)
{
  if (isDragFlavorSupported (e) == false)
  {
    System.out.println ("isDragOk: Keine Typen
ausgewaehlt");
    return false;
  }


  // Aktionen, die spezifiziert wurden,
  // wenn die Source den
  // DragGestureRecognizer
  // erzeugt hat
  // int sa = e.getSourceActions ();

  int da = e.getDropAction ();
  System.out.print ("dt Drop Aktion " + da);
  System.out.println ("Aktionen, die ich akzeptie-
re " + acceptableActions);

  // wir sagen, dass diese Aktionen
  // notwendig sind
  if  ((da & DropTF.this.acceptableActions) == 0)
  {
    return false;
  }
  return true;
}
```

1.4.5
Datentransfer (Data transfer)

Die drop ()-Methode des DropTargetListener ist für den Datentransfer verantwortlich. Die drop ()-Methode kann in drei logische Teile aufgeteilt werden:

1. Der DropTargetListener überprüft die Aktion und den Datentyp. Wenn nötig, wird die Aktion Drop abgelehnt.

2. Der DropTargetListener akzeptiert den Drop in Verbindung mit einer angegebenen Aktion, und das Datenobjekt vom Typ Transferable wird erhalten.

3. Der DropTargetListener liest und verwendet die Daten.

1.4.5.1 Gültigkeitsüberprüfung

Bevor der Datentransfer vorgenommen wird, überprüft der Drop-
TargetListener die Aktion und sucht sich den entsprechenden Da-
tentyp aus. Wenn weder die Datentypen noch die Operationen ak-
zeptabel sind, sendet der DropTargetListener eine rejectDrop-
Nachricht an den DropTargetDropEvent. Der Event selber kann
durch die Methode isLocalTransfer () befragt werden, ob die
DragSource in derselben JVM abläuft. Wenn ja, dann kann der
DropTargetListener den entsprechenden DataFlavor auswählen.
Hier der entsprechende Code:


```
public void drop (DropTargetDropEvent e)
{
  System.out.println ("dtlistener drop");

  DataFlavor ausgewaehlt = chooseDropFlavor (e);
  if (ausgewaehlt == null)
  {
    System.err.println ("Keine Typuebereinstimmung
gefunden" );
    e.rejectDrop ();
    return;
  }
  System.err.println ("Der ausgewaehlte Typ ist "
+ ausgewaehlt.getMimeType ());

  // eigentliche Operation
  int da = e.getDropAction ();
  // die Aktionen, die die Source mit
  // DragGestureRecognizer
  // spezifiziert hat
  int sa = e.getSourceActions ();
  System.out.println ("drop: sourceActions: " +
sa);
  System.out.println ("drop: dropAction: " + da);

  if ((sa & DropTF.this.acceptableActions) == 0)
  {
    System.err.println ("Kein Aktionsmatch gefun-
den");
    e.rejectDrop ();
    showBorder (false);
    return;
  }
```

1.4.5.2 Akzeptieren des Drop

Annahme Wenn der Drop die Überprüfung erfolgreich überstanden hat, dann sendet der DropTargetListener eine acceptDrop ()-Nachricht an den DragSourceListener unter Verwendung der Methode dragDropEnd (). Nachdem der DropTargetListener den Drop akzeptiert hat, erhält er das Transferable-Objekt und erfragt die Daten. Hier geht der Code für drop () jetzt weiter.

```java
Object data = null;
try
{
  /*
   * Der Source Listener erhaelt diese
   * Aktion in dragDropEnd.
   * Ist die Aktion
   * DnDConstants.ACTION_COPY_OR_MOVE, dann
   * erhaelt die Source MOVE
   */
  e.acceptDrop (DropTF.this. acceptableActions);
  // e.acceptDrop (DnDConstants. ACTION_MOVE);
  // e.acceptDrop (DnDConstants. ACTION_COPY);
  // e.acceptDrop (DnDConstants.
ACTION_COPY_OR_MOVE);

  data = e.getTransferable().getTransferData
(ausgewaehlt);
  if (data == null)
  {
    throw new NullPointerException ();
  }
}
catch (Throwable t)
{
  System.err.println ("Datentransfer-Fehler: " +
t.getMessage ());
  t.printStackTrace ();
  e.dropComplete (false);
  showBorder (false);
  return;
}
```

1.4.5.3 Datentransfer

Wie schon oben erwähnt, sollten bei Verwendung von mehr als einer JVM oder Drag-and-Drop mit einer nativen Applikation die Daten in Form von java.io.InputStream repräsentiert werden, da Referenzen auf ein Java-Objekt nur in einer JVM Sinn machen.

Wie ebenfalls schon angesprochen, wird für den lokalen Transfer eine Objektreferenz zurückgeliefert. Wenn Exceptions während des Datentransfers ausgelöst werden, muß der DropTargetListener die Methode dropComplete (false) an DropTargetDropEvent schicken.

Wurden die Daten aber erfolgreich transferiert, sendet der DropTargetListener dem DropTargetDropEvent eine dropComplete (true)-Nachricht.

Anmerkung: Wenn Sie von Java Daten in eine native Applikation transferieren wollen, dann werden Sie ein paar Bugs finden: zu viele Zeichen sowie Zeichen, die nicht dem deutschen Alphabet entsprechen (, ☺ etc.). Im umgekehrten Fall kann es sogar zu Abstürzen kommen.

Im folgenden wird die drop ()-Methode fortgesetzt. Was letztendlich zählt, ist, daß die Daten empfangen werden.

```java
if (data instanceof String )
  {
    String s = (String) data;
    DropTF.this.setText (s);
  }
  else if (data instanceof InputStream)
  {
    InputStream input = (InputStream)data;
    InputStreamReader isr = null;
    //BufferedReader br = null;
    try
    {
      // br = new BufferedReader (isr = new In-
putStreamReader (input, "Unicode"));
      isr = new InputStreamReader (input, "Uni-
code");
    }
    catch (UnsupportedEncodingException uee)
    {
      isr = new InputStreamReader (input);
    }

    StringBuffer str = new StringBuffer ();
    int in = -1;
    try
    {
      while ((in = isr.read ()) >= 0)
      {
        //System.out.println ("Lese: " + in);
        if (in != 0)
        {
          str.append ((char)in);
```

```java
        }
      }

      /* wenn Sie Muell wollen
      try
      {
        String line = null;
        while ( (line = br.readLine ()) != null)
        {
          str.append (line);
          str.append ('\n');
          System.out.println ("Lese: " + line);
          System.out.println ("Lese: " + (int) li-
ne.charAt (line.length () - 1));
        }
      br.close ();
      */

      DropTF.this.setText (str.toString ());
    }
    catch (IOException ioe)
    {
      /*
        bug #4094987
        sun.io.MalformedInputException:
        Missing byte-order mark
        e.g. wenn von MS Word 97 gezogen wird
        auch in 1.2 final
      */

      System.err.println ("Lesen fehlerhaft " +
ioe);
      e.dropComplete (false);
      showBorder (false);
      String message = "Schlechter Tropfen :)\n" +
ioe.getMessage ();
      JOptionPane.showMessageDialog (DropTF.this,
message, "Error", JOptionPane.ERROR_MESSAGE);
      return;
    }
  }
  else
  {
    System.out.println ("drop: abgelehnt");
    e.dropComplete (false);
    showBorder (false);
    return;
  }
```

```
    e.dropComplete (true);
    showBorder (false);
}
```

1.4.6
Der Weg von Transferable

In diesem Teil wird gezeigt, welchen Weg Transferable nimmt, wenn eine Drag-and-Drop-Operation ausgeführt wird.

Der DragGestureListener erhält das transferierbare Objekt (das Transferable) möglicherweise von einer GUI-Komponente und sendet es unter Verwendung der startDrag ()-Nachricht an DragSource. Danach sendet DragSource dieselbe Nachricht an den vorhandenen DragSourceContext, welcher wiederum dieselbe Nachricht an das native System schickt, mit sich selbst als Parameter. Damit hat das native System Zugriff auf das transferierbare Objekt durch Zugriff auf den DragSourceContext.

Der DropTargetContextPeer hat nun Zugriff auf den Transferable. Wenn der DropTargetContext eine getTransferable ()-Nachricht erhält, dann erzeugt er ein TransferableProxy und liefert ein Objekt diesen Typs zurück. Dieses Objekt TransferableProxy wird dann an den DropTargetListener übergeben, wenn der DropTargetListener DropTargetDropEvent nach dem Transferable befragt. Das folgende Bild soll das eben Erklärte verdeutlichen.

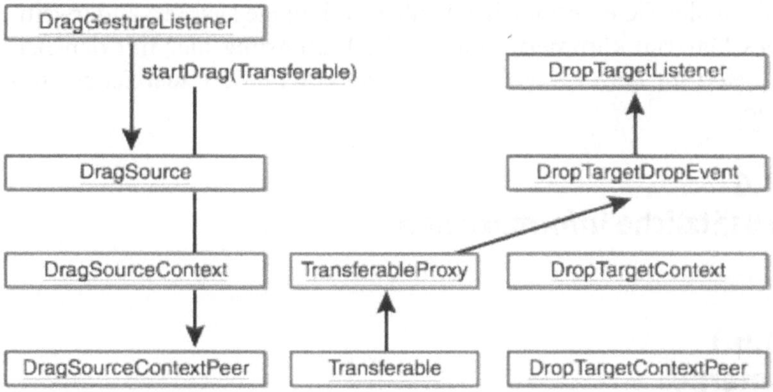

Abbildung 61
Transferable

1.4.7
Fazit

Mit der Java-2-Plattform wurde endlich die Möglichkeit eingeführt, mit Java Drag-and-Drop zu implementieren – und das
plattformunabhängig. Aber die Anzahl der Drag-and-Drop-Klas-
sen und -Methoden kann den Programmierer in ihrer Fülle er-
schlagen. Auch das Durchreichen der Nachrichten durch die Objekte bis hinunter zu den nativen Aufrufen und wieder zurück erscheint komplex und schwer verständlich. Mit diesem Teil wurde
hoffentlich ein wenig der Schleier der Verwirrung gelüftet.

Bugs   Schade ist auch, daß das Drag-and-Drop mit nativen Systemen
ausgesprochen fehlerhaft ist. Sicherlich besteht der Wunsch, daß
Drag-and-Drop häufig mit einer Java-Applikation und einer anderen, nicht notwendigerweise Java-kompatiblen Applikation verwendet werden soll. Dies ist im Moment nicht fehlerlos möglich.

1.5
Schluß

Erinnern Sie sich daran, daß Swing nur ein Teil der Java Foundation Classes (JFC) darstellt. Andere, neue Teile von JFC umfassen die
Accessibility API, Java2D-API und verschiedene Application Services (Undo, Custom Cursors, Tastaturnavigation). Wenn Sie Swing
bis in alle Tiefen erforschen wollen, sollten Sie sich um anderweiti-
ges Material kümmern, obwohl die Einführung hier mit den Beispielen im JDK 1.2 und der API-Dokumentation ausreichen sollten.

1.6
Zusätzliche Informationen

1.6.1
Internet

Newsgruppe:
   news://comp.lang.java.swing/

Java Foundation Classes Homepage
   http://www.javasoft.com/products/jfc/index.html

The Swing Connection Homepage
   http://java.sun.com/products/jfc/tsc/index.html

Drag-and-Drop-Spezifikation
   http://java.sun.com/products/jdk/1.2/docs/guide/dragndrop/spe
c/dnd1TOC.doc.html

1.6.2
Bücher

Robert Eckstein; Marc Loy; Dave Wood: Java Swing. O'Reilly & Associates, 1221 S., Spetember 1998

Dr. Satyaraj Pantham; Satyaraj Pantham: Pure JFC Swing. Sams, 806 S., März 1999

2 Java 2D API

2.1
Einführung

Java hat von Anfang an Wert auf die Verwendung von Multimedia gelegt. In der ersten stabilen Version (JDK 1.0.2) waren Klassen wie PixelGrabber und MemoryImageSource enthalten, und das Anschauen von Dateien im GIF- oder JPEG-Format sowie das Abspielen von Sound im .AU-Format waren schon eingebaut. Dieses wurde in JDK 1.1.X weiterverfolgt und im JDK 1.2 um die Java-2D-API erweitert, auf die ich hier eingehen will. Außerdem ist eine 3D-API von JavaSoft verfügbar. Diese wird im nächsten Kapitel beschrieben. Hinzu kommt die Java Advanced Imaging API, Java Sound API, Java Speech API, Java Telephony und das Java Media Framework. All diese tragen dazu bei, daß Java auch im Multimediamarkt vertreten ist.

Manche der APIs sind noch in einem Alpha-Status, und es gibt außer der Spezifikation noch keine Demos oder keinen Code. Dieses Kapitel behandelt Java 2D, wie es im JDK 1.2 enthalten ist. Hinweis: Mehr Informationen dazu finden Sie unter:

http://www.javasoft.com/products/java-media/2D/index.html

Die neuen 2D-Grafik-Klassen sind einfach zu verwenden, machen Spaß, wenn man sieht, was dabei herauskommt, und unterstützen eine Vielfalt an 2D-Grafikfähigkeiten. Es geht weit über das hinaus, was bisher in einem Canvas machbar war. Es gibt nun einen ganzen Satz von neuen 2D-APIs, um interessante User Interfaces zu gestalten, z.B. eine ganze Farbverwaltung, die Verarbeitung von Images, Mehrsprachigkeit und die Verwendung von stilisiertem Text. Das folgende Bild ist ein Beispiel dafür:

Dieses Kapitel gibt Ihnen einen Überblick über diese neue API, sagt Ihnen, wo Sie die neuen Klassen finden können, und zeigt an einfachen Beispielen, wie problemlos es ist, ein Polygon zu zeichnen und zu transformieren oder Bilder zu manipulieren.

2.2
Erweiterungen der Standard-APIs

2.2.1
Einführung

Basierend auf den alten Klassen

Die neuen Klassen können Sie im java.awt-Package finden. Sie bauen auf den bisherigen 2D-Klassen auf. Hier nun die 2D-Klassen-Hierarchie:

- java.awt
- java.awt.color
- java.awt.font
- java.awt.geom
- java.awt.image

2.2.2
java.awt

Die bisher verwendeten java.awt.Rectangle- und java.awt.Point-Klassen sind nun Erweiterungen der neuen Klassen

```
java.awt.geom.Rectangle2D und
java.awt.geom.Point2D.
```

Diese Architektur erlaubt es, neue 2D-Funktionalität existierenden Applikationen zur Verfügung zu stellen, ohne den alten Code komplett neu schreiben zu müssen.

Außerdem gibt es eine neue Klasse Graphics2D, die die bestehende Klasse java.awt.Graphics erweitert. Damit erhalten Sie einen besseren Grafikkontext und dadurch auch eine bessere Kontrolle und Steuerung über Geometrie, Koordinatentransformation, Farbenverwaltung, Textlayout etc. *Graphics nach Graphics2D*

Die erweiterte Farbklasse (Color) erzeugt Farben im typischen Internet-standardisierten sRGB-Farbraum, der geräteunabhängig ist. Zudem werden auch andere Farbräume unterstützt (dazu kommen wir gleich). Informationen zu diesem Standard finden Sie unter: *Farben*

http://www.w3.org/Graphics/Color/sRGB.html

Die erweiterte Font-Klasse erlaubt es nun, jeden Font, der im System verfügbar ist, zu verwenden. Davor konnten nur drei Standard-Fonts benutzt werden. Es ist außerdem möglich, einen Font von einem existierenden Font zu erben und den eigenen Wünschen anzupassen. Der Zugriff auf gespeicherte Fonts, Glyphs und typografische Informationen ist jetzt auch möglich. Die neuen Paint-Klassen erlauben mehr Texture Maps und Fülloptionen (fill pattern options). Zum Beispiel ermöglicht die Klasse TexturePaint ein Füllmuster von einem Image oder einem anderen Speicherformat zu erzeugen, und die Klasse GradientPaint erzeugt ein Füllmuster von einem farblich linear aufsteigenden Bitmuster. *Fonts*

Die neue Klasse AlphaComposite enthält einen umfangreichen Schatz an Möglichkeiten, Images zusammenzusetzen und Transparenz hinzuzufügen oder Farben mit anderen zu mischen, um eine neue Farbe zu erzeugen. Damit können viele verschiedene visuelle Effekte erzeugt werden. Wir sehen später, wie diese Klasse verwendet wird. *Transparenz*

Die neu hinzugekommene Klasse BasicStroke unterstützt die Liniendicke, den Typ der Linie und auch gestrichelte Linien. Damit können eine Vielfalt von Linien und Rändern erzeugt werden. Außerdem sind drei andere Klassen neu hinzugekommen:

- GraphicsConfiguration
- GraphicsDevice
- GraphicsEnvironment

Diese erlauben ein flexibles Gerätemodell, so daß Printer und Monitorcharakteristiken und Einstellungen definiert werden können, die dann auftreten, wenn das Grafik-Device verwendet wird (als Beispiel nehmen Sie PowerPoint, wo Sie einstellen können, ob die Slides für den Bildschirm oder das Internet optimiert werden sollen).

2.2.3
java.awt.color

Das Paket java.awt.color unterstützt eine qualitativ hochwertige Farbausgabe unter Verwendung von Profilen und einem vollen Satz von Farbräumen, um geräteunabhängige und geräteabhängige Farbattribute zu definieren.

Das Umsetzen von Farben von einem Device auf das andere ist eventuell nötig, wenn sich der Bereich der erkannten Farben unterscheidet.

Beispiel:

Bestimmte Farben können sehr wohl auf dem Monitor betrachtet werden, nicht aber auf dem Drucker und umgekehrt. Wird eine Farbe in einem geräteabhängigen Farbraum erzeugt, kann ein Farbprofil verwendet werden, um diese Daten umzusetzen. Dies geschieht meist unter Verwendung eines geräteunabhängigen Farbraums wie z.B. sRGB oder CIEXYZ (sehen Sie dazu Tabelle 1 über Farbräume). Das folgende Bild soll dies veranschaulichen:

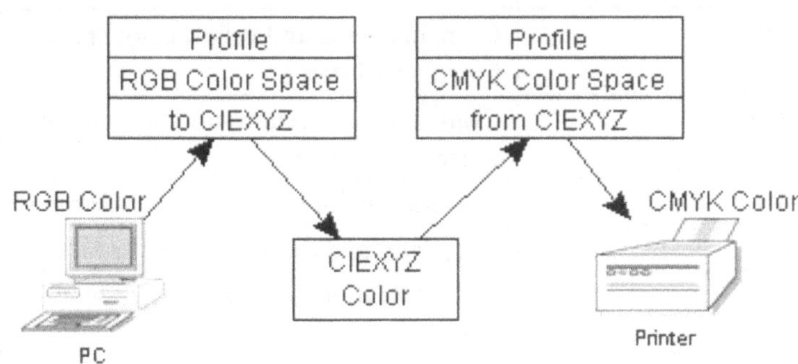

Die übersetzte Farbe wird an den Zielfarbraum gegeben und das Farbprofil für diesen Zielfarbraum liefert die notwendigen Informationen, die für die Umsetzung von sRGB oder CIEXYZ in das geräteabhängige Device notwendig sind.

Images können auf dieselbe Art und Weise übersetzt werden, nur eben auf einer sog. Pixel-by-Pixel-Basis. Die Klasse java.awt.image.ColorConvertOp liefert optimierte Methoden, um komplette Images zu konvertieren.

Die meist verwendeten Farbräume sind RGB (red, green, blue) und CMYK (cyan, magenta, yellow, black). Geräteabhängig bedeutet dabei z.B., daß dieselbe Farbe mit RGB definiert auf einem Monitor anders aussehen kann als auf einem anderen Monitor.

Hier eine Liste der unterstützten Farbräume in der Klasse java.awt.color.ICC_ColorSpace:

Farbräume	Beschreibung
CIEXYZ	Commission Internationale de l'Eclairage color system. X, Y, and Z roughly correspond to red, green, and blue. Device- independent conversion space that represents all visible colors.
sRGB	Standard red, green, and blue color space. An RGB color space and proposed standard default color space for the Internet.

Die verschiedenen Typen von Farbräumen sind (aus der Dokumentation):

Typ	Erklärung
CMY	Cyan, magenta, and yellow color space for color printers.
CMYK	Cyan, magenta, yellow, and black color space for color printers.
GRAY	Gray scale color space for monochrome.
HLS	Hue, light, and saturation color space.
HSB	Hue, saturation, and brightness color space.
HSV	Hue, saturation, and value color space.
Lab	Color and brightness color space.
Luv	Color and intensity color space.
RGB	Red, green, and blue color space.
XYZ	X, Y, and Z roughly correspond to red, green, and blue.
YcbCr	Luminance and chromaticity for digital video.
Yxy	Chromaticity and luminance color space related to XYZ color space.

Ein Farbprofil beinhaltet Daten, um die Transformation einer Farbe zwischen einem geräteabhängigen und einem geräteunabhängigen Farbraum durchzuführen, wenn es nicht sinnvoll ist, einen geräteunabhängigen Farbraum zu verwenden.

2.2.4
java.awt.font

Das neu gestaltete Paket java.awt.font unterstützt nun Glyphs und Text mit mehreren Fonts. Außerdem werden unterstrichener Text, Fettdruck, Kursiv, Hochgestellt und Tiefgestellt sowie mehrsprachiger Text unterstützt. Text und Glyphs können transformiert werden und so, wie jedes andere geometrische Objekt auch, in einen Grafikkontext eingebunden werden.

2.2.5
java.awt.geom

Das Paket java.awt.geom, das neu hinzugekommen ist, erlaubt es, grundlegende geometrische Figuren zu erzeugen und affine Transformationen auf ihnen durchzuführen. Die Klasse AffineTransform übersetzt, rotiert und skaliert diese Figuren und behält dabei parallele Linien bei. Alle Linien die vorher parallel waren, sind auch nach der Transformation parallel. Wir sehen später Beispiele für Transformationen.

Affine Transformationen

Punkte (Point) haben nun Integer-, Float- oder Double-Genauigkeit, und Linien besitzen Float-Genauigkeit. Die neuen Klassen für Point sind die abstrakte Basisklasse Point2D sowie Point2D.Double und Point2D.Float. Die bisher existierende Klasse java.awt.Point unterstützte nur Integer-Genauigkeit. Die neuen Klassen für Linien sind die abstrakte Basisklasse Line2D und die Klasse Line2D.Float.

Sie können nun reguläre Rechtecke mit Double- oder Float-Genauigkeit zeichnen und abgerundete Rechtecke mit Float-Genauigkeit. Die neuen Klassen dafür sind die abstrakte Oberklasse Rectangle2D sowie Rectangle2D.Double und Rectangle2D.Float.

Die neu eingeführte abstrakte Oberklasse RectangularShape ist die Oberklasse von Rectangle2D, RoundRectangle2D, Arc2D und Ellipse2D. Damit können Bögen und Ellipsen mit Float-Genauigkeit erzeugt werden. Die Klassen Arc2D und Ellipse2D sind abstrakte Basis-Klassen, Arc2D.Float und Ellipse2D.Float nicht.

Außerdem wurden Kurvenklassen eingeführt. Diese unterstützen parametrische und quadratische Kurvenfunktionalität mit Float-Genauigkeit. Die parametrischen Kurvenklassen haben die Namen CubicCurve2D und CubicCurve2D.Float. CubicCurve2D ist wiederum eine abstrakte Basisklasse. Für quadratische Kurven wurden QuadCurve2D und QuadCurve2D.Float eingeführt.

Kurven

Die neue Klasse Area erlaubt es, eine beliebige Figur zu zeichnen. Der Startpunkt kann entweder eine existierende Figur sein oder ein „leeres Blatt". Zusätzliche Figuren können hinzugefügt oder wieder weggenommen werden.

Mit der neuen Klasse GeneralPath kann ein Polygon gezeichnet werden, das auf Punkt-zu-Punkt-Verbindungen basiert. Entlang dieses Polygons kann mit der Klasse GeneralPathIterator iteriert werden, oder es kann ein verflachter Ausblick unter Verwendung von FlatteningPathIterator auf ein PathIterator-Objekt gegeben werden (z.B. eine Ellipse). Auch diese Klasse wird später (am Ende von Abschnitt 2.3.1) noch besprochen.

GeneralPath

2.2.6
java.awt.image

Das neue Package java.awt.image unterstützt einen umfangreichen Satz von Image-Processing-Funktionen, dazu gehören affine Transformationen, Amplituden-Skalierung und Farbkonvertierungen. Die Klasse java.awt.image.BufferedImage beschreibt ein Image mit einem zugreifbaren Buffer von Image-Daten, der das Farbmodell sowie Layout-Informationen enthält.

Dem Imaging ist ein eigenes Unterkapitel (siehe Kapitel 2.5) gewidmet um die neuen Möglichkeiten aufzuzeigen, die Java hier bietet.

2.3
Grundlagenpraxis

2.3.1
Graphics2D-Klasse

Graphics2D

Der zentrale Mittelpunkt der Java-2D-API ist die abstrakte Klasse java.awt.Graphics2D, die von java.awt.Graphics erbt. Graphics2D erlaubt die Manipulation von verschiedenen Figuren, das Anwenden verschiedener Effekte und was man noch alles mit 2D-Objekten anstellen kann. Fangen wir den praktischen Teil mit einem einfachen Beispiel an.

Beispiel 01:

```java
import java.awt.*;
import java.awt.event.*;
/**
 * Beispiel01 illustriert ein einfaches Java-
 * 2D-Beispiel.
**/
public class Beispiel01 extends Frame
{
  /**
   * Instantiieren eines Beispiel01-Objekts
   **/
  public static void main (String args[])
  {
    new Beispiel01 ();
  }
```

```java
  /**
   * Hier setzen wir die Groesse des Frames,
   * fuegen Komponenten hinzu und machen
 * diese sichtbar.
   **/
  public Beispiel01 ()
  {
    //Titel des Frames
    super ("Java 2D Beispiel01");

    //Groesse des Frames
    setSize (400,300);

    // Sichtbarkeit des Frames
    setVisible (true);

    addWindowListener (new WindowAdapter()
    {
      public void windowClosing(WindowEvent e)
      {
        dispose ();
        System.exit (0);
      }
    });
  }


  /**
   * Die Method paint () liefert den
   * Kern der Darstellung
   * Wichtig ist hier das Umwandeln von
 * Graphics nach Graphics2D
   **/
  public void paint (Graphics g)
  {
    // Zeichnen eines roten Rechtecks im alten
    // Kontext
    g.setColor (Color.red);
    g.drawRect (50, 50, 200, 200);

    // Zeichnen eines blauen Rechtecks in Java
    // 2D und im dazugehoerigen Java 2D
    // Grafikkontext
    Graphics2D g2d = (Graphics2D) g;
    g2d.setColor (Color.blue);
    g2d.drawRect (75, 75, 300, 200);
  }
}
```

Wenn Sie dieses Beispiel ausführen, sehen Sie ein rotes Quadrat und ein blaues Viereck.

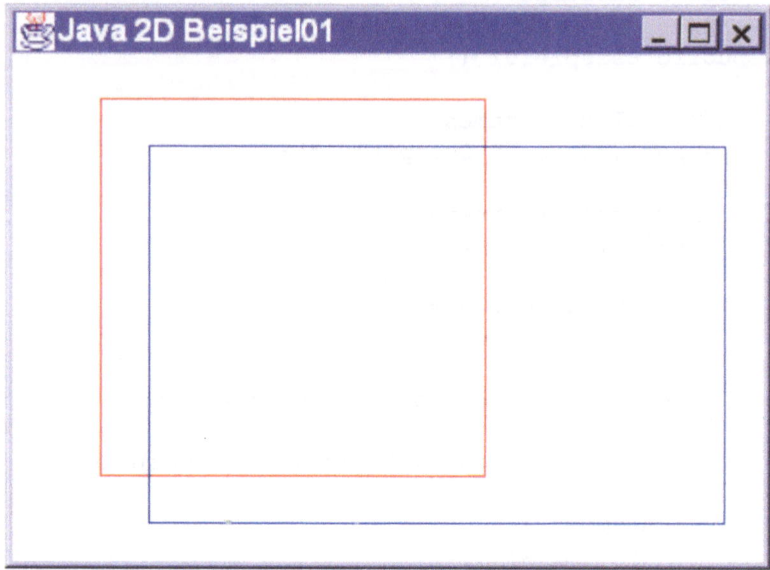

In Windows 95/NT und dem Beta 3 des JDK 1.2 gibt es ein echtes Geschwindigkeitsproblem mit diesem Beispiel. Sie sollten daher auf die Endversion von JDK 1.2 zurückgreifen.

Genau wie mit den normalen Graphics-Objekten instantiieren Sie auch keine Graphics2D-Objekte direkt. Die Java-Laufzeitumgebung erzeugt ein Objekt und übergibt es an die paint ()-Methode.

Bis hierher haben wir nichts Weltbewegendes gemacht, wir haben im Prinzip Funktionalität verwendet, die es vorher auch schon gab. Nehmen wir noch einmal das obige Beispiel und erweitern es ein wenig, so daß die 2D-Funktionalität sichtbar wird.

Beispiel 02:

```java
import java.awt.*;
import java.awt.event.*;
import java.awt.geom.*;

public class Beispiel02 extends Frame
{
  public static void main (String args[])
  {
    new Beispiel02 ();
```

```java
  }

  /**
   * Wie Beispiel01
   **/
  public Beispiel02 ()
  {
    super ("Java 2D Beispiel02");
    setSize (400, 300);
    setVisible (true);
    addWindowListener (new WindowAdapter()
    {
      public void windowClosing(WindowEvent e)
      {
        dispose ();
        System.exit (0);
      }
    });
  }


  /**
   * Hier verwenden wir nun die neuen Feature
 * von Java 2D, wie z.B. affine
 * Transformation
   **/
  public void paint (Graphics g)
  {
    g.setColor (Color.red);
    g.drawRect (50,50,200,200);

    Graphics2D g2d = (Graphics2D) g;
    g2d.setColor (Color.blue);
    g2d.drawRect (75, 75, 300, 200);

    // Nun zeichnen wir ein zusaetzliches
    // Rechteck unter Verwendung von
    // GeneralPath, um die Segmente
    // zu spezifizieren. Wir werden das
    // Viereck ausserdem verschieben und
    // rotieren, relativ zum Device Space
    GeneralPath path = new GeneralPath (General-
Path.WIND_EVEN_ODD);
    path.moveTo (0.0f, 0.0f);
    path.lineTo (0.0f, 125.0f);
    path.lineTo (225.0f, 125.0f);
    path.lineTo (225.0f, 0.0f);
    path.closePath ();
```

```java
AffineTransform at = new AffineTransform ();
at.setToRotation (-Math.PI/8.0);
g2d.transform (at);
at.setToTranslation (50.0f,200.0f);
g2d.transform (at);

g2d.setColor (Color.green);
g2d.fill (path);
    }
}
```

GeneralPath befindet sich im Paket java.awt.geom, daher muß dies hier eingebunden werden.

```java
import java.awt.geom.*;
```

So sieht das neue Bild unseres erweiterten Programms aus:

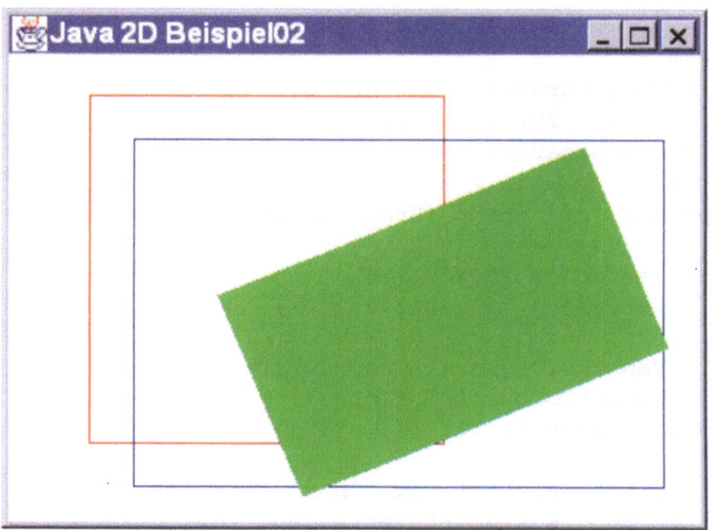

Abbildung 4
GeneralPath und
AffineTransform

Java 2D erlaubt es, willkürliche Objekt zu spezifizieren, indem das Interface java.awt.Shape verwendet wird. Es gibt eine Menge bekannter Figuren, wie Rechtecke, Polygone, Linien etc. All diese implementieren das Interface. Das interessanteste Objekt aber, vom Standpunkt der Flexibilität aus, ist

```java
java.awt.geom.GeneralPath.
```

GeneralPath ermöglicht es uns, einen willkürlichen Weg mit einer beliebigen Anzahl von Linien und Knotenpunkten einzuschlagen, was daher zu sehr komplexen Gebilden führen kann. In unserem zweiten Beispiel haben wir ein Viereck erzeugt, aber wir hätten auch jede andere beliebige Figur erstellen können.

GeneralPath, flexibel

Im Gegensatz zu Graphics ist es in der Java-2D-API möglich, Koordinaten in Fließkommadarstellung anzugeben und nicht nur in Integer.

Sie werden eventuell auch gestutzt haben, als Sie den Parameter GeneralPath.WIND_EVEN_ODD im Konstruktor gesehen haben. Dieser Parameter beschreibt, wie die Figur ihren Innenteil bestimmt. Mehr dazu finden Sie in der Dokumentation, sehen Sie unter Java 2D winding nach.

Die zweite 2D-Erweiterung im obigen Beispiel ist die Verwendung von

```
java.awt.geom.AffineTransforms
```

Device- und User-Space

für das Ausführen von affinen Transformationen. Diese arbeiten mit jedem beliebigen Objekt, um Aktionen wie Rotation, Skalierung etc. durchzuführen. Der Schlüssel zur Verwendung dieser Aktionen liegt in der Verwendung eines sog. Device Space und User Space. Device Space ist der Bereich, in dem die Grafik am Bildschirm dargestellt wird. Das ist analog zu den Koordinaten in einer normalen AWT-Umgebung. User Space dagegen ist eine Koordinate, die sowohl rotiert als auch skaliert werden kann. Diese kann dann von einer oder mehreren AffineTransforms verwendet werden.

Normalerweise überlappen sich Device Space und User Space. Beide starten an der linken oberen Ecke, wie das folgende Bild zeigt.

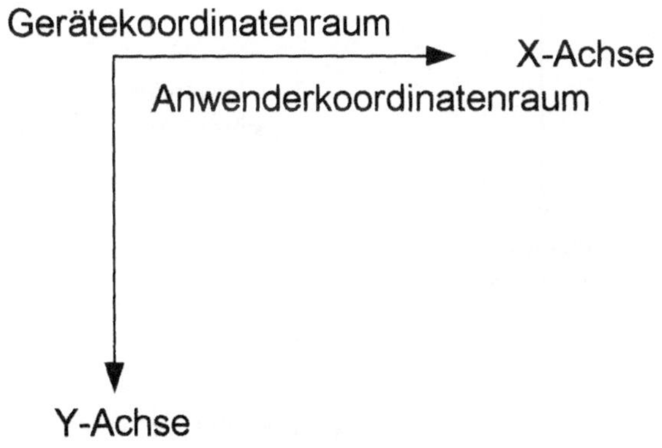

Abbildung 5
Device Coordinate Space und User Coordinate Space

Nach der ersten Transformation wurde der User Space um 22.5 Grad gegen den Uhrzeigersinn, in Relation zum Device Space, gedreht. Beide teilen sich trotzdem immer noch den Startpunkt (Origin) (anzumerken sei hier, daß Rotationen als Radianten verwendet werden, wobei -PI/8 -22.5 Grad entspricht oder 22.5 Grad gegen den Uhrzeigersinn). Wenn wir hier aufhören würden und das Bild drehen, würde es aus unserem sichtbaren Bereich verschwinden.

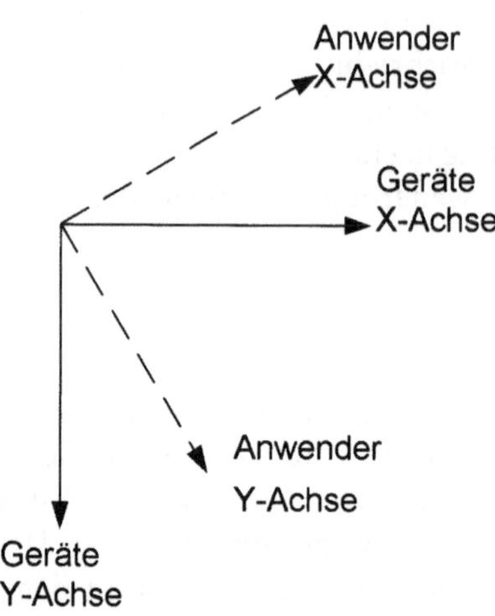

Abbildung 6
Affine Transformation

Nach der ersten Transformation wird im Beispiel eine zweite, eine sog. Translation (Übersetzung) verwendet. Diese verschiebt das User-Space-Koordinatensystem in Relation zum Device Space, indem es um 200 Einheiten nach unten und 50 Einheiten nach rechts verschoben wird.

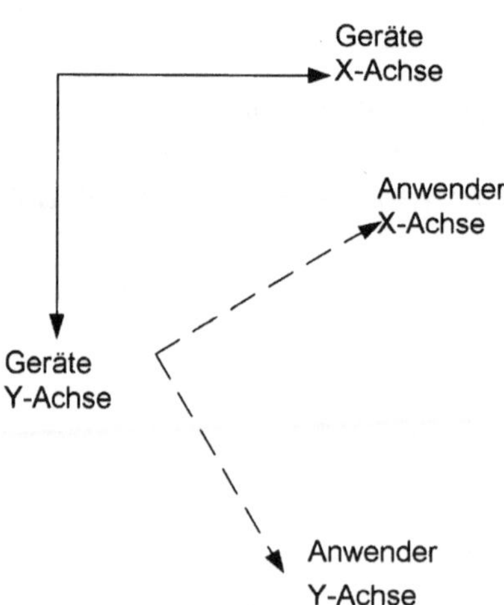

Abbildung 7
User Space wird verschoben

Zu guter Letzt wird das rotierte und verschobene Viereck noch ausgefüllt.

2.3.2
Bézier und andere Kurven

Nachdem Sie gesehen haben, wie Transformationen verwendet werden können, um grafische Objekte zu manipulieren, können wir einen Schritt weitergehen und uns ansehen, wie interessante, willkürliche Objekte erzeugt werden können.

Kurven werden vor allem in der Mathematik und in Computergrafiken eingesetzt, um komplexe Figuren zu approximieren, indem eine endliche Anzahl von Punkten verwendet wird. Das alte AWT hat diesen Mechanismus nicht erlaubt. Java 2D hat diesen Schwachpunkt beseitigt und unterstützt nun Kurven der verschiedenen Arten.

Sie können Kurven mit zwei Endpunkten zeichnen und mit null, einem oder zwei Steuerungspunkten. Java 2D verwendet entweder lineare, quadratische oder kubische Gleichungen, um diese Kurven darzustellen. Für höherwertige Kurven werden Bézier-Kurven verwendet (nein, auf die Mathematik kann hier nicht eingegangen werden). Die Methoden aus GeneralPath, die diese Kurven zeichnen, heißen:

Linear, quadratisch oder kubisch

- lineTo ()

- quadTo ()

- curveTo ()

Jede dieser Methoden zeichnet vom vorherigen Punkt des Pfades zum Paar der Parameter, die den nächsten Endpunkt darstellen. Für die Methode lineTo () sind das die einzigen Informationen die gegeben wurden. Für quadTo () bestimmt das erste Zahlenpaar den einzigen Steuerungspunkt. Für die Methode curveTo () ist der erste Parameter der erste Steuerungspunkt und das mittlere Paar beschreibt den zweiten Steuerungspunkt.

Sollten Sie jetzt verwirrt sein, keine Bange, das folgende Beispiel wird hoffentlich den Nebel der Verwirrung beseitigen. Wir modifiziere das obige Beispiel in der paint ()-Methode und zeichnen zwei der Ränder der grünen Fläche als nichtlineare Kurven.

Beispiel 03:

```java
import java.awt.*;
import java.awt.event.*;
import java.awt.geom.*;

public class Beispiel03 extends Frame
{
  public static void main (String args[])
  {
    new Beispiel03 ();
  }

  /**
   * Wie zuvor
   **/
  public Beispiel03 ()
  {
    super ("Java 2D Beispiel03");
    setSize (400, 300);
    setVisible (true);
    addWindowListener (new WindowAdapter()
    {
      public void windowClosing(WindowEvent e)
      {
        dispose ();
        System.exit (0);
      }
    });
  }

  /**
   * Hier verwende ich nun Kurven der ersten,
   * zweiten und dritten
   * Ordnung
   **/
  public void paint (Graphics g)
  {
    g.setColor (Color.red);
    g.drawRect (50, 50, 200, 200);

    Graphics2D g2d = (Graphics2D) g;
    g2d.setColor (Color.blue);
    g2d.drawRect (75, 75, 300, 200);

    // Nun zeichne ich wieder ein Viereck,
    // aber verwende
    // GeneralPath mit nichtlinearen
```

```java
    // Segmenten. Danach verschiebe ich und
    // rotiere ich das Viereck
    GeneralPath path = new GeneralPath (General-
Path.WIND_EVEN_ODD);
    path.moveTo (0.0f, 0.0f);
    path.lineTo (0.0f, 125.0f);
    path.quadTo (100.0f, 100.0f, 225.0f, 125.0f);
    path.curveTo (260.0f, 100.0f, 130.0f, 50.0f,
225.0f, 0.0f);
    path.closePath ();

    AffineTransform at = new AffineTransform ();
    at.setToRotation (-Math.PI/8.0);
    g2d.transform (at);
    at.setToTranslation (50.0f, 200.0f);
    g2d.transform (at);

    g2d.setColor (Color.green);
    g2d.fill (path);
  }
}
```

Bitte beachten Sie die quadratische respektive kubische Ausgabe
der Seiten im folgenden Bild.

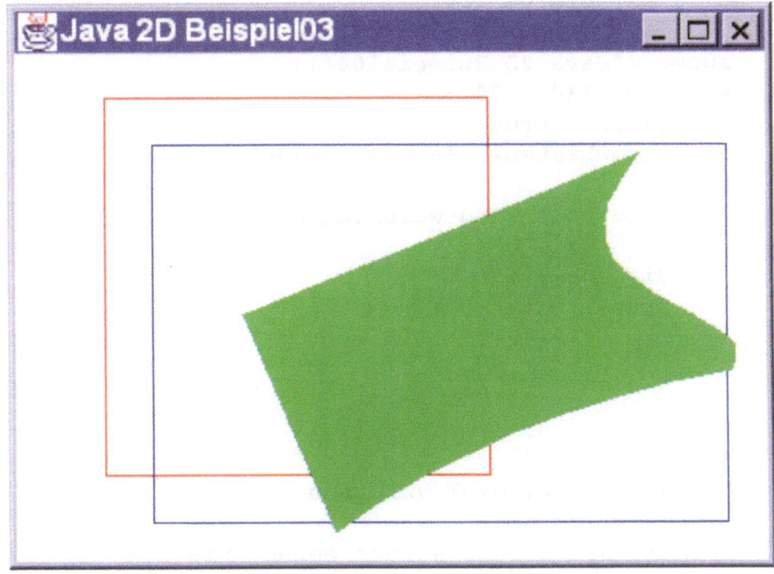

Abbildung 8
GeneralPath um
nichtlinerare Kurven
zu zeichnen

2.3.3
Fonts und Text

In Java 2D werden Fonts und Texte auf dieselbe Stufe gestellt wie
andere 2D-Objekte. Damit können auch Texte mit affinen Transformationen verändert werden, genau wie jedes andere 2D-
Grafikobjekt auch.

Hier wieder ein Beispiel, wie ein einfacher Text transformiert
werden kann.

Beispiel 04:

```java
import java.awt.*;
import java.awt.event.*;
import java.awt.geom.*;

public class Beispiel04 extends Frame
{
  public static void main (String args[])
  {
    new Beispiel04 ();
  }

  public Beispiel04 ()
  {
    super ("Java 2D Beispiel04");
    setSize (330, 270);
    setVisible (true);
    addWindowListener (new WindowAdapter()
    {
      public void windowClosing(WindowEvent e)
      {
        dispose ();
        System.exit (0);
      }
    });
  }

  /**
   * In diesem Beispiel verwende ich
   * zusaetzlich noch
   * Fonts. Sie werden sofort sehen, wie die
   * Fonts gegenueber JDK 1.1 erweitert
   * wurden. Sie koennen mit affinen
   * Transformation bearbeitet werden.
   **/
  public void paint (Graphics g)
```

```java
{
    // Der alte Code ist geloescht worden,
    // das war Standard.
    Graphics2D g2d = (Graphics2D) g;

    GeneralPath path = new GeneralPath (General-
Path.WIND_EVEN_ODD);
    path.moveTo (0.0f, 0.0f);
    path.lineTo (0.0f, 125.0f);
    path.quadTo (100.0f, 100.0f, 225.0f, 125.0f);
    path.curveTo (260.0f, 100.0f, 130.0f, 50.0f,
225.0f, 0.0f);
    path.closePath ();

    AffineTransform at = new AffineTransform ();
    at.setToRotation (-Math.PI/8.0);
    g2d.transform (at);
    at.setToTranslation (0.0f, 150.0f);
    g2d.transform (at);

    g2d.setColor (Color.green);
    g2d.fill (path);

    // Hier kommt jetzt der Font ins Spiel
    // Ihr System sollte diese Fonts
    // unterstuetzen
    Font exFont = new Font ("TimesRoman",
Font.PLAIN, 40);

    // Wenn Sie wissen wollen, welcher Font
    // tatsaechlich verwendet wird, dann
    // kommentieren Sie die folgenden
    // println-Zeilen aus. Wenn Java den Font
    // nicht findet, wird er substituiert.
    //System.out.println(exFont.getFamily());
    //System.out.println(exFont.isPlain());
    //System.out.println(exFont.getSize());

    g2d.setFont (exFont);
    g2d.setColor (Color.black);
    g2d.drawString ("Springer", 0.0f, 0.0f);
  }
}
```

Anmerkung: In JDK 1.2 Beta 3 auf einem Windows NT 4.0- System kann es passieren, daß die grüne Fläche gelöscht wird. Ein Aufruf von repaint () behebt das. Dieser Bug tritt aber nicht auf jedem NT-System auf und ist daher schwer zu finden. In der Endversion des JDK 1.2 ist bei mir dieser Fehler nicht mehr aufgetreten.

Sie haben möglicherweise zwei Dinge in der Ausgabe festgestellt:

1. Der Text sitzt direkt auf der grünen Fläche, was Sie vielleicht nicht erwartet haben.

2. Der Text sieht ein wenig schemenhaft aus.

Der erste Effekt tritt auf, weil Texte im Gegensatz zu anderen 2D-Objekten die positive y-Achse relativ zu den Anwenderkoordinaten verdrehen. Das wurde so gemacht, um sicherzustellen, daß Sie lesbaren Text zu sehen bekommen, egal wie verdreht der Text dargestellt werden soll. Dies kann jedoch hin und wieder zu Problemen führen und ist daher ein Nachteil, wenn auch kein Bug.

Das zweite Problem ist wesentlich komplexer, aber trotzdem einfach zu verstehen. Das Schlüsselwort zur Erklärung ist: Aliasing!

Auf Aliasing und wie dieser Effekt, der oftmals nicht gewünscht ist, behoben werden kann, wird später eingegangen.

2.3.4
Fazit

In den bisherigen Abschnitten wurden nur die wesentlichen Effekte vorgestellt. Was jetzt folgt, sind die Behebung der eben genannten Probleme und eine Vertiefung in die 2D-Grafik. Außerdem werden gepufferte Images behandelt und die neuen Möglichkeiten der Komposition in Java 2D besprochen.

2.4
Antialiasing, Images und Alpha-Komposition

2.4.1
Einführung

Java 2D unterstützt das Antialiasing, Image-Transformationen und die Alpha-Komposition

In diesem Kapitel lernen Sie, was Antialiasing für Sie tun kann, wie Texte als Ausschnitte für Bilder verwendet werden können und die Unterstützung der wenigen neuen Feature für Images.

2.4.2
Aliasing

Aliasing passiert immer dann, wenn ein Signal (in unserem Fall ein 2D-Grafiksignal) bearbeitet und quantisiert wird und sich dies von einem durchgehenden Raum in einen diskreten Raum vollzieht. Der Prozeß, der einen Wert von einem sich permanent verändernden Signal liest wird Sampling genannt. Quantisierung ist der Prozeß, wenn diese Werte einem diskreten Wert in einem endlichen Raum in digitalen Systemen zugewiesen werden.

Aliasing ist ein Zusatzprodukt der Quantisierung. Menschen nehmen dies visuell durch spontane Veränderung der Farben von Pixel zu Pixel wahr. Grafikgurus nennen dies JAGGIES.

Generell gesprochen ist Aliasing schlecht. Es führt zu Signalen schlechterer Qualität. Wenn Sie sich unsere obigen Beispiele genau anschauen, werden Sie diese Effekte sehen, besonders im Beispiel mit dem Text. Wenn Sie mehr über Aliasing wissen wollen, dann können Sie sich anderweitig informieren, jedes Buch über Grafik oder Signalverarbeitung beschreibt diesen Effekt.

Quantisierungsproblem

Schlechtere Qualität

Jetzt stellen Sie sich die Frage, wie Sie mit diesem Effekt umgehen können? In Java 2D können Sie angeben, daß Sie die diversen Antialiasing-Algorithmen verwenden wollen, um Ihre Objekte zu zeichnen. Damit werden die Ecken und Kanten weicher und realistischer gezeichnet.

Vergleichen wir nun einmal die Ausgaben von Aliased- und Antialiased-Grafiken.

Beispiel 05:

```java
import java.awt.*;
import java.awt.event.*;
import java.awt.geom.*;

public class Beispiel05 extends Frame
{
  public static void main (String args[])
  {
    new Beispiel05 ();
  }

  public Beispiel05 ()
  {
    super ("Java 2D Beispiel05");
    setSize (330, 270);
    setVisible (true);
    addWindowListener (new WindowAdapter ()
    {
      public void windowClosing(WindowEvent e)
      {
        dispose ();
        System.exit (0);
      }
    });
  }

  /**
   * Bisher haben wir einfach nur gezeichnet.
   * Hier fuehren wir nun Anti-Aliasing ein
   **/
  public void paint (Graphics g)
  {
    Graphics2D g2d = (Graphics2D) g;

    // Der Hinweis auf Rendering mit Anti-
    // Aliasing
```

```java
        g2d.setRenderingHint (Rendering-
Hints.KEY_ANTIALIASING, Rendering-
Hints.VALUE_ANTIALIAS_ON);

        GeneralPath path = new GeneralPath (General-
Path.WIND_EVEN_ODD);
        path.moveTo (0.0f, 0.0f);
        path.lineTo (0.0f, 125.0f);
        path.quadTo (100.0f, 100.0f, 225.0f, 125.0f);
        path.curveTo (260.0f, 100.0f, 130.0f, 50.0f,
225.0f, 0.0f);
        path.closePath ();

        AffineTransform at = new AffineTransform ();
        at.setToRotation (-Math.PI/8.0);
        g2d.transform (at);
        at.setToTranslation (0.0f,150.0f);
        g2d.transform (at);

        g2d.setColor (Color.green);
        g2d.fill (path);

        Font exFont = new Font ("TimesRoman",
Font.PLAIN, 40);

        g2d.setFont (exFont);
        g2d.setColor (Color.black);
        g2d.drawString ("Springer", 0.0f, 0.0f);
    }
}
```

Hier das Ihnen bekannte Bild mit Antialiasing.

Abbildung 10
Antialiasing

Hinweis

Sie haben das System aufgefordert, Antialiasing durchzuführen, indem Sie

```
g2d.setRenderingHint (Rendering-
Hints.KEY_ANTIALIASING, Rendering-
Hints.VALUE_ANTIALIAS_ON);
```

aufgerufen haben. Bitte beachten Sie hier den Namen:

```
setRenderingHint ()
```

Es ist ein Hinweis! Er setzt die Parameter für die Algorithmen, z.B. die Qualität für das Rendering. Für zusätzliche Informationen zum Antialiasing in Java 2D konsultieren Sie bitte die API Dokumentation.

Nun könnten Sie die Frage aufwerfen: Wenn Aliasing immer schlecht ist und es mächtige Algorithmen gibt, die diesen Effekt verhindern können, warum wird das dann nicht immer und automatisch durchgeführt. Die Antwort lautet: Geschwindigkeit!

Antialiasing kontra Geschwindigkeit

Antialiasing ist sehr rechenintensiv und Grafiken sind langsam im Vergleich zu Prozessorleistungen. Das Beispiel mit Antialiasing ist wesentlich langsamer als das Beispiel ohne Antialiasing, auch wenn Sie das auf Ihrem neuen Rechner mit 550 MHz kaum feststellen werden. Wenn Sie aber größere Objekte haben, merken Sie den Unterschied. Hinzu kommt auch, daß Java nicht die schnellste Sprache ist und deshalb jede Verbesserung im Bereich Geschwindigkeit hilfreich ist.

In Applikationen, die Objekte nur einmal oder sehr selten zeichnen, oder wenn die Geschwindigkeit keine Rolle spielt, sollten Sie den Antialiasing-Hinweis verwenden. Dazu gehören z.B. Applikationen aus dem CAD-Bereich und Werkzeuge zum Manipulieren von Images. Wenn Sie jedoch die größtmögliche Geschwindigkeit erreichen wollen und die Ausgabe ohne Antialiasing nicht wesentlich schlechter ist, sollten Sie es ausschalten. In Spielen z.B. ist die Geschwindigkeit wesentlich wichtiger als wunderschöne Ecken und Kanten. Sie als Entwickler müssen letztendlich selber entscheiden, was Ihre Ansprüche sind und wie Sie diese umsetzen.

Wenn es zu Ihrer Anwendung, die Sie schreiben, paßt, können Sie die Entscheidung sogar dem Anwender überlassen.

2.4.3
Clipping

Es wurde vorher schon erwähnt, daß jeder Text auch als Figur betrachtet werden kann. Das ermöglicht sehr interessante Grafikmanipulationen, eine davon ist das sog. Clipping.

Mit Clipping können Sie einen speziellen „Pfad" als eine Art Matrize verwenden, die auf die vorherige Grafik gelegt wird. Java 2D erlaubt das Clipping beliebiger Figuren. Sie können eigene Figuren zum Clipping benutzen, z.B. solche, die Sie mit GeneralPath erzeugt haben. Unter Verwendung der Methode

Matrize

```
GlyphVector.getOutline ()
```

oder in älteren Versionen

```
StyledString.getStringOutline ()
```

können Sie auch Texte als Matrize verwenden.
Das nächste Beispiel verändert die paint ()-Methode dahingehend, daß der Text als Figur benutzt wird, um den Pfad des Clippings zu beschreiben.

Beispiel 06:

```
import java.awt.*;
import java.awt.event.*;
import java.awt.geom.*;
```

```java
import java.awt.font.*;
public class Beispiel06 extends Frame
{
  public static void main (String args[])
  {
    new Beispiel06 ();
  }

  public Beispiel06 ()
  {
    super ("Java 2D Beispiel06");
    setSize (330, 270);
    setVisible (true);
    addWindowListener (new WindowAdapter ()
    {
      public void windowClosing(WindowEvent e)
      {
        dispose ();
        System.exit (0);
      }
    });
  }

  public void paint (Graphics g)
  {
    Graphics2D g2d = (Graphics2D) g;

    // Anti-aliasing
    g2d.setRenderingHint (Rendering-
Hints.KEY_ANTIALIASING, Rendering-
Hints.VALUE_ANTIALIAS_ON);

    GeneralPath path = new GeneralPath (General-
Path.WIND_EVEN_ODD);
    path.moveTo (0.0f, 0.0f);
    path.lineTo (0.0f, 125.0f);
    path.quadTo (100.0f, 100.0f, 225.0f, 125.0f);
    path.curveTo (260.0f, 100.0f, 130.0f, 50.0f,
225.0f, 0.0f);
    path.closePath ();

    AffineTransform at = new AffineTransform ();
    at.setToRotation (-Math.PI/8.0);
    g2d.transform (at);
    at.setToTranslation (0.0f, 150.0f);
    g2d.transform (at);
```

```java
    Font exFont = new Font ("TimesRoman",
Font.PLAIN, 80);
    g2d.setFont (exFont);

    // Nun erzeugen wir einen String und
    // verwenden die Kontur als Matrize.
    FontRenderContext context = new FontRenderCon-
text (null, true, true);
    GlyphVector vector = exFont.createGlyphVector
(context, "Springer");
    Shape exShape = vector.getOutline (0, 0);
    g2d.setClip (exShape);
    g2d.setColor (Color.green);
    g2d.fill (path);
  }
}
```

Im folgenden Bild sehen Sie einen Teil der Abbildung, der durch die darüberliegende Matrize des Clipping-Textes scheint. Nur der Teil des Objektes, der direkt unter den Zeichen des Textes liegt, kann gesehen werden.

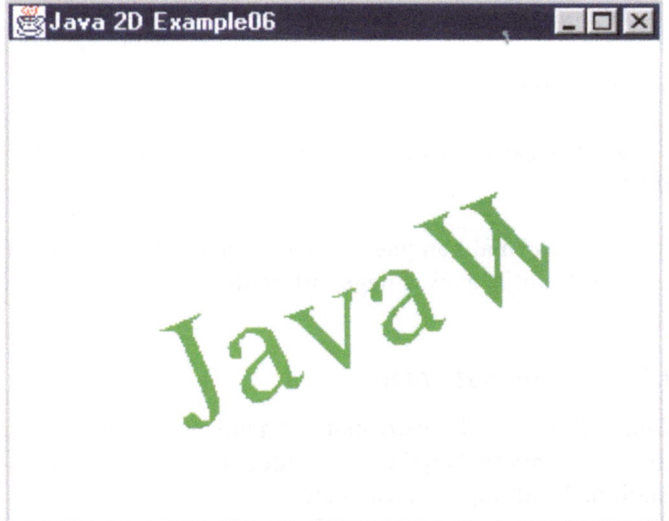

Abbildung 11
Clipping

Stellen Sie sich das einfach so vor: Sie haben ein grünes Blatt Papier und Ihr Kind schneidet den Text „JavaWorld" in weißes Papier. Das zerschnittene Papier legen Sie dann über das grüne Blatt.

Anmerkung: Der Begriff Clipping wird in OpenGL ein wenig anders interpretiert.

Clipping kann somit zu einer Reihe von interessanten Effekten benutzt werden. Zum Beispiel gibt es Bildschirmschoner, die einen Kreis als Clipping-Figur verwenden und über den Bildschirm huschen und nur den inneren Teil des Kreises als sichtbare Fläche verwenden. Sie zeigen nur den Teil des Bildschirms an, der sich unterhalb des Kreises befindet.

2.4.4
Einfache Bildmanipulation

In diesem Abschnitt werden nur kurz die Möglichkeiten von Standardoperationen wie affine Transformationen erläutert. Die richtige Bildverarbeitung folgt in Kapitel 2.5.

Consumer/ Producer

Java 2D erweitert die schon aus JDK 1.0 und 1.1 bekannte Philosophie des Producer-Consumer Imaging. Diese besagt, daß jede der 2D-Manipulationen auch auf Images ausgeführt werden kann. Hinzu kommt noch, daß Java 2D ein neues Puffer-basierses Imaging Modell einführt. Dieses Modell erleichtert es dem Entwickler erleichtert, Farbinformationen zu erhalten und die Raster zu steuern. Ein Raster ist ein Array, das Farbwerte für jedes einzelne Pixel steuert. Wenn Sie nun JDK 1.1 und JDK 1.2 vergleichen, dann sehen Sie folgendes:

Ein Aufruf von

```
java.awt.Toolkit.createImage (int width, int
height)
```

liefert ein plattformabhängiges java.awt.Image zurück. In JDK 1.2 dagegen wird ein java.awt.image.BufferedImage-Objekt zurückgegeben.

2.4.4.1   Transformationen

Sie können dieselben Transformationen auf Images ausführen, die Sie auch auf andere Objekte anwenden können. Dazu gehören Translation, Rotation, Skalierung etc.

ImageSpace

Zusätzlich dazu haben Images ihren eigenen Image Space. Dieser wird auch als sog. dritter Raum bezeichnet; es ist ein Koordinatensystem, von dem aus die Images in den User Space umgesetzt werden und von dort dann in den Device Space.

Genauso wie affine Transformationen verwendet werden können, um User-Space-Objekte in den Device Space umzusetzen, können sie auch eingesetzt werden, um Image Space in User Space zu konvertieren.

Das folgende Beispiel soll eine Bildtransformation von Image Space nach User Space veranschaulichen.

```java
import java.awt.*;
import java.awt.event.*;
import java.awt.geom.*;
import java.net.*;

public class Beispiel07 extends Frame
{
  public static void main (String args[])
  {
    new Beispiel07 ();
  }

  public Beispiel07 ()
  {
    super ("Java 2D Beispiel07");
    setSize (330, 270);
    setVisible (true);

    addWindowListener (new WindowAdapter ()
    {
      public void windowClosing(WindowEvent e)
      {
        dispose ();
        System.exit (0);
      }
    });
  }

  /**
   * Hier erzeugen wir ein Image und fuehren
   * verschiedene Manipulationen aus.
   **/
  public void paint (Graphics g)
  {
    Graphics2D g2d = (Graphics2D) g;

    // Antialiasing
    g2d.setRenderingHint (Rendering-
Hints.KEY_ANTIALIASING, Rendering-
Hints.VALUE_ANTIALIAS_ON);

// Mit ladeBild() laden wir ein Bild
    String protokoll = "file";
    String rechner = "localhost";
    String dateiname = "kay.jpg";
```

```java
        Image bild = ladeBild (protokoll, rechner, da-
teiname);

    AffineTransform at = new AffineTransform ();
    at.translate (25.0f, 75.0f);
    g2d.transform (at);

    g2d.drawImage (bild, new AffineTransform (),
this);

    // Skalierung und Plazierung rechts vom
    // Originalbild
    at.setToTranslation (100.0f, 0.0f);
    g2d.transform (at);
    AffineTransform atImageSpace = new Affine-
Transform ();
    atImageSpace.scale (1.2f, 1.2f);
    g2d.drawImage(bild, atImageSpace, this);

    g2d.transform (at);
    atImageSpace.setToShear (0.2f,0.1f);
    g2d.drawImage (bild, atImageSpace, this);
  }

  /**
   * Erzeugt ein Image-Objekt und liefert
   * dieses zurueck, so dass
   * wir Manipulationen vornehmen koennen.
   **/
  Image ladeBild (String protocol, String machine,
String file)
  {
    URL imageURL = null;
    try
    {
      imageURL = new URL (protocol, machine,
file);
    }
    catch (MalformedURLException e)
    {
      System.out.println ("Falsche URL");
      System.exit (1);
    }

    Image bild = getToolkit().getImage (imageURL);
    return bild;
  }
}
```

Und hier nun die Ausgabe:

Abbildung 12
Bildtransformation

Veranschaulichen Sie sich die Transformationen und betrachten Sie, wie sie mit den setToxxx ()-Methoden kombiniert werden. Erst wird translate () verwendet, um die erste Translation durchzuführen, später aber dann setToTranslation (), so daß die AffineTransform zurückgesetzt wird.

Die Methode ladeBild () benutzt Standardmechanismen von Java 1.0/1.1 um eine URL zu erzeugen, die dann für die Erstellung eines Image-Objektes verwendet wird.

2.4.4.2   Komposition

Sie können 2D-Grafikobjekte zusammensetzen, indem Sie die neue Alpha-Composition in Java 2D verwenden. Diese finden Sie in java.awt.AlphaComposite.

Transparenz und Porter-Duff

Diese Klasse liefert Felder, die angeben, welche der Porter-Duff Regeln für Komposition verwendet werden sollen (wenn Sie nichts über diese Regeln wissen, sehen Sie in der Dokumentation zu AlphaComposite nach).

Die am meisten benutzte Regel ist SRC_OVER. Unser nächstes Beispiel wird zeigen, welchen Effekt diese Regel hat.

```java
import java.awt.*;
import java.awt.event.*;
import java.awt.geom.*;
import java.net.*;

public class Beispiel08 extends Frame
{
  public static void main (String args[])
  {
    new Beispiel08 ();
  }

  public Beispiel08 ()
  {
    super ("Java 2D Beispiel08");
    setSize (330, 270);
    setVisible (true);
```

```java
      addWindowListener (new WindowAdapter ()
      {
        public void windowClosing (WindowEvent e)
        {
          dispose ();
          System.exit (0);
        }
      });
    }

    public void paint (Graphics g)
    {
      Graphics2D g2d = (Graphics2D) g;

      // Antialiasing
      g2d.setRenderingHint (Rendering-
Hints.KEY_ANTIALIASING, Rendering-
Hints.VALUE_ANTIALIAS_ON);

      GeneralPath path = new GeneralPath (General-
Path.WIND_EVEN_ODD);
      path.moveTo (0.0f, 0.0f);
      path.lineTo (0.0f, 125.0f);
      path.quadTo (100.0f, 100.0f, 225.0f, 125.0f);
      path.curveTo (260.0f, 100.0f, 130.0f, 50.0f,
225.0f, 0.0f);
      path.closePath ();

      AffineTransform at = new AffineTransform ();
      double rotation = -Math.PI/8.0;
      at.rotate (rotation);
      at.translate (0.0f, 150.0f);
      g2d.transform (at);
      g2d.setColor (Color.green);
      g2d.fill (path);

      String protokoll = "file";
      String rechner = "localhost";
      String dateiname = "kay.jpg";
      Image bild = ladeBild (protokoll, rechner, da-
teiname);

      at.setToRotation (-rotation);
      at.translate (50.0f,0.0f);
      g2d.transform (at);
      AffineTransform atImageSpace = new Affine-
Transform ();
      atImageSpace.shear (0.2f, 0.1f);
```

```java
    atImageSpace.scale (1.4f, 1.4f);

    // 50% transparent
    AlphaComposite myAlpha = AlphaComposi-
te.getInstance (AlphaComposite.SRC_OVER, 0.5f);
    g2d.setComposite (myAlpha);
    g2d.drawImage (bild, atImageSpace, this);
  }


  Image ladeBild (String protocol, String machine,
String file)
  {
    URL imageURL = null;
    try
    {
      imageURL = new URL (protocol, machine,
file);
    }
    catch (MalformedURLException e)
    {
      System.out.println ("Falsche URL");
      System.exit (1);
    }

    Image bild = getToolkit().getImage (imageURL);
    return bild;
  }
}
```

Sie sehen hier das transformierte Bild aus Beispiel 07, überblendet mit dem bekannten grünen Objekt.

Java 2D hat noch andere zusätzliche Möglichkeiten, die mit den verschiedenen Räumen und Farbräumen zusammenhängen. Schauen Sie einfach in java.awt.color und Sie werden sicherlich fündig werden.

2.4.5
Fazit

Wir haben bisher einfache, doch sehr effektive Methoden gesehen, wie mit Grafik umgegangen werden kann. Im nächsten Unterkapitel sehen Sie jetzt erweiterte Möglichkeiten der Bildbearbeitung.

2.5
Bildverarbeitung

2.5.1
Einführung

Bildverarbeitung ist eine Kunst und eine Wissenschaft, um digitale Bilder zu manipulieren. Wir alle kennen Photoshop oder PaintShop und andere Tools, die genau dies machen. Diese Art der Verarbeitung hat sowohl einen sehr starken mathematischen Hintergrund als auch einen ästhetischen. Mit Einführung des MacIntosh in den 80ern und letztendlich mit Windows und anderen GUIs werden Grafik und Bilder immer wichtiger, und dabei spielt natürlich das Aussehen eine große Rolle. Wenn Sie sich schon mit Grafiken für Ihre eigene Homepage im WWW beschäftigt haben, dann werden Sie bereits die ersten Erfahrungen gesammelt haben, was so alles möglich ist.

Wenn Sie Bildverarbeitung in JDK 1.1 verwendet haben, werden Sie sicher bemerkt haben, daß die Fähigkeiten begrenzt waren und die Arbeit oft sehr stumpfsinnig war. Das alte Modell von Producer-Consumer ist nicht mächtig genug, um die entsprechenden Funktionalitäten einzubauen. Vor der Einführung von JDK 1.2 mußten MemoryImageSource und PixelGrabber verwendet werden. JDK 1.2 benutzt ein besseres und einfacheres Modell.

In den folgenden Abschnitten werde ich auf die verschiedenen Algorithmen und die Verwendung in Java 2D eingehen und an Beispielen zeigen, wie die Effekte aussehen.

Bildverarbeitung ist ein ziemlich mächtiges Werkzeug, daher kommt hier ein kleines Programm zum Einsatz, das die wesentlichen Funktionen zeigt. Im Text werden dann nur Teile des Pro-

gramms verwendet, die wichtig sind. Den kompletten Code finden
Sie am Ende dieses Kapitels.

2.5.2
Bildverarbeitung ist keine Hexerei

Bildverarbeitung muß nicht immer schwierig sein oder nur für
Grafikdesigner sein. Eigentlich sind die Grundlagen für das Verständnis sehr einfach. Ein Bild ist schließlich und endlich nur ein
Viereck, das aus farbigen Pixeln besteht. Ein Bild zu „verarbeiten"
bedeutet lediglich, eine neue Farbe für diese Pixel zu berechnen.
Diese neue Farbe kann auf der existierenden Farbe basieren, auf
den Farben der Pixel um das Pixel herum oder auf anderen Parametern.

Die Java-2D-API erlaubt es auch nicht so grafikversierten Pro-
grammierern, Grafik zu verwenden. Aktionen wie Verbiegung des
Bildes oder Anschwellen von Teilen des Bildes können mit der
Klasse

```
java.awt.image.BufferedImage
```

oder dem Interface

```
java.awt.image.BufferedImageOp
```

realisiert werden.

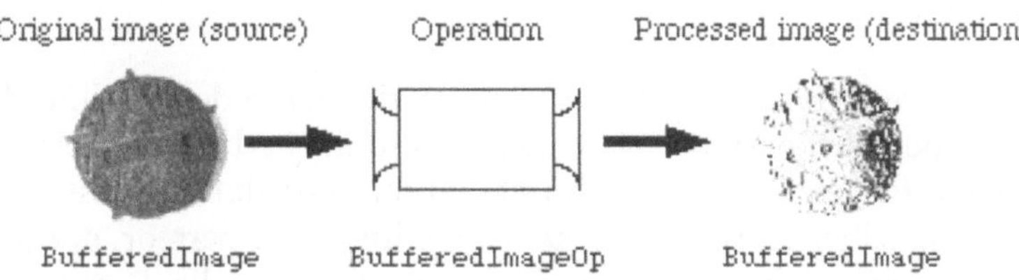

Abbildung 14
BufferedImageOps

Die Implementierung der Operationen ist sehr einfach zu verstehen. Wir haben eine Quelldatei, auf diese führen wir eine Operation aus und erhalten die Zieldatei. Das Ganze kann an ein paar
wenigen Zeilen Code aufgezeigt werden.

```
1: short[] threshold = new short[256];
2: for (int i = 0; i < 256; i++)
3: {
4:     threshold[i]=(i<128)?(short)0:(short)255;
5: }
```

```
6: BufferedImageOp thresholdOp = new LookupOp (new
ShortLookupTable (0, threshold), null);
7: BufferedImage destination = thresholdOp.filter
(source, null);
```

Das ist im Prinzip alles! Doch schauen wir uns das Ganze einmal im Detail an:

1. Instantiieren der Bildoperation in der Zeile 6. Hier wird LookupOp verwendet, das eine Möglichkeit bereitstellt, Bilder zu manipulieren. Wie jede andere Bilderoperation auch implementiert LookupOp das BufferedImageOp-Interface.

2. Danach müssen wir noch die entsprechende filter ()-Methode aufrufen (Zeile 7). Die Quelldatei wird bearbeitet, und die daraus resultierende neue Datei wird uns als BufferedImage zurückgeliefert. Wenn Sie ein BufferedImage erzeugt haben, das das Endimage enthält, dann können Sie dieses als zweiten Parameter angeben. Wenn Sie null angeben, wird ein neues BufferedImage-Objekt erstellt.

Die Java-2D-API enthält einen ganzen Satz von solchen Operationen. Drei davon werden im folgenden vorgestellt: Convolution, Lookup Tables und Thresholding. Für alle anderen Möglichkeiten konsultieren Sie bitte die Dokumentation.

2.5.3
Convolution

Der Kernel macht's Eine Convolution-Operation erlaubt es, die Farbe des Quellpixels und seiner Nachbarn zu verwenden, um so die Farbe des Pixels im Endbild zu erzeugen. Diese Kombination wird durch einen sog. Kernel spezifiziert. Dieser Kernel ist ein linearer Operator, der die Proportionen jedes Sourcepixels verwendet, um die Farbe des Zielpixels zu berechnen.

Sie können den Kernel als Template (Schablone) verstehen, das über das Bild gelegt wird und dann pro Pixel eine Convolution durchführt. Während jedes Pixel gelesen und berechnet wird, wird die Schablone zum nächsten Pixel bewegt und der Prozeß wiederholt sich. Wenn die Operation abgeschlossen ist, wird das Zielbild zurückgeliefert.

Die folgende Convolution z.B. hat keine Auswirkungen auf das Zielbild, jedes Zielpixel hat dieselbe Farbe wie das Quellpixel. Die Zahlen wirken wie ein Multiplikator.

0.0	0.0	0.0
0.0	1.0	0.0
0.0	0.0	0.0

Wenn Sie die Helligkeit des Bildes erhalten wollen, können Sie als Pi-mal-Daumen-Lösung angeben, daß alle Werte im Endeffekt aufsummiert 1 ergeben sollten. In Java 2D können Sie Convolution durch die Klasse java.awt.image.ConvolveOp verwenden. Sie können Ihren eigenen Kernel erzeugen. Der folgende Code zeigt wie.

```
float[] identityKernel = {
   0.0f, 0.0f, 0.0f,
   0.0f, 1.0f, 0.0f,
   0.0f, 0.0f, 0.0f
};
BufferedImageOp identity = new ConvolveOp (new
Kernel(3, 3, identityKernel));
```

Die Convolution kann dazu verwendet werden, einige der geläufigeren Operationen auf Bildern auszuführen. Verschiedene Kernel können ganz unterschiedliche Ergebnisse liefern.

Mit diesem Grundwissen können nun einige Effekte gezeigt werden. Als Grundlagenbild verwende ich hier das Bild „Four Breton Women" von Paul Gauguin aus dem Jahr 1886.

Abbildung 15
„Four Breton Women"
von Paul Gauguin,
1886

Der folgende Kernel erzeugt einen sog. Blur-Effekt (eine leichte Verschleierung oder Unschärfe).

```java
float neuntel = 1.0f / 9.0f;
float[] blurKernel = {
  neuntel, neuntel, neuntel,
  neuntel, neuntel, neuntel,
  neuntel, neuntel, neuntel
};
BufferedImageOp blur = new ConvolveOp (new Kernel
(3, 3, blurKernel));
```

Das Ergebnis dieses Kernels sieht also so aus:

Abbildung 16
Blurring

Das erinnert vielleicht den einen oder anderen an die Zeit des Impressionismus.

Edge Detection

Eine andere Convolution ist die Heraushebung von Ecken. Im Englischen und englischsprachiger Software heißt das ganze Edge Detection (Kantenbestimmung/Kantenerkennung). Sie werden auch feststellen, daß hier die Summe nicht eins ergibt.

```java
float[] edgeKernel = {
  0.0f, -1.0f, 0.0f,
  -1.0f, 4.0f, -1.0f,
  0.0f, -1.0f, 0.0f
};
```

```
BufferedImageOp edge = new ConvolveOp (new Kernel
(3, 3, edgeKernel));
```

Sie können sich selbst überlegen, was dieser Kernel macht. Als
Hinweis hier: Überlegen Sie sich einfach, wie der oben genannte
Kernel auf einen Bereich wirkt, der ein und dieselbe Farbe hat. Jedes Pixel wird farblos (schwarz), da die Farbe der umgebenden Pixel die Sourcepixel-Farbe im Prinzip löscht. Helle Pixel, die von
dunklen Pixeln umgeben sind, bleiben hell.

Sie werden außerdem feststellen, um wieviel dunkler das Bild
wird, weil die Summe des Kernels nicht 1 ergibt.

Eine einfache Veränderung des Kernels kann vorgenommen
werden, um mehr Schärfe ins Bild zu bekommen. Nehmen Sie den
obigen Kernel und addieren Sie einfach den Kernel für keine Veränderung.

0.0	-1.0	0.0		0.0	0.0	0.0		0.0	-1.0	0.0	
-1.0	4.0	-1.0	+	0.0	1.0	0.0	=	-1.0	5.0	-1.0	*Schärfe*
0.0	-1.0	0.0		0.0	0.0	0.0		0.0	-1.0	0.0	

Dieser Kernel ist nur eine von vielen Möglichkeiten, ein Bild
schärfer zu machen.

Die Auswahl eines 3-zu-3-Kernel ist zufällig und willkürlich. Im Prinzip können Sie Kernel jeder beliebigen Dimension verwenden, sie müssen nicht einmal quadratisch sein. Es stellt sich nun die Frage, was an den Kanten des Bildes passiert.

Kantenproblem

Für Pixel, die keine Nachbarn auf der einen oder anderen Seite haben (also Pixel am Rand des Bildes), verwendet die Klasse ConvolveOp Konstanten, die angeben, was an diesen Rändern geschehen soll.

Die Konstante EDGE_ZERO_FILL besagt, daß die Ränder des Zielbildes auf 0 gesetzt werden. Die Konstante EDGE_NO_OP gibt an, daß die Quellpixel ohne Modifikation in die Zielpixel übernommen werden. Wenn Sie nichts angeben, ist der Default EDGE_ZERO_FILL. Das folgende Beispiel zeigt nun, wie mehr Schärfe mit _NO_OP erzeugt wird (Zeile 6).

```
1: float[] sharpKernel = {
2:  0.0f, -1.0f, 0.0f,
3:  -1.0f, 5.0f, -1.0f,
4:  0.0f, -1.0f, 0.0f
5: };
6: BufferedImageOp sharpen = new ConvolveOp (new
Kernel(3, 3, sharpKernel), ConvolveOp.EDGE_NO_OP,
null);
```

2.5.4
Lookup Tables

Eine andere hilfreiche Operation ist die Verwendung von Lookup Tables. Diese Tabellen werden eingesetzt, um ein Quellpixel anhand des Wertes in der Tabelle in das Zielpixel zu überführen. Eine Farbe wird durch die sog. RGB-Werte repräsentiert. Jeder der Werte liegt zwischen 0 und 255. Daher sind drei Tabellen mit 256 Werten ausreichend, um eine Quellfarbe in eine Zielfarbe zu überführen.

Java enthält zwei Klassen zur Unterstützung von Lookup-Tabellen:

- java.awt.image.LookupOp

- java.awt.image.LookupTable

Sie haben hier die Möglichkeit, für jede Farbkomponente eine eigene Tabelle zu verwenden oder eine Tabelle für alle Farbkomponenten.

Im folgenden Beispiel werden alle Farbkomponenten invertiert. Das einzige, was Sie hierbei tun müssen, ist, ein Array zu erzeugen, welches die Tabellen repräsentiert (Zeilen 1-5). Dann legen Sie die Lookup Table aus dem Array heraus an und erzeugen eine LookupOp aus der Lookup Table (Zeile 6).


```
1: short[] invert = new short[256];
2: for (int i = 0; i < 256; i++)
3: {
4:   invert[i] = (short)(255 - i);
5: }
6: BufferedImageOp invertOp = new LookupOp (new
ShortLookupTable(0, invert), null);
```

In Zeile 6 sehen Sie die Verwendung von ShortLookupTable. LookupTable hat zwei Unterklassen, ShortLookupTable und ByteLookupTable.

Der Effekt folgt im nächsten Bild und ähnelt dem Negativ eines Photos. Wenn Sie den Algorithmus zweimal anwenden, haben Sie wieder Ihr altes Bild.

Was aber müssen Sie tun, wenn Sie nur eine der Farbkomponenten verwenden wollen? Ganz einfach, Sie erzeugen unterschiedliche Tabellen für jede Komponente. Das folgende Beispiel zeigt, wie Sie vorgehen müssen, wenn Sie nur den Blauwert verändern wollen. Auch hier gilt: Zweimal angewandt und das Original ist wieder zu sehen.

```
short[] invert = new short[256];
short[] straight = new short[256];
for (int i = 0; i < 256; i++)
{
  invert[i] = (short)(255 - i);
  straight[i] = (short)i;
}
short[][] blueInvert = new short[][] { straight,
straight, invert };
BufferedImageOp blueInvertOp=new LookupOp (new
ShortLookupTable (0, blueInvert), null);
```

Und hier folgt wiederum die Ausgabe. Das Schöne an der Grafikprogrammierung ist, daß man sofort sieht, was man getan hat.

Sie können auch die Anzahl der Farben für ein Bild reduzieren, *Farben*
was auch unter dem Namen Posterizing läuft. Auch diesen Effekt *reduzieren*
können wir mit der Klasse LookupOp erreichen.

Dies geschieht, indem eine Tabelle benutzt wird, die die Ein-
gabewerte in eine Untermenge von Ausgabewerten umsetzt. Das
folgende Codefragment verdeutlicht dies. Wir verwenden hier nur
acht Werte, was durch %32 in Zeile 4 erreicht wird.

```
1: short[] posterize = new short[256];
2: for (int i = 0; i < 256; i++)
3: {
4:   posterize[i] = (short)(i - (i % 32));
5: }
6: BufferedImageOp posterizeOp = new LookupOp (new
ShortLookupTable (0, posterize), null);
```

Die Ausgabe sieht dann folgendermaßen aus:

2.5.5
Thresholding

Grenzen setzen   Die letzte der hier vorgestellten Bildoperationen ist das Thresholding. Thresholding bedeutet, daß Farben, die in vom Programmierer vorgegebenen Grenzen verändert werden, deutlicher hervortreten. Diese Technik verwendet einen speziellen Threshold-Wert, einen Minimalwert und einen Maximalwert, um die Farbkomponente für jedes Pixel des Bildes zu steuern. Werte, die unterhalb des Threshold liegen, erhalten den Minimalwert, Werte über dem Threshold erhalten den Maximalwert.

Der Prozeß selber wird für jede Farbkomponente für jedes Pixel ausgeführt. Wenn der Prozeß abgeschlossen ist, besteht das Bild nur aus Pixel, deren Farbwerte jeweils das Minimum oder das Maximum enthalten.

Beispiel:

Was passiert mit einem Bild, wenn eine Thresholding-Operation mit dem Minimalwert 0 und dem Maximalwert 255 ausgeführt wird?

Nun, alle drei Farbkomponenten können jeweils nur die Werte 0 oder 255 enthalten, wodurch folgende Kombinationen entstehen:

1. Schwarz (rot = 0, grün = 0, blau = 0)

2. Weiss (rot = 255, grün = 255, blau = 255)

3. Rot (rot = 255, grün = 0, blau = 0)

4. Grün (rot = 0, grün = 255, blau = 0)

5. Blau (rot = 0, grün = 0, blau = 255)

6. Gelb (rot = 255, grün = 255, blau = 0)

7. Magenta (rot = 255, grün = 0, blau = 255)

8. Cyan (red = 0, grün = 255, blau = 255)

Im folgenden Beispiel führen wir eine einfache Thresholding-Operation durch, der Thresholdwert sei 128, das Minimum 0 und das Maximum 255. Das Bild sieht dann so aus:

Abbildung 22
*Thresholding mit
Threshold = 128,
Minimum = 0,
Maximum = 255*

Im Beispielprogramm BildManipulator finden Sie den Code dazu.

2.5.6
BildManipulator

In diesem Abschnitt wollen wir uns kurz das Beispielprogramm am Ende des Kapitels betrachten. Dieses Programm enthält im Prinzip alle bis hierher besprochene Funktionalität, und Sie können diese im Code nachverfolgen.

Wenn Sie sich das Beispiel ansehen, werden Sie feststellen, daß es sehr einfach ist, zusätzliche Funktionalität hinzuzufügen. In BildManipulator finden Sie außerdem etwas, was bisher noch nicht diskutiert wurde: Die Verbindung von Operationen. Führen Sie z.B. zuerst Thresholding durch und dann Edge Detection. Doch schauen wir uns einfach mal die wesentlichen Teile des Beispielprogramms BildManipulator an.

Die Methode erzeugeOperationen () wird vom Konstruktor aufgerufen. Sie erzeugt eine Anzahl von Image-Operatoren (die bisher besprochenen) und schreibt sie in eine Hashtabelle. Diese verwendet als Key einen einfachen Namen. Wenn Sie eine Herausforderung für neue Operatoren suchen, hier ist die Stelle, sie hinzuzufügen.

Mit erzeugeGUI () erstellen Sie das Applikationsfenster. Es erzeugt eine Combobox, die die Namen der Operatoren in der Hashtabelle enthält. Wann immer Sie einen dieser Namen auswählen, wird der dazugehörige Operator auf das Bild angewendet. Hier der Code:

```
1: String key = auswahlBearbeiten. getSelectedItem
().toString ();
2: statusAnzeige.setText ("Am Schaffen ...");
3: BufferedImageOp op = (BufferedImageOp)
htops.get (key);
4: mBufferedImage = op.filter (mBufferedImage,
null);
5: statusAnzeige.setText ("");
6: repaint ();
```

Zuerst lesen wir den Operatornamen (Zeile 1) und zeigen den Status an. Dann holen wir uns das dazugehörige BufferedImageOp aus der Hashtabelle (Zeile 3) und rufen filter () auf (Zeile 4), um das Bild zu bearbeiten. In diesem Falle hier ersetzt das neue Bild das alte.

Die Methode ladeBild () lädt ein Bild von der Festplatte. Hier werden zwei sehr hilfreiche Techniken verwendet: Zum einen benutzt sie den MediaTracker, um zu warten, bis das Bild auch vollständig geladen wurde. Bei großen Bildern oder dem Laden über das Netzwerk hinweg ist das sehr hilfreich. Zum anderen liefert die Methode getImage () aus Toolkit zwar immer ein Image-Objekt zurück, garantiert aber nicht, daß das Bild auch vollständig geladen wurde. Die Klassen zur Bildverarbeitung arbeiten aber mit BufferedImage, also müssen wir eine Konvertierung vornehmen.

Zuerst wird ein BufferedImage mit derselben Größe wie das Original erzeugt.

```
mBufferedImage = new BufferedImage (image.getWidth
(null), image.getHeight (null),
BufferedImage.TYPE_INT_RGB);
```

Die Methoden getWidth () und getHcight () crlauben es uns, einen ImageObserver zu verwenden, aber wir wissen ja, durch den MediaTrackcr, daß das Bild vollständig geladen wurde, daher wird hier null übergeben.

Als nächstes muß der Graphics2D-Kontext für das Bufferd-Image gesetzt und das Bild angezeigt werden. Der folgende Code-ausschnitt zeigt dies.

```
Graphics2D g2 = mBufferedImage.createGraphics ();
g2.drawImage (image, null, null);
```

Die hier verwendete Methode drawImage () erlaubt es uns, ein Image zu zeigen, affine Transformationen auszuführen und den ImageObserver zu benutzen. Wir wollen keine Transformation und wir brauchen keinen Observer, daher sind die letzten beiden Parameter null.

2.5.7
Fazit

In diesem Kapitel wurde ein großer Teil von Java 2D behandelt und aufgezeigt, was machbar ist.

Versuchen Sie einfach Ihr Glück und Sie werden sehen, es ist viel einfacher und macht mehr Spaß, als Sie möglicherweise dachten.

Als nächstes folgt jetzt noch ein einfaches 2D-Programm ohne Bildverarbeitung, um zu zeigen, wie Java 2D verwendet wird und als Rückblick auf das Gesagte.

2.6
Beispiel eines 2D-Programms

2.6.1
Bilderzeugung

Im folgenden nun das oben versprochene einfache 2D-Programm, das zeigen soll, wie einfach es ist, die für Sie nicht mehr neuen 2D-Klassen zu verwenden. Wir wollen das folgende Bild erstellen:

Abbildung 23
Einfaches 2D-Beispiel

Der Code erzeugt ein Canvas mit einem cyan-farbenen Hintergrund und ruft dann die paint ()-Methode auf, in der wir ein GeneralPath-Objekt erzeugen und es in den 2D-Kontext mit einem blauen Rand zeichnen. Zuerst wir das GeneralPath-Objekt skaliert, dann übersetzt und mit einer affinen Transformation und einer roten Füllung in den 2D-Grafikkontext gezeichnet. Bitte beachten Sie, wie wir den Graphics2D-Kontext erhalten. Dies geschieht mit einem cast in der paint ()-Methode. Hier der komplette Source-code:

```java
import java.awt.*;
import java.awt.event.*;
import java.awt.geom.*;

public class Beispiel09 extends Canvas
{
  public Beispiel09 ()
  {
    setBackground (Color.cyan);
  }

  public void paint (Graphics g)
  {
    int n = 0;
    Dimension theSize = getSize ();
    Graphics2D g2;
    g2 = (Graphics2D) g;
    g2.setRenderingHint (Rendering-
Hints.KEY_ANTIALIASING, Rendering-
Hints.VALUE_ANTIALIAS_ON);
    GeneralPath p = new GeneralPath (1);
    p.moveTo (theSize.width/6, theSize.height/6);
    p.lineTo (theSize.width*5/6, theSi-
ze.height/6);
    p.lineTo (theSize.width*5/6, theSi-
ze.height*5/6);
    p.lineTo (theSize.width/6, theSi-
ze.height*5/6);
    p.closePath ();
    g2.setColor (Color.blue);
    g2.draw (p);

    AffineTransform at = new AffineTransform ();
    at.scale (.5, .5);
    at.translate (theSize.width/2, theSi-
ze.height/2);
    g2.setTransform (at);
    g2.setColor (Color.red);
    g2.fill (p);

    // Nun muß noch ein Farbarray erzeugt
    // werden, um skalierte und rotierte
    // Vierecke zu zeichnen und zehn
    // verschiedene Farben zu verwenden.

    Color colorArray[] = new Color[10];
    colorArray[0] = Color.blue;
    colorArray[1] = Color.green;
```

```java
      colorArray[2] = Color.magenta;
      colorArray[3] = Color.lightGray;
      colorArray[4] = Color.pink;
      colorArray[5] = Color.white;
      colorArray[6] = Color.yellow;
      colorArray[7] = Color.black;
      colorArray[8] = Color.gray;
      colorArray[9] = Color.orange;

      for(n = 0;      n < 10; n++)
      {
        at.scale (.9, .9);
        at.rotate (15, theSize.width/2, theSi-
ze.height/2);
        g2.setTransform (at);
        g2.setColor (colorArray[n]);
        g2.fill (p);
      }
    }


    public static void main (String s[])
    {
      WindowListener l = new WindowAdapter ()
      {
        public void windowClosing(WindowEvent e)
        {
          System.exit (0);
        }

        public void windowClosed (WindowEvent e)
        {
          System.exit (0);
        }
      };

      Frame f = new Frame ("Java 2D Beispiel09");
      f.addWindowListener (l);
      f.add ("Center", new Beispiel09 ());
      f.pack ();
      f.setSize (new Dimension (400, 400));
      f.show ();
    }
}
```

2.6.2
Bildmanipulator

```java
import java.awt.*;
import java.awt.event.*;
import java.awt.image.*;
import java.util.*;
import javax.swing.*;

public class BildManipulator extends JFrame
{
  private static final String banner = "BildMani-
pulator v2.0";

  /**
   * Hashtabele, die die Imagebe-
   * arbeitungsoperationen
   * enthaelt und die Namen dazu
   **/
  private Hashtable htops;
  private Panel mControlPanel;
  private BufferedImage mBufferedImage;

  public static void main (String[] args)
  {
    String dateiname = "default";
    if (args.length > 0)
    {
      dateiname = args[0];
    }
    new BildManipulator (dateiname);
  }

  public BildManipulator (String dateiname)
  {
    super (banner);
    erzeugeOperationen ();
    erzeugeGUI ();
    ladeBild (dateiname);
    setVisible (true);
  }

  /**
   * erzeugeOperationen() Methode erzeugt die
   * Operationen
   *
   **/
```

```java
  private void erzeugeOperationen ()
  {
    htops = new Hashtable ();

    // Blurring
    float neuntel = 1.0f / 9.0f;
    float[] blurKernel = {
      neuntel, neuntel, neuntel,
      neuntel, neuntel, neuntel,
      neuntel, neuntel, neuntel,
    };
    htops.put ("Blur", new ConvolveOp (new Kernel
(3, 3, blurKernel)));

    // Edge detection
    float[] edgeKernel = {
       0.0f, -1.0f, 0.0f,
      -1.0f, 4.0f, -1.0f,
       0.0f, -1.0f, 0.0f
    };
    htops.put ("Edge detector", new ConvolveOp
(new Kernel (3, 3, edgeKernel)));

    // Sharpening
    float[] sharpKernel = {
       0.0f, -1.0f, 0.0f,
      -1.0f, 5.0f, -1.0f,
       0.0f, -1.0f, 0.0f
    };
    htops.put ("Sharpen", new ConvolveOp (new Ker-
nel (3, 3, sharpKernel), ConvolveOp.EDGE_NO_OP,
null));

// Lookup table operations: posterizing and
// inversion.
    short[] posterize = new short[256];
    short[] invert = new short[256];
    short[] straight = new short[256];
    for (int i = 0; i < 256; i++)
    {
      posterize[i] = (short)(i - (i % 32));
      invert[i] = (short)(255 - i);
      straight[i] = (short)i;
    }

    htops.put ("Posterize", new LookupOp (new
ShortLookupTable (0, posterize), null));
```

```java
        htops.put ("Invert", new LookupOp (new Short-
LookupTable (0, invert), null));
        short[][] blueInvert = new short[][] {
straight, straight, invert };
        htops.put ("Invert blue", new LookupOp (new
ShortLookupTable (0, blueInvert), null));

        // Thresholding
        htops.put ("Threshold 192", erzeugeThresholdO-
peration (192, 0, 255));
        htops.put ("Threshold 128", erzeugeThresholdO-
peration (128, 0, 255));
        htops.put ("Threshold 64", erzeugeThresholdO-
peration (64, 0, 255));
    }

    private BufferedImageOp erzeugeThresholdOperati-
on (int threshold, int minimum, int maximum)
    {
        short[] thresholdArray = new short[256];
        for (int i = 0; i < 256; i++)
        {
            if (i < threshold)
            {
                thresholdArray[i] = (short) minimum;
            }
            else
            {
                thresholdArray[i] = (short) maximum;
            }
        }
        return new LookupOp (new ShortLookupTable (0,
thresholdArray), null);
    }

    /**
     * Erzeugen der User Controls und
     * Eventhandler.
     **/
    private void erzeugeGUI ()
    {
        setFont (new Font ("Serif", Font.PLAIN, 12));
        getContentPane ().setLayout (new BorderLayout
());

        final JLabel statusAnzeige = new JLabel ("Wil-
kommen zu " + banner + ".");
```

```java
    final JComboBox auswahlBearbeiten = new JCom-
boBox ();
  Enumeration e = htops.keys ();
  while (e.hasMoreElements ())
  {
    auswahlBearbeiten.addItem
((String)e.nextElement ());
  }

  auswahlBearbeiten.addItemListener (new ItemLi-
stener ()
  {
    public void itemStateChanged (ItemEvent ie)
    {
      if (ie.getStateChange () != ItemE-
vent.SELECTED)
      {
        return;
      }
      String key = auswahlBearbeiten. getSelec-
tedItem ().toString ();
      statusAnzeige.setText ("Am Schaffen ...");
      BufferedImageOp op = (BufferedImageOp)
htops.get (key);
      mBufferedImage = op.filter (mBufferedI-
mage, null);
      statusAnzeige.setText ("");
      repaint ();
    }
  });

  JButton ladeButton = new JButton ("Laden...");
  ladeButton.addActionListener (new ActionListe-
ner ()
  {
    public void actionPerformed (ActionEvent ae)
    {
      FileDialog fd = new FileDialog (BildMani-
pulator.this);
      fd.show ();
      if (fd.getFile () == null)
      {
        return;
      }
      String path = fd.getDirectory () +
fd.getFile ();
      ladeBild(path);
    }
```

```java
    });

    mControlPanel = new Panel ();
    mControlPanel.add (ladeButton);
    mControlPanel.add (auswahlBearbeiten);
    mControlPanel.add (statusAnzeige);
    getContentPane ().add (mControlPanel, Border-
Layout.SOUTH);
    setSize (550, 200);

    addWindowListener (new WindowAdapter ()
    {
      public void windowClosing (WindowEvent e)
      {
        dispose ();
        System.exit (0);
      }
    });
  }

  private void center ()
  {
    Dimension screen = Toolkit. getDefaultToolkit
().getScreenSize();
    Dimension d = getSize ();
    int x = (screen.width - d.width) / 2;
    int y = (screen.height - d.height) / 2;
    setLocation (x, y);
  }

  private void ladeBild (String dateiname)
  {
    // Verwenden des MediaTracker um ein Bild
    // vollstaendig zu laden
    Image image = Toolkit.getDefaultToolkit
().getImage (dateiname);
    MediaTracker mt = new MediaTracker (this);
    mt.addImage (image, 0);
    try
    {
      mt.waitForID (0);
    }
    catch (InterruptedException ie)
    {
      return;
    }
    if (mt.isErrorID (0))
    {
```

```java
      return;
    }


    mBufferedImage = new BufferedImage
(image.getWidth(null), image.getHeight(null), Buf-
feredImage.TYPE_INT_RGB);
    Graphics2D g2 = mBufferedImage.createGraphics
();
    g2.drawImage (image, null, null);

    center ();
    validate ();
    repaint ();
    setTitle (banner + ": " + dateiname);
  }

  public void paint (Graphics g)
  {
    if (mBufferedImage == null)
    {
      return;
    }
    Insets insets = getInsets ();
    g.drawImage (mBufferedImage, insets.left, in-
sets.top, null);
  }
}
```

2.7
Zusätzliche Informationen

2.7.1
Internet

Java-2D-Tutorial der JavaBoutique
    http://javaboutique.internet.com/2DTutorial/article_Java2D-
Tutorial.html

JavaSoft-Homepage
    http://www.javasoft.com/products/java-media/2D/index.html

2.7.2
Bücher

Jonathan Knudsen: Java 2D Graphics. O'Reilly & Associates, 339 S., Mai 1999

Satyaraj Pantham: Pure JFC 2D; Graphics and Imaging. 500 S., August 1999

3 Java 3D

3.1
Grundlagen

3.1.1
Einführung

Die Java-3D-API ist seit einiger Zeit in der Version 1.0 und seit
kurzer Zeit auch in der Version 1.1 verfügbar. Wenn Sie zu einer
der Technologietage von Sun oder anderen Präsentationen gehen,
dann werden Sie immer wieder Vorführungen von Java 3D sehen.
Dort werden einfache 3D-Grafiken präsentiert, die zeigen sollen,
was mit Java machbar ist. In diesem Kapitel werden wir diese API
ein wenig genauer betrachten. Sie machen Bekanntschaft mit Suns
Implementierung, und kleine Beispiele ermöglichen Ihnen einen
Einstieg in die 3D-Programmierung mit Java. Die Beispiele auf der
CD sind etwas umfangreicher als in diesem Kapitel, da z.B. leere
Ausgaben hier weggelassen wurden.

Version 1.1

Sun hat sehr früh nach der Fertigstellung des JDK 1.0 gemerkt, daß neben den Standard-APIs noch mehr notwendig ist, um Java als Plattform durchzusetzen. Vor allem im Zuge von Multimedia, Internet, Spielen etc. hat Sun dann auch sehr schnell reagiert und das JDK 1.1 erheblich verbessert. Und mit dem JDK 1.2 (Java-2-Plattform) wurden dann APIs wie Java 2D (s. Kapitel 2) und Swing (s. Kapitel 1) automatisch mitgeliefert. Java 3D ist keine „Core-API", sondern eine Erweiterung. Sie müssen sich die Klassendateien, Dokumentation und den JAR-File von Suns Server laden oder von der CD, die Sun verschickt.

Java-3D-API wurde entwickelt, um Applets und Applikationen zu erzeugen, die es erlauben, dreidimensionalen und interaktiven Inhalt darzustellen.

Da Sun verschiedene Versionen der Java-3D-API plant, ist es schier unmöglich, diese und deren Unterschiede zu diskutieren. Deshalb habe ich mich entschieden, auf die auf OpenGL basierende Implementierung einzugehen. Die Gründe dafür sind die folgenden:

1. OpenGL ist ein sehr weitverbreiteter Standard

2. OpenGL wird mit jedem Windows 95/98/NT ausgeliefert

3. OpenGL ist auf fast allen anderen Plattformen verfügbar

Zu einem späteren Zeitpunkt wird noch kurz auf VRML eingegangen und erläutert, was die Java-3D-API damit zu tun hat. Dabei wird Ihnen der VRML Content Loader und Suns VRML97 Browser demonstriert. Direct3D lasse ich hier außen vor, da es im Vergleich zu VRML und OpenGL nur minimales Interesse erzeugt hat (wenn man die Microsoft-Spielewelt nicht berücksichtigt).

3.1.2
Vor- und Nachteile

In diesem Abschnitt will ich Ihnen die Vor- und Nachteile von Java 3D aufzeigen. Es läßt sich sicher hier über den einen oder anderen Punkt diskutieren. Aber es gibt eine Vorstellung davon, was in den folgenden Zeilen von Java 3D zu erwarten ist. Was sind also die Vorteile von Java 3D?

- Es liefert einen sehr abstrakten, objektorientierten Blick auf 3D Grafiken. OpenGL dagegen ist eine reine C-Implementierung. Java 3D erreicht dieses teilweise durch Verwendung eines sog. Scenegraph basierenden 3D-Grafikmodells (mehr dazu später).

Dieser Ansatz erlaubt es Programmierern mit weniger Programmiererfahrung im Grafik- und Multimediabereich, 3D in ihren Applikationen zu verwenden. Das steht im krassen Gegensatz zu den weniger abstrakten APIs wie OpenGL, die so angelegt wurden, die bestmögliche Geschwindigkeit zu erreichen und die größtmögliche Kontrolle über den Darstellungsprozeß zu erhalten. Dafür ist dann aber auch mehr Grundlagenwissen von Nöten. Java 3D ist dagegen so aufgebaut, daß es einem erfahrenen Java-Programmierer leicht fällt, die neue API zu lernen.

■ Das bedeutet, wenn Sie keinen Zugriff auf untere Schichten von 3D brauchen, dann mag Java 3D die richtige Lösung sein. Aber dafür sind Zugriffe auf Rendering etc. beschränkt, ähnlich wie in Java 2D.

■ Wo immer es möglich war, wurde Java optimiert, um die bestmögliche Geschwindigkeit zu erreichen.   *Optimiert*

■ Es gibt eine Vielzahl von verfügbaren 3D Loadern, um Inhalt in Java 3D zu importieren. Die VRML Java Working Group stellt einen VRML97 File Loader und einen Browser, in Java 3D geschrieben, zur Verfügung, inklusive Sourcecode.   *Laden von anderen Formaten*

■ Java 3D benötigt die Mathematik der Vektorgeometrie, die in keiner der anderen APIs zu finden ist. Als Ergebnis gibt es diese Operationen im Moment im Paket javax.vecmath, aber es ist zu erwarten, daß dieser Teil Bestandteil des Core wird.

■ Wer über 3D redet, denkt oft an Spiele etc. Aber denken Sie daran, was Sie mit 3D im professionellen Bereich anfangen? Sie verwenden eine 2D-Maus, um ein 3D-Objekt mit sechs Freiheitsgraden zu manipulieren. Studien haben gezeigt, daß dies bis zu 70% Zeitverschwendung ist im Vergleich mit 3D-Eingabeobjekten. Auch dieser Tatsache hat Sun einen Bereich eingeräumt und unterstützt eine Vielzahl von 3D-Eingabegeräten, wie Polhemus, Datenhandschuhe usw. Diese können Sie im Paket com.sun.j3d.utils.trackers finden. Da sie aber nur wenig verwendet werden (und nur von Spezialisten) und außerdem noch sehr teuer sind, werde ich auf diese Dinge nicht eingehen.   *3D Input Devices*

Jetzt kennen Sie die Vorteile von Java 3D, was sind aber jetzt die Nachteile?

■ Es ist trotz aller Optimierung unglaublich langsam.   *Langsam*

■ Java 3D ist eine sog. Standarderweiterung, und die Lizenznehmer können sie implementieren, müssen dies aber nicht. Damit geht Sun das Risiko ein, die Portabilität von 3D-Code zu verschlechtern. Die meisten Lizenznehmer haben schon genug Probleme, die Core-API zu aktualisieren.

Verfügbarkeit

- Es gibt Verfügbarkeitsprobleme der Java-3D-API. Nur Sun tritt im Moment als Anbieter auf. Und dies auch nur für Windows XX und Solaris. Das ist erstaunlich, da OpenGL auf sehr viel mehr Plattformen verfügbar ist. Selbst Apple hat letztendlich erkannt, daß OpenGL hilfreich für Apple sein kann und es lizensiert (vor allem, um Spiele für den MacIntosh anbieten zu können).

Dokumentation

- Neben der geringen Verfügbarkeit gibt es auch Defizite in der Dokumentation. Sun versucht zwar Kurse anzubieten, und es gibt auch schon Bücher zur 3D-API, aber verglichen mit anderen Sun APIs oder der Verfügbarkeit von Informationen über OpenGL sieht es hier düster aus. Versuchen Sie einfach auf den Sun-Webseiten eine Schulung zu Java 3D zu finden und Sie werden enttäuscht werden. Und das ist nicht unwesentlich. Da 3D-Grafiken sehr komplex sind, ist die Dokumentation und Schulung enorm wichtig, damit eine API verwendet werden kann.

- Java 3D ist eine abstrakte API und verbirgt Details der Darstellung vor dem Entwickler. Damit können nicht alle Probleme der 3D-Programmierung gelöst werden.

Schwergewichtig

- Java-3D-Komponenten sind sog. schwergewichtige (heavyweight) Komponenten. Das bedeutet, sie haben eine native (nicht-Java) Verbindung, die das eigentliche Zeichnen über-nimmt. Sun hat bisher aber versucht, vor allem in Swing, diese Hardwareabhängigkeit zu umgehen. Das heißt, wenn Sie Java 3D und Swing verwenden, kann es zu Problemen kommen. Sun sagt zwar, daß unter bestimmten Voraussetzungen beide zusammenarbeiten, aber meine Erfahrung hat gezeigt, daß man schwergewichtige und leichtgewichtige Komponenten nicht zusammen verwenden sollte.

3.1.3
Installation von Java 3D

Nachdem Sie jetzt überzeugt sind, daß Java 3D genau das Richtige ist, kommen wir jetzt zum praktischeren Teil. Beginnen werden wir mit der Installation und dann mit ein paar Beispielen. Zuerst sollten Sie sicher sein, daß Sie das JDK 1.2 verwenden und die neueste Java-3D-API.

Auf der Webseite

http://www.javasoft.com/products/java-media/3D/download.html

können Sie die entsprechenden Dateien laden. Da sich die Beispiele im Buch an der OpenGL-Version orientieren, sollten Sie diese auch herunterladen, damit Sie die Beispielprogramme laufen lassen können.

Neben dieser Laufzeitumgebung brauchen Sie noch OpenGL 1.1, welches seit Windows 95 OSR2 automatisch mitgeliefert wird. Ältere Windows-Versionen enthalten die Libraries nicht, aber Microsoft bietet Versionen auf dessen Webserver an. Dann benötigen Sie noch die Java-2-Plattform von Sun (die Beispiele wurden mit keiner anderen Implementierung getestet). Diese ist verfügbar unter:

http://www.javasoft.com/products/jdk/1.2/

Sun hat Java 3D und JDK 1.2 so eng miteinander verwebt, daß die Java-3D-API wirklich nur mit dem JDK 1.2 funktioniert. Und Sun hat in der Java-3D-Mailingliste auch gleichzeitig gesagt, daß es keinerlei Interesse hat, diese enge Verbindung zu lösen oder eine Java-3D-API für ältere JDKs zur Verfügung zu stellen.

Außerdem ist es empfehlenswert, auch die Dokumentation mit dem Beispielcode herunterzuladen, der sehr hilfreich ist.

Sie brauchen sich jetzt auch keine Gedanken über den CLASSPATH mehr zu machen, Sun hat ein eigenes Verzeichnis für die Standarderweiterungen festgelegt: /jre/lib/ext innerhalb Ihrer JDK-Installation.

Beispiel:

Ihre JDK-Installation ist in

```
C:\jdk1.2
```

Dann befinden sich die Standarderweiterungen unter

```
C:\jdk1.2\jre\lib\ext
```

Alle Standarderweiterungen sollten ihre JAR-Dateien dorthin schreiben, und alle JDK-Tools, von wem auch immer, sollten Sie dort finden. Im Falle von Java 3D enthalten diese Archive sowohl die öffentlichen (dokumentiert in der API) als auch alle privaten (Sun-implementierungsabhängigen) Klassen.

Das Archiv für die öffentlichen Klassen enthält:

- j3dcore.jar: Hauptklassendateien für das Java-3D-Package
- vecmath.jar: Alle Klassen für javax.vecmath

Das private Archiv enthält:

- j3daudio.jar: Enthält die Klassen für com.sun.j3d.audio für räumlichen Audiogenuß, basierend auf den Audio-Klassen des JDK 1.2.
- j3dutils.jar: Kapselt eine Vielzahl von hilfreichen Klassen, entwickelt von Sun, in 16 Packages und Unterpackages. Mehr dazu erfahren Sie später.
- j3dutilscontrib.jar: Wie zuvor, aber diesmal von anderen entwikkelt. Es enthält sieben Pakete in der com.sun.j3d-Hierarchie. Dazu gehört auch com.sun.j3d.utils.trackers für die 3D-Eingabegeräte, die oben erwähnt wurden.

Außerdem kommen mit dem Paket noch die nativen Bibliotheken J3D.DLL und J3DAUDIO.DLL, die in /jre/bin installiert werden. Die Java-3D-Klassen verwenden native Methoden, um diese DLLs anzusprechen und mit der Windows-Plattform und OpenGL zu kommunizieren

Ein letzter Hinweis zur Installation: OpenGL unterstützt Beschleunigungskarten, das heißt Karten, die OpenGL in Hardware gegossen als Chip auf der Grafikkarte haben. Sie sollten jedoch in der Lage sein, alle hier vorgestellten Beispiele auch ohne besondere Grafikkarten verwenden zu können.

3.1.4
Erzeugung des Ansichtszweigs einer Szene

Wie bereits oben erwähnt, ist eine der größten Stärken des Scenegraph-Modells die Fähigkeit, Entwicklern ohne Multimediahintergrund die Möglichkeit zu geben, 3D zu verwenden.

Ursprünglich mußten die Entwickler angeben, wo und wie die Linien oder Figuren gezeichnet werden sollen. Unter Verwendung eines Scenegraph jedoch erzeugt der Programmierer lediglich eine baumartige Struktur mit Knoten, die die zu zeichnenden Objekte enthalten. Dazu kommen noch die Instruktionen zum Zeichnen, z.B. wo befindet sich der Standpunkt des Betrachters, die Geometrie der 3D-Welt, relative Distanz zwischen Dingen usw.

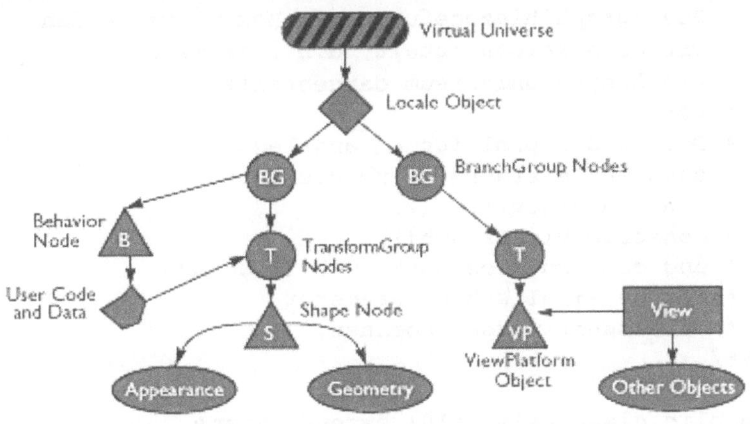

In Java 3D gibt es zwei wesentliche Zweige im Baum: den Ansichtszweig (view branch) und den Inhaltszweig (content branch). Der Inhaltszweig enthält Knoten, die die wirklichen Objekte beschreiben, die Sie darstellen wollen. Das beinhaltet, wie sie gezeichnet werden sollen, welche Farben verwendet werden und wie eventuelle Texturen eingesetzt werden sollen. Außerdem, wie die Objekte im Raum angelegt sind und wie sie sich interaktiv verhalten sollen. Der Ansichtszweig enthält prinzipiell den ganzen Rest, ist in der Praxis aber ziemlich klein. Ansichtszweige bestehen oft nur aus ein paar Knoten, während der Inhaltszweig oft Tausende von Knoten und mehr enthalten kann.

Zwei Äste

Hier folgt nun ein einfaches Beispiel (Beispiel 01), wie in Java ein Scenegraph erzeugt wird. Sie sehen hier die Verwendung der Heavyweight-Komponente Canvas3D, die sich in einem Frame befindet. Außerdem können Sie verfolgen, wie ein View Branch erzeugt wird und wie eine Ansicht (View) diesem Zweig hinzugefügt wird. Der Inhalt bleibt erst einmal leer, d.h., das Beispiel stellt einen leeren Raum (in der Fachsprache auch Universe oder World) dar.

Beispiel 01:

```java
import java.awt.*;
import java.awt.event.*;
import javax.media.j3d.*;


/**
 * Beispiel01 zeigt das Wesentliche
 * von Java3D. Es wird der
 * einfachste aller
 * Viewbranches erzeugt und einem
```

```java
 * Scenegraph hinzugefuegt. Im Moment verwenden
 * wir noch keinen Inhalt, d.h., es wird
 * ein leeres Universum dargestellt.
 * <P>
 * Dieses Beispiel ist so angelegt,
 * dass auf einfache Weise die Inhalte
 * von constructView (),
 * constructViewBranch(),
 * und constructContentBranch () anhand
 * der physikalischen Parameter
 * veraendert werden koennen.
**/

public class Beispiel01 extends Frame
{
  /**
   * Instantiieren eines Beispiel01-
   * Objektes.
  **/
  public static void main (String args[])
  {
    new Beispiel01 ();
  }

  /**
   * Ein Canvas3D-Objekt wird
   * in den Frame, den Java3D benoetigt, plaziert.
   * Danach Aufruf der Methoden, um
   * den Viewbranch und den Contentbranch
   * des Scenegraph zu erzeugen
  **/
  public Beispiel01 ()
  {
    super ("Java 3D Beispiel01");
    setSize (400, 300);

    // Hier folgt jetzt der erste Java3D-
    // spezifische Code. Canvas3D wird dem
    // Frame hinzugefuegt. Java3D
    // verlangt schwergewichtige Komponenten
    Canvas3D myCanvas3D = new Canvas3D (null);
    add (myCanvas3D,BorderLayout.CENTER);

    setVisible (true);

    // aufraeumen
    addWindowListener (new WindowAdapter ()
    {
```

```java
      public void windowClosing (WindowEvent e)
      {
        dispose ();
        System.exit (0);
      }
    });


    // Hier wird der Scenegraph gebildet.
    // Man benoetigt sowohl
    // einen Viewbranch
    // als auch einen Contentbranch. Um
    // den Viewbranch verwenden zu koennen
    // ist auch ein View notwendig, der
    // mit der ViewPlatform des Views
    // verbunden wird


    View myView = constructView (myCanvas3D);
    Locale myLocale = constructViewBranch
(myView);
    constructContentBranch (myLocale);
  }

  /**
   * constructView () nimmt eine Canvas3D-
   * Referenz und erzeugt einen View, der
   * dann im Canvas3D angezeigt wird. Ich
   * verwende den default fuer
   * PhysicalBody und PhysicalEnvironment
   * (die beide benoetigt werden). Der
   * zurueckgelieferte View wird von
   * constructViewBranch () benutzt, um
   * die ViewPlatform des Scenegraph dem
   * Canvas3D hinzuzufuegen
   * @see constructViewBranch (View)
   **/
  private View constructView (Canvas3D myCanvas3D)
  {
    View myView = new View ();
    myView.addCanvas3D (myCanvas3D);
    myView.setPhysicalBody (new PhysicalBody ());
    myView.setPhysicalEnvironment (new PhysicalEn-
vironment ());
    return (myView);
  }

  /**
   * constructViewBranch () verlangt als
```

```java
 * Eingabe einen View der Canvas3D
 * hinzugefuegt wird. Es
 * erzeugt einen Default-Viewbranch fuer
 * den Scenegraph, verbindet View und
 * ViewPlatform und liefert eine
 * Referenz auf den Locale
 * zurueck, der von
 * constructContentBranch
 * benoetigt wird, um Inhalt fuer
 * den Scenegraph zu erzeugen
 * @see constructView (Canvas3D)
 * @see constructContentBranch (Locale)
**/

private Locale constructViewBranch (View myView)
{
  // Zuerst muss das Koordinatensystem
  // erzeugt werden (VirtualUniverse,
  // Locale), dann die container nodes
  // (BranchGroup, TransformGroup)
  // und die Plattform, die angibt,
  // welche unsere Sichtposition ist.
  VirtualUniverse myUniverse = new VirtualUni-
verse ();
  Locale myLocale = new Locale (myUniverse);
  BranchGroup myBranchGroup = new BranchGroup
();
  TransformGroup myTransformGroup = new Trans-
formGroup ();
  ViewPlatform myViewPlatform = new ViewPlatform
();

  // Nun wird die Plattform in die
  // TransformGroup, die TransformGroup in
  // die BranchGroup und die wiederum in
  // den BranchGraph des Scenegraph plaziert
  myTransformGroup.addChild (myViewPlatform);
  myBranchGroup.addChild (myTransformGroup);
  myLocale.addBranchGraph (myBranchGroup);

  // Letztendlich verbinden wir View und
  // Viewplatform und liefern eine
  // Referenz auf das neue Universe
  // zurueck. JETZT koennen wir zeichnen
  myView.attachViewPlatform (myViewPlatform);
  return (myLocale);
}
```

```java
/**
 * constructContentBranch () ist die
 * Stelle, wo wir den Inhalt, der
 * gezeichnet werden soll, angeben
 * koennen. Im Moment ist dieser Teil
 * noch leer.
 *
 * @see constructViewBranch (View)
 **/
 private void constructContentBranch (Locale my-
Locale)
 {
 }
}
```

Ein leeres Bild ist aber nicht das, was Sie normalerweise wollen.

3.1.5
Inhalt in einen Scenegraph einfügen

Jetzt wird das Universum mit Inhalt gefüllt. Wir fangen mit statischem Inhalt an und werden dann später auch dynamischen Inhalt (Interaktivität) hinzufügen.

Ein interessanter Aspekt, den ich hier erwähnen möchte, ist, daß Java 3D keine primitiven Figuren wie Sphären oder Würfel enthält. Statt dessen haben sich die Entwickler von Java 3D entschieden, GeometryArrays zu erzeugen, so daß die Entwickler, die Java 3D verwenden, ihre eigenen Primitiven erstellen können und es der Java-3D-Laufzeitumgebung überlassen, diese so gut wie möglich zu optimieren. Aber in den Utilities finden Sie Code für einige wenige Primitive (die ich später auch verwenden werde).

Keine Primitiven

Wenn Sie OpenGL ein wenig kennen und sich Java 3D genauer ansehen, dann werden Sie feststellen, daß die Primitiven in Java denen von OpenGL sehr ähnlich sind. Das sollte Sie jetzt nicht mehr verwundern, denn schließlich baut Java 3D auf OpenGL auf. Als Ergebnis dieser Entscheidung, keine Primitiven wie Würfel etc. darzustellen, bleiben Ihnen nur wenige Möglichkeiten: Sie schreiben entweder diese Primitiven selber und machen sie wiederverwendbar, oder Sie verwenden eine Bibliothek, die auf Java 3D aufbaut und diese Primitiven bereitstellt.

Selbst ist der Mann

Im nächsten Beispiel zeigt sich dieses Problem nicht, da ein dreidimensionaler Text dargestellt wird. Java 3D baut auf dem Textsystem von Java 2D auf (lesen Sie dazu das Kapitel 2).

Hier folgt nun der erweiterte Code aus Beispiel 01, der jetzt auch einen Inhalt enthält. Die Methode constructViewBranch () sieht dann so aus:

Beispiel 02:

```java
/**
 * constructContentBranch () ist jetzt
 * veraendert worden. Hier wird
 * ein dreidimensionaler Text mit
 * dem Inhalt "Springer" dargestellt.
 * Der Text ist verschoben, rotiert
 * und skaliert, siehe dazu auch Java2D
 **/
private void constructContentBranch (Locale my-
Locale)
{
    // Zuerst erzeugen wir einen 2D-Font
    // davon dann einen 3D-Font, 3D-Text
    // und eine 3D-Figur. Wir verwenden
    // Defaultkonstruktoren
    Font myFont = new Font ("TimesRoman",
Font.PLAIN,10);
    Font3D myFont3D = new Font3D (myFont, new Fon-
tExtrusion ());
    Text3D myText3D = new Text3D (myFont3D,
"Springer");
    Shape3D myShape3D = new Shape3D (myText3D, new
Appearance ());

    // Bei der Erzeugung der Transform-
    // group, wird Transform3D an den
    // Transformgroup-Konstruktor uebergeben. Die-
se
    // 3D-Transformation wurde manipuliert,
    // um die gewuenschten
    // Transformationen auszufuehren.

    BranchGroup contentBranchGroup = new
BranchGroup ();
    Transform3D myTransform3D = new Transform3D
();
    myTransform3D.setTranslation (new Vector3f (-
1.0f, 0.0f, -4.0f));
    myTransform3D.setScale (0.1);
    Transform3D tempTransform3D = new Transform3D
();
    tempTransform3D.rotY (Math.PI/4.0d);
```

```java
    myTransform3D.mul (tempTransform3D);
    TransformGroup contentTransformGroup = new
TransformGroup (myTransform3D);

    // Hinzufuegen der Kinderknoten und
    // der Branchgroup in den Scenegraph
    contentTransformGroup.addChild (myShape3D);
    contentBranchGroup.addChild (contentTransform-
Group);
    myLocale.addBranchGraph (contentBranchGroup);
}
```

Im Bild sehen Sie den Text „Springer", verschoben, rotiert und skaliert. Alles das, was Sie schon aus Java 2D kennen.

Abbildung 3
3D-Text in einer
3D-Welt

3.1.6
Verwendung der Sun-Utility-Klassen

Wenn Sie die Sun-Utility-Klassen verwenden, können Sie Ihren Code vereinfachen. Bei den ersten Beispielen werden Sie sich sicher gefragt haben, warum Sie jedesmal so viele redundante Methoden aufrufen müssen, wenn Sie Java 3D verwenden wollen. Sie müssen das nicht auf diese Weise tun, Sie können auch Suns Utility Klassen verwenden (oder Ihre eigenen schreiben).

Sun hat, wie schon erwähnt, eine Vielzahl von zusätzlichen Klassen bereitgestellt, um den Entwicklern entgegenzukommen. Wenn Sie mit den bereits angesprochenen Beschränkungen in der Portabilität leben können, dann können Ihnen diese Utilities die Erzeugung einfacher View Branches abnehmen. Außerdem enthalten diese Utilities auch primitive Figuren, die Sie direkt benutzen können.

Das nächste Beispiel verwendet SimpleUniverse und ColorCube Utilities aus den Sun-Utility-Klassen.

Beispiel 03:

```java
import java.awt.*;
import java.awt.event.*;
import javax.media.j3d.*;
import javax.vecmath.*;
import com.sun.j3d.utils.geometry.*;
import com.sun.j3d.utils.universe.*;

/**
 * Beispiel03 zeigt Ihnen jetzt,
 * wie Sie die Utilities verwenden
 * koennen, die Sun mitliefert.
 * Die gelaeufigen Kommentare sind wieder
 * Beispiel01 zu entnehmen
 **/

public class Beispiel03 extends Frame
{
  public static void main (String args[])
  {
    new Beispiel03 ();
  }

  public Beispiel03 ()
  {
    super ("Java 3D Beispiel03");
    setSize (400,300);

    Canvas3D myCanvas3D = new Canvas3D (null);
    add (myCanvas3D,BorderLayout.CENTER);

    setVisible (true);

    addWindowListener (new WindowAdapter ()
    {
        public void windowClosing (WindowEvent e)
```

```java
        {
          dispose ();
          System.exit (0);
        }
    });


    // Hier wird der Scenegraph jetzt
    // mit Suns mitgeliefertem SimpleUniverse auf-
    // gebaut, damit koennen sowohl Contentbranch
    // und Viewbranch kombiniert werden
    SimpleUniverse myUniverse = new SimpleUniverse
(myCanvas3D);
    BranchGroup contentBranchGroup = constructCon-
tentBranch ();
    myUniverse.addBranchGraph (content-
BranchGroup);
  }


  /**
   * Hier wird jetzt der Text von
   * Beispiel02 gezeichnet unter Verwendung
   * von ColorCube von Sun, zu finden unter
   * com.sun.j3d.utils.geometry.ColorCube
  **/
  private BranchGroup constructContentBranch ()
  {
    Font myFont = new Font ("TimesRoman",
Font.PLAIN,10);
    Font3D myFont3D = new Font3D (myFont, new Fon-
tExtrusion ());
    Text3D myText3D = new Text3D (myFont3D,
"Springer");
    Shape3D myShape3D = new Shape3D (myText3D, new
Appearance ());
    Shape3D myCube = new ColorCube ();

    BranchGroup contentBranchGroup = new
BranchGroup ();
    Transform3D myTransform3D = new Transform3D
();
    myTransform3D.setTranslation (new Vector3f (-
1.0f, 0.0f, -4.0f));
    myTransform3D.setScale (0.1);
    Transform3D tempTransform3D = new Transform3D
();
    tempTransform3D.rotY (Math.PI/4.0d);
    myTransform3D.mul (tempTransform3D);
```

```java
    TransformGroup contentTransformGroup = new
TransformGroup (myTransform3D);

    contentTransformGroup.addChild (myShape3D);
    contentBranchGroup.addChild (contentTransform-
Group);

    myTransform3D.setIdentity ();
    myTransform3D.setTranslation (new Vector3f (-
0.5f, -0.5f, -2.3f));
    myTransform3D.setScale (0.1);
    TransformGroup cubeTransformGroup = new Trans-
formGroup (myTransform3D);

    cubeTransformGroup.addChild (myCube);
    contentBranchGroup.addChild (cubeTransform-
Group);

    return (contentBranchGroup);
  }
}
```

Abbildung 4
Verwendung von
Suns Utility-Klassen

Der Text „Springer" sollte weiß erscheinen.

3.2
Erweiterte Konzepte

3.2.1
Einführung

Nachdem bis hier die Grundlagen von Java 3D besprochen wurden und damit das Grundverständnis gelegt wurde, können wir uns jetzt mit den Details befassen. Diese sind u.a. API, Geschwindigkeit und Optimierung, Wiederverwendung von 3D-Inhalten sowie das Zusammenspiel mit VRML (Virtual Reality Modeling Language).

Wie Sie gesehen haben, hat Java 3D das Potential, Programmierern aller Art die Möglichkeit zu geben, 3D-Grafiken in Applikationen und Applets einzubauen. Was unterscheidet Java 3D von den anderen, was macht es so interessant? Um diese Fragen zu beantworten, müssen wir ein wenig tiefer graben.

Bisher haben wir nur statischen Inhalt erzeugt. Das sieht zwar nett aus, kann aber auf Dauer einfach langweilig sein. Was nun daher folgt, sind interaktive Szenen, das Laden von größeren Scenegraphen etc. Hinzu kommt noch das Zusammenspiel von Java 3D mit VRML und Geschwindigkeitsaspekte.

3.2.2
Transformationen und Positionierung

Bisher wurde noch nicht gesagt, wie und wo Objekte in 3D plaziert werden können. Nehmen wir unser obiges Beispiel 03 und schauen uns an, was passiert, wenn wir die Transformation so ändern, daß die z-Achse des Würfels positiv ist. Nun, Sie werden den Würfel nicht mehr sehen können. Beispiel 03 eignet sich gut zu zeigen, wie Objekte im dreidimensionalen Raum angeordnet und plaziert werden. Die Schlüsselzeile im Code ist: *z-Achse*

```
myTransform3D.setTranslation (new Vector3f (-0.5f,
 -0.5f, -2.3f));
```

Die Argumente für den Vector3D-Konstruktor sind die Koordinaten x, y und z. Damit wird der Würfel mit dieser Transformation auf die Floatwerte (daher das f)

x = -0.5
y = -0.5
z = -2.3

gesetzt.

Es ist jetzt wichtig, daran zu denken, daß sich der Standpunkt des Beobachters ändern kann. Das wird bestimmt durch die Position der dazugehörigen ViewPlatform, die ihrerseits in einer 3D-Welt plaziert ist, unter Verwendung von TransformGroup (eigentlich durch Verwendung eines Transform3D-Knotens). Anzumerken sei hier noch, daß wir die ViewPlatform nicht verschieben. Wir erzeugen den ganzen View Branch unter Verwendung des Defaultkonstruktors. Das bedeutet, die ViewPlatform befindet sich an den Koordinaten

x = 0.0
y = 0.0
z = 0.0

welches die Ausgangskoordinaten des 3D-Koordinatensystems sind. Zu guter Letzt muß hier noch darauf hingewiesen werden, daß das Koordinatensystem auf Ihre Ansicht (Ihren View) ausgerichtet ist.

Mit dem standardmäßigen View Branch verläuft die x-Achse von links nach rechts, die y-Achse von unten nach oben und die z-Achse aus dem Bildschirm auf Sie zu (wenn man die Rechte-Hand-Regel verwendet). Das heiß, Sie schauen normalerweise in Richtung –z.

Abbildung 5
Blick vom normalen Betrachter aus

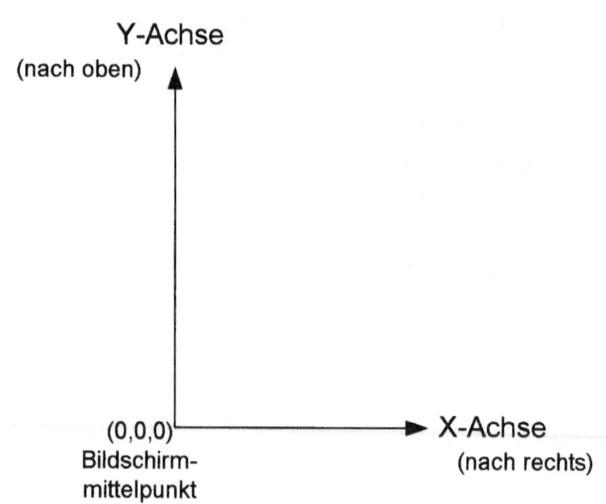

Wenn Sie das Bild sehen, verstehen Sie, was gemeint ist. Die z-Achse kommt vom Zentrum auf Sie zu. Der Ausgangspunkt liegt im Zentrum der x-y-Ebene.

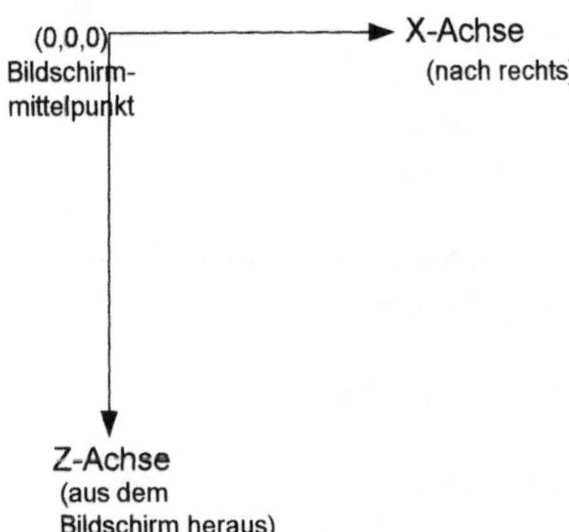

Wenn Sie sich jetzt hinstellen und von oben auf den Monitor schauen, sehen die Achsen so aus. Nun schauen Sie in die negative y-Richtung. Die positive z-Achse geht direkt aus dem Monitor heraus.

Da Sie im Prinzip direkt am Ausgangspunkt (oder auch Nullpunkt) sitzen, wo x, y und z jeweils 0.0 sind, und in die negative z-Richtung schauen, ist alles im positiven Bereich der 3D-Welt hinter Ihnen, und Sie können es somit nicht sehen.

3.2.3
com.sun.j3d-Klassen

Schauen wir uns jetzt den Inhalt der privaten JAR-Dateien von Sun an. Ich hatte schon erwähnt, daß Suns private Klassen eigene Implementierungen sind.

Wenn Sie sich j3dutils.jar genauer ansehen, finden Sie die folgenden Unterpakete:

```
com.sun.j3d:
        audioengines
                audioengines.javasound
        loaders
                loaders.lw3d
        loaders.objectfile
        utils
                utils.applet
                utils.audio
```

                utils.behaviors
                        utils.behaviors.interpolators
                        utils.behaviors.mouse
                        utils.behaviors.picking
                utils.geometry
                utils.image
                utils.internal
                utils.universe

j3dutilscontrib.jar besteht aus folgenden Unterpaketen, die zusätzlich zu com.sun.j3d gehören:

                loaders
                        loaders.vrmlfile
                utils
                        utils.behaviors
                                utils.behaviors.keyboard
                        utils.font3d
                        utils.trackers

Wenn Sie also z.B. daran interessiert sind, mit 3D-Fonts zu arbeiten, dann sollten Sie sich die Pakete

com.sun.j3d.utils.behaviors.mouse,
com.sun.j3d.utils.behaviors.interpolators,
com.sun.j3d.loaders.lw3d und
com.sun.j3d.utils.font3d

näher ansehen. Es gibt zu diesen Paketen zwar Dokumentationen, aber einige Pakete sind besser dokumentiert als andere, und es kann manchmal sehr lästig sein, nicht die entsprechende Dokumentation zur Hand zu haben.

3.2.4
Verhalten und Interpolierung

Stimulus-Grenzen

Interaktivität resultiert aus der Tatsache, daß ein Programm in der Lage ist, auf verschiedene Stimuli zu reagieren. Dieses Verhalten wird in Java 3D ausgelöst, wenn die View-Plattform die sog. Stimulus-Grenzen kreuzt. Diese Stimulus-Grenzen sind ein bestimmter Raum, der vom Programmierer definiert wird. Damit bekommen Objekte einen räumlichen Bereich zugewiesen, der sowohl für Sound als auch für das Verhalten in Java 3D verwendet wird.

Der Vorteil der Verwendung von Grenzen für Objekte liegt
darin, daß die Laufzeitumgebung Dinge außerhalb der Grenzen
einfach ignorieren kann. Wenn Sie interaktives Verhalten in Ihre
3D-Welten einbauen wollen, dann müssen Sie diese Grenzen setzen, damit die Laufzeitumgebung von Java 3D die Ausführung der
Aktion vorbereiten kann. Der Scenegraph enthält Knoten für genau
diesen Fall. Diese Knoten sind verantwortlich für das Setzen des
Verhaltens und des Timings. Außerdem können einige der oben
genannten Utilities helfen, das Verwalten von Verhalten zu vereinfachen, dazu gehört auch das Paket behaviors.

Verhalten kann mit jeder Anzahl von Events oder Anwenderin-
teraktion verbunden werden. Wenn ein Anwender durch den virtuellen 3D-Raum schwebt, dann kann anhand der Position z.B. die
Farbe des Objektes verändert werden, oder das Objekt bewegt sich
weg vom Anwender usw. In diesem Fall wäre der Trigger für das
Verhalten die Anwesenheit des Anwenders in bestimmten, festgelegten Grenzen.

Viele der möglichen Verhalten können durch sog. Interpolatoren gesteuert werden. Interpolatoren sind Objekte, die einen Wer-
tebereich haben und somit ein Verhalten abhängig von der Zeit
aufweisen.

Interpolatoren

Beispiel:

Sie können als Ausgangszustand einen Würfel haben, dessen
Deckel geschlossen ist. Im Endzustand soll der Deckel ganz geöffnet sein. Alle Schritte dazwischen können interpoliert werden. Sie
können zwar Ihren eigenen Interpolator schreiben, aber Java 3D
hat einen eingebaut und Suns Utilities sollten für die meisten Fälle
ausreichend sein.

Nach so viel Theorie folgt jetzt wieder die Praxis. Beispiel 03
wird so modifiziert, daß es Interaktivität erhält. In diesem Fall lassen wir den Text rotieren.

Beispiel 05:

```
/**
 * Ich habe jetzt den
 * RotationInterpolator
 * hinzugefuegt so dass der Text um den
 * Cube rotiert
**/
private BranchGroup constructContentBranch ()
{
```

```java
    Font myFont = new Font ("TimesRoman",
Font.PLAIN, 10);
    Font3D myFont3D = new Font3D (myFont, new Fon-
tExtrusion ());
    Text3D myText3D = new Text3D (myFont3D,
"Kay");
    Shape3D myShape3D = new Shape3D (myText3D, new
Appearance ());
    Shape3D myCube = new ColorCube ();

    BranchGroup contentBranchGroup = new
BranchGroup ();
    Transform3D myTransform3D = new Transform3D
();
    TransformGroup contentTransformGroup = new
TransformGroup (myTransform3D);
    contentTransformGroup.addChild (myShape3D);
    Alpha myAlpha = new Alpha ();
    myAlpha.setIncreasingAlphaDuration (10000);
    myAlpha.setLoopCount (-1);
    RotationInterpolator myRotater = new Rotatio-
nInterpolator (myAlpha, contentTransformGroup);
    myRotater.setAxisOfRotation (myTransform3D);
    myRotater.setMinimumAngle (0.0f);
    myRotater.setMaximumAngle ((float)
(Math.PI*2.0));
    BoundingSphere myBounds = new BoundingSphere
();
    myRotater.setSchedulingBounds (myBounds);
    contentTransformGroup.setCapability (Trans-
formGroup.ALLOW_TRANSFORM_WRITE);
    contentTransformGroup.addChild (myRotater);

    contentBranchGroup.addChild (contentTransform-
Group);

    myTransform3D.setTranslation (new Vector3f (-
0.5f,-0.5f,-2.3f));
    TransformGroup cubeTransformGroup = new Trans-
formGroup (myTransform3D);
    cubeTransformGroup.addChild (myCube);
    contentBranchGroup.addChild (cubeTransform-
Group);

    return (contentBranchGroup);
  }
```

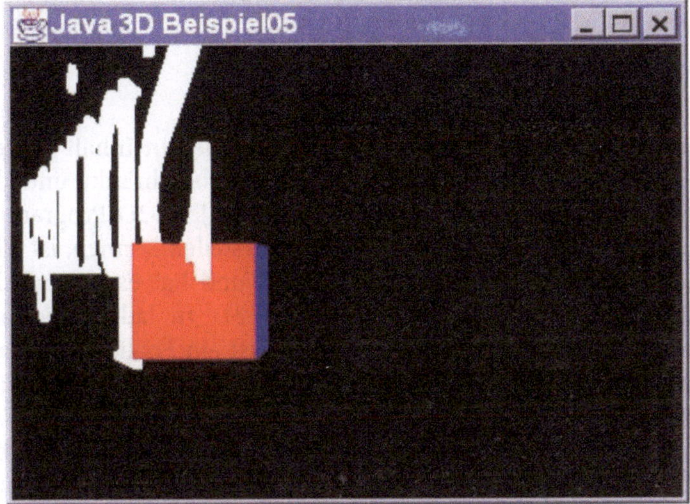

Standardmäßig haben Verhalten in Java 3D kein Timing, d.h., Sie müssen es selbst hinzufügen, damit dieses Verhalten auch ausgeführt wird.

Anzumerken sei auch noch, daß selbst mit nicht-standardmäßigen Grenzen, die Sie angeben, die Möglichkeit besteht, daß sich das Verhalten nie ändert. Das geschieht immer dann, wenn sich die View-Plattform nicht in den Grenzen befindet. Wenn Sie nicht daran denken, dann kann das Debuggen Ihres Codes zu einem Horrorszenario werden.

3.2.5
Wiederverwendung von 3D-Inhalten

Wenn es nur die Möglichkeit gäbe, Java-kodierten Inhalt zu verwenden, wären Ihre Möglichkeiten äußerst beschränkt und der Austausch mit anderen Partnern schwierig. Java-3D-Programme zu schreiben, die komplexe 3D-Welten darstellen können, ist alles andere als einfach. Sun hat dies erkannt und hat es vereinfacht, standardisierte 3D-Dateiformate in Java 3D zu laden. Dies geschieht über sog. Loader. Einfach gesagt, ist ein Loader nichts anderes als ein kleines Programm, das die diversen 3D-Dateiformate lesen kann, z.B. Wavefronts Object File Format (OBJ). Daraus kann dann eine Java-3D-Szene erzeugt werden. Neben den von Sun bereitgestellten Loadern finden Sie noch zusätzliche im WWW. Suns Loader sind im Loader-Archive dokumentiert. Die gängigsten Formate wie AutoCADs DXF, LightWaves LWS und LWO, 3D-Studios 3DS und applikationsspezifische Formate wie z.B. PDB (Protein Data Bank) werden unterstützt.

Nun, da Sie wissen, daß es die Loader gibt und daß Sie den Inhalt anderer 3D-Applikationen verwenden können, stellt sich die Frage, wie verwenden Sie dieses Wissen?

Als Beispiel nehmen wir hier das Wavefront OBJ-Format und laden einen OBJ-File in Java 3D. Sun unterstützt dieses Format und hat daher einen Loader dafür. Sie finden den Loader im Paket

```
com.sun.j3d.loaders.objectfile
```

Die Hauptklasse, die Sie hier benötigen, ist ObjectFile. Diese Klasse kapselt den OBJ File und liefert Methoden, um den Inhalt in Java 3D zu schreiben. Wir laden den OBJ-Inhalt in das Programm von Beispiel 06. Dort werden Sie aber nichts sehen, da die Informationen beim Laden nicht ausreichend sind. Lesen Sie dazu auch die Inline-Kommentare zu Beispiel 06. Das Laden geschieht mit wenigen Zeilen in der Methode

```
constructContentBranch ()
```

Beispiel 06:

```
/** Hier lese ich jetzt ein Viereck
 * unter Verwendung des
 * OBJ Loaders von Sun.
**/
private BranchGroup constructContentBranch ()
```

```java
{
  ObjectFile myOBJ = new ObjectFile ();
  Scene myOBJScene = null;

  // Versuche das ObjectFile zu laden
  try
  {
    myOBJScene = myOBJ.load ("cube.obj");
  }
  catch (FileNotFoundException e)
  {
    System.out.println ("Kann OBJ file nicht la-
den...tschuess");
    System.exit (1);
  }

  BranchGroup contentBranchGroup = new
BranchGroup ();
  contentBranchGroup.addChild (myOBJSce-
ne.getSceneGroup ());
  return (contentBranchGroup);
}
```

Diese Methode lädt die Daten des Würfels und generiert daraus
eine Szene.

com.sun.j3d.utils.loaders.Scene

Diese Szene wird verwendet, um eine Scene Group (Szenen-
gruppe) zurückzuliefern, die dem Inhaltszweig hinzugefügt und
dann dargestellt werden kann. Das ist der einfachste Fall, bei dem
es in keinster Weise um Details geht.

Wenn Sie eine ausführlichere und stabilere Version des Ob-
jectLoadings einsetzen wollen, schauen Sie im Demo-Verzeichnis
von Java 3D, ObjLoad. Hier werden auch Details verwendet (z.B.
Hintergrundfarbe setzen usw.), und es bietet ein besseres Interface,
um Objekte zu laden, anzusehen und zu verstehen. Sie sollten sich
diesen Code genauer ansehen, da Sie hier sehr schön erkennen
können, wie die Loader in Java verwendet werden können.

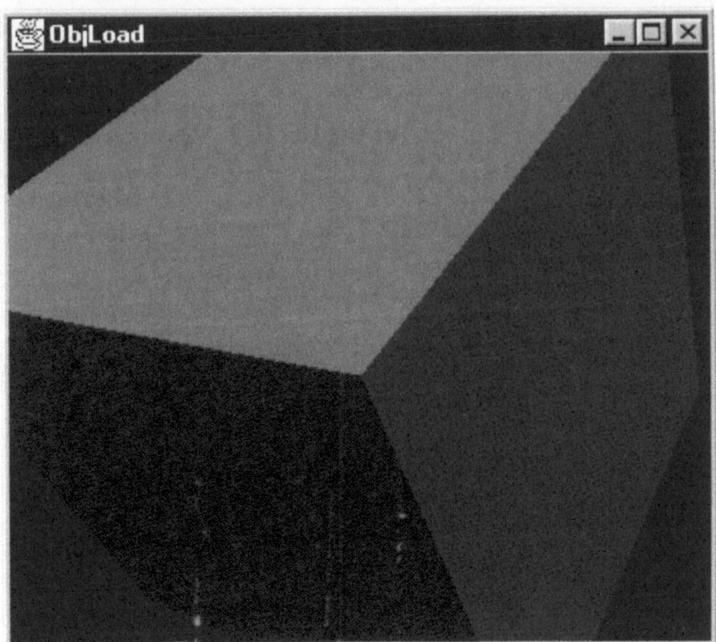

Vereinfachtes Laden

Wenn Sie sich mit den Loadern beschäftigt haben, dann besteht das Laden von komplexeren Strukturen nur noch aus dem einfachen Angeben eines Dateinamens und/oder der entsprechenden Parameter. Durch die einfache Verwendung und die Flexibilität erhöhen die Loader die Verwendung von Java 3D enorm, da sie nun mit allen anderen Systemen kommunizieren können. Ein bekanntes 3D-System wird im folgenden Abschnitt gezeigt.

3.2.6
VRML97 und Java 3D

Bisher wurde hauptsächlich über 3D und Applikationen gesprochen. Der Standard im Internet und WWW ist jedoch VRML (Virtual Reality Modeling Language). Es gab lange Diskussionen, ob und wie Java 3D und VRML konkurrieren.

VRML und Java passen zusammen

Letztendlich kann man sagen, daß beide sehr gut miteinander kooperieren. VRML ist zu allererst ein Dateiformat für 3D-Daten im WWW, während Java 3D eine 3D-Laufzeitumgebung darstellt. Und somit gibt es auch für VRML die entsprechenden Loader. Java 3D ist zwar eine API, aber für erweiterte, realistische 3D-Welten möchten Sie evtl. diese Welten in einer Metasprache darstellen. Und dann ist VRML sicher ein Aspekt, der zu berücksichtigen ist.

Autorenprogramme von Firmen wie Platinum Technologies zum
Erstellen von 3D-Welten mit mehr als 1000 Knoten helfen, um den
Inhalt in VRML zu schreiben, und dieser kann dann in Java 3D gele-
sen werden. Es gibt hier natürlich noch andere Möglichkeiten, aber
VRML ist sicherlich eine gute Entscheidung, es ist ISO-standardi-
siert, es gibt viele Tools und es ist kompakt und Browser-freundlich.

Hinzu kommt außerdem, daß es eine VRML Working Group
gibt, die einen VRML97-kompatiblen Browser in Java entwickelt
(es gibt entsprechende Versionen schon im WWW verfügbar, siehe
in den zusätzlichen Informationen Abschnitt 3.4), der die Java-3D-
API verwendet. Der Browser ist frei verfügbar und ein hervorragendes Beispiel dafür, wie man mit Java 3D große und interessante
Applikationen schreiben kann.

Natürlich ist das 3D-Team von Sun dabei stark vertreten. Wenn
Sie sich die Java-VRML-Welt anschauen möchten, müssen Sie sie
herunterladen. Sie erhalten dann vier Programme mit unterschiedlichen Fähigkeiten.

- SimpleVrml97Viewer – Ein einfacher Viewer, der zeigt, wie die
  VRML97-Geometrie in Java 3D geladen wird

- Vrml97Viewer – Wie zuvor, aber mit mehr Möglichkeiten der
  Interaktion mit der Maus und verschiedenen Verhalten

- Vrml97Player – Dies ist ein standalone VRML Player, der die
  mächtigste Implementierung aufweist

- Vrmlet – Ein VRML Applet, das mit Hilfe des Java-PlugIn in
  Netscape verwendet werden kann

Das folgende Bild zeigt den Vrml97Player mit der DragBox.wrl-
Welt. Interaktivität ist eingebaut, und es gibt die diversen Möglichkeiten, die Sie im Readme nachlesen können.

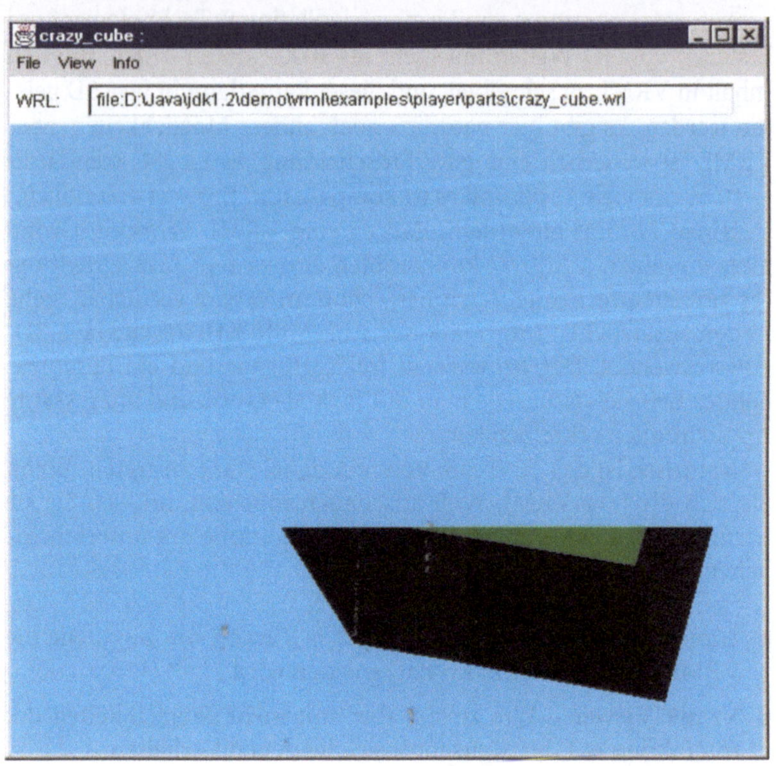

3.2.7
Geschwindigkeit, immer und immer wieder

Eine langsame 3D-Laufzeitumgebung ist absolut nutzlos. Jeder noch so kleine Geschwindigkeitsgewinn ist von großem Nutzen. Ausgenommen natürlich, daß das Programm noch verständlich sein muß.

Mit der Low-Level-API OpenGL, die auf fast allen Plattformen verfügbar ist und auf allen Plattformen sehr schnell läuft, hat es Java sicher schwer, Boden gut zu machen, auch wenn Java schöner zu programmieren ist. Sun hat alles Mögliche getan, die Erwartungen der Grafikprogrammierer zu erfüllen.

Da implementationsspezifische Optimierungen dem schnellen Wandel unterliegen, habe ich hier davon Abstand genommen. Und wenn Sie mal wissen wollen, warum die Performance hier schneller und dort langsamer ist, dann können Sie das nachlesen. Sun hat die Entscheidungen, warum was gemacht wurde, sehr gut dokumentiert.

3.2.8
Capability Bits

Sie werden garantiert früher oder später auf Capability Bits stoßen. Spätestens dann, wenn Sie eine Java-3D-Exception erhalten. Damit Sie diese Exception umgehen können, müssen Sie eine oder mehrere Capability Bits setzen. Diese teilen der Laufzeitumgebung mit, daß Sie Teile des Scenegraph zu einem späteren Zeitpunkt modifizieren wollen und er damit die Optimierung, die er sonst vornimmt, nicht vornehmen kann. Wird der Scenegraph nicht verändert, werden die Teile im Prinzip kompiliert und damit die Geschwindigkeit erhöht. Die Objekte im Scenegraph sind also nicht mehr in Abhängigkeit zueinander beschriebe, sondern im Prinzip absolut.

3.2.9
Kompilierung von Java-3D-Branch-Gruppen

Wenn ein Programmierer BranchGroup.compile () aufruft, dann überprüft Java 3D die Capability Bits und kompiliert die Zweige der Gruppe. Das bedeutet, daß das Ergebnis schneller abläuft, ohne daß Sie alle Details im Hintergrund kennen müssen. Doch ohne ein wenig Statistik ist das alles brotlos. Um zu sehen, ob sich Änderungen ergeben, wurde die compile ()–Methode den Beispielen hinzugefügt. In Beispiel 04 wurde die Zeile

Kompilieren von Teilen

```
contentBranchGroup.compile ()
```

hinzugefügt, aber keine gravierenden Unterschiede festgestellt (siehe Beispiel 07.java). Das gleiche gilt auch für die anderen Beispiele. Alle luden und liefen gleich schnell ab. Nun sind diese Beispiele auch nicht groß und daher kann es sein, daß es keinen spürbaren Unterschied gibt.

3.3
Fazit

Java 3D ist sicher eine interessante Entwicklung mit einer Menge an Potential. Ich habe versucht, die wesentlichen Punkte hier einzuführen, aber wie so oft, für die detaillierte Tiefe müssen Sie auf ausführlicheres Material zurückgreifen. Und Sie müssen auf schnellere Hardware warten (wenn Sie keine UltraSparc verwenden, sondern einen PC). Auf einem 300 MHz Pentium II liefen die meisten Beispiele nur sehr langsam.

Im Kapitel 3.4 „Zusätzliche Informationen" finden Sie Hinweise zu allen besprochenen Themen, inklusive Beispielcode usw.

3.4
Zusätzliche Informationen

3.4.1
Internet

Java-3D-Homepage
http://www.javasoft.com/products/java-media/3D/

Java 3D 1.1 Performance Guide
http://www.sun.com/desktop/java3d/collateral/j3d_perfguide.html

Homepage für Java 3D und VRML
http://www.vrml.org/WorkingGroups/vrml-java3d/

VRML97-Spezifikation
http://www.vrml.org/Specifications/VRML97/

Java-3D-Mailinglist-Archiv
http://java.sun.com/products/java-media/mail-archive/3D/index.html

Erklärung wie man die Java-2-Plattform und Java 3D mit Netscape zum Laufen bringt
http://java.sun.com/products/java-media/mail-archive/3D/1212.html

Beispiel für Java 3D und VRML, virtuelles Aquarium
http://java.sun.com/features/1998/11/fishtank.html

Einführung in die Java-3D-Programmierung
http://www.sdsc.edu/~nadeau/Courses/SDSCjava3d/

OpenGL-Webseite
http://www.opengl.org/

Java-3D-FAQ
   http://tintoy.ncsa.uiuc.edu/~srp/java3d/faq.html

Java 3D und Swing
   http://java.sun.com/products/java-media/mail-
archive/3D/1520.html

3.4.2
Bücher

James D. Foley: Introduction to Computer Graphics. Addison-
Wesley Pub Co, 559 S., August 1993

Netzwerkprogrammierung

4 Remote Method Invocation (RMI)

4.1
Grundlagen

4.1.1
Einführung

RMI erlaubt es Entwicklern, Programme zu schreiben, die Objekte auf entfernten Rechnern in genau derselben Weise ansprechen wie Objekte, die auf demselben Rechner laufen. Im Prinzip stellt RMI für Java das dar, was RPC für C in UNIX ist. Sie können sich nun die folgenden Fragen vorstellen:

RPC für Java

- Wie viele der Programme, die Sie schreiben könnten, oder wie viele der existierenden Programme, die in Java geschrieben wurden, laufen momentan ausschließlich lokal, müssen aber auf einem entfernten Rechner laufen oder könnten verteilt ablaufen?

- Wenn Sie sich über „Distributed Programming Technologies" Gedanken machen, wie wichtig ist es dabei für Sie, daß die ausgewählte Technologie in der Lage ist, Java-Objekte über ein Netzwerk hinweg zu verschicken?

- Wie wichtig ist es für Sie, komplexe Datentypen wie z.B. einen Vektor variabler Länge über das Netzwerk austauschen zu können?

Wenn Sie sich in der „reinen" Java-Welt bewegen wollen, also nicht mit C++ oder anderssprachigen Modulen kommunizieren müssen, dann ist RMI eine gute Lösung.

Nur für Java

Weiterhin sollten Sie wissen, daß Sun Microsystems an einer RMI/CORBA-Integration arbeitet, um so diese beiden Welten miteinander zu verbinden. Sie werden in diesem Kapitel die folgende Dinge lernen:

- RMI-Architektur
- Implementierung eines RMI-Servers
- Implementierung eines RMI-Client
- Erzeugen der Stubs und Skeletons
- RMI-Registry
- Ausführen der entsprechenden Programme
- Callbacks
- Sicherheitsrelevante Punkte
- Agents (Agenten)

RMI/CORBA

RMI ist außerdem wichtig für Enterprise JavaBeans, die in Kapitel 6 vorgestellt werden. Aus meiner Sicht ist RMI ein Traum von einer Client/Server-Programmierlösung. Einfach, effektiv, flexibel, leider nur auf Java basiert. Was sich aber mit der CORBA-Schnittstelle ändern wird (was wird dann aus der Performance?). Wenn Sie das CORBA-Kapitel (Kapitel 5) aufmerksam lesen, werden Sie diverse Unterschiede, aber auch Gemeinsamkeiten zwischen CORBA und RMI feststellen.

RMI und Sockets

Bevor RMI eingeführt wurde, konnten in Java Programme über das Netzwerk nur kommunizieren, wenn Sockets verwendet wurden. Sockets sind eine Low-Level-Schicht. Diese sind in Java wesentlich einfacher zu verwenden als in jeder anderen Programmiersprache, und trotzdem muß man sich um sehr viele Details kümmern, die sich immer wiederholen. Daher wurde für die Programmiersprache C der RPC (Remote Procedure Call) eingeführt, der viele der Details im Protokoll verbirgt. Genau derselbe Gedanke lag RMI mit Java zugrunde. RMI befindet sich eine Abstraktionsebene höher und erlaubt es so Entwicklern, sich um die Funktionalität des Programms zu kümmern und sich nicht tagelang mit den Details des Protokolls zu befassen. In RMI werden Methodenaufrufe an entfernte Objekte nicht anders behandelt als Methodenaufrufe an lokale Objekte. In der Tat können bestehende Anwendungen unter Verwendung von RMI mit Sourcecode-Modifikationen von ein paar Zeilen netzwerkfähig gemacht werden.

Nun stellen Sie sich vielleicht die Frage, was RMI genau ist. RMI ist eine API (Application Programming Interface) mit einem Satz von Klassen und Schnittstellen, die es Entwicklern erlaubt, Methoden von Objekten aufzurufen, die auf einem entfernten Rechner vorhanden sind (bitte beachten Sie hier, das bedeutet, sie kommunizieren mit Objekten in einer anderen JVM, was interessant ist, wenn es zur GarbageCollection kommt). Hinzu kommen noch diverse Tools, die in diesem Kapitel ebenfalls behandelt werden.

Das alles führt dazu, daß RMI wesentlich bessere Fehlerbehebungsmechanismen haben muß. Es gibt einfach mehr Möglichkeiten, daß ein Programm nicht das tut, was es soll, weil z.B. das Netzwerk nicht mehr funktioniert oder ein Router ausgefallen ist. Außerdem kann man sich Gedanken darüber machen, was passiert, wenn der Server eine Exception auslöst. Soll das an den Client geschickt werden oder eine Fehlermeldung im Server erzeugen oder beides?

4.1.2
Architekturüberblick

Ein Aufruf einer Methode vom Client zum Server wird durch mehrere Schichten in RMI geleitet, bevor er zum Server gelangt und dort auch wieder durch mehrere Schichten an den Server gegeben.

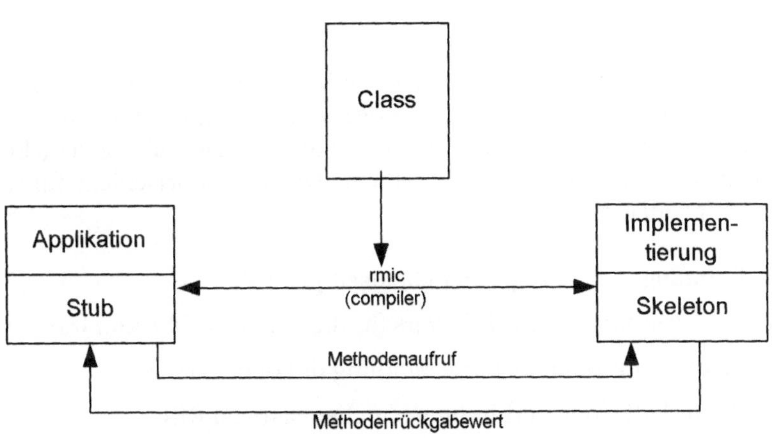

Abbildung 1
Funktionsweise
von RMI

Als Softwareentwickler ist man nur verantwortlich für das Erzeugen der Interface-Definition, für die Implementierung der Funktionalität und für das Erzeugen der Stubs und Skeletons unter Verwendung des Tools rmic. Aber der Entwickler hat nichts mit den unteren Schichten wie RRL (Remote Reference Layer) oder Transport zu tun. Das folgende Bild soll dies illustrieren.

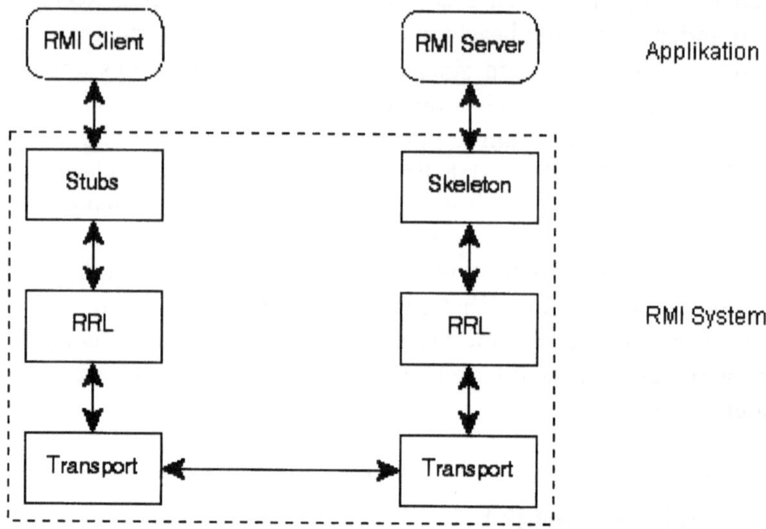

Wie Sie sehen können, übernimmt RMI einen Großteil der Arbeit und Sie können sich auf das Wesentliche konzentrieren. Die oben gezeigten Bausteine werden im folgenden näher erläutert.

4.1.2.1 Transportschicht

Bürokratie für RMI

Die Transportschicht ist für das Verbindungssetup, die Verbindungsverwaltung als auch die Verwaltung der entfernten Objekte (Ziele der entfernten Aufrufe) verantwortlich. Dies alles geschieht im Adreßraum der Transportschicht. Die Transportschicht führt die folgenden Aufgaben aus:

- Empfang der Anfragen der clientseitigen RRL

- Lokalisierung des RMI-Servers für die entfernte Objektanfrage

- Etablierung einer Socketverbindung mit dem Server

- Weiterleiten der Verbindung zur clientseitigen RRL

- Hinzufügen des entfernten Objektes zu einer Tabelle von entfernten Objekten, von denen sie weiß, wie sie damit kommunizieren kann

- Überwachung der Verbindung, ob sie noch steht

Die genaue Repräsentation eines entfernten Objektes besteht aus dem Server-Endpunkt und dem Object Identifier. Diese Darstellung wird auch „live reference" genannt. Ist eine Live Reference für ein entferntes Objekt gegeben, dann kann ein Transport den Endpunkt verwenden, um eine Verbindung mit dem Adreßraum, in dem sich das entfernte Objekt befindet, aufzubauen. Auf der Serverseite verwendet der Transport den Object Identifier, um das Ziel von entfernten Aufrufen zu finden.

Die Transportschicht für ein RMI-System enthält vier Abstraktionen:

- Verbindung (Connection) – Wird verwendet, um Daten zu transferieren. Für jede gegebene Verbindung existiert ein Kanal (Channel), mindestens zwei Endpunkte und ein Transport.

- Endpunkt (Endpoint) – Wird verwendet, um einen Adreßraum der JVM zu bezeichnen. In der Implementierung kann ein Endpunkt in einen Transport umgesetzt werden. Das bedeutet, es kann eine spezielle Transportinstanz bekommen.

- Kanal (Channel) – Wird als virtuelle Verbindung zwischen zwei Adreßräumen benutzt. Er ist für die Verwaltung des lokalen und entfernten Adreßraums verantwortlich.

- Transport – Wird verwendet, um einen spezifischen Kanal zu verwalten. Er definiert, was die genaue Darstellung des Endpunkts ist. Es existiert genau ein und nur ein Transport pro Adreßraumpaar oder Enpunkte. Außerdem ist er verantwortlich für das Akzeptieren von eingehenden Anfragen in den Adreßraum, das Aufsetzen eines Verbindungsobjekts für diesen Aufruf und die Kommunikation mit den höheren Schichten.

4.1.2.2 Remote Reference Layer

In dieser Schicht wird die Semantik des Methodenaufrufs ausgeführt. Sie verwaltet die Kommunikation zwischen Stubs und Skeletons und des darunterliegenden Transport-Interfaces, indem sie das Remote Reference Protocol (RRP) verwendet. Dieses Protokoll ist unabhängig von den Stubs und Skeletons.

Die RRL hat zwei Komponenten: Clientseite und Serverseite. Die clientseitige Komponente enthält spezifische Informationen des entfernten Servers und kommuniziert via Transportschicht mit der serverseitigen Komponente. Die serverseitige Komponente ihrerseits implementiert die spezifische „remote reference semantic" bevor eine Anfrage an das Skeleton geleitet wird.

Die Referenz-Semantik des Servers wird außerdem von der RRL behandelt. Die RRL abstrahiert die verschiedenen Arten, mit denen ein Objekt implementiert werden kann.

Zum einen kann ein Objekt auf Servern implementiert sein, die immer auf einer Maschine laufen, und zum anderen auf Servern, die nur dann aktiv werden, wenn eine Anfrage auftritt (das wird auch Activation genannt). Dazu gibt es das Tool rmid. Auf Activation kann hier nicht eingegangen werden. Sie finden aber mehr Informationen in der Dokumentation unter

http://java.sun.com/products/jdk/rmi/index.html

4.1.2.3 Stubs und Skeletons

Die Schicht von Stub und Skeleton ist die Schnittstelle zwischen Applikation und dem Rest des RMI-Systems. Diese Schicht kümmert sich in keinster Weise um die Spezifika des Transports, sendet aber Daten an die RRL.

Ein Client, der eine Methode eines Objektes auf dem Server aufrufen will, verwendet einen Stub (oder auch Proxy genannt). Ein Skeleton für ein entferntes Objekt ist eine serverseitige Entität, welche die Anfragen an das wirkliche Objekt weiterleitet.

Die folgenden Abbildungen sollen das eben Gesagte verdeutlichen:

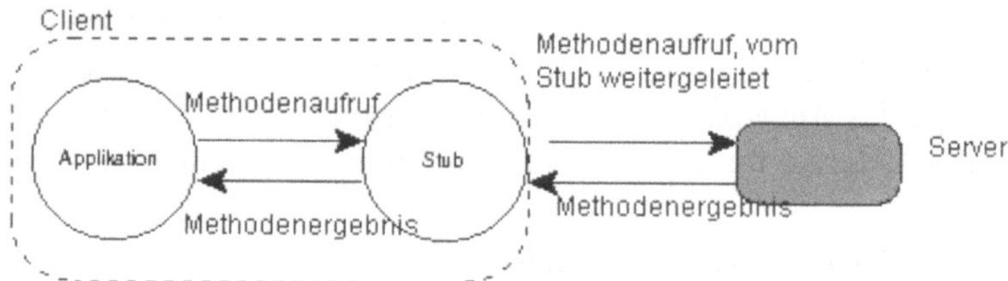

Stubs Stubs kommunizieren mit der clientseitigen RRL auf folgende Art und Weise:

- Der Stub erhält eine RMI und initiiert einen Aufruf zum entfernten Objekt.

- RRL liefert einen speziellen Typ eines I/O-Streams zurück (dieser wird Marshal-Stream genannt), der dazu verwendet wird, um mit der RRL des Servers zu sprechen.

- Der Stub führt den entfernten Methodenaufruf aus und übergibt die Argumente an den Stream.

- RRL liefert die Rückgabewerte an den Stub zurück.

- Der Stub sendet ein Acknowledge an die RLL, um anzuzeigen, daß der Aufruf vollendet ist.

Das folgende Bild legt jetzt den Schwerpunkt auf den Server.

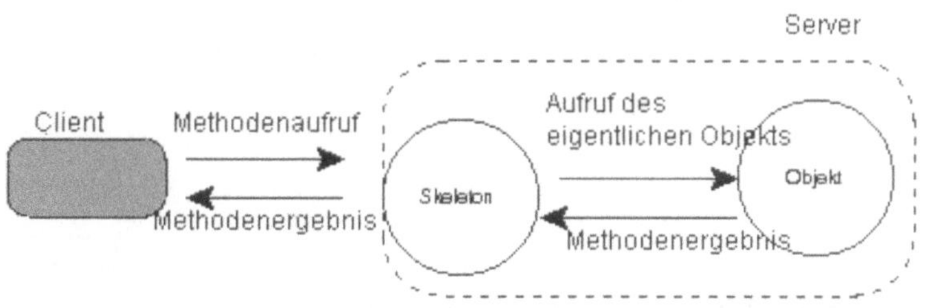

Skeletons interagieren mit der serverseitigen RRL auf folgende Art und Weise:

Skeletons

- Das Skeleton „unmarshals" (erhält und interpretiert) alle Argumente des durch die RLL eingerichteten I/O-Streams.

- Das Skeleton ruft das eigentliche Objekt auf.

- Das Skeleton „marshals" (interpretiert und sendet) die Rückgabewerte des Aufrufs (oder eine Exception, wenn diese aufgetreten ist) auf den I/O-Stream.

4.1.2.4 GarbageCollector

RMI verwendet eine Form von Reference-Counting Garbage Collection, indem alle aktuellen Verbindungen in jeder JVM gezählt werden. Wenn eine Live Reference in einer JVM auftaucht, wird der Reference Count hochgezählt. Ist das Objekt unreferenziert, wird der Zähler heruntergesetzt. Wenn die letzte Referenz auch noch verschwindet, dann wird eine Nachricht an den Server geschickt, die besagt: „unreferenced".

Reference-Counting

Wenn ein entferntes Objekt von keinem Client referenziert wird, dann wird es als „weak reference" betrachtet. Dieses erlaubt dem Garbage Collector des Servers, dieses Objekt zu löschen. Das geht natürlich nur, wenn es auch lokal keine Referenz zum Objekt mehr gibt. Das folgende Beispiel soll dies veranschaulichen:

Schwache Referenz

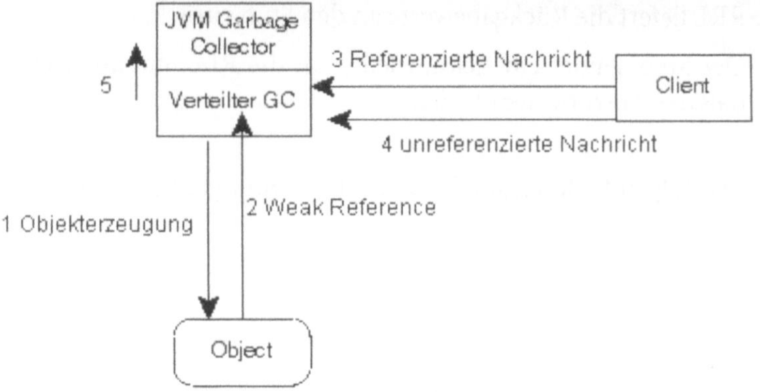

Das obige Bild kann so gelesen werden:

1. Die Serverimplementierung startet und erzeugt ein Objekt, das entfernt referenziert wird.

2. Sie etabliert eine Weak Reference zum Objekt.

3. Wenn der Client das Objekt benötigt, erzeugt die JVM des Client eine Live Reference, und die erste Referenz zum Objekt schickt die Nachricht „referenced" an den Server.

4. Wenn das Objekt den Bereich im Client verläßt, wird die Nachricht „unreferenced" an den Server geschickt.

5. Wenn der Zähler für das Objekt auf 0 geht und es keine lokalen Referenzen zum Objekt gibt, wird das Objekt dem lokalen Server Garbage Collector übergeben und letztendlich entsorgt.

4.1.3
RMI-Packages und Klassenhierarchie

4.1.3.1 Basis

Das Paket, mit dem Sie es zu tun haben werden, ist

```
java.rmi
```

Es werden aber auch andere Pakete verwendet, die im folgenden Bild dargestellt sind.

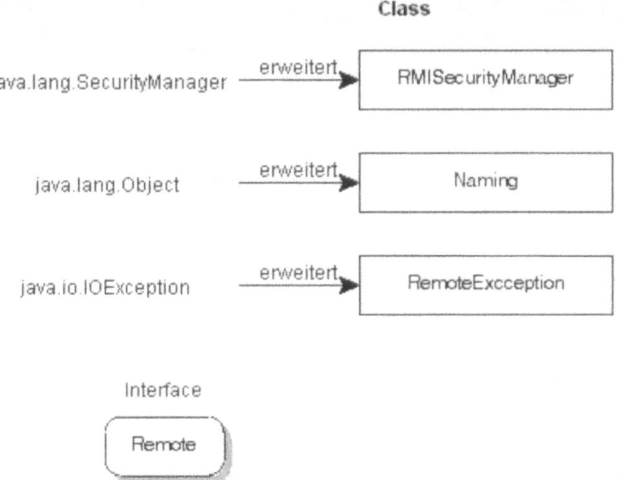

Es gibt in Java natürlich noch mehr als die eine Exceptions, die hier aufgezeigt ist, aber mit dieser werden Sie am meisten zu tun haben. Hier folgt nun eine kurze Erläuterung der Klassen und des Interfaces.

Naming – Diese Klasse ist final, Sie können also nicht mehr davon erben. Sie wird von RMI-Clients und –Servern benutzt, um mit der Registry des Servers zu kommunizieren (dazu später mehr). Der Server verwendet die Methoden bind () und rebind (), um seine Objekte zu registrieren, während der Client die Methode lookup () einsetzt, um eine Referenz zum entfernten Objekt zu erhalten.

Remote – Dieses Interface muß von allen Client-Interfaces erweitert werden (siehe später), die entfernte Objekte ansprechen wollen (und das ist ja der Sinn von RMI).

RemoteException – Diese Exception muß von jeder Methode ausgelöst werden, die Remote Interfaces deklariert und die Klasse implementiert. Das bedeutet nichts anderes, als daß der gasamte Client-Code genau dieses benötigt.

RMISecurityManager – Diese Klasse erlaubt es lokalen wie entfernten Applikationen, RMI-Klassen und Schnittstellen anzusprechen. Auf Security gehen wir später noch viel genauer ein.

4.1.3.2 Garbage Collector Package

Das Paket java.rmi.dgc beinhaltet die Klassen, die benötigt werden, um entferntes Speichermanagement zu betreiben.

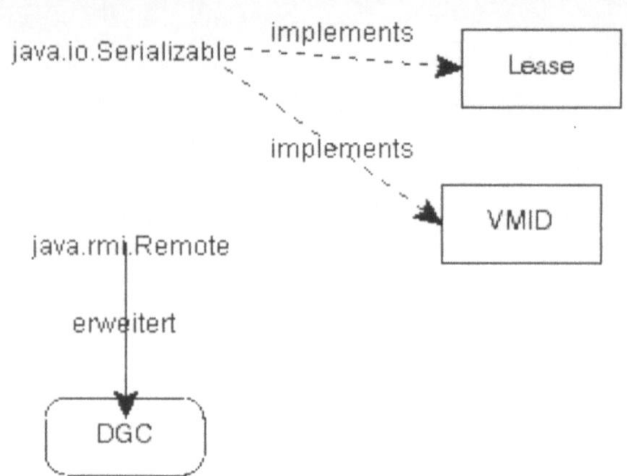

Abbildung 8 zeigt die komplette Klassenhierarchie. Rechtecke bedeuten wie immer Klassen, Rechtecke mit runden Ecken sind Interfaces und die Pfeile stellen Vererbung dar, es sei denn, sie sind gestrichelt, dann haben sie die Bedeutung „implementiert" (implements).

Wenn wir zur Programmierung kommen, werden Sie all diese Namen wiederfinden. Zwei Dinge seien hier noch erwähnt:

RMIClassLoader – Der ClassLoader lädt die Stubs und Skeletons ebenso wie erweiterte Klassen von Argumenten und liefert Ergebnisse der Aufrufe zurück. Wenn der RMIClassLoader versucht, Klassen über ein Netzwerk zu laden, dann erzeugt er eine Exception, wenn kein SecurityManager installiert ist.

UnicastRemoteObject – Dieses ist die Oberklasse jeder RMI-Implementierung. Sie werden das in den Beispielen sehen.

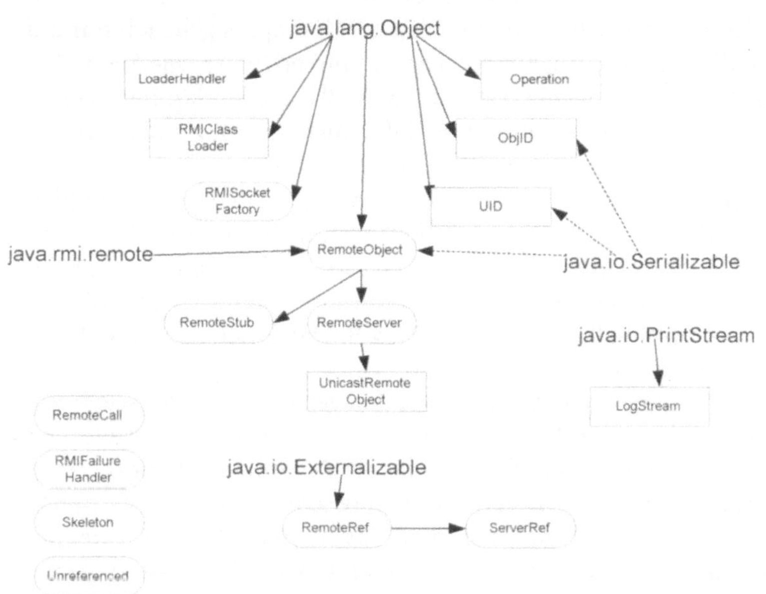

4.2
SecurityManager

4.2.1
Einführung

Wenn über Client/Server geredet wird, dann muß zwangsläufig auch die Sicherheit angesprochen werden. Dieser Aspekt führt, trotz allem Enthusiasmus für E-Commerce und Milliardenaufwendungen seitens Firmen wie IBM, Netscape, Microsoft etc. immer noch dazu, daß der E-Commerce nicht die Bedeutung hat, die er haben könnte oder sollte. Eigentlich ist der Java-SecurityManager unabhängig von RMI, aber RMI ist nicht unabhängig vom SecurityManager und daher wird dieser hier etwas eingehender vorgestellt. Er ist hilfreich für das Verständnis von Javas Sandbox-System und beim Entwickeln von RMI- und allen anderen Applikationen. Außerdem erleichtert er es, die Granularität der Sicherheit selber zu bestimmen.

Im Verlaufe der JDK-Entwicklung hat sich das Sicherheitsmodell enorm verändert. Gerade das JDK 1.2 hat einen komplexen

E-Commerce und Java

Satz von Sicherheitsmöglichkeiten, von Sandbox-Modell bis zu digitalen Unterschriften etc. In diesem RMI-Kapitel gehe ich nur auf Grundlagen des SecurityManager ein und erläutere, wie Sie in Applikationen ein eigenes Sandbox-Modell erstellen können. Durch die neue Funktionalität gibt es dafür mehrere Möglichkeiten. Ich verwende das aus meiner Sicht einfachste Modell.

Ein Namensraum (namespace) ist eine Box, in der eine Applikation läuft, und ein Teil des Adreßraums des Programms. Der SecurityManager ist eine abstrakte Klasse, welche bestimmte Beschränkungen für einen Namesnraum einführen kann. Diese können ganz unterschiedlicher Natur sein, z.B. Dateisystemzugriffe, Netzwerkzugriffe oder AWT -Zugriffe.

Der wohl bekannteste SecurityManager ist der im Netscape Navigator. Dieser sorgt dafür, daß von einem Applet aus weder auf das Filesystem noch auf andere lokale Ressourcen (Drucker, etc.) zugegriffen werden kann. Außerdem beschränkt er den Netzwerkzugriff auf den Rechner, von dem das Applet geladen wurde, um dynamisches Laden von Klassen zu erlauben. Alle diese Aufgaben erledigt ein Objekt, der SecurityManager, welches geladen wird, wenn das Programm (in diesem Fall die Java Virtual Machine im Browser) startet.

4.2.2
Nutzen eines SecurityManager

Standardmäßig haben Java-Applikationen keinen SecurityManager. Das bedeutet, wie in jeder anderen Programmiersprache, daß die Applikation alle Rechte hat, die das Betriebssystem erlaubt. Um dieses Verhalten zu ändern, muß ein SecurityManager installiert werden.

Um Ihren eigenen SecurityManager zu erzeugen, müssen Sie von der Klasse SecurityManager erben und die entsprechenden Methoden überschreiben, die Sie verändern möchten. Es ist extrem einfach festzustellen, ob eine Applikation einen SecurityManager installiert hat oder nicht. Wenn Sie eine Referenz zum gegenwärtigen SecurityManager aufbauen wollen, können Sie die Methode

```
SecurityManager secureApp = Sy-
stem.getSecurityManager ();
```

verwenden. Ein SecurityManager ist ein Vollzeit-Bodyguard.

4.2.3
Methoden des SecurityManager

Für die unten aufgeführten Methoden soll das folgende einfache Beispiel gelten, mit dem ein eigener SecurityManager entwickelt werden kann. Das Beispiel sieht so aus, daß ein User ein Paßwort angeben muß, wenn er auf eine lokale Datei zugreifen will (sowohl lesend als auch schreibend). Die folgenden Methoden spielen dabei eine Rolle und ich möchte sie daher zuerst vorstellen.

4.2.3.1 checkRead ()

Der SecurityManager hat eine Reihe von checkXXX ()-Methoden, die von den Java-Package-Klassen und der Laufzeitumgebung aufgerufen werden. Diese Aufrufe der checkXXX ()-Methoden sind in den Sourcecode der Java Virtual Machine geschrieben. Das heißt, wenn es keinen SecurityManager gibt, wird auch nichts beschränkt. Standardmäßig lösen alle checkXXX ()-Methoden eine SecurityException aus und müssen daher überschrieben werden.

Will eine Applikation aus einer Datei im lokalen Dateisystem lesen, ruft sie die entsprechende read ()-Methode (s. Tabelle 1) von FileInputStream auf. Der Code dieser Methode kann so gelesen werden:

- Wenn ein SecurityManager installiert ist, dann rufe die entsprechende checkRead ()-Methode auf.
- Wenn diese Methode beendet ist, führe die Leseoperation aus.
- Wenn die checkRead ()-Methode das Lesen nicht erlaubt, löst sie eine SecurityException aus.

```
public void checkRead (String file)
{
   throw new SecurityException ();
}
```

Das folgende Bild stellt das Flußdiagramm dar, wenn FileInputStream verwendet wird.

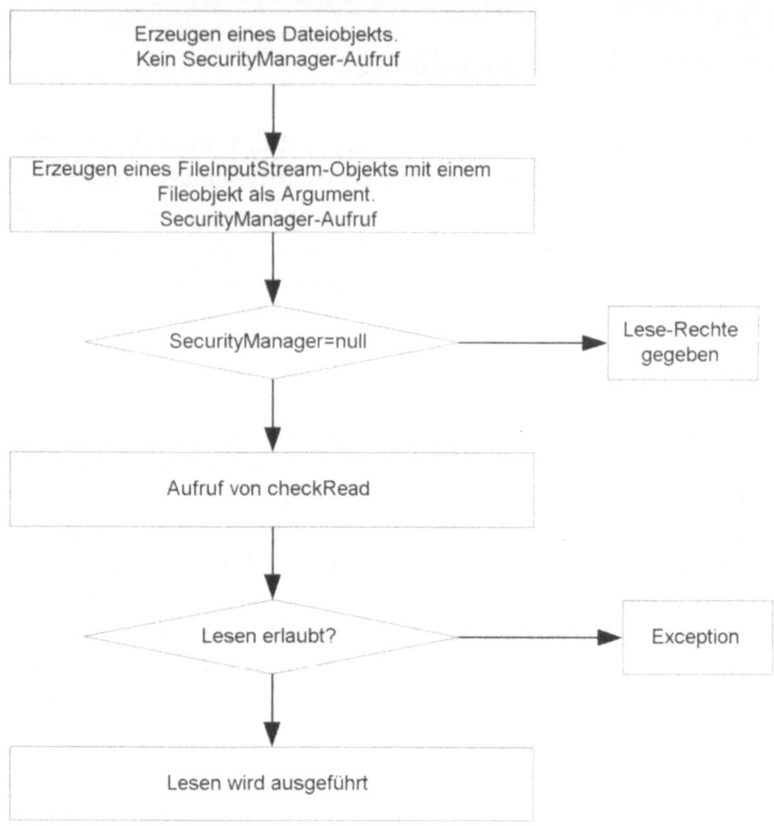

Wenn das File-Objekt erzeugt wird, wird der SecurityManager nicht angewandt. Wird jedoch ein FileInputStream-Objekt erstellt, egal mit welchem Argument, dann überprüft die Java Virtual Machine, ob ein SecurityManager installiert ist.

```
if (security != null)
{
  security.checkRead (file);
}
```

Wenn der standardmäßige SecurityManager geladen wurde oder wenn ein neuer SecurityManager das Lesen nicht erlaubt, dann löst er eine SecurityException aus und verhindert den Zugriff.

Wenn kein SecurityManager geladen wurde oder ein erweiterter SecurityManager das Lesen erlaubt, dann wird der gesamte Strom an Daten zurückgeliefert, natürlich vorausgesetzt, alle anderen Parameter stimmen (Datei existiert etc.).

4.2.3.2 checkLink ()

Diese Methode überprüft Zugriffe auf spezifische Bibliotheken. Da ein Fensterrahmen sog. Peers verwendet (das bedeutet native Windows-Aufrufe), muß das erlaubt werden.

```
public void checkLink (String library)
{
  return;
}
```

4.2.3.3 checkTopLevelWindow ()

Diese Methode überprüft, ob ein Top-Level erzeugt werden darf. Es mag nützlich sein, dies zu beschränken, z.B. im Zusammenhang mit Spoofing bei der Erzeugung eines Windows und Fragen des Anwenders nach Name und Paßwort. Diese Methode kann true oder false zurückliefern:

- False – Bedeutet, daß der aufrufende Thread nicht vertrauenswürdig ist und kein Top-Level-Window erzeugen darf. In diesem Fall kann der Aufrufende immer noch ein Fenster darstellen, aber es wird eine Warnung eingebaut. Beispiel hierfür ist die Java Virtual Machine des Navigator, die eine Warnung ausgibt, wenn ein nicht vertrauenswürdiges Applet ein Popup-Window erzeugen will.

- True – Die Erzeugung des Windows ist erlaubt, und es gibt keine Warnung oder sonstige spezielle Behandlung.

```
public synchronized boolean checkTopLevelWindow
(Object o)
{
  return true;
}
```

4.2.3.4 checkAccess ()

Die Methode checkAccess (Thread t) wird immer dann aufgerufen, wenn der angegebene Thread versucht, die ThreadGroup zu modifizieren. Das beinhaltet auch das Erzeugen eines neuen Threads in einer ThreadGroup. Da ein Fenster seinen eigenen Thread erzeugt, muß diese Methode überschrieben werden, um ein Popup-

Window zu erlauben. Bitte beachten Sie hier auch: In Swing hat sich das Threadverhalten geändert.

```
public synchronized void checkAccess (Thread t)
{
  return;
}
```

Die Methode checkAccess (ThreadGroup tg) wird dann aufgerufen, wenn eine angegebene ThreadGroup eine enthaltene ThreadGroup modifizieren will. Da alle Threads zumindest zu einer ThreadGroup gehören, bedeutet dies, daß auch diese Methode überschrieben werden muß.

```
public synchronized void checkAccess (ThreadGroup
tg)
{
  return;
}
```

4.2.3.5   checkWrite ()

Es gibt zwei checkWrite ()-Methoden. Beide lösen eine SecurityException aus.

```
public void checkWrite (FileDescriptor fd) throws
SecurityException
{
  throw new SecurityException ("No Writing Allo-
wed");
}
```

```
public void checkWrite (String file) throws Secu-
rityException
{
  throw new SecurityException ("No Writing Allo-
wed");
}
```

Wie auch die checkRead ()-Methoden sollten Sie diese Methoden entsprechend Ihrer Sicherheitsvorschriften überschreiben.

4.2.4
Schreiben eines eigenen erweiterten SecurityManagers

Wie schon erwähnt wurde, muß die Klasse SecurityManager erweitert werden und die entsprechenden Methoden müssen überschrieben werden.

```
public class DateiIOSecurityManager extends Secu-
rityManager
{
    ...
}
```

Die Methoden, die verwendet werden können, haben Sie kennengelernt. Jetzt geht es an die Umsetzung.
Dabei müssen die folgenden Punkte bedacht werden:

1. Welche Methoden müssen überschrieben werden?

2. Wie müssen diese Methoden implementiert werden?

3. Wie streng sollen die Regeln werden?

4.2.5
Methoden und Aktionen

Die folgende Tabelle gibt Ihnen einen Überblick, welche Operationen auf welche Objekte ausgeführt werden.

Was gilt für was?

Operation auf	Methode
Sockets	checkAccept (String host, int port)
	checkConnect (String host, int port)
	checkConnect (String host, int port, Object excecutionContext)
	checkListen (int port)
Threads	checkAccess (Thread thread)
	checkAccess (ThreadGroup threadgroup)
Class Loader	checkCreateClassLoader ()
Dateisystem	checkDelete (String filename)
	checkRead (FileDescriptor filedescriptor)
	checkRead (String filename)

Tabelle 1
Security-Methoden

	checkRead (String filename, Object executionContext)
	checkWrite (FileDescriptor filedescriptor)
	checkWrite (String filename)
Systemaufrufe	checkExec (String command)
	checkLink (String library)
Interpreter	checkExit (int status)
Package	checkPackageAccess (String packagename)
	checkPackageDefinition (String packagename)
Properties	checkPropertiesAccess ()
	checkPropertyAccess (String key)
	checkPropertyAccess (String key, String def)
Networking	checkSetFactory ()
Windows	checkTopLevelWindow (Object window)

Sie müssen sich zuerst entscheiden, welche dieser Methoden Sie überschreiben wollen, um die gewünschte Sicherheitsstufe zu erhalten. In unserem Beispiel sind es checkRead () und checkWrite (). Diese Methoden werden immer dann aufgerufen, wenn auf das lokale Dateisystem zugegriffen werden soll.

Wie Sie aus der Tabelle entnehmen können, gibt es drei checkRead ()-Methoden:

```
public void checkRead (FileDescriptor fd) throws
SecurityException
{
  throw new SecurityException ("No Reading Allo-
wed");
}

public void checkRead (String file) throws Securi-
tyException
{
  throw new SecurityException ("No Reading Allo-
wed");
}

public void checkRead (String file, Object con-
text) throws SecurityException
{
```

```
    throw new SecurityException ("No Reading Allo-
wed");
}
```

Alle drei lösen SecurityExceptions aus, es sei denn, Sie überschreiben sie. In unserem Beispiel werden Sie diese überschreiben,
so daß bestimmte Sicherheitsüberprüfungen vorgenommen werden können.

Beispiel:

```
public void checkRead (String file) throws Securi-
tyException
{
  if (!ioPassword)
  {
    if (!accessOK ())
    {
      throw new SecurityException ("No Reading Al-
lowed");
    }
  }
  return;
}
```

Da der SecurityManager die Methode checkAccess () immer
dann aufruft, wenn ein Lesezugriff versucht wird, muß auch diese
Methode Ihren Sicherheitsansprüchen angepaßt werden. In unse-
rem Fall schreiben wir eine Methode, die einmalig nach einem
Paßwort fragt, wann immer ein Anwender versucht, eine lokale
Datei zu lesen.
Hier nun die accessOK ()-Methode, die in checkRead () oben
aufgerufen wurde:

```
private boolean accessOK ()
{
  int c;

  SecurePop sp = new SecurePop ();
  String response = sp.getPassword ();
  sp.dispose ();

  if (response.equals (password) )
  {
    ioPassword = true;
    return true;
  }
```

```java
else
{
  return false;
}
}
```

Wenn das Programm startet, dann werden Sie einmal nach einem Paßwort gefragt. Dies geschieht unter Verwendung eines Frames. Der Default-SecurityManager enthält Restriktionen, wenn versucht wird, ein Top-Level-Fenster zu erzeugen. Diese Restriktionen müssen überschrieben werden, daher der SecurePop-Aufruf.

Abbildung 10 zeigt wiederum ein Flußdiagramm des Ablaufs für das Lesen und Überprüfen von Zugriffen. Die verbesserte Version des obigen Codes lautet folgendermaßen:

```java
private boolean accessOK ()
{
  int c;

  SecurePop sp = new SecurePop ();
  String response = sp.getPassword ();

  sp.dispose ();

  if (sp.getPassword ().equals (passwordRead))
  {
    readPassword = true;
    return true;
  }
  else
  {
    if (sp.getPassword ().equals (passwordWrite))
    {
      writePassword = true;
      return true;
    }
    return false;
  }
}
```

checkWrite () und checkRead () sind nur eine Untermenge der Methoden, die der SecurityManager zur Verfügung stellt. Sie können die Methoden modifizieren oder Methoden hinzufügen, um das angegebene Sicherheitsniveau umzusetzen. Es gibt aber keinen Grund, immer alle Methoden zu überschreiben. Nur wenn Sie den Zugriff erlauben wollen, der sonst gesperrt ist, sollten Sie die dazugehörige Methode überschreiben. Und hier sehen Sie jetzt einen Nachteil:

Flexibilität erlaubt

Wenn Sie nur eine Sache sperren wollen (z.B. schreiben) und alles andere erlauben möchten, dann müssen Sie alle Methoden bis auf die eine überschreiben. Das kann sehr aufwendig werden.

4.2.6
Installation eines SecurityManagers

Wenn Sie Ihr Sicherheitskonzept umgesetzt haben und die entsprechenden Methoden geschrieben worden sind, heißt es, dies nun zu installieren. Dieses dürfte der leichteste Schritt sein. Um einen SecurityManager zu installieren, wird die statische System-Klasse verwendet, die die Methode setSecurityManager () enthält.

Hier ein Beispielcode für die Installation eines SecurityManagers:

```
import java.io.*;

public class SMTest
{
  public SMTest ()
  {
    try
    {
      System.setSecurityManager (new DateiIOSecu-
rityManager ("PASSWORD"));
    }
    catch (SecurityException e)
    {
      e.printStackTrace ();
    }
  }
// es geht gleich weiter
```


Ein SecurityManager kann nur einmal installiert werden. Wenn Sie versuchen, einen SecurityManager ein zweites Mal im Programm zu setzen oder einen anderen SecurityManager zu installieren, wird eine SecurityException ausgelöst.

Hier nun der Code, mit dem versucht wird von einer lokalen Datei zu lesen. Bitte beachten Sie, es gibt keinen Aufruf zum SecurityManager, es wird nur eine Instanz gebildet. Wenn diese existiert, dann übernimmt die Java Virtual Machine das Handling, d. h., alle Aufrufe vom SecurityManager werden gefiltert.

(Der folgende Codeabschnitt kann an das Ende des letzten Codeabschnitts gehängt werden!)

```java
public void tryRead (String file)
{
  try
  {
    File f1 = new File (file);
    int l = (int) f1.length ();
    byte r1[] = new byte[l];
    FileInputStream fis = new FileInputStream
(f1);
    fis.read (r1);
    System.out.println ("Erfolgreich gelesen");
  }
  catch (IOException e)
  {
    System.out.println ("IOException ausge-
löst");
  }
  catch (SecurityException se)
  {
    System.out.println ("SecurityException aus-
gelöst");
    System.out.println (se.getMessage ());
  }
}

public static void main (String args[])
{
  SMTest secman = new SMTest ();
  secman.tryRead ("/etc/passwd");
}
}
```

4.3
Erzeugen einer RMI-Applikation

4.3.1
Einführung

In diesem Abschnitt verwenden wir dasselbe Beispiel, wie im CORBA-Kapitel (s. Kapitel 5), um die Unterschiede zwischen RMI und CORBA klar aufzuzeigen. Es geht um eine Bank, bei der man ein Konto einrichten kann, Geld einzahlen oder abheben kann oder den Kontostand abfragen kann. Die Konten werden von einem Kontenmanager verwaltet. Außerdem soll eine Exception ausgelöst werden, wenn zuviel abgehoben werden soll etc.

Das folgende Bild zeigt die Beziehung vom KontoManager und den Konten sowie vom Server zum Client:

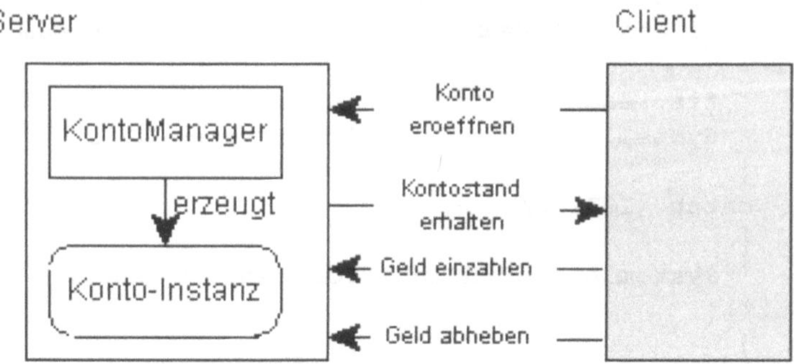

Wie sieht jetzt die gesamte Prozedur der Entwicklung eines Client/Server-Systems mit RMI aus?

Rezept   Hier ein Rezept, wie Sie vorgehen sollten:

1. Definieren Sie die entfernten Objekte, mit denen gearbeitet werden soll als Java-Interfaces

2. Erzeugen Sie Implementierungen für diese Interfaces

3. Kompilieren Sie die Interfaces und Klassen

4. Erzeugen Sie Stubs und Skeletons unter Verwendung des rmic-Kommandos, indem Sie es über die Implementierungen laufen lassen

5. Erzeugen Sie die Serverapplikation, um die Implementierung zu verwalten und kompilieren Sie diese

6. Erzeugen Sie einen Client, um die entfernten Objekte ansprechen zu können und kompilieren Sie diesen

7. Starten Sie rmiregistry

8. Starten Sie den Server

9. Testen Sie den Client

Das folgende Bild soll dies für unser Beispiel verdeutlichen:

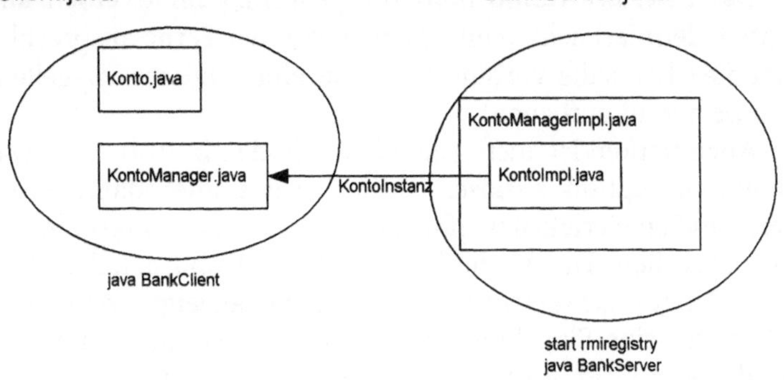

Wenn Sie dieses Problem mit RMI lösen wollen, dann könnten Sie zwei Interfaces definieren.

4.3.2
Interfaces

Konto.java

```
// Das Konto-Interface
// Methoden zum Erhalten des Kontostandes
// zum Geldabheben und Einzahlen von Geld
package Bank;

import java.rmi.*;

public interface Konto extends Remote
{
  // Kontostand abfragen
  public float kontoAbfragen () throws RemoteEx-
ception;

  // Geld einzahlen. Wenn der Wert 0 oder
  // negativ ist,
  // muss eine Exception ausgeloest werden
  public void einzahlen (float balance) throws Un-
gueltigerWertException, RemoteException;

  // Geld abheben. Wenn mehr abgehoben werden
  // soll, als auf dem Konto existiert, dann
  // muss eine Exception ausgeloest werden
  public void abheben (float balance) throws Un-
gueltigerWertException , RemoteException;
}
```

Das Interface Konto muß von java.rmi.Remote erben und als public definiert sein, damit es auch von der Ferne ansprechbar ist (da die Clients die Verbindung ja aus einer anderen virtuellen Maschine heraus aufbauen).

Anzumerken ist auch, daß alle Methoden in RMI eine java.rmi. RemoteException auslösen. Diese wird immer dann ausgelöst, wenn es Schwierigkeiten gibt, die Methoden des entfernten Objekts anzusprechen. Die Methoden einzahlen () und abheben () lösen auch UngültigerWertException aus, die anzeigt, wenn negative Werte für eine Einzahlung verwendet werden oder wenn versucht wird, mehr Geld abzuheben, als auf dem Konto ist. Das hier Gesagte gilt auch für das Interface des KontoManager.

KontoManager.java

```java
// Das KontoManager Interface
// Methode zum Erzeugen eines neuen Kontos
// mit dem Namen des Users
// und eines Anfangsbetrages
package Bank;

import java.rmi.*;

public interface KontoManager extends Remote
{
  public Konto oeffnen (String name, float in-
itialBalance) throws UngueltigerWertException, Re-
moteException;
}
```

Da wir die Exception UngueltigerWertException auslösen wollen, hier der passende Code dafür:

UngueltigerWertException.java

```java
// UngueltigerWertException - eine Exception-
// Klasse, wenn zuviel Geld abgehoben werden
// soll oder negative Werte eingezahlt
// werden sollen etc.

package Bank;

import java.rmi.*;

public class UngueltigerWertException extends Re-
moteException
```

```java
{
  // Erzeuge eine Exception und gib Grund an
  public UngueltigerWertException (String reason)
  {
    super (reason);
  }
}
```

Diese Interfaces wurden so gestaltet, daß sie den KontoManager verwenden, um eine Instanz des Konto-Objektes zu erhalten. Der KontoManager ist dafür verantwortlich, die aktuelle Instanz des Konto-Objektes zurückzuliefern, wenn das Konto bereits existiert. Dieser Ansatz der Modellierung ist ein sog. Design Pattern in der objektorientierten Programmierung und wird „Factory Method" genannt.

Factory Method

Dieser Ansatz erlaubt es einem Objekt, die Erzeugung anderer Objekt zu steuern, und ist in unserem Fall genau das, was Sie brauchen: einen KontoManager, um die Erzeugung von Konten zu steuern. Im realen Leben sieht es so aus, daß Sie in eine Bank gehen, und wenn Sie ein Konto eröffnen möchten, werden Sie gefragt, ob Sie schon ein Konto bei der Bank haben. Und warum verwenden Sie dieses nicht auch in der Programmierung?

4.3.3
Server

Der Server muß nun das Konto-Interface implementieren. Diese Klasse muß von UnicastRemoteObject erben. Es ist Konvention, die Implementierung eines Interfaces in RMI mit dem Namen des Interfaces zu verwenden und ein Impl anzuhängen. In unserem Beispiel wird also das Interface Konto implementiert durch eine Klasse mit dem Namen KontoImpl.

KontoImpl.java

```java
// KontoImpl - Implementation des Konto-
// Interface
// Diese Klasse ist eine Instanz von Konto
// und implementiert die dort angegebenen
// Methoden
package Bank;

import java.rmi.*;
import java.rmi.server.UnicastRemoteObject;
import java.rmi.RMISecurityManager;
```

```java
public class KontoImpl extends UnicastRemoteObject
implements Konto
{
  // Aktueller Kontostand
  private float balance = 0;
  // Erzeugen eines neuen Kontos mit dem
  // gegebenen Startwert
  public KontoImpl (float newBalance) throws Remo-
teException
  {
    balance = newBalance;
  }

  // Methoden, die von Konto implementiert
  // werden muessen
  // Liefert den aktuellen Kontostand
  public float kontoAbfragen () throws RemoteEx-
ception
  {
    return balance;
  }

  // Geld einzahlen, so lange es positives
  // Geld ist ;-)
  public void einzahlen (float money) throws Un-
gueltigerWertException, RemoteException
  {
    System.out.println( "Konto Implementation
Started ");

    // Ist der Betrag kleiner 0
    if (money < 0)
    {
      throw new UngueltigerWertException ("Sie ko-
ennen doch keine negatives Geld einzahlen!");

    }
    else
    {
      balance += money;
    }
  }
  // Abheben von Geld. Aber nicht mehr als
  // auf dem Konto ist
  public void abheben (float money) throws Unguel-
tigerWertException, RemoteException
  {
```

```java
      // wir koennen kein negatives Geld abheben

   if (money < 0)
   {
      throw new UngueltigerWertException ("Sie ko-
ennen doch keine negatives Geld abheben!");
   }
   else
   {
      // Ist genug Geld auf dem Konto?
      if ((balance - money) < 0)
      {
         throw new UngueltigerWertException ("Konto
ueberzogen!");
      }
      else
      {
         balance -= money;
      }
   }
 }
}
```

Die Klasse KontoManager ist verantwortlich dafür, neue Konten
anzulegen (unter Verwendung von KontoImpl-Objekten) und zu
speichern. Hierfür wird ein Vektor verwendet, der in einer Contai-
ner-Klasse KontoInfo gespeichert wird und außerdem einen String
enthält mit dem Namen des Kontos. Dies ist nicht unbedingt notwendig, aber es vereinfacht die Suche nach einem Konto.

KontoManagerImpl.java

```java
// KontoManagerImpl - Implementation des
// KontoManager-Interfaces
// Diese Version der KontoManager-Klasse
// speichert alle Instanzen der Konten, die
// es erzeugt, in einem
// Vektor. Existiert ein Konto schon, wird
// der Kontostand zurueckgeliefert
package Bank;

import java.util.Vector;
import java.rmi.*;
import java.rmi.server.UnicastRemoteObject;
import java.rmi.RMISecurityManager;
```

```java
public class KontoManagerImpl extends UnicastRemo-
teObject implements KontoManager
{
  // Speicher fuer die Konten
  private static Vector accounts = new Vector ();
  // Ein leerer Konstruktor wird benoetigt,
  // um eine Instanz der Klasse im Server zu
  // erzeugen
  public KontoManagerImpl () throws RemoteExcepti-
on
  {
  }
  // Implementierung der Methode von
  // KontoManager-Interface
  // Erzeugt eine Instanz von Konto; wenn der
  // Name schon existiert, liefere dieses
  // Konto zurueck, anstatt ein
  // neues Konto zu erzeugen
  public Konto oeffnen (String name, float in-
itialBalance) throws UngueltigerWertException, Re-
moteException
  {
    KontoInfo a;
    System.out.println( "Konto Manager Access" );

    // existiert der Name schon?
    for (int i = 0; i < accounts.size(); i++)
    {
      a = (KontoInfo)accounts.elementAt(i);

      if (a.name.equals (name))
      {
        return (a.account);
      }
    }
    // ueberpruefe den Wert
    if (initialBalance < 0)
    {
      throw new UngueltigerWertException ("Negati-
ver Startbetrag!");
    }
    // neues Konto speichern
    a = new KontoInfo();

    // Versuch ein neues Konto mit Startwert
    // zu erzeugen
    try
```

```java
    {
      a.account = new KontoImpl (initialBalance);
    }
    catch (RemoteException e)
    {
      System.err.println ("Fehler bei Konto-
eroeffnung: " + e.getMessage());
      throw (e);
    }

    a.name = name;
    accounts.addElement (a);

    // Liefere eine Instanz von KontoImpl
    // zurueck
    return (a.account);
  }
}

// Ein Container Konto-Objekte
class KontoInfo
{
  String name;
  KontoImpl account = null;
}
```

Was Sie jetzt noch brauchen, ist eine main ()-Klasse, die die Objekte des Typs KontoManagerImpl verwaltet. Die einzige Funktionalität, die diese Klasse enthält, ist einen KontoManager für jeden Client zur Verfügung zu stellen.

Der Server veröffentlicht die Instanz von KontoManagerImpl, indem er das Objekt mit einem Namen verbindet, der in einer Lookup-Tabelle, rmiregistry, verwaltet wird. Diese Assoziation sehen Sie in der Zeile

```java
Naming.rebind ("bankManager", acm);
```

Die Klasse java.rmi.Naming verwendet die Methode rebind (), um die Verbindung zu erzeugen. Im Beispiel hier wird der Name bankManager mit dem Objekt acm verbunden.

Umsetzung Name zu Objekt

Die Klasse Naming in java.rmi enthält eigentlich zwei Methoden, bind () und rebind (). Der einzige Unterschied zwischen beiden ist das Auslösen einer Exception. Wenn mit bind () versucht wird eine Verbindung herzustellen, die schon existiert, dann wird eine java.rmi.AlreadyBoundException ausgelöst, während rebind () die existierende Verbindung löst und die neue, gewünschte Ver-

bind () und rebind ()

bindung herstellt. Die Argumente für bind () und rebind () sind URL-Strings und der Name der Objekt-Instanz. Im obigen Beispiel haben Sie keinen Rechner angegeben. Da RMI aber normalerweise im Netzwerk verwendet wird, können Sie hier auch einen String der Form

```
rmi://host:port/name
```

verwenden, also z.B.

```
rmi://nagasena:1099/bankManager
```

rmi ist das Protokoll, nagasena der Name des Rechners, auf dem der RMI-Server läuft (es kann sein, daß Sie hier den FQDN (Fully Qualified Domain Name) angeben müssen). 1099 ist die Portnummer, auf dem der RMI-Server nach Anfragen schaut, und bankManager ist der Name, den Clients verwenden müssen, wenn Sie mit diesem Objekt Verbindung aufnehmen wollen.

Wird das Protokoll nicht angegeben, dann wird rmi-Default verwendet (1099), wenn der Hostname weggelassen wird, dann wird localhost eingesetzt.

BankServer.java

```
// BankServer - Diese Klasse implementiert
// den Server und ist dafuer verantwortlich, den
// KontoManager zu registrieren.
package Bank;

import java.rmi.*;
import java.rmi.RMISecurityManager;

public class BankServer
{
  public static void main(String args[])
  {
    // Erzeugen und Installieren des Security
    // Manager
    System.setSecurityManager (new RMISecurityMa-
nager ());

    try
    {
      // Erzeugen einer Instanz fuer die
```

```java
    // Registrierung
    System.out.println ("BankServer.main: Erzeu-
ge KontoManagerImpl");
    KontoManagerImpl acm = new KontoManagerImpl
();
    // Binden des Objektes an den registry
    System.out.println ("BankServer.main: Ver-
binde mit Namen: bankManager");
    Naming.rebind("bankManager", acm);

    System.out.println("bankManager Server be-
reit.");
  }
  catch (Exception e)
  {
    System.out.println("BankServer.main: Eine
Exception ist aufgetreten: " + e.getMessage());
    e.printStackTrace();
  }
 }
}
```

Nachdem wir uns dem Server gewidmet haben, kommt nun der Client zum Zuge, der, verständlicherweise, wesentlich einfacher ist.

4.3.4
Client

Der Client braucht eigentlich nichts anderes zu machen, als ein KontoManager-Objekt zu finden, indem er einen Lookup in der Registry vornimmt. Diese Registry kann mit einem URL-String der Form

Lookup und los geht's

```
host:port
```

gefunden werden. Dieser wird der Methode Naming.lookup () übergeben. Das Objekt, das zurückgeliefert wird, wird dann in einen KontoManager verwandelt (durch Casting). Danach kann das Objekt verwendet werden, um ein Konto mit einem Startbetrag zu eröffnen.

BankClient.java

```java
// BankClient - Testprogram fuer den Server
//
// Diese Klasse versucht einfach den Server
```

```java
// zu finden und dann
// mit der KontoManager-Instanz eine
// Verbindung aufzubauen
// und diverse Methoden auszuführen
package Bank;

import java.rmi.*;
import java.rmi.RMISecurityManager;

public class BankClient
{
  public static void main(String args[])
  {
    // Stimmen die Parameter
    if (args.length < 2)
    {
      System.err.println ("Verwendung:");
      System.err.println ("java BankClient <ser-
ver> <account name> [initial balance]");
      System.exit (1);
    }

    // erzeugen und installieren des
    // SecurityManager
    System.setSecurityManager (new RMISecurityMa-
nager ());

    try
    {
      // Holen der Bank-Instanz
      System.out.println ("BankClient: lookup
bankManager");
      String url = new String
("rmi://"+args[0]+"/bankManager");
      KontoManager acm = (KontoManager) Na-
ming.lookup (url);

      // Wurde ein Wert angegeben, setze ihn
      // als Startwert
      float startBalance = 0.0f;
      if (args.length == 3)
      {
        Float F = Float.valueOf (args[2]);
        startBalance = F.floatValue();
      }

      // Holen des Kontos
```

```
        Konto account = acm.oeffnen (args[1], start-
Balance);

        // Und nun testen wir die Methoden mit
        // ein paar Transaktionen
        System.out.println ("BankClient: Aktueller
Kontostand: " + account.kontoAbfragen ());
        System.out.println ("BankClient: Abheben von
50.00");
        account.abheben ((float)50.00);
        System.out.println ("BankClient: Aktueller
Kontostand: " + account.kontoAbfragen ());
        System.out.println ("BankClient: Einzahlen
100.00");
        account.einzahlen (100.00f);
        System.out.println ("BankClient: Aktueller
Kontostand: " + account.kontoAbfragen ());
        System.out.println ("BankClient: Abheben
25.00");
        account.abheben (25.00f);
        System.out.println ("BankClient: Aktueller
Kontostand: " + account.kontoAbfragen ());
    }
    catch (Exception e)
    {
      System.err.println("BankClient: Eine Excep-
tion ist aufgetreten: " + e.getMessage ());
      e.printStackTrace();
    }
    System.exit(1);
  }
}
```

4.3.5
RMI-Tools

4.3.5.1 Kompilierung

Nachdem Sie jetzt alles programmiert haben, müssen Sie es zum
Laufen bringen. Dazu benötigen Sie den normalen Java-Compiler
(oder was immer Sie verwenden möchten). Dieses Beispiel habe
ich sowohl mit Symantec, Sun und IBM Visual Age getestet und es
funktioniert auf allen Plattformen. Die Microsoft Virtual Machine
habe ich nicht verwendet, da sie RMI lange nicht unterstützte und
der Java Support von Microsoft auch sonst fraglich ist.

Alle Compiler,
nur nicht MS

Der CLASSPATH ist ziemlich wichtig, wenn es um die Kompilierung und das spätere Wiederfinden der Klassen geht. Es ist daher normalerweise angebracht, die Option –d beim Kompilieren zu verwenden. Und wie Sie auch gesehen haben, wurden im Beispiel überall Packages verwendet. Das geschah aus dem einfachen Grund, weil ich ohne Packages und –d in diverse Schwierigkeiten gelaufen bin.

```
$java -d . *.java
```

Das erzeugt das Verzeichnis Bank. Für den Client ist es nicht so wichtig, da er nur aus einer Klasse besteht. Außerdem benötigen Sie noch zwei Tools, rmic und rmiregistry, die mit den JDKs normalerweise mitgeliefert werden.

4.3.5.2 rmic

RMIC steht für Remote Methode Invocation Compiler. Dieser wird dazu benötigt, die bereits früher beschriebenen Stubs und Skeletons (s. Kapitel 4.1.2.3) zu erzeugen, die Sie für die Kommunikation brauchen.

Diesen Schritt müssen Sie dann ausführen, wenn die Implementierungen der Interfaces abgeschlossen sind und bevor Sie den Servercode ausführen wollen. Die Syntax für rmic lautet

```
rmic [Optionen] package.InterfaceImpl ...
```

Für unser Beispiel wäre das dann:

```
$rmic -d . Bank.KontoManagerImpl Bank.KontoImpl
```

Dieses erzeugt vier zusätzliche Dateien im Verzeichnis rmi/bank:

- KontoImpl_Skel.class
- KontoImpl_Stub.class
- KontoManagerImpl_Skel.class
- KontoManagerImpl_Stub.class

4.3.5.3 rmiregistry

Das Tool rmiregistry ist ausschließlich dafür da, auf einem Port zu lauschen und in der Tabelle den Namen, der angefragt wird, mit

einem Objekt zu verbinden. Bevor Sie einen RMI-Server starten
können, müssen Sie rmiregistry aufrufen.

```
$rmiregistry &
$java Bank.BankServer &
```

Und nun bekommen Sie eine Exception! Das ist einer der Unterschiede zwischen JDK 1.1 und JDK 1.2. Das Securitymodell im
JDK 1.2 wurde erweitert, um genauer festlegen zu können, was erlaubt ist. Die Exception, die Sie erhalten, sieht so aus:

```
BankServer: Eine Exception ist aufgetreten: access
denied (java.net.SocketPermission 127.0.0.1:1099
connect,resolve)
java.security.AccessControlException: access de-
nied (java.net.SocketPermission 127.0.0.1:1099
connect,resolve)
```

Um dies zu beheben, verlangt Java immer dann, wenn Sie einen
SecurityManager verwenden, einen sog. Policy-File. Dies ist eine
Datei, die die Rechte festlegt. Sie hat normalerweise den Namen java.policy. In dieser wollen Sie jetzt erlauben, Sockets zu verwenden. Der folgende File zeigt, wie dies aussehen kann:

java.policy

```
grant
{
  permission java.net.SocketPermission "*:1024-
65535","connect, accept,resolve";
  permission java.net.SocketPermission "*:0-
1023","connect,resolve";
};
```

Wenn sich der Policy-File im Rootverzeichnis von C: befindet,
muß der Aufruf für den Server folgendermaßen aussehen:

```
java -Djava.security.policy=c:/java.policy
Bank.BankServer
```

Sie können auch die entsprechenden Properties für RMI und die
JVM setzen.

Beispiel:

- java.rmi.server.codebase – URL, die angibt, von wo Clients Klassen downloaden können

- java.rmi.server.logCalls – Wenn dies auf true gesetzt wird, dann werden Anfragen auf STDERR mitgeschrieben

```
$java -Djava.rmi.server.logCalls=true
Bank.BankServer &
```

4.3.6
Ausführung

Nachdem alles kompiliert wurde (rmic nicht vergessen), wird zuerst rmiregistry gestartet:

```
$rmiregistry &
```

Dann starten wir den Server:

```
$java -Djava.security.policy=c:/java.policy
Bank.BankServer &
```

Danach rufen wir den Client auf:

```
$java -Djava.security.policy=c:/java.policy
Bank.BankClient nagasena kay 1050
```

Die Ausgabe sieht dann so aus:

```
BankClient: lookup bankManager
BankClient: Aktueller Kontostand: 1050.0
BankClient: Abheben von 50.00
BankClient: Aktueller Kontostand: 1000.0
BankClient: Einzahlen 100.00
BankClient: Aktueller Kontostand: 1100.0
BankClient: Abheben 25.00
BankClient: Aktueller Kontostand: 1075.0
```

Wenn Sie jetzt das Konto von kay nochmals ansprechen, sehen Sie, daß die alten Werte behalten wurden (wie im CORBA-Beispiel auch).

```
$java -Djava.security.policy=c:/java.policy
Bank.BankClient nagasena kay
```

```
BankClient: lookup bankManager
BankClient: Aktueller Kontostand: 1075.0
BankClient: Abheben von 50.00
BankClient: Aktueller Kontostand: 1025.0
BankClient: Einzahlen 100.00
BankClient: Aktueller Kontostand: 1125.0
BankClient: Abheben 25.00
BankClient: Aktueller Kontostand: 1100.0
```

4.4
Callbacks

4.4.1
Einführung

Wie in CORBA gibt es auch in RMI sog. Callbacks. In RMI ist dies besonders wichtig, da es in Applets keine RMI-Server geben darf (Sicherheit) und in diesem Fall Callbacks der einzige Weg sind, diese Funktionalität bereitzustellen.

Applet darf kein Server sein

Auch hier gilt wieder die Tatsache: Entweder wir pollen den Server regelmäßig an, was unnötige Netzwerklast erzeugt, oder wir verwenden den Callback-Mechanismus, der dieses Problem viel eleganter löst. Ein ausführlicheres Beispiel, was Callbacks sind, finden Sie in Kapitel 5.3.

Polling oder Callback

Zum Beispiel könnten Sie sich wieder die Bank vorstellen, bei der der Kunde ein Java-Applet hat und sich mit der Bank verbindet. Bei jeder Veränderung seines Kontostandes wird automatisch sein Display im Applet verändert (z.B. wenn die geschiedene Ehefrau ihre Unterhaltszahlungen leistet oder die Miete abgebucht wird). Ein Beispiel aus dem Aktienmarkt-Bereich wäre hier sicher besser, aber ich wollte mich nicht von unserem vorher verwendeten Beispiel lösen.

Durch diesen Callback-Mechanismus kann unser Client seine Daten passiv erneuern, ohne jedesmal den Server direkt ansprechen zu müssen. Wie in CORBA auch soll dies natürlich skalierbar sein, d.h., es soll dieselbe Performance geben, unabhängig davon, ob sich ein Client oder 1000 Clients mit dem Server in Verbindung setzen.

4.4.2
Implementierung

Da das Callback-Objekt natürlich ein RMI-Objekt ist, müssen Sie das Client-Interface verändern. Sie müssen eine Methode erzeugen, die der Server aufruft, wenn eine Veränderung aufgetreten ist. Um dieses Client-Setup zu erstellen, muß ein neues public Client-Interface erzeugt werden, das ähnlich den bisherigen Interfaces ist.

```
public interface CallbackInterface
{
   void kontostandVerändert (String kontoname, int
eingang, int neuerstand);
}
```


Sie müssen außerdem den Server verändern, so daß er sich für einen Callback registrieren kann. Denken Sie daran, der Server soll uns Informationen schicken, wenn sich etwas an unserem Kontostand ändert. Daher muß dem Server ein Objekt gesendet werden, das beim Aufruf des Callback verwendet wird. Weil unser Client das CallbackInterface implementiert, sollten Sie ein Objekt dieses Typs zum Server zur Registrierung schicken.

```
public interface BankServerInterface extends Remo-
te
{
   int getEingezahlterBetrag (String kontoname);
   int getNeuerStand (String kontoname);
   void addCallback (CallbackInterface eincallback-
objekt);
}
```

Nachdem wir die Interfaces fertig geschrieben haben, müssen wir nun den Callback-Mechanismus im Client entwickeln.

Der Client muß sich im ersten Schritt beim Server registrieren. Wann immer der Server eine Änderung erfährt, ruft der Client die Methode kontostandVerändert () auf, also muß diese Methode der Client-Klasse hinzugefügt werden. Außerdem müssen Sie gewährleisten, daß der Client das Interface CallbackInterface implementiert, ansonsten kann er sich nicht selber zum Server schicken und sich dort registrieren lassen. Der folgende Code zeigt nur die Zusätze für den Client.

```
public class … extends CallbackInterface
{
```

```
  public void kontostandVerändert (String kontona-
me, int eingang, int neuerstand)
  {
  }
}
```

Die Informationen, die Sie mit der Methode erhalten, können
Sie jetzt in einem TextField oder als System.out.println () ausgeben.

Nachdem Sie auch dies alles erledigt haben, müssen Sie den Client selber verändern, damit er sich beim Server registriert.
Das geschieht mit dem folgenden Codefragment:

```
try
{
  bankServerInterface.addCallback (this);
}
catch (RemoteException e)
{
  System.error.println ("......");
}
```

Jetzt muß noch der Server verändert werden, um den Callback
der Liste hinzuzufügen. In unserem Fall lassen wir den Server die
Verwaltung aller Callback-Objekte durch einen Vektor realisieren.
Die folgende Methode muß dazu implementiert werden:

```
Vector v;
public void addCallback (CallbackInterface ein-
CallbackObjekt)
{
  v.addElement (einCallbackObjekt);
}
```

Nun ist die meiste Arbeit getan, was jetzt noch fehlt ist, daß der
Server auf Veränderungen nichts unternimmt und somit der Client
diese neuen Informationen nicht bekommt. In den meisten Fällen
unseres Beispiels wollen Sie sicher eine Methode implementieren
wie die folgende:

```
public void setEingang (int eingezahlterwert)
{
//... (Initialisierung und Neuberechnung des Konto-
standes)

  for (int x = 0; x < v.size (); v++)
```

```
   {
      CallbackInterface cb = (CallbackInterface)
v.elementAt (x);
      cb.kontostandVerändert (kontoname, eingezahl-
terwert, neuerstand);
   }
}
```

4.5
Agents

4.5.1
Einführung

Objekte transferieren

Wenn Sie sich das CORBA-Kapitel (s. Kapitel 5) ansehen, werden Sie eine große Schwäche feststellen: Es ist schier unmöglich, komplette Java-Objekte zum Server zu schicken oder sie von dort zu erhalten. Das ist in RMI anders und beschreibt die ganze Macht, die RMI beinhaltet. Das geht nur, weil RMI eine reine Java-Java-Lösung darstellt. RMI kann Objekte, die Unterklassen eines Typs sind, übergeben oder als Returnwert erhalten. Dadurch können Clients Objekte an den Server schicken, die der vorher nicht kannte.

Lastverteilung

Damit ist es möglich, ein RMI-System zu entwickeln, in dem der Server Objekte vom Client bekommt und diese dann anstelle des Clients ausführt. Das ist hilfreich, wenn der Server z.B. auf einer sehr schnellen Maschine läuft, während der Client auf einem langsameren Rechner oder vielleicht einem NC läuft. Wenn dann hochwertige mathematische Kalkulationen durchgeführt werden müssen, können diese auf dem schnelleren Rechner ausgeführt werden.

Command Design Pattern

Der Ansatz, dynamisch Objekte auf dem Server auszuführen, die vom Client gesendet wurden, wird auch als „Command Design Pattern" bezeichnet. Dies gilt übrigens nicht nur für Netzwerke, sondern allgemein, wenn das Objekt in einen anderen Adreßbereich verschoben wird. Das folgende Bild beschreibt das Szenario:

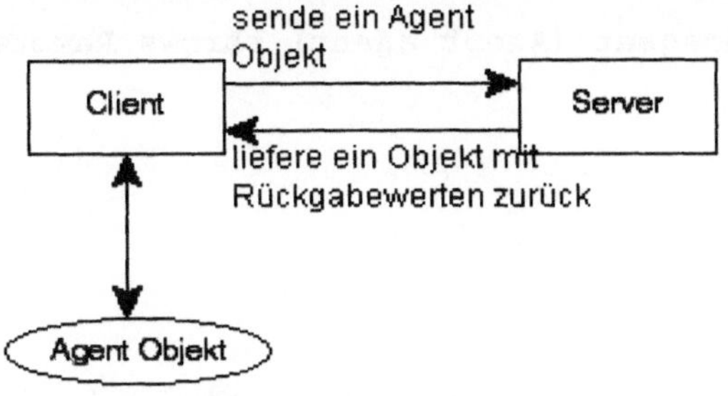

Im folgenden nun ein Beispiel, um das eben Gesagte praktisch zu veranschaulichen. Bitte denken Sie daran, wie in CORBA gilt auch hier, daß Sie ein Interface benötigen, dann davon erben und danach die entsprechenden main ()-Dateien erzeugen, die diese Klassen aufrufen und verwenden.

Als Beispiel verwenden wir, wie im CORBA-Kapitel wieder eine Bank, die bestimmte Funktionalität zur Verfügung stellt. Man kann Geld einzahlen, abheben oder sich den Kontostand anschauen.

4.5.2
Interface

Hier das Interface für einen Agent mit genau einer Methode. Das Interface definiert sowohl die Objekt-Instanz, die auf dem Client erzeugt wird, als auch den Ausführungskontext für den Server.

Agent.java

```java
public interface Agent
{
  public void doit ();
}
```

Nun brauchen Sie ein Interface für den Server. Die Implementierung wird dann eine doAgent ()-Methode enthalten, die die Methode doit () ausführt, die sie vom Client bekommt, und die dann noch die modifizierte Instanz des Agent-Objektes zurückliefert.

ServerAgent.java

```java
public interface ServerAgent extends Remote
{
```

```
    Agent doAgent (Agent agent) throws RemoteExcep-
tion;
}
```

4.5.3
Client

Auf der Clientseite erzeugen wir eine Klasse, die das Interface
Agent implementiert:

```
public class CalcFactorial implements Agent, ja-
va.io.Serializable
{
  private int value, result;

  public CalcFactorial (int value)
  {
    this.value = value;
  }

  public void doit ()
  {
    result = 1;
    for (int i = 1; i <= value; i++)
    {
      result *= i;
    }
  }

  public int getResult ()
  {
    return result;
  }
}
```

Die main ()-Routine zum Starten des Clients sieht jetzt so aus:

```
import java.rmi.*;

public class Client
{
  public static void main (String args[] )
  {
    if (args.length < 1)
    {
      System.out.println ("Usage: java Client
<rmiserver>");
```

```java
      System.exit (1);
    }
    else
    {
      server = args[0];
    }

    System.setSecurityManager (new RMISecurityMa-
nager ());
    try
    {
    System.out.println ("Versuche Server zu kon-
taktieren");
      String url = "rmi://" + server +
"/ServerAgent";
      ServerAgent sa = (ServerAgent) Naming.lookup
(url);
      System.out.println ("Habe eine Referenz ge-
funden");

      Agent calcfac = new CalcFactorial (10);
      CalcFactorial cf = (CalcFactorial)
sa.doAgent (calcfac);
      System.out.println ("Bin zurueck!");
      System.out.println ("Ergebnis: " +
cf.getResult ());
    }
    catch (Exception e )
    {
      System.out.println ("Exception: " + e);
      e.printStackTrace ();
    }
  }
}
```

4.5.4
Server

Die Server-Implementierung von ServerAgent lautet dann folgendermaßen:

```java
public class ServerAgentImpl extends UnicastRemo-
teObject implements ServerAgent
{
  public ServerAgentImpl () throws RemoteException
  {
  }
```

```java
public Agent doAgent (Agent agent) throws Remo-
teException
{
  agent.doit ();
  return agent;
}
}
```

Die main ()-Klasse des Servers sieht dann letztendlich so aus:

Server.java

```java
import java.rmi.*;
import java.rmi.server.*;

public class Server
{
  public static void main (String[] args) throws
Exception
  {
    System.setSecurityManager (new RMISecurityMa-
nager ());
    ServerAgentImpl sa = new ServerAgentImpl ();
    Naming.rebind ("ServerAgent", sa);
    System.out.println ("ServerAgent exportiert");
  }
}
```

4.5.5
Ausführung

Damit die Server-Klasse die Klasse CalcFactorial vom Client laden kann, muß der Server Zugriff auf die Klasse haben. Der einfachste Weg, dem Server zu erlauben, die Klasse zum Client zu laden (und eine weitere Mächtigkeit von RMI) ist via HTTP! Dafür benötigen Sie aber einen Webserver.

Wenn dies gewährleistet ist, kann der Server auf folgende Weise gestartet werden:

```
java -Djava.rmi.server.codebase=http://myhost Ser-
ver
```

Wenn der Server die Instanz der Klasse, die durch das Agent-Interface referenziert wurde, ausführen will, muß der Server die Klasse CalcFactorial finden.

```
public Agent doAgent (Agent agent) throws Remote-
Exception
{
  agent.doit ();
  return agent;
}
```

Der Server überprüft zuerst die Java-Packages, dann den
CLASSPATH und letztendlich codebase, wenn es gesetzt wurde.
Wenn die Klasse geladen wurde, wird sie ausgeführt. Wurde die
Klasse nicht gefunden, dann wird ein NoClassDefFoundError er-
zeugt.

4.6
RMI-Sicherheit

4.6.1
Einführung

Wir haben bereits am Anfang über den SecurityManager gesprochen, der auch in den Beispielen ausführlich Verwendung findet.
Hier sollen nun noch ein paar weniger spektakuläre Details erwähnt werden, die dennoch hilfreich sind.

4.6.2
Class Loading

Damit der RMIClassLoader verwendet werden kann, muß ein SecurityManager existieren, um zu gewährleisten, daß das Laden der
Klassen über das Netzwerk den Java-Sicherheitsansprüchen genügt. Wenn es keinen SecurityManager gibt, können Klassen nicht
über das Netzwerk geladen werden.

Wenn Sie serverseitig die JVM starten, können zwei Properties   *Eigenschaften*
gesetzt werden, von denen eine bereits erläutert wurde, die für das
Laden von RMI-Klassen wichtig sind:

java.rmi.server.codebase – URL, die anzeigt, von wo Clients
Klassen downloaden können und daß der Server Klassen von Cli-
ent-gelieferten URLs laden kann, wenn benötigt

java.rmi.server.useCodebaseOnly – Wenn dies auf true gesetzt ist, dann werden die vom Client gelieferten URLs zum Laden ignoriert

Wenn der Client ein Applet ist, dann sind SecurityManager und ClassLoader vom verwendeten Browser bestimmt.

Wenn der Client aber eine Applikation ist, dann sind die einzigen Klassen, die vom RMI-Server geladen werden, die „remote interface definitions", Stubs und die erweiterten Klassen in Argumenten und Rückgabewerten von entfernten Aufrufen. Will der Client zusätzliche Klassen laden, muß er RMIClass-Loader.load Class () benutzen, und als Parameter die URL und den Identifier von Naming.lookup () verwenden.

4.6.3
RMI und Firewalls

RMI als HTTP Normalerweise versucht RMI direkt Sockets aufzumachen und über diese zu kommunizieren (in unserem obigen Beispiel war das 1099). Es gibt hier jedoch eine kleine Nebensächlichkeit, die RMI sehr interessant macht. Wenn Sockets nicht direkt geöffnet werden können, dann versucht die Methode createSocket () aus der Klasse java.rmi.server.RMISocketFactory die Anfrage als HTTP-Protokoll-Anfrage zu stellen (indem HTTP POST verwendet wird).

Wenn die Methode createServerSocket () erkennt, daß die neue Anfrage ein HTTP POST darstellt, dann wird die Anfrage beantwortet, indem die Antwort in einen HTTP-Umschlag verpackt wird.

Der Client muß in keinster Weise umgeschrieben oder modifiziert werden, er macht die Anfrage via HTTP ganz auto-matisch. Dieser Mechanismus ist für Firewalls wichtig. In vielen Firmen sind Firewalls richtigerweise im Einsatz und blocken z.B. alles ab, was nicht WWW ist. Will man diesen Firmen oder Kunden eine Client/Server-Umgebung anbieten, dann kann der Mechanismus des HTTP-Tunneling sehr hilfreich sein.

4.7
Zusätzliche Informationen

4.7.1
Internet

JavaSoft-Webseiten zum Thema RMI
Tutorial:
   http://www.javasoft.com/docs/books/tutorial/rmi/index.html

FAQ:
   http://www.javasoft.com/pr/1997/june/statement970626-
01.faq.html

Spezifikation:
   http://www.javasoft.com/products/jdk/1.1/docs/guide/rmi/spec/
rmiTOC.doc.html

4.7.2
Bücher

Gamma; Helm; Johnson; Vlissides: Design patterns – Elements of
Reusable Object-Oriented Software. Addison-Wesley, 395 S., 1995

Prashant Sridharan; Bill Rieken; Laraine Peterson: Advanced Java
Networking, Prentice Hall Computer Books, 500 S., Mai 1997

5 JavaIDL/CORBA

5.1
Einführung

Dieses Kapitel ist folgendermaßen aufgeteilt: Zuerst erhalten Sie allgemeine Informationen zu CORBA. Dann wird auf die Theorie von CORBA eingegangen, die veranschaulicht, wie komplex das Thema ist und was die Anbieter von CORBA-Software alles beachten müssen. Wenn dies erfolgt ist, kommen wir zum praktischen Teil, der anhand vieler Beispiele CORBA und Java zeigt. Vor allem wird hier natürlich die CORBA-Sprache IDL (Interface Definition Language) dargestellt. Und ihre Umsetzung in und mit Java. Danach folgt noch der Callback-Mechanismus, und am Ende des Kapitels finden Sie ein komplettes Beispiel mit Installation und Ausführung von JavaIDL und allem was dazu gehört.

5.1.1
Grundbegriffe

Die Object Management Group (OMG), das weltweit größte Konsortium der Softwareindustrie mit über 700 Mitgliedern, hat mit der Common Object Request Broker Architecture (CORBA) einen Standard erarbeitet, der die Entwicklung von verteilten Anwendungen unterstützt. Der CORBA-Standard definiert ein nicht-proprietäres Referenzmodell für einen Object Request Broker (ORB). Anwendungen, die mit Hilfe eines ORBs entwickelt wurden, benutzen genormte Schnittstellen zwischen den einzelnen Programmmodulen. Diese Module können getrennt entwickelt, gepflegt und ersetzt werden. Die standardisierte Schnittstellenbeschreibungssprache, die sogenannte Interface Definition Language (IDL), ist eine rein deklarative Sprache, die (wie Sie später noch sehen werden) syntaktisch an C++ angelehnt ist (was im Sinn von Java schade ist und zu einigen Nachteilen führt). Mit ihr lassen sich die Schnittstellen eines Objekts in einem verteilten System beschreiben, unabhängig von der verwendeten Programmiersprache und des Betriebssystems.

In CORBA kann eine objektorientierte Anwendung die Methode eines entfernten Objekts aufrufen. Der Aufruf selbst erfolgt transparent über ein „Handle", das sowohl auf lokale als auch auf entfernte Objekte verweisen kann (bzw. auf ein lokales Surrogatobjekt, das den Aufruf über den Object Request Broker an das entfernte Objekt weiterleitet). Technisch liegen einer ORB-Implementierung häufig entfernte Prozeduraufrufe (Remote Procedure Calls oder RPCs) zugrunde.

CORBA ist Teil des OMG-Referenzmodells für verteilte Anwendungen, Object Modeling Architecture (OMA) genannt.

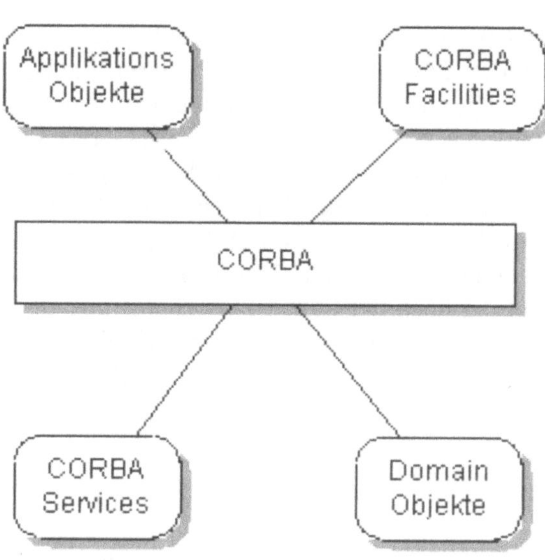

   Wie Sie im Bild sehen können, enthält OMA als weitere Komponenten die CORBAServices, die CORBAFacilities und die Applikations-Objekte. Object Services sind Basisdienste, die auf CORBA aufbauend wichtige Funktionen wie z.B. globale Namengebung, Lebenszyklus von Objekten (Namensdienst und Trader), Persistenz und Transaktionen definieren. Common Facilities sind erweiterte Dienste, die von verschiedenen Anwendungen benötigt werden, aber nicht notwendigerweise in Zusammenhang mit CORBA oder den Object Services betrachtet werden müssen. Beispiele hierfür sind Systemmanagement oder Benutzeroberflächenelemente (demnächst auch das OpenDoc Framework). Die Common Facilities sind noch nicht von der OMG verabschiedet. Unter Application Objects versteht man Schnittstellenimplementierungen. Diese sind anwendungsspezifisch und werden deshalb von der OMG nicht standardisiert. Sie stellen aber mit der obersten Schicht des Referenzmodells die eigentliche Funktionalität der Anwendung dar.

CORBA stellt in der Version 2.0 die Interoperabilität zwischen ORBs verschiedener Hersteller durch Verwendung eines eindeutig definierten GIOP (General InterOperability Protocol) bzw. IIOP (Internet IOP, Ausprägung des GIOP für TCP/IP) sicher. Außerdem ist in CORBA 2.0 die Abbildung der IDL auf verschiedene Programmiersprachen (Language Mapping) überarbeitet (z.B. das IDL-Mapping für C++).

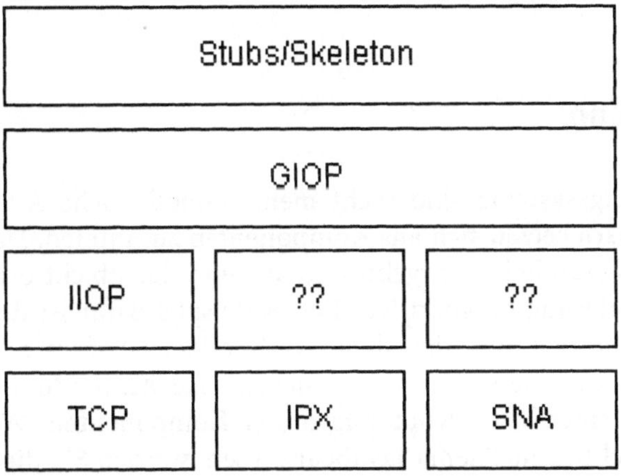

Abbildung 2
CORBA Interoperability

Gerade die Einbindung von CORBA in das World-Wide Web durch Netscape (Verwendung des Visigenic ORB) macht CORBA noch interessanter. Der logische Ablauf einer Web-CORBA-Verbindung ist in folgendem Bild dargestellt:

Abbildung 3
CORBA und das WWW

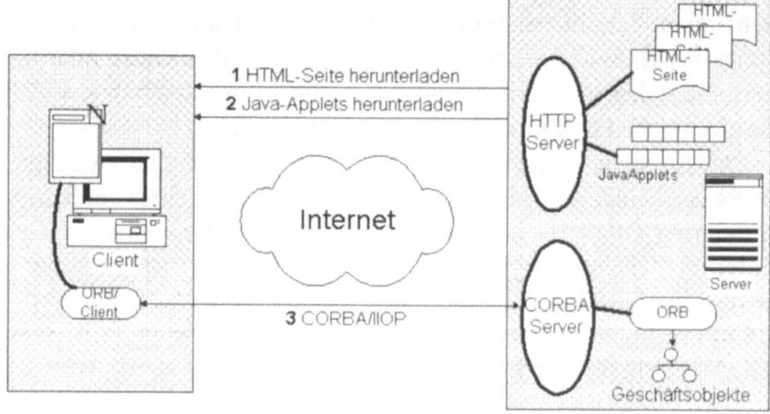

5.1.2
Motivation

Komponenten und verteilt

Anwendungssysteme sind nicht mehr monolithische Applikationen, sondern setzen sich aus Komponenten zusammen. Das ist eines der wesentlichen Ergebnisse, die uns die objekt-orientierte Programmierung beschert hat. Bestes Beispiel dafür ist der Boom der Sprache Java und den damit verbundenen Softwaresystemen (Warum lesen Sie sonst dieses Buch?). Eine Anwendung besteht dann aus einer losen Kopplung dieser Komponenten. Wenn Sie das Kapitel 6 zum Thema JavaBeans lesen, werden Sie dies besser verstehen. Es spielt in diesem Kontext hier aber keine weitere Rolle. Diese Komponenten sind zum Teil auf verschiedenen physischen Rechner verteilt, die möglicherweise eine unterschiedliche Hardwarearchitektur aufweisen. Diese Heterogenität ist oft unvermeidbar bzw. sogar erwünscht, da die Maschinen mit ihren unterschiedlichen Eigenschaften aufgabenspezifisch ausgewählt wurden (z.B. spezielle Datenbankserver). Eine andere Form der Heterogenität entsteht dann, wenn Komponenten mit unterschiedlichen Programmier-sprachen oder unterschiedlichen Compilervarianten erstellt wurden (versuchen Sie einfach einmal ein mit Visual C++ geschriebenes Programm mit Inprise C++ zu kompilieren).

Abstraktion notwendig

Der Wunsch nach Integration besteht selbstverständlich auch in heterogenen, verteilten Systemen. Die Unterschiede der einzelnen Plattformen sollen jedoch nicht für die Anwendung sichtbar sein, d.h., die Entwicklung einer Anwendung für ein solches verteiltes System soll die Hardware-, Betriebssystem- und Sprachunterschiede durch abstrahierende Schichten verbergen (Beispiel: Integer sind auf einem DEC Alpha-System 64 Bit, auf einem Intel Pentium aber 32 Bit). Das alles wurde vor der Massenverbreitung von Java entschieden, ansonsten wären manche Dinge sicher anders ausgefallen. Aber mit der damals am meisten genutzten Programmiersprache C++, die ja nicht sonderlich plattformunabhängig ist, waren diese Gedanken richtig und sinnvoll. Man spricht bei einer solchen Zwischenschicht von einer Plattformschicht oder auch von Middleware.

CORBA wird im wesentlichen bei einem Verbund von (heterogenen) Workstations eingesetzt. Wenn Sie z.B. nur Microsoft-Produkte benutzen, dann benötigen Sie CORBA möglicherweise nicht. Dasselbe gilt natürlich auch für Apple oder Sun oder ... Die Workstationnetze sind dadurch charakterisiert, daß die Rechengeschwindigkeit relativ hoch gegenüber der Kommunikationszeit ist. Allerdings verschiebt sich durch optimierte CORBA-Implementierung oberhalb von ATM der Anwendungsbereich von CORBA auch in diese Bereiche.

5.1.3
Am Anfang war RPC

Der RPC (Remote Procedure Call) ist eine verbreitete Abstraktion für die Programmiersprache C, die den entfernten Aufruf von Prozeduren auf einem anderen System ermöglicht. Das generelle Vorgehen ist dadurch charakterisiert, daß man die Aufrufschnittstelle der Prozedur unabhängig von der Programmiersprache in einer IDL (Interface Definition Language) beschreibt.

IDL ist ein häufig verwendeter Begriff im Kontext verteilter Systeme, bezieht sich aber nicht unbedingt auf eine wohldefinierte Methode, Schnittstellen zu beschreiben. So gibt es selbst innerhalb der RPCs keinen offiziellen, sondern mehrere De-facto-Standards durch die Implementierungen von Sun (ONC RPC) und der OSF (OSF/DCE). Darüber hinaus gibt es auch im Kontext von CORBA eine weitere IDL, die von der OMG standardisiert wurde. Zur Unterscheidung von anderen IDL-Varianten spricht man in der Regel von CORBA IDL. In diesem Kapitel ist jedesmal CORBA IDL gemeint, wenn ich von IDL spreche.

Die Funktionsweise von RPC kann man am besten am folgenden Bild erklären:

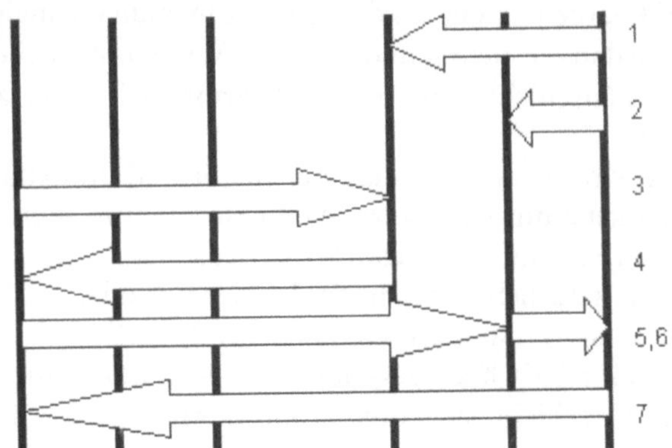

1. Der Server registriert sich mit einer Portnummer am Portmapper

2. Der Server liest den Port und blockt, bis etwas geschieht

3. Der Client fragt den Server-Portmapper nach der Portnummer des Servers

4. Der Portmapper antwortet mit der Portnummer

5. Der Client kontaktiert den Server via Host- und Portnummer

6. Der vom Server geblockte Lesezugriff wird aufgehoben

7. Der Server antwortet mit dem Ergebnis oder einer Exception

Wenn man das obige RPC-Bild nun auf CORBA umgestalten will, dann sieht das Ganze so aus:

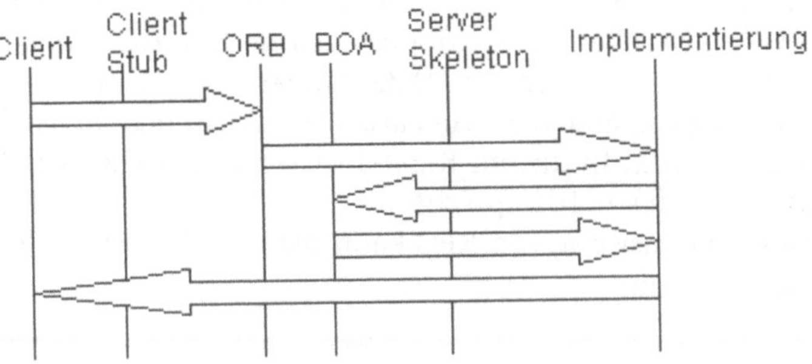

Abbildung 5
CORBA-Ablauf

5.1.4
Kommunikation mit CORBA

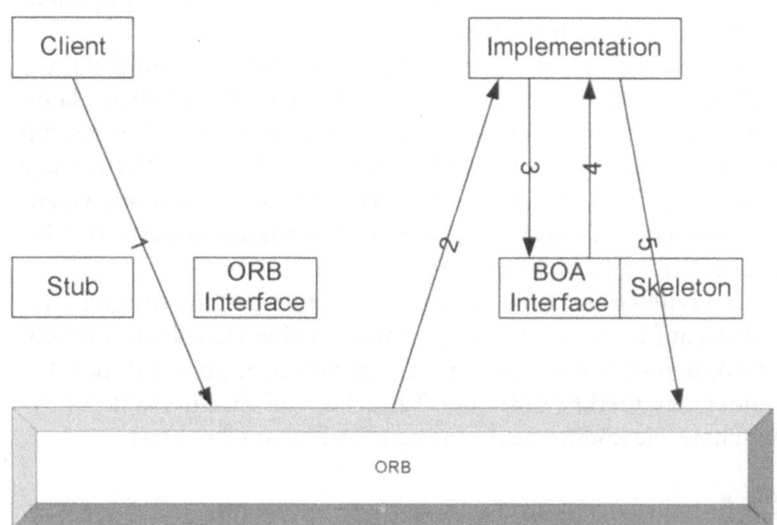

Abbildung 6
Einbindung des ORB

Die Kommunikation mit dem ORB geschieht auf folgende Weise:

1. Der Client ruft eine Methode durch einen sogenannten Stub-File auf.

2. Der Object Request Broker gibt den Request an den BOA (Basic Object Adapter) weiter, der die Implementierung (Implementation) aktiviert.

3. Die Implementierung bezieht den BOA ein, um anzuzeigen, daß sie aktiv und verfügbar ist.

4. Der BOA gibt die Anfrage der Methode an die Implementierung via eines sogenannten Skeletons weiter.

5. Die Implementierung liefert das Ergebnis wieder an den ORB zurück.

5.1.5
CORBA-Vision

Die Vision hinter CORBA besteht darin, daß Sie eine Reihe von Interfaces programmieren können, die dann in den verschiedensten Arten und Weisen, auf den unterschiedlichsten Plattformen implementiert werden können. Damit werden Objekte austausch-

Objektaustausch

bar, solange sie dasselbe Interface haben. Das ist auch wichtig, wenn es um die verteilte Softwareentwicklung geht. Viele große Firmen lassen an mehreren Standorten ein Produkt entwickeln. IDL hilft hier enorm, da die IDL-Datei ausreicht, um Komponenten miteinander kommunizieren zu lassen.

Mit anderen Worten, Sie können gewisse Funktionalität zur Verfügung stellen und dann das Interface veröffentlichen, damit diese Funktionalität genutzt werden kann. Auch große Firmen mit einem riesigen Intranet werden davon profitieren. Notwendige Änderungen (z.B. anderer Sortieralgorithmus) können implementiert werden, ohne daß die Clients davon wissen müssen. Das Interface bleibt gleich. Ein Beispielszenario:

Sie verteilen ein Java-Applet via Internet und dieses greift via CORBA auf Ihren Server zu, der dann auf eine Datenbank zugreift. Sie können nun z.B. Programmfehler beheben, ohne daß der Anwender das merkt (außer der Tatsache, daß er ein stabileres System hat). Sie könnten z.B. eine neue Datenbank benutzen.

5.1.6
Deklarative Sprache

Die deklarative Sprache IDL (Interface Definition Language) dient zur Beschreibung der Datentypen und Objekte, die verteilt werden sollen. IDL ist unabhängig von der verwendeten Programmiersprache, wenn auch stark an C++ angelehnt. Ein Compiler erzeugt aus der IDL-Datei die client- und serverseitigen Stubs und Skeletons. Diese werden wir uns in späteren Beispielen ansehen.

Abbildung 7
Generierung der Stubs
und Skeletons
aus der IDL

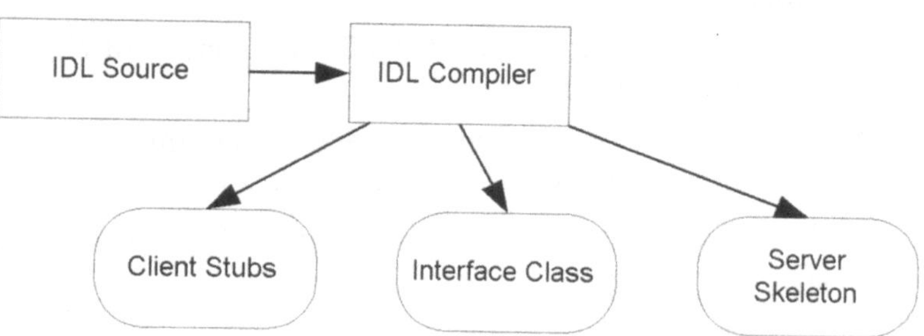

- Die Syntax ist an C++ angelehnt.

- Die Basisdatentypen z.B. long, float, boolean sind definiert.

- Es ist sowohl eine Typ- als auch eine Moduldefinition möglich.

- Die Vererbung (auch Mehrfachvererbung) von Schnittstellen ist möglich.

- Ein IDL-Compiler generiert sogenannte Stubs und Skeletons. Der Compiler ist in ein Frontend und ein sprachenspezifisches Backend (z.B. für C++ oder Smalltalk) aufgeteilt.

Aus der IDL-Definition generiert der IDL-Compiler eine abstrakte Oberklasse, die nur die Schnittstellendefinition enthält. Die Oberklasse stellt das direkte Pendant zur IDL-Definition dar – in einer spezifischen Programmiersprache. Zusätzlich wird ein sogenanntes Skelett (Skeleton) und ein Clientstub generiert.

5.1.7
CORBAServices

Da sich die englischen Begriffe im CORBA-Sprachgebrauch auch in Deutschland eingebürgert haben, werden diese im folgenden verwendet. Es erscheint aus meiner Sicht nicht sinnvoll, die Begriffe Concurrency Control oder Lifecycle zu übersetzen.

CORBAServices sind verfügbare Dienste von Objekten, die nahezu in allen CORBA-Objekten benutzt werden. Früher nannte man sie Common Object Services, und sie waren in der Spezifikation COSS (Common Object Services Specification) spezifiziert. Die folgende Liste ist eine sehr grob abgekürzte Zusammenfassung der Services. Für mehr Details sehen Sie sich bitte die Spezifikation der OMG dazu an. Die Liste der CORBAServices stellt sich aktuell so dar:

- Lifecycle
- Persistence
- Naming
- Transactions
- Property
- Relationship
- Concurrency Control
- Query
- Events
- Externalization
- Security
- Licensing
- Time

Wenn Sie mehr zu den Diensten wissen wollen, gehen Sie zu

http://www.omg.org/

Es würde zu weit führen, die Dienste hier alle zu erklären.

5.1.8
CORBAFacilities

CORBAFacilities sind Objekt-Frameworks, die häufig auftreten und von vielen CORBA-Applikationen benutzt werden. Früher wurden sie Common Facilities genannt. Dieser Begriff wird teilweise noch verwendet.

Die Facilities, die in großem Maße in verschiedenen Situationen eingesetzt werden, nennt man „Horizontal Facilities".
Facilities, die innerhalb einer Industrie oder eines Marktes verwendet oder erwartet werden, heißen „Vertical Market Facilities". Die folgende Liste erläutert kurz, welche Facilities momentan in CORBA genannt sind.

- Horizontal Facilities

    User Interface
    Information Management
    Information Modeling
    Systems Management
    Task Management

- Vertical Market Facilities

    Internet
    Computer Integrated Manufacturing
    Verteilte Simulation
    Öl und Gas Industrie
    Finanzwelt
    Applikations-Entwicklung
    Telekommunikation
    Gesundheitseinrichtungen

5.1.9
Vorteile von CORBA

Die Vorteile von CORBA liegen auf der Hand. Es ist plattformunabhängig und sprachenunabhängig. Damit können bestehende Legacy-Systeme mit eingebunden werden und an der „neuen" Netzwelt teilnehmen. Das ist sehr wichtig für die Unternehmen, die nicht alles neu programmieren wollen. Die Einbindung von Legacy-Systemen soll durch das folgende Bild erläutert werden.

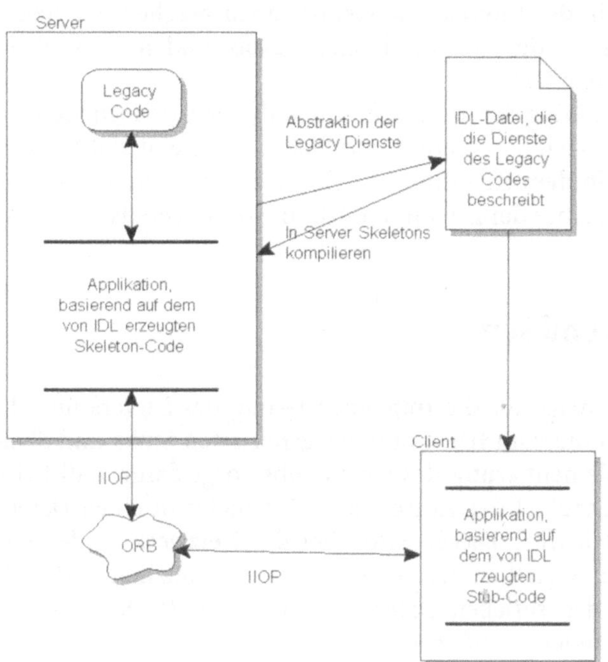

Durch IDL wurde eine einheitliche Sprache geschaffen, die als Interface für die Client/Server-Softwareentwicklung gut zu gebrauchen ist. Man generiert den entsprechenden Code für die gewählte Sprache und kann unabhängig von anderen Modulen entwickeln.

Außerdem wird CORBA von nahezu allen Firmen, die im IT-Bereich bekannt sind, unterstützt. Selbst Microsoft hat erklärt, mit der OMG zusammen zu arbeiten, um DCOM und CORBA miteinander zu verbinden.

5.1.10
Administration der Objekte

Eine der größten Schwierigkeiten in der verteilten Programmierung ist das Management der Objekte auf den verschiedenen Rechnern. Die CORBA-Spezifikation enthält kein entsprechendes Management. Dafür haben die verschiedenen Anbieter Tools entwickelt, die ein verteiltes System administrieren können.

Management Tools

Die meisten dieser Tools kümmern sich um die Registrierung
und Einbindung der Objekte. Wird ein Objekt registriert, wird es
an einer Stelle gespeichert, die sich Interface Repository nennt.
Objekte in der Interface Repository anzusprechen hat viele Nachteile, u.a. ist der Overhead relativ groß, und man muß das Betriebssystem kennen.

Der Naming Service greift einige dieser Überlegungen auf und
erzeugt so ein anwenderfreundliches Frontend dafür. Aber um
Objekte in dem Repository direkt zu manipulieren, benötigen Sie
trotzdem eines der genannten Administrationstools.

5.1.11
Clients und Server

Die Grundlage für die Implementierung des Servers und der Clients sind die vom IDL-Compiler generierten Stubs und Skeletons.
Die Implementierung des Clientstubs sorgt dafür, daß bei einem
Methodenaufruf der Aufruf samt Parameter in einen Datenstrom
verwandelt wird. Dieser wird über das Netzwerk an den ORB gesandt. Im Skelett ist die umgekehrte Funktionalität vorhanden: Es
wandelt den seriellen Datenstrom in einen Methodenaufruf um.
Der Methodenaufruf erfolgt üblicherweise über eine Selbstreferenz
(self).

„tie approach" In diesem Fall kann die Objektimplementierung durch Ableiten
mit dem Skelett verknüpft werden. Dies führt jedoch zu einer Modifikation bestehender Vererbungshierarchien. Alternativ kann
man den Aufruf daher auch an ein Objekt außerhalb der Vererbungshierarchie delegieren. In der kommerziellen ORB-Implementierung Orbix wird dies als „tie approach" bezeichnet.

Das folgende Bild soll den Client/Server-Ablauf veranschaulichen:

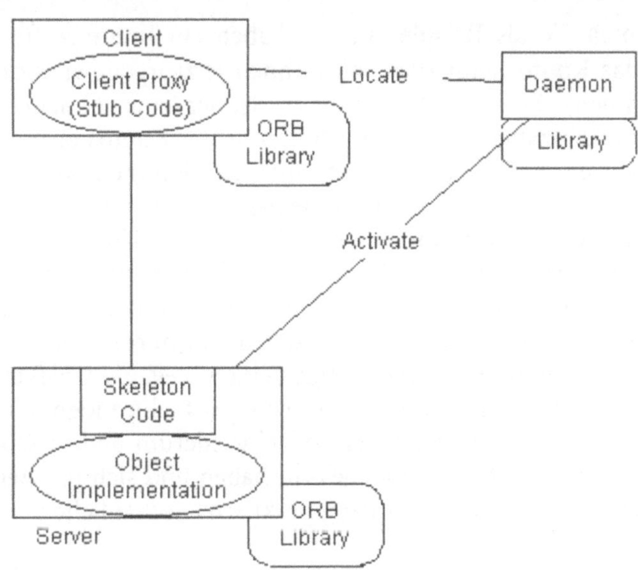

Ein-CORBA Objekt ist in der Regel stationär (d.h. ohne zusätzlichen Implementierungsaufwand). Die Objekte befinden sich im Adreßraum des Rechners, auf dem sie auch erzeugt wurden. Daher werden sie bei Methodenaufrufen nicht wie Werteparameter (call-by-value) behandelt, sondern es wird eine globale und eindeutige Objektreferenz übergeben. Über diese Objektreferenz kann das Ziel eines Aufrufes auf die Methoden des übergebenen Objektes zugreifen. Für dieses Vorgehen gibt es folgende Gründe:

Objektreferenz

1. Neben einer Kopie der Daten müßte auch die Implementierung des Objektes übertragen werden. Dies widerspricht jedoch der Grundidee von CORBA: Die Unabhängigkeit von Betriebssystemen, Hardwareplattformen und Programmiersprachen.

2. Potentielle Inkonsistenzen bei der Replikation von Daten. Daher besteht in einem CORBA-System der Wunsch, ein Objekt nicht nur im eigenen Adreßraum, sondern auch auf einem anderen Rechner zu erzeugen. Dies wird durch sogenannte Factories erreicht, die eine Methode zur Erzeugung spezifischer Objekte anbieten und eine Referenz auf die erzeugten Objekte zurück-geben. Dabei ist es nicht möglich, Objekte über Factories in einem anderem Adreßraum anzulegen, da CORBA Factories wie normale Objekte behandelt. Als zusätzlich Indirektion sieht CORBA FactoryFinders vor, die einem das Auffinden der Factories erleichtern.

Nehmen Sie als Beispiel an, Sie haben ein Interface für eine Bank, das Konto heißt (das sollte Ihnen jetzt irgendwie bekannt vorkommen). Dieses definiert einen Service zum Abheben von Geld, zum Einzahlen und zur Bestimmung des Kontostandes. Jetzt stellt sich die Frage, wie Sie mit einer unbekannten Anzahl von Anwendern umgehen, die bestimmte Anfragen stellen.

Erzeugt der Server eine einzelne Instanz von Konto, wird nur ein Anwender zu einer Zeit unterstützt. Sie könnten natürlich mehrere Konto-Objekte instantiieren oder mehrere Server starten. Aber auch das kann zu verschwendeten Ressourcen und Performanceeinbußen führen. Sie benötigen einen Weg, um Objekte vom Typ Konto bei Bedarf zu erzeugen. Das geschieht, indem ein Objekt erzeugt wird, das dann bei Bedarf wiederum andere Objekte erzeugt. Wenn Sie IDL kennengelernt haben und sich das Beispiel dort anschauen, wird der Vorgang praktisch anschaulicher.

5.1.12
HTTP-Tunneling

Visibroker von Visigenic und NEO (JOE) von Sun unterstützen das HTTP-Tunneling, das es ja auch in RMI gibt. Was das genau bedeutet, soll das folgende Bild anhand des WWW darstellen:

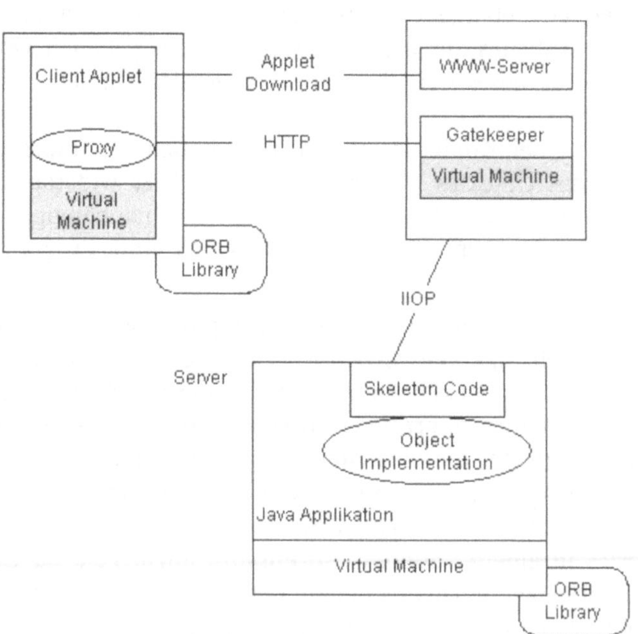

Das HTTP-Tunneling macht folgendes:

- Es packt IIOP-Aufrufe in einen HTTP-Umschlag, damit sie durch Firewalls hindurch gehen können.

- Es sendet alle Anfragen an einen Dämon, der auf dem Rechner läuft, von dem das Applet geladen wurde (Sicherheitsaspekt).

Visibroker und JOE implementieren dies unterschiedlich und JavaIDL unterstützt es momentan gar nicht, weswegen ich auf weitere Erläuterungen verzichten möchte.

5.1.13
CORBA-Softwareanbieter

Es gibt verschiedene Anbieter von CORBA-Software, sowohl kommerziell als auch Public Domain. Die folgende Liste ist nicht komplett und soll nur einen Überblick über die bekanntesten Anbieter von CORBA-kompatibler Software darstellen:

Software	Webpage
COOL ORB: Chorus	http://www.chorus.com/Products/Cool/Download/index.html
Corbus: BBN (GTE)	http://www.bbn.com/offerings/corbus.html
Dais: DiaLogos	http://www.dialogosweb.com/products/product.html
Distributed Smalltalk	http://www.parcplace.com/products/dst/info/dst.htm
DOME: Object-Oriented Technologies Ltd	http://www.oot.co.uk/index.html
ILU: Xerox	ftp://ftp.parc.xerox.com/pub/ilu/ilu.html
NEO: Sunsoft	http://www.sun.com/sunsoft/neo
ObjectBroker: Digital	http://www.digital.com/info/objectbroker/
ObjectBroker: BEA Systems	http://www.beasys.com
Fujitsu: Object Director	http://www.fsc.fujitsu.com/fsc/object/objdir/objdir.htm
OmniBroker: Object Oriented Concepts	http://www.ooc.com/ob.html
ONE ORB: Netscape	http://developer.netscape.com/library/one/index.html
Orbix: IONA	http://www.iona.com/

Tabelle 1
CORBA-Software-anbieter

ORB Plus: HP	http://www.hp.com/gsy/orbplus.html
PowerBroker: ExperSoft	http://www.expersoft.com
SOM: IBM	http://www.software.ibm.com/objects/ somobjects/
VisiBroker:Visigenic	http://www.visigenic.com/prod/

Aus dieser Liste sind drei Firmen als wichtige Softwarelieferanten zu nennen:

Sun, Visigenic und vor allem IONA. Sun liefert neben dem oben genannten NEO (manche sagen auch JOE, die Namengebung hat dort ein wenig gelitten) einen ORB mit dem JDK 1.2. Und diese Implementierung werden wir in unseren Beispielen verwenden.

Verschiedene Anbieter von CORBA-Software bedeutet nicht Inkompatibilität. Es heißt vor allem unterschiedliche Programmierung für die main ()-Methode. Das heißt, der hier vorgestellte Code wird nur mit dem JDK-1.2-ORB funktionieren. Verwenden Sie einen anderen ORB, dann müssen Sie in den Handbüchern nachschlagen, wie der ORB eingebunden wird. Es würde den Rahmen dieses Kapitels sprengen, auf die diversen anderen Anbieter einzugehen. Wesentlich ist, daß die IDL gleich bleibt.

5.2
Die Interface Definition Language

5.2.1
Einführung

Die Interface Definition Language (IDL) ist der Schlüssel zum Erfolg.

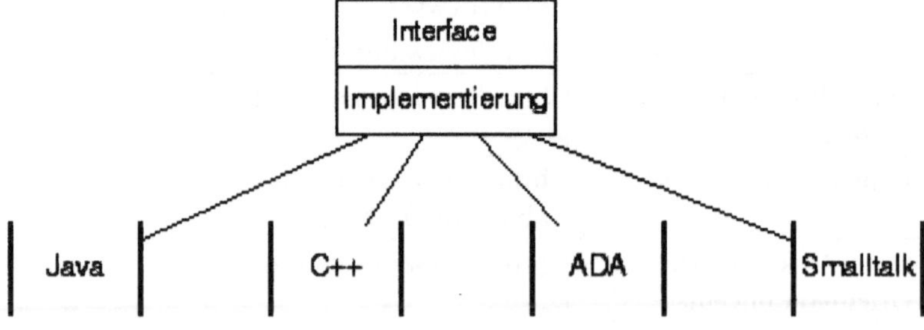

Sie schreiben das Interface in der IDL und können dann die Implementierung völlig unabhängig vornehmen, in C++, Java oder jeder anderen Sprache, für die es ein IDL-Mapping gibt (Smalltalk, ADA etc.). Und genau auf dieses Mapping kommt es an, daher gehe ich hier etwas intensiver darauf ein.

5.2.2
Module

Module sind in der Java-Sprache Packages und gruppieren zusammengehörige Dinge nach logischen Gesichtspunkten. Zum Beispiel könnte ein Modul Gerät heißen, welches dann alle Geräte des Haushalts modelliert. Die IDL-Datei könnte dann so aussehen:

Packages

```
module Geräte
{
    interface Fernseher
    {
        ...
    }

    interface Radio
    {
        string aktuellesBand;
        long aktuelleStation;
        void aendereBand ();
        void stationRauf ();
        void stationRunter ();
    }

    ... andere Geräte ...

}
```

Das hier gezeigte Modul könnte jetzt wieder in anderen Modulen verwendet werden. Die Verwandtschaft von Java-Packages zu IDL-Modulen ist sehr offensichtlich.

5.2.3
Interfaces

Was sind Interfaces? Die Antwort scheint leicht, aber nur wenn Sie an Programmiersprachen denken. In Java sind es Klassen, die als Interface deklariert werden.

Nicht was Sie denken

In C++ sind es sog. Header-Files, die aber auch wieder Inline-Code enthalten dürfen, was dann wieder nicht dem Interface-Gedanken entspricht.

Beispiel:

Als Beispiel nehmen wir einen Fall aus dem Leben und beschreiben das Interface eines Fernsehers (Sie haben ja eben schon das Radio gesehen).

```
interface Fernseher
{
  long aktuellerKanal;
  void aendereKanal (long neuerkanal);
  void lautStaerkeErhoehen ();
  void lautStaerkeReduzieren ();
}
```

Und schon haben Sie Ihr erstes IDL-Interface geschrieben. Dieses Interface beschreibt den Fernseher und seine Funktionalität, sagt aber nichts über die Farbe des Fernsehers aus oder ob es sich um eine 32cm-Diagonale oder eine 66cm-Diagonale handelt. Es wird nur eine allgemeine Beschreibung geliefert. Es liegt am Kodierer, wie er es implementiert und wie sich daraufhin dieses Interface verhält. Ein gutes praktisches Beispiel sind die Palm-sized PCs mit Windows CE. Sie sehen alle unterschiedlich aus, verwenden unterschiedliche Hardware und Applikationen, aber alle werden von Windows CE betrieben (d.h., sie haben wenigstens dieselben Bugs).

Sie werden sich jetzt fragen, wo Sie den Fernseher denn an- und abschalten können. CORBA tut dies für Sie (natürlich nicht im richtigen Leben, da haben Sie eine Fernbedienung oder einen netten Ehepartner). Das Einbinden eines CORBA-Objektes instantiiert das System und präpariert es für den Gebrauch. Wird das Objekt eine Weile nicht benötigt, dann wird es automatisch „heruntergefahren". Ein Interface hat also Operationen und Attribute.

5.2.4
Operationen

Methoden

Operationen sind vergleichbar mit Methoden oder Funktionen. Eine Operation besteht aus:

- Optionales „oneway"-Attribut
- Rückgabetyp

- Identifizierer

- Null oder mehrere Parameter

- Optionales raises-Schlüsselwort für Exceptions

Ein Parameter für eine Operation kann jeder IDL-Datentyp (diese werden später beschrieben) oder auch ein vom Anwender definierter Datentyp sein. Die Operation muß auch ein Attribut besitzen, das anzeigt, in welche Richtung der Parameter geschickt werden soll. Drei Möglichkeiten stehen zur Verfügung:

- IN – Der Parameter wird vom Client zum Server geschickt

- OUT – Der Parameter wird vom Server zum Client geschickt

- INOUT – Der Parameter geht in beide Richtungen

Und wenn Sie nun genau hinsehen, werden Sie sich die folgende Frage stellen:

Wie kann Java die Parameter für OUT und INOUT verwenden, wo es doch keine Referenzübergabe kennt? Hier ist ganz deutlich die Verwandtschaft von IDL zu C++ zu sehen. OUT und INOUT-Parameter können prinzipiell nur via Referenzübergabe verwendet werden. *Referenzübergabe*

Daher werden die einfachen Datentypen wie int, float etc. in Java in korrespondierende Holder-Klassen gepackt, die im CORBA-Package angegeben sind. Zum Beispiel wird int übersetzt in IntHolder, das gilt sowohl für OUT als auch für INOUT. *Hilfsklassen*

Hier ein vereinfachtes Beispiel, wie so eine Holder-Datei aussieht:

```java
package org.omg.CORBA;

public class StringHolder
{
  public String value;
  public StringHolder ()
  {
  }

  public StringHolder (String string)
  {
    value = string;
  }
}
```

Wie Sie sehen können, beinhaltet sie eine Membervariable und zwei Konstruktoren, einen leeren und einen, bei der der Defaultwert gesetzt wird.

Um die Parameter und die Holder- und Helper-Klassen genauer zu veranschaulichen, enthalten die Beispiele im nächsten Abschnitt für jeden Parametertyp ein IDL-File und zeigen die dazugehörigen Java-Dateien, nachdem das Java-Tool idltojava darauf angewendet wurde (ein komplettes Beispiel, wie JavaIDL und CORBA verwendet wird, finden Sie im Kapitel 5.4).

5.2.5
Beispiele

5.2.5.1 Einführung

Da Java keine Parameterübergabe als Referenz erlaubt, sind die Beispiele (außer dem ersten, das als Basisbeispiel angesehen werden kann, da es keine Parameter übergibt) sicherlich hilfreich, um zu sehen, wie die Parameter in Java-CORBA übergeben werden. Daher sind hier vier Beispiele angegeben, die jeden Parameter einfach erklären und folgendermaßen aufgebaut sind:

Sie basieren alle auf einem Hello-Beispiel. Wir starten bei allen Beispielen mit der IDL-Datei, zeigen dann den Server und danach den Client.

Wir verwenden außerdem JavaIDL, welches im JDK 1.2 enthalten ist. Der idltojava Compiler ist im Moment separat als Beta-Version verfügbar. Das JDK 1.2 enthält nur die Klassen für CORBA.

Alle generierten Dateien werden so wiedergegeben, wie sie der JavaIDL-Compiler erzeugt, nur die *deutschen* Kommentare sind von mir eingefügt, um die Lesbarkeit und Verständlichkeit zu erhöhen.

- Das erste Beispiel zeigt eine ganz simple Kommunikation zwischen einem Server und einem Client. Es werden keine Parameter übergeben.

- Das zweite Beispiel macht dasselbe wie das erste Beispiel, aber es verwendet als Parameter einen IN-Wert.

- Das dritte Beispiel verwendet anstelle eines IN-Parameters einen OUT-Parameter.

- Das vierte Beispiel verwendet einen INOUT-Parameter anstelle von IN oder OUT.

5.2.5.2 Keine Parameter

In diesem Beispiel wird einfach eine Methode des Servers aufgerufen, es werden keine Parameter übergeben oder sonstige Werte ausgetauscht, aber es gibt einen Returnwert, der dann clientseitig ausgegeben wird. Bitte verwechseln Sie nicht OUT-Parameter mit dem normalen Returnwert einer Methode. Die IDL-Datei sieht in unserem einfachen Beispiel so aus:

Beispiel 01:

```
// Keine Parameteruebergabe
module Beispiel01
{
  interface Hello
  {
    // aber einen String als Returnwert
    string sagHallo ();
  };
};
```

Diese Datei übergeben wir jetzt dem Java-Tool idltojava als Parameter (Erklärungen zu den Parametern finden Sie in Kapitel 5.4.4):

```
idltojava -fserver -fclient -fno-cpp Bei-
spiel01.idl
```

Sie erhalten daraufhin die folgenden Java-Dateien im Unterverzeichnis Beispiel 01:

- Hello.java (ein Java-Interface ‚das das IDL-Interface darstellt)
- _HelloStub.java (der Clientstub)
- _HelloImplBase.java (das Server-Skeleton)
- HelloHelper.java (eine Helper-Klasse)
- HelloHolder.java (eine Holder-Klasse)

Das Interface Hello.java sieht folgendermaßen aus:

```
/*
 * File: ./BEISPIEL01/HELLO.JAVA
 * From: BEISPIEL01.IDL
 * Date: Tue Feb 23 10:53:50 1999
 *   By: C:\BIN\IDLTOJ~1.EXE Java IDL 1.2 Aug 18
1998 16:25:34
 */
```

```
package Beispiel01;
public interface Hello
    extends org.omg.CORBA.Object,
org.omg.CORBA.portable.IDLEntity {
    String sagHallo()
;
}
```

Server

Die folgenden generierten Dateien werden für den Server benötigt:

Hello.java (siehe oben)
_HelloImplBase.java

Die Datei _HelloImplBase.java wird von Beispiel 01.idl erzeugt.
Diese Datei wird nur hier als Beispiel gezeigt. In den anderen Beispielen werden wir auf ihre Darstellung verzichten, da Sie diese
Datei nicht modifizieren müssen. Aber Sie müssen von ihr erben,
was Sie später noch sehen werden.

```
/*
 * File: ./BEISPIEL01/_HELLOIMPLBASE.JAVA
 * From: BEISPIEL01.IDL
 * Date: Tue Feb 23 10:53:50 1999
 *   By: C:\BIN\IDLTOJ~1.EXE Java IDL 1.2 Aug 18
1998 16:25:34
 */

package Beispiel01;
public abstract class _HelloImplBase extends
org.omg.CORBA.DynamicImplementation implements
Beispiel01.Hello {
  // Constructor
  public _HelloImplBase() {
    super();
  }
  // Type strings for this class and its
  // superclasses
  private static final String _type_ids[] =
{"IDL:Beispiel01/Hello:1.0"};

  public String[] _ids() { return (String[])
_type_ids.clone(); }
```

```java
    private static java.util.Dictionary _methods =
new java.util.Hashtable();
    static {
      methods.put ("sagHallo", new ja-
va.lang.Integer (0));
      }
  // DSI Dispatch call
  public void invoke (org.omg.CORBA.ServerRequest
r) {
    switch (((java.lang.Integer) _methods.get
(r.op_name ())).intValue()) {
      case 0: //Beispiel01.Hello.sagHallo
      {
        org.omg.CORBA.NVList _list = orb
().create_list (0);
        r.params (list);
        String result;
        result = this.sagHallo();
        org.omg.CORBA.Any result = orb
().create_any ();
        result.insert_string (result);
        r.result (result);
      }
      break;
      default:
        throw new org.omg.CORBA.BAD_OPERATION (0,
org.omg.CORBA.CompletionStatus. COMPLETED_MAYBE);
    }
  }
}
```

HelloServer.java

Diese Datei müssen Sie schreiben. Sie enthält die main ()-
Methode zum Start des Servers. Diese Datei ist für alle Beispiele
gleich und wird daher später nicht noch einmal gezeigt.

```java
// Verwende dasselbe Package
package Beispiel01;

// Die naechsten drei imports
// muessen verwendet werden
import org.omg.CosNaming.*;
import org.omg.CosNaming.NamingContextPackage.*;
import org.omg.CORBA.*;

public class HelloServer
{
```

```java
    public static void main (String []args)
    {
      try
      {
        // Initialisierung des ORB.
        // Ich werdee hier nichts dokumentieren,
        // da dies ORB-spezifisch ist.
        // Aber sie koennen alles so verwenden
        // wie hier, auch fuer andere
        // Beispiele, da es immer gleich ist
        // fuer JavaIDL
        ORB orb = ORB.init (args, null);
        HelloImpl hi = new HelloImpl ();
        orb.connect (hi);
        org.omg.CORBA.Object objRef =
orb.resolve_initial_references ("NameService");
        NamingContext ncRef = NamingContextHel-
per.narrow (objRef);
        NameComponent nc = new NameComponent ("Hel-
lo", "");
        NameComponent path[] = {nc};
        ncRef.rebind (path, hi);

        System.out.println ("Fertig: Warte auf An-
fragen");
        // Es macht Sinn, hier den ganzen
        // Namen fuer Object zu verwenden,
        // da ansonsten gegebenenfalls
        // CORBA.Object verwendet wird
        java.lang.Object sync = new java.lang.Object
();
        // Wichtig
        synchronized (sync)
        {
          sync.wait ();
        }
      }
      catch (Exception e)
      {
        System.out.println ("Exception: Selber
Schuld");
        e.printStackTrace ();
      }
    }
}
```

Diese Datei müssen Sie implementieren. Diese Klasse erbt von
_HelloImplBase.java und verwendet die dort angegebenen geerb-
ten Routinen aus Hello.java.

```java
package Beispiel01;

public class HelloImpl extends _HelloImplBase
{
  public HelloImpl ()
  {
    System.out.println ("Rufe Konstruktor Hel-
loImpl auf");
  }

  // Das ist die Methode, die
  // vom Client aufgerufen wird
  public String sagHallo ()
  {
    System.out.println ("HelloImpl: sagHallo: re-
turn Hallo");
    return "Hallo";
  }
}
```

Client

Hello.java (siehe oben)
_HelloStub.java

```java
/*
 * File: ./BEISPIEL01/_HELLOSTUB.JAVA
 * From: BEISPIEL01.IDL
 * Date: Tue Feb 23 10:53:50 1999
 *   By: C:\BIN\IDLTOJ~1.EXE Java IDL 1.2 Aug 18
1998 16:25:34
 */

package Beispiel01;
public class _HelloStub
   extends org.omg.CORBA.portable.ObjectImpl
     implements Beispiel01.Hello {

  public HelloStub
(org.omg.CORBA.portable.Delegate d) {
    super();
```

```
      set_delegate(d);
   }


   private static final String _type_ids[] = {
"IDL:Beispiel01/Hello:1.0" };

   public String[] _ids() { return (String[])
_type_ids.clone(); }

   // IDL operations Implementation of
   // ::Beispiel01::Hello::sagHallo
   public String sagHallo()
   {
      org.omg.CORBA.Request r = _request ("sagHal-
lo");
      r.set_return_type (org.omg.CORBA.ORB.init
().get_primitive_tc(org.omg.CORBA.TCKind.tk_string
));
      r.invoke();
      String result;
      result = r.return_value ().extract_string ();
      return __result;
   }
};
```

HelloClient.java

Diese Datei müssen Sie selber schreiben. Es ist die main ()-
Routine zum Starten des Clients.

```
package Beispiel01;
// Diese drei werden auch im Client benoetigt
import org.omg.CosNaming.*;
import org.omg.CosNaming.NamingContextPackage.*;
import org.omg.CORBA.*;

public class HelloClient
{
   static Hello hi = null;
   public static void main (String [] args)
   {
     System.out.println ("Start des Clients");
     try
     {
       // Initialisierung des ORB, siehe Server
       ORB orb = ORB.init (args, null);
       org.omg.CORBA.Object objRef =
orb.resolve_initial_references ("NameService");
```

```java
    NamingContext ncRef = NamingContextHel-
per.narrow (objRef);
    NameComponent nc = new NameComponent ("Hel-
lo", "");
    NameComponent path[] = {nc};

    org.omg.CORBA.Object o = ncRef.resolve
(path);
    hi = HelloHelper.narrow (o);
  }
  catch (Exception e)
  {
    System.out.println ("Exception: Pech ge-
habt");
    e.printStackTrace ();
  }

  // Rufe Server auf
  System.out.println (hi.sagHallo ());
 }
}
```

Hier folgen nun die Helper- und die Holder-Klasse, die Sie in jedem der Beispiele finden werden. Sie sind nur hier angegeben, da Sie diese nicht weiter kennen müssen. Sie müssen von diesen Klassen nur wissen, daß sie existieren und in Java benötigt werden.

HelloHelper.java

```java
/*
 * File: ./BEISPIEL01/HELLOHELPER.JAVA
 * From: BEISPIEL01.IDL
 * Date: Tue Feb 23 10:53:50 1999
 *   By: C:\BIN\IDLTOJ~1.EXE Java IDL 1.2 Aug 18
1998 16:25:34
 */

package Beispiel01;
public class HelloHelper {
// It is useless to have instances of this
// class
  private HelloHelper() { }
  public static void write
(org.omg.CORBA.portable.OutputStream out, Bei-
spiel01.Hello that) {
    out.write_Object(that);
  }
```

```java
  public static Beispiel01.Hello read
(org.omg.CORBA.portable.InputStream in) {
    return Beispiel01.HelloHelper.narrow
(in.read_Object ());
  }
  public static Beispiel01.Hello extract
(org.omg.CORBA.Any a) {
    org.omg.CORBA.portable.InputStream in =
a.create_input_stream();
    return read(in);
  }
  public static void insert (org.omg.CORBA.Any a,
Beispiel01.Hello that) {
    org.omg.CORBA.portable.OutputStream out =
a.create_output_stream ();
    write(out, that);
    a.read_value(out.create_input_stream(), ty-
pe());
  }
  private static org.omg.CORBA.TypeCode _tc;
  synchronized public static
org.omg.CORBA.TypeCode type () {
    if (_tc == null)
      tc = org.omg.CORBA.ORB.init (). crea-
te_interface_tc (id(), "Hello");
    return _tc;
  }
  public static String id() {
    return "IDL:Beispiel01/Hello:1.0";
  }
  public static Beispiel01.Hello narrow
(org.omg.CORBA.Object that)
throws org.omg.CORBA.BAD_PARAM {
    if (that == null)
      return null;
    if (that instanceof Beispiel01.Hello)
      return (Beispiel01.Hello) that;
    if (!that._is_a(id())) {
      throw new org.omg.CORBA.BAD_PARAM();
    }
    org.omg.CORBA.portable.Delegate dup =
((org.omg.CORBA.portable.ObjectImpl)
that).get_delegate ();
    Beispiel01.Hello result = new Bei-
spiel01._HelloStub (dup);
    return result;
  }
}
```

Auch diese Datei wurde generiert, um die nicht-existierende Referenzübergabe in Java in CORBA benutzen zu können.

```
/*
 * File: ./BEISPIEL01/HELLOHOLDER.JAVA
 * From: BEISPIEL01.IDL
 * Date: Tue Feb 23 10:53:50 1999
 *   By: C:\BIN\IDLTOJ~1.EXE Java IDL 1.2 Aug 18
1998 16:25:34
 */

package Beispiel01;
public final class HelloHolder implements
org.omg.CORBA.portable.Streamable {
  //instance variable
  public Beispiel01.Hello value;
  //constructors
  public HelloHolder() {
    this(null);
  }
  public HelloHolder (Beispiel01.Hello arg) {
    value = __arg;
  }

  public void _write
(org.omg.CORBA.portable.OutputStream out) {
    Beispiel01.HelloHelper.write(out, value);
  }

  public void _read
(org.omg.CORBA.portable.InputStream in) {
    value = Beispiel01.HelloHelper.read(in);
  }

  public org.omg.CORBA.TypeCode _type() {
    return Beispiel01.HelloHelper.type();
  }
}
}
```

Nach diesem einfachen Beispiel wenden wir uns jetzt den Parameterübergaben zu. Das eben gezeigte Beispiel soll als Basis dafür dienen. Sie können die Dateien folgendermaßen kompilieren:

```
javac -d . *.java
```

Erstaunlicherweise erhalten Sie eine „Deprecation"-Warnung für _helloImplBase.java, die ja von idltojava erzeugt wurde.

Wenn Sie sehen wollen, wie das Beispiel abläuft, dann können Sie folgendes unternehmen (wird im Detail später im Beispiel besprochen):

```
tnameserv -ORBInitialPort 1050

java Beispiel01/HelloServer -ORBInitialPort 1050

java Beispiel01/HelloClient -ORBInitialPort 1050
```

5.2.5.3   IN-Parameter

In diesem Beispiel wird dasselbe gemacht wie zuvor, aber mit einem IN-Parameter. Die von JavaIDL generierten Dateien werden benannt, aber nicht mehr aufgelistet, da diese nur verwendet, aber nicht modifiziert werden. Sie sollten im ersten Beispiel einen Überblick bekommen, was diese Dateien darstellen und wie Sie diese verwenden müssen.

Beispiel 02:

IDL-Datei

```
module Beispiel02
{
  interface Hello
  {
    // Ich übergebe einen String an
    // den Server
    string sagHallo (in string text);
  };
};
```

Server

Hello.java

So sieht das Interface für IN-Parameter aus:

```
/*
 * File: ./BEISPIEL02/HELLO.JAVA
 * From: BEISPIEL02.IDL
 * Date: Tue Feb 23 10:53:30 1999
```

```
 *    By: C:\BIN\IDLTOJ~1.EXE Java IDL 1.2 Aug 18
1998 16:25:34
 */

package Beispiel02;
public interface Hello
     extends org.omg.CORBA.Object,
org.omg.CORBA.portable.IDLEntity {
     String sagHallo (String text)
;
}
```

_HelloImplBase.java wurde von JavaIDL generiert!
HelloServer.java – siehe erstes Beispiel

HelloImpl.java

Das ist nun die serverseitige Implementierung, um den Dienst
zur Verfügung zu stellen.

```
package Beispiel02;

public class HelloImpl extends _HelloImplBase
{

  public HelloImpl ()
  {
    System.out.println ("Rufe Konstruktor Hel-
loImpl auf");
  }

  public String sagHallo (String text)
  {
    System.out.println ("HelloImpl: sagHallo: er-
halte: " + text);
    System.out.println ("Return Hallo : " + text);
    return "Hallo" + text;
  }
}
```

Client

Hello.java (siehe oben)
Vom IDL-Compiler erzeugte Dateien:
_HelloStub.java
HelloHelper.java
HelloHolder.java

Hier die Client-Implementierung, um einen IN-Parameter zu verschicken.

```java
package Beispiel02;

import org.omg.CosNaming.*;
import org.omg.CosNaming.NamingContextPackage.*;
import org.omg.CORBA.*;

public class HelloClient
{
  static Hello hi = null;
  public static void main (String [] args)
  {
    try
    {
      ORB orb = ORB.init (args, null);
      org.omg.CORBA.Object objRef =
orb.resolve_initial_references ("NameService");
      NamingContext ncRef = NamingContextHel-
per.narrow (objRef);
      NameComponent nc = new NameComponent ("Hel-
lo", "");
      NameComponent path[] = {nc};
      org.omg.CORBA.Object o = ncRef.resolve
(path);
      hi = HelloHelper.narrow (o);
    }
    catch (Exception e)
    {
      System.out.println ("Exception: Pech");
      e.printStackTrace ();
    }
    // Das hat sich geaendert
    System.out.println (hi.sagHallo ("Kay"));
  }
}
```

5.2.5.4 OUT-Parameter

OUT-Parameter bedeutet, daß ein Wert vom Server an den Client geschickt wird.

Beispiel 03:

IDL-Datei

```
module Beispiel03
{
  interface Hello
  {
    // Ich geben hier an,
    // dass wir ich einen String
    // vom Server erwarten
    string sagHallo (out string text);
  };
};
```

Server

Hello.java

So sieht das Java-Interface für OUT-Parameter aus. Und hier sehen Sie nun das erste mal die Verwendung der Holder-Klasse, da Java keine Parameter via Referenz übergeben kann, wie etwa C++.

```
/*
 * File:  ./BEISPIEL03/HELLO.JAVA
 * From:  BEISPIEL03.IDL
 * Date:  Tue Feb 23 10:53:14 1999
 *   By:  C:\BIN\IDLTOJ~1.EXE Java IDL 1.2 Aug 18
1998 16:25:34
 */


package Beispiel03;
public interface Hello
     extends org.omg.CORBA.Object,
org.omg.CORBA.portable.IDLEntity {
     String sagHallo (org.omg.CORBA.StringHolder
text)
 ;
}
```

Vom IDL-Compiler wurde erzeugt:

_HelloImplBase.java

Die Implementierung für den Server ist wiederum identisch mit dem ersten Beispiel. Hier folgt nun die Implementierung der Funktionalität.

HelloImpl.java

```java
package Beispiel03;

public class HelloImpl extends _HelloImplBase
{
  // Dies wollen wir dem Client schicken
  String a = new String ("Kay Schulz");

  public HelloImpl ()
  {
    System.out.println ("Constructor aufgerufen");
    HelloHolder holder = new HelloHolder ();
  }


  // Die folgende Methode wird
  // vom Client aufgerufen
  // hier wird der Parameter gesetzt,
  // der zurueckgeschickt wird
  // StringHolder ist ein CORBA-Objekt,
  // das einen String enthaelt
  public String sagHallo
(org.omg.CORBA.StringHolder text)
  {
    System.out.println ("HelloImpl: sagHallo: re-
turn Hallo");
    System.out.println ("Setze Wert auf " + a);
    // dieser Wert wird jetzt gesetzt und
    // damit für den Client verwendbar
    text.value = a;
    return "Hallo";
  }
}
```

Client

Hello.java (siehe oben)

Vom IDL-Compiler erzeugte Dateien:

    _HelloStub.java
    HelloHelper.java
    HelloHolder.java

Die neue Implementierung des Clients:

```java
package Beispiel03;

import org.omg.CosNaming.*;
import org.omg.CosNaming.NamingContextPackage.*;
import org.omg.CORBA.*;

public class HelloClient
{
  static Hello hi = null;

  public static void main (String [] args)
  {
    // Das ist neu
    org.omg.CORBA.StringHolder stringHolder = new
org.omg.CORBA.StringHolder ("");
    try
    {
      ORB orb = ORB.init (args, null);
      org.omg.CORBA.Object objRef =
orb.resolve_initial_references ("NameService");
      NamingContext ncRef = NamingContextHel-
per.narrow (objRef);
      NameComponent nc = new NameComponent ("Hel-
lo", "");
      NameComponent path[] = {nc};
      org.omg.CORBA.Object o = ncRef.resolve
(path);
      hi = HelloHelper.narrow (o);
    }
    catch (Exception e)
    {
      e.printStackTrace ();
    }

    try
    {
      // Rufe den Server und erwarte
      // eine Antwort
      System.out.println (hi.sagHallo (stringHol-
der));
    }
    catch (Exception e)
    {
      e.printStackTrace ();
    }
    // So wird der Wert in der Holder-Klasse
```

```
    // angesprochen
    System.out.println ("Der Wert ist: " + string-
Holder.value);
  }
}
```

5.2.5.5 INOUT-Parameter

Beispiel 04:

   IDL-Datei

```
module Beispiel04
{
  interface Hello
  {
    // Ich sende was, der Server
    // veraendert es und ich bekomme
    // es zurueck
    string sagHallo (inout string text);
  };
};
```

   Server

   Das Java-Interface Hello.java:

```
/*
 * File: ./BEISPIEL04/HELLO.JAVA
 * From: BEISPIEL04.IDL
 * Date: Tue Feb 23 10:52:56 1999
 *   By: C:\BIN\IDLTOJ~1.EXE Java IDL 1.2 Aug 18
1998 16:25:34
 */

package Beispiel04;
public interface Hello
    extends org.omg.CORBA.Object,
org.omg.CORBA.portable.IDLEntity {
    String sagHallo (org.omg.CORBA.StringHolder
text)
;
}
```

_HelloImplBase.java wurde wieder vom IDL-Compiler erzeugt!
Die main-Klasse HelloServer.java ist wiederum identisch mit dem
ersten Beispiel! Aber Sie müssen natürlich auch hier die Funktionalität implementieren.

HelloImpl.java

```java
package Beispiel04;

public class HelloImpl extends _HelloImplBase
{
  // Das wird an den Client geschickt
  String a = new String ("Springer-Verlag");

  public HelloImpl ()
  {
    System.out.println ("Rufe Konstruktor Hel-
loImpl auf");
    HelloHolder holder = new HelloHolder ();
  }

  // Diese Methode wird vom Client
  // aus aufgerufen. Hier setze ich wiederum den
  // Parameter, der zurueckgeschickt wird

  public String sagHallo
(org.omg.CORBA.StringHolder text)
  {
    System.out.println ("HelloImpl: sagHallo: re-
turn Hallo");
    System.out.println ("Der Client hat ge-
schickt:" + text.value);
    System.out.println ("Ich setze den Wert auf: "
+ a);

    text.value = a;
    return "Hallo";
  }
}
```

Client

Hello.java (siehe oben)
Vom IDL-Compiler erzeugte Dateien:

_HelloStub.java
HelloHelper.java

HelloHolder.java

Und nun folgt noch der Client:

HelloClient.java

```java
package Beispiel04;

import org.omg.CosNaming.*;
import org.omg.CosNaming.NamingContextPackage.*;
import org.omg.CORBA.*;

public class HelloClient
{
  static Hello hi = null;

  public static void main (String [] args)
  {
    org.omg.CORBA.StringHolder stringHolder = new
org.omg.CORBA.StringHolder ("Kay Schulz");
    try
    {
      ORB orb = ORB.init (args, null);
      org.omg.CORBA.Object objRef =
orb.resolve_initial_references ("NameService");
      NamingContext ncRef = NamingContextHel-
per.narrow (objRef);
      NameComponent nc = new NameComponent ("Hel-
lo", "");
      NameComponent path[] = {nc};
      org.omg.CORBA.Object o = ncRef.resolve
(path);
      hi = HelloHelper.narrow (o);
    }
    catch (Exception e)
    {
      e.printStackTrace ();
    }

    try
    {
        // Rufe den Server auf und
        // erfrage eine Antwort
        System.out.println (hi.sagHallo (string-
Holder));
    }
    catch (Exception e)
    {
```

```java
      e.printStackTrace ();
    }
    // Nun geben wir den Wert, den wir
    // zurueckerhalten haben, aus
    System.out.println ("Der erhaltene Wert ist: "
+ stringHolder.value);

  }
}
```

Damit haben Sie für jeden Parametertyp ein Beispiel, aus dem klar ersichtlich hervorgehen sollte, was zu beachten ist und wo Arbeit und Sorgfalt investiert werden muß.

5.2.6
Attribute

Attribute werden in IDL etwas anders definiert, als Sie es vielleicht erwarten. Eine Attributdefinition ist logisch gesehen äquivalent zu den set- und get-Methoden für JavaBeans-Properties.

Wird in IDL ein Attribut spezifiziert, dann wird das genau so, wie eben beschrieben, umgesetzt. Attribute können auch ein optionales Schlüsselwort readonly haben, das besagt, daß nur eine get-Methode benötigt wird.

Beispiel 05:

IDL

```
module Beispiel05
{
  interface Konto
  {
    readonly attribute float kontostand;
    attribute long kontonummer;
    void einzahlen (in float geld);
  };
};
```

Java:

Konto.java

```
/*
 * File: ./BEISPIEL05/KONTO.JAVA
```

```
 * From: BEISPIEL05.IDL
 * Date: Tue Feb 23 10:52:38 1999
 *    By: C:\BIN\IDLTOJ~1.EXE Java IDL 1.2 Aug 18
1998 16:25:34
 */

package Beispiel05;
public interface Konto
    extends org.omg.CORBA.Object,
org.omg.CORBA.portable.IDLEntity {
    float kontostand();
    int kontonummer();
    void kontonummer(int arg);
    void einzahlen(float geld)
;
}
```

Wie Sie sehen können, wird für das Attribut kontostand nur eine Methode erzeugt, für kontonummer aber zwei. Es sind keine get- oder set-Methoden definiert. Aber die Methoden sind auch so eindeutig in ihrer Funktion erkennbar.

5.2.7
Interfaces und Vererbung

Es gibt sicherlich mehrere Situationen, wo unsere Interfaces von bestehenden Interfaces erben sollen. Das geht auch in IDL. Aber hier ist es jetzt sprachenabhängig. Die Vererbung wird dann durch das Language Mapping übersetzt.

Beispiel 06:

```
module Beispiel06
{
  interface Fernseher
  {
    void anschalten ();
    attribute boolean an;
  };

  // erinnert an C++ und nicht an Java
  interface NeuerFernseher : Fernseher
  {
    void aktiviereShowView ();
    void deaktiviereShowView ();
  };
};
```

Die Klasse NeuerFernseher erbt von der Klasse Fernseher. Die Klasse erbt alle Attribute und Methoden von der Oberklasse, wie Sie es gewöhnt sind. Jeder Client, der nun ein Objekt vom Typ NeuerFernseher verwendet, weiß nicht, daß er ein geerbtes Objekt benutzt.

Da IDL eine Interface-Sprache ist, bedeutet die Vererbung auf Interface-Ebene nicht, daß es so auch in der Implementierung sein muß. Hier nun die wesentlichen Dateien, die aus obigem Beispiel entstehen:

- Fernseher.java

- FernseherHelper.java

- FernseherHolder.java

- NeuerFernseher.java

- NeuerFernseherHelper.java

- NeuerFernseherHolder.java

- _FernseherImplBase.java

- _FernseherStub.java

- _NeuerFernseherImplBase.java

- _NeuerFernseherStub.java

Fernseher.java

```
/*
 * File: ./BEISPIEL06/FERNSEHER.JAVA
 * From: BEISPIEL06.IDL
 * Date: Tue Feb 23 10:52:20 1999
 *   By: C:\BIN\IDLTOJ~1.EXE Java IDL 1.2 Aug 18
1998 16:25:34
 */

package Beispiel06;
public interface Fernseher
    extends org.omg.CORBA.Object,
org.omg.CORBA.portable.IDLEntity {
    void anschalten()
;

    boolean an();
    void an(boolean arg);
}
```

NeuerFernseher.java

```java
/*
 * File: ./BEISPIEL06/NEUERFERNSEHER.JAVA
 * From: BEISPIEL06.IDL
 * Date: Tue Feb 23 10:52:20 1999
 *   By: C:\BIN\IDLTOJ~1.EXE Java IDL 1.2 Aug 18
1998 16:25:34
 */

package Beispiel06;
public interface NeuerFernseher
    extends org.omg.CORBA.Object,
org.omg.CORBA.portable.IDLEntity,
      Beispiel06.Fernseher {
    void aktiviereShowView()
;

    void deaktiviereShowView()
;
}
```

Im Kopf von _NeuerFernseherImplBase.java finden Sie ebenfalls einen Eintrag für die Vererbung:

```java
/*
 * File: ./BEISPIEL06/_NEUERFERNSEHERIMPLBASE.JAVA
 * From: BEISPIEL06.IDL
 * Date: Tue Feb 23 10:52:20 1999
 *   By: C:\BIN\IDLTOJ~1.EXE Java IDL 1.2 Aug 18
1998 16:25:34
 */

package Beispiel06;
public abstract class _NeuerFernseherImplBase ex-
tends org.omg.CORBA.DynamicImplementation imple-
ments Beispiel06.NeuerFernseher {
  // Constructor
  public _NeuerFernseherImplBase() {
    super();
  }
  // Type strings for this class and its
  // superclasses
  private static final String _type_ids[] = {
    "IDL:Beispiel06/NeuerFernseher:1.0",
    "IDL:Beispiel06/Fernseher:1.0"
  };

  public String[] _ids()
```

```java
  {
    return (String[]) _type_ids.clone();
  }

  private static java.util.Dictionary _methods =
new java.util.Hashtable();
  static {
    methods.put("anschalten", new ja-
va.lang.Integer(0));
    methods.put("_get_an", new ja-
va.lang.Integer(1));
    methods.put("_set_an", new ja-
va.lang.Integer(2));
    methods.put("aktiviereShowView", new ja-
va.lang.Integer(3));
    methods.put("deaktiviereShowView", new ja-
va.lang.Integer(4));
  }
  // DSI Dispatch call
  public void invoke (org.omg.CORBA.ServerRequest
r) {
    switch (((java.lang.Integer) _methods.get
(r.op_name())).intValue ()) {
      case 0: //Beispiel06.Fernseher.anschalten
      {
        org.omg.CORBA.NVList _list = _orb
().create_list (0);
        r.params (list);
        this.anschalten();
        org.omg.CORBA.Any return = _orb
().create_any ();
        return.type (_orb (). get_primitive_tc
(org.omg.CORBA.TCKind.tk_void));
        r.result (return);
      }
      break;
      case 1: // Beispiel06.Fernseher.an
      {
        org.omg.CORBA.NVList _list =
_orb().create_list(0);
        r.params (_list);
        boolean result = this.an();
        org.omg.CORBA.Any result = _orb
().create_any ();
        result.insert_boolean (result);
        r.result (result);
      }
      break;
```

```java
          case 2: // Beispiel06.Fernseher.an
          {
            org.omg.CORBA.NVList _list = _orb
().create_list (0);
            org.omg.CORBA.Any arg = _orb ().create_any
();
            arg.type (org.omg.CORBA.ORB.init
().get_primitive_tc
(org.omg.CORBA.TCKind.tk_boolean));
            list.add_value ("arg", arg,
org.omg.CORBA.ARG_IN.value);
            r.params (list);
            boolean arg;
            arg = _arg.extract_boolean();
            this.an(arg);
            org.omg.CORBA.Any a = _orb ().create_any
();
            a.type (orb ().get_primitive_tc
(org.omg.CORBA.TCKind.tk_void));
            r.result(a);
          }
          break;
          case 3: // Beispiel06.NeuerFernseher.
                  //aktiviereShowView
          {
            org.omg.CORBA.NVList list = _orb
().create_list (0);
            r.params (list);
            this.aktiviereShowView ();
            org.omg.CORBA.Any return = _orb
().create_any ();
            return.type (orb ().get_primitive_tc
(org.omg.CORBA.TCKind.tk_void));
            r.result (return);
          }
          break;
          case 4: // Beispiel06.NeuerFernseher.
                  // deaktiviereShowView
          {
            org.omg.CORBA.NVList list = _orb
().create_list (0);
            r.params (list);
            this.deaktiviereShowView ();
            org.omg.CORBA.Any return = _orb
().create_any ();
            return.type (orb ().get_primitive_tc
(org.omg.CORBA.TCKind.tk_void));
            r.result(__return);
```

```
        }
      break;
      default:
         throw new org.omg.CORBA.BAD_OPERATION
(0,org.omg.CORBA.CompletionStatus.COMPLETED_MAYBE)
;
      }
   }
}
```

Sie sehen also, Vererbung in IDL und Java ist keine Hexerei. Mehrfachvererbung gibt es auch für Interfaces in IDL. Es sieht genauso aus wie in C++:

```
module Geometrie
{
   interface Oberklasse1
   {
      ...
   };

   interface Oberklasse2
   {
      ...
   };

   interface Geerbt:Oberklasse1,Oberklasse2
   {
      ...
   };
};
```

5.2.8
Datentypen und Language Mapping

5.2.8.1 Einfache Datentypen

Die folgende Tabelle zeigt das entsprechende Language Mapping für die einfachen Datentypen.

IDL	C++	Java
boolean	Bool	boolean
char	signed char	char
octet	8 bits	byte
enum	Enum	int
short	Short	short
unsigned short	unsigned short	int
long	Long	int
unsigned long	unsigned long	int
float	Float	float
double	Double	double
any	(kein equivalent; ähnlich einem void * in Verbindung mit einem Type Indicator)	Java-Klasse

Anmerkung zu any:

Der IDL-Typ any ist vordefiniert und kann Werte beliebigen IDL-Typs enthalten. IDL-Any wird umgesetzt, indem es in eine vordefinierte Klasse Any konvertiert wird. Diese wird von den Anbietern der ORBs geliefert und enthält u.a. Konstruktoren und Methoden zum Speichern und Wiedergewinnen von Daten.

5.2.8.2 Komplexe Datentypen

Tabelle 3 beschreibt das Language Mapping für komplexere Datentypen. Wir werden ein paar davon kurz betrachten. Außerdem erhalten Sie noch ein paar Erläuterungen zu nicht genannten Schlüsselwörten, wie z.B. const sowie einige Beispiele.

IDL	C++	Java
string	Class string (gebundene und ungebundene Länge)	String (Klasse)
struct	struct (wie in C, nicht wie in C++)	Klasse
union	union (aber modifiziert)	Klasse
array	[ ]	Klasse
sequence	(ein parametrisiertes array mit gebundener oder ungebundener Länge)	Klasse

5.2.8.3 Sonstige

5.2.8.3.1 *typedef*

IDL unterstützt die Benennung von Datentypen. Das Schlüsselwort typedef wird, wie in C auch, dazu verwendet.

Beispiel:

```
typedef long IDNumber;
typedef string Snumber;
```

Java hat kein typedef, daher gibt es kein direktes Mapping von typedef nach Java. In Java wird deshalb der Typ substituiert, wo immer er auch auftritt.

5.2.8.3.2 *const*

Java hat kein const-Schlüsselwort im Sinne von C oder IDL. Das Java-IDL-Mapping setzt es in eine Klasse um, die public und final ist und einen einzigen Wert beinhaltet, der als static final definiert ist.

Beispiel:

IDL

```
const float pi = 3.141916;
```

Java

```
public final class pi
{
  public static final float value = (float)
(3.141916D);
}
```

5.2.8.3.3 *struct*

Strukturen sind Sammlungen von Werten, die als ein Parameter übergeben werden sollen. Eine Struktur in IDL wird in eine Java-Klasse überführt, die Instanzvariablen enthält.

Beispiel 07:

IDL

```
module Beispiel07
{
  struct Adresse
  {
    string strasse;
    short hausnummer;
  };
};
```

Java

```
/*
 * File:  ./BEISPIEL07/ADRESSE.JAVA
 * From:  BEISPIEL07.IDL
 * Date:  Tue Feb 23 10:52:02 1999
 *   By:  C:\BIN\IDLTOJ~1.EXE Java IDL 1.2 Aug 18
1998 16:25:34
 */

package Beispiel07;
public final class Adresse implements
org.omg.CORBA.portable.IDLEntity {
  //instance variables
  public String strasse;
  public short hausnummer;
  //constructors
  public Adresse () { }
  public Adresse (String strasse, short
__hausnummer) {
    strasse = __strasse;
    hausnummer = __hausnummer;
  }
}
```

Wie Sie sehen können, werden zwei Konstruktoren mitgeliefert:
einer ohne Parameter und einer für alle Parameter. Das wird vom
IDL-Compiler standardmäßig gemacht.

5.2.8.3.4 *sequence*

Eine Sequenz ist ein eindimensionales Array, das zwei charakteri-
stische Merkmale aufweist:

- Maximale Größe (festgelegt zur Compile-Zeit)

- Länge (wird zur Laufzeit bestimmt)

Eine Sequenz kann gebunden (bound) oder ungebunden (unbound) sein. Eine gebundene Sequenz deklariert das Maximum des Arrays.

Beispiele:

```
sequence<long> UnboundedLongSeq;
sequence<long, 10> BoundedLongSeq;
```

Sequenzen, die auf diese Art und Weise deklariert werden, können von Strukturen und Unions verwendet werden. Um eine Sequenz als ein Attribut oder ein Operationsparameter benutzen zu können, muß sie mit typedef definiert werden.

Beispiel 08:

```
typedef sequence<long, 10> longTen;
attribute longTen vector;
```

IDL

```
module Beispiel08
{
  struct KundenInfo
  {
    string Name;
    string Adresse;
  };
  typedef sequence<KundenInfo> UnboundedSeq;
  typedef sequence<KundenInfo, 5> BoundedSeq;
};
```

Java

Java erzeugt hier mehrere Dateien. Für jeden typedef wird eine Holder und eine Helper-Klasse erzeugt. Hier sind alle Dateien aufgeführt, um die Umsetzung zu veranschaulichen.

- KundenInfo.java

- KundenInfoHelper.java

- KundenInfoHolder.java

- UnboundedSeqHolder.java

- UnboundedSeqHelper.java

- BoundedSeqHolder.java

- BoundedSeqHelper.java

Die folgende Datei ist die umgesetzte Datei aus der IDL-Datei. Der IDL-File enthielt eine Struktur und nicht ein Interface, daher unterschieden sich hier viele Dinge. Zur Veranschaulichung werden alle Dateien gezeigt.

KundeInfo.java

```
/*
 * File: ./BEISPIEL08/KUNDENINFO.JAVA
 * From: BEISPIEL08.IDL
 * Date: Tue Feb 23 10:50:40 1999
 *   By: C:\BIN\IDLTOJ~1.EXE Java IDL 1.2 Aug 18
1998 16:25:34
 */

package Beispiel08;
public final class KundenInfo implements
org.omg.CORBA.portable.IDLEntity {
  //instance variables
  public String Name;
  public String Adresse;
  //constructors
  public KundenInfo() { }
  public KundenInfo(String __Name, String
__Adresse) {
    Name = __Name;
    Adresse = __Adresse;
  }
}
```

Weil es eine Struktur ist und kein Interface, werden die folgenden Helper- und Holder-Klassen erzeugt.

KundenInfoHelper.java

```
/*
 * File: ./BEISPIEL08/KUNDENINFOHELPER.JAVA
 * From: BEISPIEL08.IDL
 * Date: Tue Feb 23 10:50:40 1999
```

```java
 *    By: C:\BIN\IDLTOJ~1.EXE Java IDL 1.2 Aug 18
1998 16:25:34
 */

package Beispiel08;
public class KundenInfoHelper {
  // It is useless to have instances of this
  // class
  private KundenInfoHelper() { }

  public static void write
(org.omg.CORBA.portable.OutputStream out, Bei-
spiel08.KundenInfo that) {
    out.write_string(that.Name);
    out.write_string(that.Adresse);
  }
  public static Beispiel08.KundenInfo read
(org.omg.CORBA.portable.InputStream in) {
    Beispiel08.KundenInfo that = new Bei-
spiel08.KundenInfo ();
    that.Name = in.read_string();
    that.Adresse = in.read_string();
    return that;
  }
  public static Beispiel08.KundenInfo extract
(org.omg.CORBA.Any a) {
    org.omg.CORBA.portable.InputStream in =
a.create_input_stream();
    return read(in);
  }
  public static void insert(org.omg.CORBA.Any a,
Beispiel08.KundenInfo that) {
    org.omg.CORBA.portable.OutputStream out =
a.create_output_stream();
    write(out, that);
    a.read_value(out.create_input_stream(), ty-
pe());
  }
  private static org.omg.CORBA.TypeCode _tc;
  synchronized public static
org.omg.CORBA.TypeCode type () {
    int _memberCount = 2;
    org.omg.CORBA.StructMember[] _members = null;
    if (_tc == null) {
      _members = new org.omg.CORBA.StructMember
[2];
      _members[0] = new org.omg.CORBA.StructMember
("Name",                   org.omg.CORBA.ORB.init
```

```java
().get_primitive_tc
(org.omg.CORBA.TCKind.tk_string), null);
        members[1] = new org.omg.CORBA.StructMember
("Adresse", org.omg.CORBA.ORB.init
().get_primitive_tc
(org.omg.CORBA.TCKind.tk_string), null);
        tc = org.omg.CORBA.ORB.init
().create_struct_tc (id (), "KundenInfo",
_members);
      }
  return _tc;
  }
  public static String id() {
     return "IDL:Beispiel08/KundenInfo:1.0";
  }
}
```

KundenInfoHolder.java

```java
/*
 * File: ./BEISPIEL08/KUNDENINFOHOLDER.JAVA
 * From: BEISPIEL08.IDL
 * Date: Tue Feb 23 10:50:40 1999
 *   By: C:\BIN\IDLTOJ~1.EXE Java IDL 1.2 Aug 18
1998 16:25:34
 */

package Beispiel08;
public final class KundenInfoHolder implements
org.omg.CORBA.portable.Streamable{
  //instance variable
  public Beispiel08.KundenInfo value;
  //constructors
  public KundenInfoHolder() {
    this(null);
  }
  public KundenInfoHolder (Beispiel08.KundenInfo
arg) {
    value = __arg;
  }

  public void _write
(org.omg.CORBA.portable.OutputStream out) {
    Beispiel08.KundenInfoHelper.write(out, value);
  }

  public void _read
(org.omg.CORBA.portable.InputStream in) {
```

```java
      value = Beispiel08.KundenInfoHelper.read (in);
  }

  public org.omg.CORBA.TypeCode _type() {
    return Beispiel08.KundenInfoHelper.type();
  }
}
```

Jetzt folgen die Dateien für die ungebundene Sequenz, die in den
Holder- und Helper-Klassen wiederum zum Ausdruck kommen.

UnboundedSeqHolder.java

```java
/*
 * File: ./BEISPIEL08/UNBOUNDEDSEQHOLDER.JAVA
 * From: BEISPIEL08.IDL
 * Date: Tue Feb 23 10:50:40 1999
 *   By: C:\BIN\IDLTOJ~1.EXE Java IDL 1.2 Aug 18
1998 16:25:34
 */

package Beispiel08;
public final class UnboundedSeqHolder     imple-
ments org.omg.CORBA.portable.Streamable
{
  //instance variable
  public Beispiel08.KundenInfo[] value;
  //constructors
  public UnboundedSeqHolder() {
    this(null);
  }
  public UnboundedSeqHolder (Bei-
spiel08.KundenInfo[] arg) {
    value = __arg;
  }
  public void write
(org.omg.CORBA.portable.OutputStream out) {
    Beispiel08.UnboundedSeqHelper.write(out, va-
lue);
  }

  public void read
(org.omg.CORBA.portable.InputStream in) {
    value = Beispiel08.UnboundedSeqHelper.read
(in);
  }

  public org.omg.CORBA.TypeCode _type() {
```

```java
      return Beispiel08.UnboundedSeqHelper.type ();
   }
}


UnboundedSeqHelper.java

/*
 * File: ./BEISPIEL08/UNBOUNDEDSEQHELPER.JAVA
 * From: BEISPIEL08.IDL
 * Date: Tue Feb 23 10:50:40 1999
 *   By: C:\BIN\IDLTOJ~1.EXE Java IDL 1.2 Aug 18
1998 16:25:34
 */

package Beispiel08;
public class UnboundedSeqHelper {
  // It is useless to have instances of this
  // class
  private UnboundedSeqHelper() { }

  public static void write
(org.omg.CORBA.portable.OutputStream out, Bei-
spiel08.KundenInfo[] that)  {
  {
    out.write_long(that.length);
    for (int index = 0 ; index < that.length; in-
dex += 1) {
      Beispiel08.KundenInfoHelper.write (out, that
[index]);
      }
    }
  }
  public static Beispiel08.KundenInfo[] read
(org.omg.CORBA.portable.InputStream in) {
    Beispiel08.KundenInfo[] that;
    {
      int __length = in.read_long();
      that = new Beispiel08.KundenInfo [length];
      for (int index = 0; index < that.length ;
index += 1) {
        that [index] = Bei-
spiel08.KundenInfoHelper.read (in);
      }
    }
    return that;
  }
  public static Beispiel08.KundenInfo[] extract
(org.omg.CORBA.Any a) {
```

```java
      org.omg.CORBA.portable.InputStream in =
a.create_input_stream ();
      return read(in);
  }
  public static void insert(org.omg.CORBA.Any a,
Beispiel08.KundenInfo[] that) {
      org.omg.CORBA.portable.OutputStream out =
a.create_output_stream();
      a.type(type());
      write(out, that);
      a.read_value (out.create_input_stream (), type
());
  }
  private static org.omg.CORBA.TypeCode _tc;
  synchronized public static
org.omg.CORBA.TypeCode type() {
      if (_tc == null)
         tc = org.omg.CORBA.ORB.init
().create_alias_tc (id (), "UnboundedSeq",
org.omg.CORBA.ORB.init ().create_sequence_tc
(0,Beispiel08.KundenInfoHelper.type ()));
      return _tc;
  }
  public static String id() {
      return "IDL:Beispiel08/UnboundedSeq:1.0";
  }
}
```

Jetzt folgen die Dateien für die gebundene Sequenz.

BoundedSeqHolder.java

```java
/*
 * File: ./BEISPIEL08/BOUNDEDSEQHOLDER.JAVA
 * From: BEISPIEL08.IDL
 * Date: Tue Feb 23 10:50:40 1999
 *   By: C:\BIN\IDLTOJ~1.EXE Java IDL 1.2 Aug 18
1998 16:25:34
 */

package Beispiel08;
public final class BoundedSeqHolder      implements
org.omg.CORBA.portable.Streamable
{
  //instance variable
  public Beispiel08.KundenInfo[] value;
  //constructors
  public BoundedSeqHolder() {
```

```java
      this(null);
    }
    public BoundedSeqHolder (Beispiel08.KundenInfo[]
arg) {
      value = __arg;
    }
    public void _write
(org.omg.CORBA.portable.OutputStream out) {
      Beispiel08.BoundedSeqHelper.write (out, va-
lue);
    }

    public void _read
(org.omg.CORBA.portable.InputStream in) {
      value = Beispiel08.BoundedSeqHelper.read (in);
    }

    public org.omg.CORBA.TypeCode type() {
      return Beispiel08.BoundedSeqHelper.type();
    }
}
```

BoundedSeqHelper.java

```java
/*
 * File:  ./BEISPIEL08/BOUNDEDSEQHELPER.JAVA
 * From: BEISPIEL08.IDL
 * Date: Tue Feb 23 10:50:40 1999
 *   By: C:\BIN\IDLTOJ~1.EXE Java IDL 1.2 Aug 18
1998 16:25:34
 */

package Beispiel08;
public class BoundedSeqHelper {
// It is useless to have instances of this
// class
  private BoundedSeqHelper() { }

  public static void write
(org.omg.CORBA.portable.OutputStream out, Bei-
spiel08.KundenInfo[] that)  {
    {
      if (that.length > (5L)) {
        throw new org.omg.CORBA.MARSHAL(0,
org.omg.CORBA.CompletionStatus.COMPLETED_MAYBE);
      }
      out.write_long(that.length);
```

```java
          for (int_index = 0;_index < that.length ;
index += 1) {
          Beispiel08.KundenInfoHelper.write (out,
that[index]);
      }
    }
  }
  public static Beispiel08.KundenInfo[] read
(org.omg.CORBA.portable.InputStream in) {
    Beispiel08.KundenInfo[] that;
    {
      int length = in.read_long();
      if (length > (5L)) {
        throw new org.omg.CORBA.MARSHAL(0,
org.omg.CORBA.CompletionStatus.COMPLETED_MAYBE);
      }
      that = new Beispiel08.KundenInfo [length];
      for (int index = 0; index < that.length ;
index += 1) {
          that[index] = Bei-
spiel08.KundenInfoHelper.read (in);
      }
    }
    return that;
  }
  public static Beispiel08.KundenInfo[] extract
(org.omg.CORBA.Any a) {
    org.omg.CORBA.portable.InputStream in =
a.create_input_stream();
    return read(in);
  }
  public static void insert (org.omg.CORBA.Any a,
Beispiel08.KundenInfo[] that) {
    org.omg.CORBA.portable.OutputStream out =
a.create_output_stream();
    a.type(type());
    write(out, that);
    a.read_value (out.create_input_stream (), type
());
  }
  private static org.omg.CORBA.TypeCode _tc;
  synchronized public static
org.omg.CORBA.TypeCode type () {
    if (_tc == null)
      tc = org.omg.CORBA.ORB.init
().create_alias_tc (id (), "BoundedSeq",
org.omg.CORBA.ORB.init ().create_sequence_tc
```

```
((int) (5L), Beispiel08.KundenInfoHelper.type
()));
   return _tc;
}
public static String id() {
   return "IDL:Beispiel08/BoundedSeq:1.0";
}
}
```

5.2.8.3.5   Array

IDL Arrays werden in Java genauso umgesetzt wie bounded se-
quences. Die Grenzen werden überprüft, wenn das Array als ein
Argument für eine IDL Operation gemarshaled wird. Möchten Sie
die Länge des Arrays in Java zugreifbar machen, sollten Sie das
Array mit einer IDL Konstanten verbinden.

Beispiel 09:

IDL

```
module Beispiel09
{
  const long arraysize = 10;
  struct namensliste
  {
    string namen [arraysize];
  };
};
```

Java

Der IDL-Compiler erzeugt die folgenden Dateien:

- arraysize.java

- namensliste.java

- namenslisteHolder.java

- namenslisteHelper.java

Die Holder- und Helper-Klassen werden hier weggelassen, da
sich nicht vieles geändert hat und der Entwickler sich um diese
Klassen normalerweise nicht kümmern muß. Sie sollten aber wissen, daß in der Helper-Klasse das eben erwähnte Marshaling statt-
findet.

arraysize.java (nichts Neues)

```
/*
 * File: ./BEISPIEL09/ARRAYSIZE.JAVA
 * From: BEISPIEL09.IDL
 * Date: Tue Feb 23 10:51:28 1999
 *   By: C:\BIN\IDLTOJ~1.EXE Java IDL 1.2 Aug 18
1998 16:25:34
 */

package Beispiel09;
public interface arraysize {
    final int value = (int) (10L);
};
```

namensliste.java

```
/*
 * File: ./BEISPIEL09/NAMENSLISTE.JAVA
 * From: BEISPIEL09.IDL
 * Date: Tue Feb 23 10:51:28 1999
 *   By: C:\BIN\IDLTOJ~1.EXE Java IDL 1.2 Aug 18
1998 16:25:34
 */

package Beispiel09;
public final class namensliste implements
org.omg.CORBA.portable.IDLEntity {
  //instance variables
  public String[] namen;
  //constructors
  public namensliste() { }
  public namensliste(String[] namen) {
    namen = __namen;
  }
}
```

5.2.8.3.6   enum

IDL-Enum-Typen werden in Java-Klassen umgesetzt. Jeder Teilnehmer der Enumeration wird als einzelne static final-Variable dargestellt.

Beispiel 10:

IDL

```
module Beispiel10
{
   enum Staedte {Muenchen, Hamburg};
};
```

Java

```java
/*
 * File: ./BEISPIEL10/STAEDTE.JAVA
 * From: BEISPIEL10.IDL
 * Date: Tue Feb 23 11:05:34 1999
 *   By: C:\BIN\IDLTOJ~1.EXE Java IDL 1.2 Aug 18
1998 16:25:34
 */

package Beispiel10;
public final class Staedte implements
org.omg.CORBA.portable.IDLEntity {
  public static final int _Muenchen = 0,
Hamburg = 1;
  public static final Staedte Muenchen = new
Staedte(_Muenchen);
  public static final Staedte Hamburg = new Staed-
te(_Hamburg);
  public int value() {
    return _value;
  }
  public static final Staedte from_int(int i)
throws org.omg.CORBA.BAD_PARAM {
    switch (i) {
      case _Muenchen:
        return Muenchen;
      case _Hamburg:
        return Hamburg;
      default:
        throw new org.omg.CORBA.BAD_PARAM();
    }
  }
  private Staedte(int _value){
    this.value = _value;
  }
  private int _value;
}
```

5.2.8.3.7 *union*

Eine Union ist nicht eine typische Union aus C oder C++. Wie Sie
im Beispiel leicht sehen werden, ist es eine Mischung einer Union
und einer C-switch-Anweisung. In Java wird eine Union in eine fi-

nal-Klasse umgesetzt. Am besten sieht man die Umsetzung einer
IDL-Union in Java an einem Beispiel.

Beispiel 11:

IDL
```
module Beispiel11
{
  union UnionType switch (long)
  {
    case 1: long eins;
    case 2: short zwei;
    default: boolean wahr;
  };
};
```

Neben der Helper- und der Holder-Klasse, wird eine Datei mit
dem Namen UnionType.java erzeugt.

Java

```
/*
 * File: ./BEISPIEL11/UNIONTYPE.JAVA
 * From: BEISPIEL11.IDL
 * Date: Tue Feb 23 11:07:10 1999
 *   By: C:\BIN\IDLTOJ~1.EXE Java IDL 1.2 Aug 18
1998 16:25:34
 */

package Beispiel11;
public final class UnionType implements
org.omg.CORBA.portable.IDLEntity {
  //instance variables
  private boolean __initialized;
  private int __discriminator;
  private java.lang.Object value;
  private int _default = 3;
  //constructor
  public UnionType() {
    initialized = false;
    value = null;
  }
  //discriminator accessor
  public int discriminator() throws
org.omg.CORBA.BAD_OPERATION {
    if (!__initialized) {
      throw new org.omg.CORBA.BAD_OPERATION();
```

```java
      }
      return discriminator;
    }
    // branch constructors and get and set
    // accessors
    public int eins() throws
  org.omg.CORBA.BAD_OPERATION {
      if (!__initialized) {
        throw new org.omg.CORBA.BAD_OPERATION();
      }
      switch (__discriminator) {
        case (int) (1L):
        break;
        default:
          throw new org.omg.CORBA.BAD_OPERATION ();
      }
      return ((org.omg.CORBA.IntHolder) va-
  lue).value;
    }
    public void eins(int value) {
      __initialized = true;
      __discriminator = (int) (1L);
      __value = new org.omg.CORBA.IntHolder (value);
    }
    public short zwei() throws
  org.omg.CORBA.BAD_OPERATION {
      if (!__initialized) {
        throw new org.omg.CORBA.BAD_OPERATION();
      }
      switch (__discriminator) {
        case (int) (2L):
        break;
        default:
        throw new org.omg.CORBA.BAD_OPERATION();
      }
      return ((org.omg.CORBA.ShortHolder) va-
  lue).value;
    }
    public void zwei(short value) {
      __initialized = true;
      __discriminator = (int) (2L);
      __value = new org.omg.CORBA.ShortHolder (value);
    }
    public boolean wahr() throws
  org.omg.CORBA.BAD_OPERATION {
      if (!__initialized) {
        throw new org.omg.CORBA.BAD_OPERATION();
      }
```

```
  switch (discriminator) {
    default:
    break;
    case (int) (1L):
    case (int) (2L):
      throw new org.omg.CORBA.BAD_OPERATION ();
  }
    return ((org.omg.CORBA.BooleanHolder)
_value).value;
  }
  public void wahr(boolean value) {
    initialized = true;
    discriminator = (int) _default;
    value = new org.omg.CORBA.BooleanHolder (va-
lue);
  }
}
```

5.2.9
Ausnahmen (Exceptions)

IDL unterstützt natürlich auch Exceptionhandling. Abbildung 12
zeigt die Exception-Hierarchie für IDL:

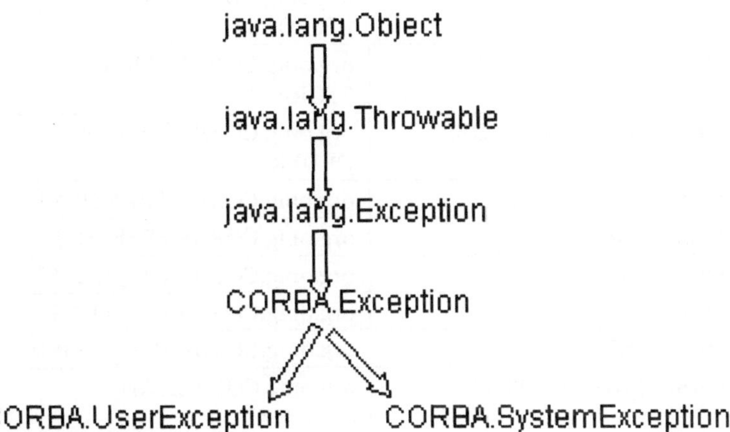

Abbildung 12
Exception-Hierarchie

5.2.9.1   Exception-Umsetzung

Die folgende Tabelle zeigt die Umsetzung von IDL-Exceptions in
Java-Klassennamen.

CORBA Exception	Java Klasse
CORBA::UNKNOWN	org.omg.CORBA.UNKNOWN
CORBA::BAD_PARAM	org.omg.CORBA.BAD_PARAM
CORBA::NO_MEMORY	org.omg.CORBA.NO_MEMORY
CORBA::IMP_LIMIT	org.omg.CORBA.IMP_LIMIT
CORBA::COMM_FAILURE	org.omg.CORBA.COMM_FAILURE
CORBA::INV_OBJREF	org.omg.CORBA.INV_OBJREF
CORBA::NO_PERMISSION	org.omg.CORBA.NO_PERMISSION
CORBA::INTERNAL	org.omg.CORBA.INTERNAL
CORBA::MARSHAL	org.omg.CORBA.MARSHAL
CORBA::INITIALIZE	org.omg.CORBA.INITIALIZE
CORBA::NO_IMPLEMENT	org.omg.CORBA.NO_IMPLEMENT
CORBA::BAD_TYPECODE	org.omg.CORBA.BAD_TYPECODE
CORBA::BAD_OPERATION	org.omg.CORBA.BAD_OPERATION
CORBA::NO_RESOURCES	org.omg.CORBA.NO_RESOURCES
CORBA::NO_RESPONSE	org.omg.CORBA.NO_RESPONSE
CORBA::PERSIST_STORE	org.omg.CORBA.PERSIST_STORE
CORBA::BAD_INV_ORDER	org.omg.CORBA.BAD_INV_ORDER
CORBA::TRANSIENT	org.omg.CORBA.TRANSIENT
CORBA::FREE_MEM	org.omg.CORBA.FREE_MEM
CORBA::INV_IDENT	org.omg.CORBA.INV_IDENT
CORBA::INV_FLAG	org.omg.CORBA.INV_FLAG
CORBA::INTF_REPOS	org.omg.CORBA.INTF_REPOS
CORBA::BAD_CONTEXT	org.omg.CORBA.BAD_CONTEXT
CORBA::OBJ_ADAPTER	org.omg.CORBA.OBJ_ADAPTER
CORBA::DATA_CONVERSION	org.omg.CORBA.DATA_CONVERSION
CORBA::OBJECT_NOT_EXIST	org.omg.CORBA.OBJECT_NOT_EXIST
CORBA::TRANSACTIONREQUIRED	org.omg.CORBA.TRANSACTIONREQUIRED

| CORBA::
TRANSACTIONROLLEDBACK | org.omg.CORBA.
TRANSACTIONROLLEDBACK |
| CORBA::
INVALIDTRANSACTION | org.omg.CORBA.
INVALIDTRANSACTION |

5.2.9.2 Raises-Ausdruck

Eine Raises Expression gibt an, welche Exception aufgerufen werden soll, wenn eine Operation eingebunden wurde.
Die Syntax lautet:

```
raises ( MeineExc1 [, MeineExc2] )
```

Diese Exceptions können entweder operationsspezifisch sein oder Standard-Exceptions. Letztere brauchen im raises-Teil nicht aufgelistet zu werden.

5.2.9.3 Exception-Ausdruck

Eine Exception-Deklaration erlaubt die Deklaration einer struct-ähnlichen Datenstruktur, die zurückgeliefert werden kann, um anzuzeigen, daß eine Ausnahme aufgetreten ist. Die Syntax sieht folgendermaßen aus:

```
exception <identifier> "{" <member>* "}"
```

Eine Exception hat einen Identifizierer und null oder mehrere zurückgelieferte Membervariable. Wenn eine Exception nach einer Anfrage zurückgeliefert wird, ist der Identifizierer zugreifbar. Wurden Membervariable deklariert, sind auch diese zugreifbar. Ansonsten gibt es keine weiteren Informationen.

JavaIDL-Exceptions werden auf Java-Klassen abgebildet und erweitern sunw.corba.UserException.

Beispiel 12:

IDL

```
module Beispiel12
{
  // Definieren einer exception
  exception FalschGeldWert
  {
    string grund;
  };
};
```

Java

```java
/*
 * File: ./BEISPIEL12/FALSCHGELDWERT.JAVA
 * From: BEISPIEL12.IDL
 * Date: Tue Feb 23 18:24:30 1999
 *   By: C:\BIN\IDLTOJ~1.EXE Java IDL 1.2 Aug 18
1998 16:25:34
 */

package Beispiel12;
public final class FalschGeldWert
  extends org.omg.CORBA.UserException implements
org.omg.CORBA.portable.IDLEntity {
  //instance variables
  public String grund;
  //constructors
  public FalschGeldWert() {
    super();
  }
  public FalschGeldWert(String_grund) {
    super();
    grund = __grund;
  }
}
```

5.2.10
Factories

Die Umsetzung von Factories in IDL sieht so aus:

```idl
interface Konto
{
  readonly attribute double kontostand;
  void einzahlen (in double Summe);
  void abheben (in double Summe);
};


interface Kontomanager
{
  Konto neuesKonto (in string Name, in string kon-
tonummer);
};
```

Wie Sie sehen können definiert, Kontomanager eine Factory für
Konto-Objekte. Es wird nur ein Kontomanager-Objekt erzeugt. Ist

eine Referenz zu diesem Objekt gegeben, ruft der Client neues-
Konto () auf mit seinem eigenen Namen und Kontonummer und
erhält eine Referenz zu einer neuen Instanz von Konto.

5.3
Callbacks

5.3.1
Grundlagen

Um zu verstehen, was Callbacks sind, greifen wir wieder einen Fall   *Ruf mich an*
aus dem Leben auf.

Nehmen Sie an, Sie haben eine Tante Betty und Sie wollen von
Ihr wissen, was mit ihrer Hochzeit ist. Sie belästigen sie täglich mit
Anrufen und gehen ihr damit mächtig auf die Nerven. Letztendlich
wird sie Ihnen sagen, daß sie Sie anrufen wird, wenn etwas geschieht. Sie und Ihre Tante initiieren damit ein Callback. Bekommt
Tante Betty einen Event, der für Sie von Interesse ist, wird sie Sie
anrufen. Ansonsten wird Ihr Telefon, zumindest was Tante Betty
angeht, still sein.

Anders ausgedrückt: Sie wohnen in Singapur, wo Auslandsge-
spräche sehr teuer sind. Sie machen einen Vertrag mit einem sog.
Callback-Anbieter. Das bedeutet, Sie rufen eine Nummer in Amerika an, lassen es einmal klingeln und hängen auf. Amerika ruft Sie
dann an, und sie können weltweit zu einem günstigeren Tarif te-
lefonieren.

JavaIDL erlaubt es, daß ein Client-Objekt sich selbst an einen   *Verschick mich*
Server schickt, was auch als „Setting up a reference bridge" bezeichnet wird. Damit hat der Server eine Verbindung zum Client
auf dem Rechner des Servers. Wann immer der Server dem Client
etwas mitteilen muß, ruft er die Methoden des Client-Objekts im
Server auf. Mit diesem Mechanismus kann ein JavaIDL-Server alle
Clients kennen, die mit ihm reden, und Informationen zwischen
den Objekten hin- und herschicken.

Um auf unsere Tante zurückzukommen. Vielleicht sind Sie ja
nicht der einzige, der die Tante permanent anruft. Vielleicht sind
es alle Familienmitglieder. Tante Betty macht also eine Liste aller
Personen, die sie zu gegebener Zeit anrufen muß.

Die Alternative zu Callback ist, daß der Client den Server routi-
nemäßig alle paar Sekunden anpingt, um so an die Informationen
zu gelangen. Bei einer großen Anzahl von Clients ist diese Methode
nicht sehr hilfreich. Unnötige Netzlast ist ein Ergebnis davon. Wird

dagegen der Callback-Mechanismus verwendet, dann wird das Netz nur belastet, wenn ein Event aufgetreten ist. Dieses nennt man auch Scalability. Callbacks sind skalierbar, weil sie für mehrere tausend Clients genauso arbeiten wie für einen.

5.3.2
Erzeugen eines Callbacks

Damit Sie Callbacks verwenden können, müssen Sie ein Callback-Objekt im IDL-File erzeugen und definieren. Der Client, der als Callback fungieren soll, muß zuerst den Server kontaktieren. Damit dem Client erlaubt ist, den Server zu kontaktieren, um einen Callback aufzusetzen, muß der Client Zugriff auf eine Methode haben, die für genau diesen Zweck eingerichtet ist. Da der Server derjenige ist, der die Client-Objekte registriert und sie dann „zurückruft", muß er diese Methode als eine seiner möglichen Aufrufe zur Verfügung stellen.

Beispiel 13:

```
module Beispiel13
{
  interface BankCallback
  {
    void kontostandnegativ (in long wert);
  };

  interface Konto
  {
    long getKontoStand ();
    void einzahlen (in long geld);
    void abheben (in long geld);
    // Hier die neuen Operationen
    long registerCallback (in BankCallback baen-
ker);
    void unregisterCallback (in long callbackID);
  };
};
```

Wie Sie sehen können, enthält die Methode registerCallback als IN-Parameter das BankCallback-Objekt. Das BankCallback-Objekt muß vom Client implementiert werden. Wenn der Client sich selbst an den Server schickt, dann kann man das auch so ausdrükken:

Ich bin derjenige, dem Du Bescheid sagen mußt, wenn sich bei Dir was ändert.

Die Methode liefert außerdem einen int (long) zurück. Das ist die ID des Objektes. Will das Objekt irgendwann mal aufhören, den Callback-Mechanismus zu verwenden, kann es dem Server seine ID-Nummer geben, und der Server löscht es aus seiner Callback-Liste.

Außerdem sollte der Client ebenso Callback-Methoden implementieren wie der Server. Damit kann ein Client einbezogen werden, als wäre er ein Server, aber ohne den Overhead eines Servers.

5.4
Komplettes Beispiel

5.4.1
Einführung

Dieser Abschnitt enthält ein komplettes Beispiel, angefangen von der Installation des JavaIDL bis hin zur fertigen Client/Server-Applikation und dem Starten des Servers etc. Alles hier Vorgestellte basiert auf dem JavaIDL von Sun und sieht mit anderen ORBs von IONA oder Visigenic anders aus.

Wir betrachten hier wieder einen Fall aus der Bankenbranche (haben Sie etwas anderes erwartet?). IDL ist dazu da, eine Problemdefinition in eine Menge von Interfaces zu übersetzen. Diese werden dann als Server (Dienstleister) und als Client (der den Service in Anspruch nimmt) implementiert. Die Bank enthält in unserem Beispiel zwei Dienste:

- KontoEroeffnung – zum Konto eröffnen oder um bestehendes Konto zu verwenden

- Konto – um Geld zu sparen

Das Interface KontoEroeffnung hat die Funktion, ein neues Konto zu eröffnen. Dazu müssen Sie Ihren Namen und, wenn möglich, einen Startbetrag eingeben.

Das Konto kann insgesamt drei Funktionen ausführen:

- Kontostand abfragen

- Geld abheben

- Geld einzahlen

Der IDL-File muß diese Aufgabenstellung modellieren. Dazu muß aber JavaIDL erst einmal installiert werden.

5.4.2
Installation von JavaIDL

Mit dem JDK 1.2 werden die Klassen für CORBA mitgeliefert. Sie benötigen nur noch den idltojava-Compiler, um aus den IDL-Dateien Java-Dateien zu machen. Dieser Compiler befindet sich auf

http://developer.javasoft.com/developer/earlyAccess/jdk12/idltojava.html

Im folgenden sehen wir uns die Installation mit Windows NT an, aber es ist daraus auch ersichtlich, wie mit Solaris oder Windows 9X vorgegangen werden muß.

Entpacken Sie die Datei, die ein selbstextrahierendes Archiv darstellt. Sie erhalten die folgenden Dateien:

- JavaIDL1.2_README.html

- jidlCompiler.html

- idltojava.exe

Ich empfehle Ihnen, die HTML-Dateien zu lesen und den EXE-File dorthin zu kopieren, wo er im Pfad zu finden ist.

5.4.3
Das Interface

```
// Bank.idl

module Bank
{
  // Definieren einer Exception
  exception FalschGeldWert
  {
    string grund;
  };

  // Das Konto Objekt
  interface Konto
  {
```

```
    // Kontostand
    readonly attribute float kontostand;

    // Einzahlungsoperation
    void einzahlen (in float geld) raises (Falsch-
GeldWert);

    // Abhebeoperation
    void abheben (in float geld) raises (Falsch-
GeldWert);
  };

  // Kontoeroeffnungsobjekt
  interface KontoEroeffnung
  {
    // Erzeugen eines neuen Kontos
    Konto oeffnen (in string name, in float start-
Wert) raises (FalschGeldWert);
  };
};
```

Nun müssen Sie diesen IDL-File in Java-Interfaces und Klassen übersetzen. Dies geschieht mit idltojava.

5.4.4
idltojava

idltojava ist das wichtigste Tool, aus diesem Grund werden wir es hier näher betrachten.

Syntax:

```
idltojava [ options ] filename ...
```

Nach der Übersetzung verwenden Sie dann wie bisher den javac-Compiler für Ihren Code und den erzeugten Java-Code, dazu kommen wir aber noch. Es gibt folgende Kommandozeilen-Optionen:

- -jjavaDirectory – Gibt an, daß die erzeugten Java-Dateien in das angegebene Verzeichnis geschrieben werden.

- -Idirectory – Gibt das Verzeichnis an, in dem nach #included-Dateien im IDL-File gesucht werden soll. Dieses wird dem Präprozessor übergeben.

- -Dsymbol – Gibt ein Symbol an, das während des Präprozessings definiert (define) wird. Auch dies wird an den Präprozessor gegeben.

- -Usymbol – Gibt ein Symbol an, das undefiniert (undef) werden soll, wenn der Präprozessor die Datei parsed. Diese Option wird dem Präprozessor übergeben.

Die folgenden Optionen können durch die angegebene Syntax angeschaltet werden. Wollen Sie sie ausschalten, dann geben Sie ein 'no-' davor an. Wollen Sie z.B. den Präprozessor weglassen (dann brauchen Sie auch kein Visual C++), dann geben Sie –fno-cpp an. Alle hier genannten Flags sind per Default angeschaltet.

- -fclient – Erzwingt die Erzeugung der clientseitigen Dateien

- -fcpp – Verwende den C-Präprozessor

- -fportable – Erzeugung von portablen Stubs und Skeletons

- -fserver – Erzwingt die Erzeugung der serverseitigen Dateien (eine von beiden muß gesetzt sein)

- -fwrite-files – Schreibt die erzeugten Dateien auf die Festplatte. Es erzeugt dabei ein Unterverzeichnis mit dem Namen des Moduls.

Per Default ausgeschaltet sind:

- -fcaseless – Groß- und Kleinschreibung von Variablen unterscheiden oder nicht. Java ist Casesensitiv, also sollte es ausgeschaltet sein. Wenn das Flag ON ist, dann wird nicht unterschieden.

- -flist-flags – Damit werden alle Stati der –f-Flags ausgegeben.

- -flist-options – Gibt eine Liste von Kommandozeilen-Optionen aus.

- -fmap-included-files – Erzeugt Java-Code auch für alle inkludierten (#include) Dateien, die im IDL-File angegeben sind.

- -ftie – Dient für die Erzeugung von Delegations-basierten Skeletons.

- -fversion – Verlangt, daß der Compiler seine Version und den Datumsstempel anzeigt.

```
idltojava: version JavaIDL created on Thu Feb 27
11:22:49 1997
```

■ -fverbose – Verlangt, daß der Compiler Kommentare zum Kompilationslauf ausgibt. Das könnte so aussehen:

```
idltojava -fverbose -fno-cpp -fclient -fserver
Bank.idl
C:\BIN\IDLTOJ~1.EXE: version Java IDL 1.2 created
on Aug 18 1998 16:25:34
C:\BIN\IDLTOJ~1.EXE: reading IDL file 'Bank.idl'
C:\BIN\IDLTOJ~1.EXE: JavaExceptionType: writing
file './Bank/FalschGeldWert.java
'
C:\BIN\IDLTOJ~1.EXE: JavaExceptionTypeOps: writing
file './Bank/FalschGeldWertHe
lper.java'
C:\BIN\IDLTOJ~1.EXE: JavaHolder: writing file
'./Bank/FalschGeldWertHolder.java'

C:\BIN\IDLTOJ~1.EXE: JavaDynamicInterface: writing
file './Bank/_KontoStub.java'

C:\BIN\IDLTOJ~1.EXE: JavaObjRef: writing file
'./Bank/Konto.java'
C:\BIN\IDLTOJ~1.EXE: JavaHolder: writing file
'./Bank/KontoHolder.java'
C:\BIN\IDLTOJ~1.EXE: JavaInterfaceTypeOps: writing
file './Bank/KontoHelper.java
'
C:\BIN\IDLTOJ~1.EXE: JavaDynamicInterface: writing
file './Bank/_KontoEroeffnung
Stub.java'
C:\BIN\IDLTOJ~1.EXE: JavaObjRef: writing file
'./Bank/KontoEroeffnung.java'
C:\BIN\IDLTOJ~1.EXE: JavaHolder: writing file
'./Bank/KontoEroeffnungHolder.java
'
C:\BIN\IDLTOJ~1.EXE: JavaInterfaceTypeOps: writing
file './Bank/KontoEroeffnungH
elper.java'
C:\BIN\IDLTOJ~1.EXE: JavaImplBase: writing file
'./Bank/_KontoImplBase.java'
C:\BIN\IDLTOJ~1.EXE: JavaImplBase: writing file
'./Bank/_KontoEroeffnungImplBase
.java'
```

IDL unterstützt auch typische C-Ausdrücke wie z.B. #include und #pragma. Für diese erweiterten Möglichkeiten benötigen Sie aber den C-Präprozessor. Auf Wintel-Computern ist das normalerweise der Präprozessor von Visual Studio oder Visual C++. Sie können aber auch jeden anderen Präprozessor verwenden, indem Sie die entsprechenden Variablen setzen. Diese sind

- CPP
- CPPARGS

Der erste dient für den vollen Pfad der ausführbaren Datei, der zweite für die Parameter, die übergeben werden sollen. Für unsere Beispiele brauchen wir dies jedoch nicht. Aber die Option ist per Default an, daher müssen Sie diese mit -fno-cpp ausschalten.

Sie rufen also folgendes Kommando auf, um Client- und Server-Dateien zu erzeugen. Je nachdem können Sie auch noch den Präprozessor ausschalten. Sie können auch nur Server-Dateien erzeugen und in ein Unterverzeichnis schreiben und die Client-Dateien in anderes Unterverzeichnis.

```
idltojava -fno-cpp -fclient -fserver Bank.idl
```

5.4.5
Dateiüberblick

Die folgende Liste gibt einen Überblick, welche Dateien erzeugt wurden. Die meisten Namen sollten Ihnen irgendwie aus unseren vorherigen Beispielen bekannt vorkommen.

- FalschGeldWert.java
- FalschGeldWertHelper.java
- FalschGeldWertHolder.java
- Konto.java
- KontoEroeffnung.java
- KontoEroeffnungHelper.java
- KontoEroeffnungHolder.java
- KontoHelper.java
- KontoHolder.java
- _KontoEroeffnungImplBase.java
- _KontoEroeffnungStub.java
- _KontoImplBase.java
- _KontoStub.java

Im folgenden sind diejenigen Dateien, die Sie für die Entwicklung des Clients und des Servers brauchen, aufgelistet. Dateien, die Sie nicht benötigen, die aber erzeugt wurden, sind nicht aufgeführt.

Sie sehen, es werden insgesamt 13 (!) Dateien erzeugt. Mit größer werdendem Projekt kann dies sehr schnell sehr unhandlich werden. Es ist deshalb empfehlenswert, sowohl das Design der gesamten Applikation als auch der Interfaces so modular und klar wie möglich zu gestalten.

5.4.6
Server

- _KontoEroeffnungImplBase.java
- _KontoImplBase.java

Für jedes IDL-Interface wird eine abstrakte Java-Klasse erzeugt, von der dann geerbt werden muß. Das heißt für Sie, Sie müssen die beiden oben erwähnten Klassen nehmen und die Implementierung schreiben. Sie sehen, Interface ist nicht gleich Interface.

KontoEroeffnungImpl.java

```java
package Bank;

import java.util.Vector;

public class KontoEroeffnungImpl extends
_KontoEroeffnungImplBase
{
  private Vector accounts = new Vector ();

  public KontoEroeffnungImpl ()
  {
  }

  public Konto oeffnen (String name, float star-
tingBalance) throws Bank.FalschGeldWert
  {
    KontoInfo a;

    if (startingBalance <= 0)
    {
```

```java
        throw new Bank.FalschGeldWert ("Sie koennen
doch keine Nullwerte oder negatives Geld einzah-
len");
    }
    for (int i = 0; i < accounts.size (); i++)
    {
      a = (KontoInfo) accounts.elementAt (i);

      if (a.name.equals (name))
      {
        return (a.account);
      }
    }

    a = new KontoInfo();
    a.name = name;
    a.account = new Bank.KontoImpl (startingBa-
lance);
    accounts.addElement (a);

    return (a.account);
  }

  class KontoInfo
  {
    String name;
    Konto account;
  }
}
```

Jetzt folgt die Implementierung des Kontos.

KontoImpl.java

```java
package Bank;

public class KontoImpl extends _KontoImplBase
{
  // Implementieren der Operationen

  private float acctBalance;

  public KontoImpl ()
  {
    acctBalance = 0.0f;
  }

  public KontoImpl (float f)
```

```java
  {
    acctBalance = f;
  }

  public float kontostand ()
  {
    return acctBalance;
  }

  public void abheben (float money) throws
Bank.FalschGeldWert
  {
    if (money <= 0)
    {
      throw new Bank.FalschGeldWert ("0 oder nega-
tive Werte sind unzulaessig");
    }

    if ((acctBalance - money) < 0)
    {
      throw new Bank.FalschGeldWert ("Konto darf
nicht ueberzogen werden! TSTSTSTS");
    }

    acctBalance -= money;
  }

  public void einzahlen (float money) throws
Bank.FalschGeldWert
  {
    if (money <= 0)
    {
      throw new Bank.FalschGeldWert ("0 oder nega-
tive Werte sind unzulaessig");
    }
    acctBalance += money;
  }
}
```

Nachdem Sie beide Interfaces serverseitig implementiert haben, müssen Sie nun noch die Hauptroutine schreiben, die den Server als solchen startet und die entsprechenden CORBA-Verbindungen herstellt. Hier unterscheiden sich die diversen CORBA-Anbieter vollständig. Daher ist dieser Teil nur für JavaIDL gültig.

Der Mittelteil ist wie in den Beispielen in Kapitel 5.2.5 beschrieben.

```java
package Bank;

import org.omg.CosNaming.*;
import org.omg.CosNaming.NamingContextPackage.*;
import org.omg.CORBA.*;

public class BankServer
{
  public static void main (String args[])
  {

    // Erzeugen und publizieren von
    // KontoEroeffnung
    try
    {
      // Angegebene Parameter verarbeiten
      ORB orb = ORB.init (args, null);

      // Erzeugen einer KontoEroeffnung
      // Instanz
      KontoEroeffnungImpl acmRef = new Konto-
EroeffnungImpl ();

      // Objekt mit dem ORB registrieren
      orb.connect (acmRef);

      org.omg.CORBA.Object objRef =
orb.resolve_initial_references ("NameService");
      NamingContext ncRef = NamingContextHel-
per.narrow (objRef);

      // Verbindung von Objekte und Name
      NameComponent nc = new NameComponent ("Kon-
toEroeffnung", "");
      NameComponent path[] = {nc};
      ncRef.rebind (path, acmRef);

      // Erzeugen eines allgemeinen Objektes
      // und Blockierung, um Anfragen zu
      // erhalten
      System.out.println ("Warte auf Anfragen
...");
      java.lang.Object sync = new ja-
va.lang.Object();
      synchronized (sync)
      {
```

```
        sync.wait();

      }
    }
    catch (Exception e)
    {
      System.err.println ("Fehler im BankServer: "
+ e);
      e.printStackTrace ();
    }
  }
}
```

5.4.7
Client

Die erzeugten Dateien für den Client sind:

- FalschGeldWert.java

- FalschGeldWertHelper.java

- FalschGeldWertHolder.java

- Konto.java

- KontoEroeffnung.java

- KontoEroeffnungHelper.java

- KontoEroeffnungHolder.java

- KontoHelper.java

- KontoHolder.java

- _KontoEroeffnungStub.java

- _KontoStub.java

Sie müssen auch hier natürlich die main ()-Routine implementieren.

BankClient.java

```
package Bank;

import org.omg.CosNaming.*;
import org.omg.CORBA.*;

public class BankClient
```

```java
{
  static KontoEroeffnung acmRef = null;
  static Konto account = null;

  public static void main (String args[])
  {
    // Ueberpruefen der Anzahl der Parameter
    if (args.length < 3)
    {
      System.err.println ("Verwendung:");
      System.err.println ("java Bank.BankClient -
ORBInitialPort <port#> <account name> [initial ba-
lance]");
      System.exit (1);
    }

    try
    {
      // Erzeugen und Initialisieren des ORB
      ORB orb = ORB.init (args, null);

      // Holen des root naming context
      // Anmerkung: NameService ist unbedingt
      // notwendig
      org.omg.CORBA.Object objRef =
orb.resolve_initial_references ("NameService");
      NamingContext ncRef = NamingContextHel-
per.narrow (objRef);

      // Aufloesen der Objekt-Referenz im
      // Naming
      NameComponent nc = new NameComponent ("Kon-
toEroeffnung", "");
      NameComponent path[] = {nc};
      acmRef = KontoEroeffnungHelper.narrow
(ncRef.resolve(path));
    }
    catch (Exception e)
    {
      System.err.println ("Fehler: " + e);
      System.exit (1);
    }

    // Holen des Kontostandes, wenn er als
    // Argument uebergeben wurde
    float startBalance = 0.0f;
    if (args.length == 4)
    {
```

```java
        Float F = Float.valueOf (args[3]);
        startBalance = F.floatValue ();
    }


    // Verwendung von KontoEroeffnung, um einen
    // Account mit einem Startwert zu erhalten
    try
    {
        account = acmRef.oeffnen (args[2], startBa-
lance);
    }
    catch (Exception e)
    {
        System.out.println ("Kann das Konto nicht
finden!");
        e.printStackTrace();
        System.exit (1);
    }


    try
    {
        // Nun werden ein paar
        // Methoden ausgefuehrt,
        // um zu zeigen, dass alles funktioniert
        System.out.println ("BankClient: gegenwaer-
tiger Kontostand: " + (float) account.kontostand
());
        System.out.println ("BankClient: abheben
50.00");
        account.abheben (50.00f);
        System.out.println ("BankClient: aktueller
Kontostand: " + (float) account.kontostand ());
        System.out.println ("BankClient: einzahlen
100.00");
        account.einzahlen (100.00f);
        System.out.println ("BankClient: aktueller
Kontostand: " + (float) account.kontostand ());
        System.out.println ("BankClient: einzahlen
25.00");
        account.einzahlen (25.00f);
        System.out.println ("BankClient: aktueller
Kontostand: " + (float) account.kontostand ());

    }
    catch (Exception e)
    {
        System.out.println (e.getMessage());
    }
```

```
        System.exit(0);
    }
}
```

5.4.8
Testen

Um zu sehen, ob Ihr ganzes System ebenso funktioniert, müssen
Sie es natürlich testen. Dazu müssen Sie durch die ganze Prozedur
der verschiedenen Aufrufe.

5.4.8.1   Kompilieren

Alle Dateien können mit folgendem Kommando übersetzt werden,
wenn Sie sich im Verzeichnis des Sourcecodes befinden:

```
javac -d . *.java
```

In unserem Fall erzeugt das ein Unterverzeichnis Bank, in dem
dann alle Class-Dateien dieses Packages enthalten sind.

5.4.8.2   Starten des Naming Service

Damit sich Ihr CORBA-Server auch netzwerkweit melden kann,
muß der Naming Service gestartet werden. Sie müssen als Parameter den Port angeben, auf dem dieser Service laufen soll.
Der Aufruf könnte folgendermaßen aussehen:

```
tnameserv -ORBInitialPort 1050
```

Dann erhalten Sie diese Antwort des Systems:

```
Initial Naming Context:
IOR:000000000000002849444c3a6f6d672e6f72672f436f73
4e616d696e672f4e616d696e67436f
6e746578743a312e30000000000001000000000000030000100
0000000007616e616e64610000040b
000000000018afabcafe000000026a3c92a800000008000000
0000000000
TransientNameServer: setting port for initial ob-
ject references to: 1050
```

5.4.8.3 Starten des Servers

Wenn dies erfolgt ist, können Sie den Server starten, um die Dienste bereitzustellen.

```
java Bank.BankServer -ORBInitialPort 1050
```

```
Warte auf Anfragen ...
```

Damit zeigt uns das System an, daß es bereit ist, Anfragen entgegenzunehmen. Jetzt können Sie den Client starten und sehen, was passiert.

5.4.8.4 Starten des Clients

```
java Bank.BankClient -ORBInitialPort 1050 tom 1000
```

Das System antwortet mit der folgenden Ausgabe:

```
BankClient: gegenwaertiger Kontostand: 1000.0
BankClient: abheben 50.00
BankClient: aktueller Kontostand: 950.0
BankClient: einzahlen 100.00
BankClient: aktueller Kontostand: 1050.0
BankClient: einzahlen 25.00
BankClient: aktueller Kontostand: 1075.0
```

Wenn Sie den Client das zweite Mal ohne Startwert starten, erhalten Sie folgende Ausgabe:

```
BankClient: gegenwaertiger Kontostand: 1075.0
BankClient: abheben 50.00
BankClient: aktueller Kontostand: 1025.0
BankClient: einzahlen 100.00
BankClient: aktueller Kontostand: 1125.0
BankClient: einzahlen 25.00
BankClient: aktueller Kontostand: 1150.0
```

Sie Sehen, der Server behält die Referenz zu unserem Kunden Tom.

5.5
Zusammenfassung

Sie haben die wesentlichen Bestandteile von CORBA kennengelernt und die Anwendungen dazu näher betrachtet. Da nun auch

Microsoft einsieht, daß mit einem proprietären DCOM-Modell nicht viel zu gewinnen ist, und Schnittstellen zu CORBA bereitstellen wird, ist anzunehmen, daß CORBA noch mehr an Boden gewinnt und somit wichtiger wird. JavaSoft unterstützt CORBA mit Java ab der Version 1.2. Vorher gab es nur „Spielversionen". Die anderen Hersteller haben aber durchaus auch Implementierungen, die von Interesse sein können. Wichtig ist, was die OMG tut. Und diese hat sehr zeitig eine IDL-Java-Sprachumsetzung erzeugt, die zu einer Einheitlichkeit in der Sprachumsetzung führte.

CORBA wird heute schon in vielen Bereichen des Intranets und Internets eingesetzt. Der Grund ist einfach: Bestehende Systeme können eingebunden werden und der Sicherheitsaspekt ist von Bedeutung. Wenn der Server ein Applet mit CORBA-Funktionalität bereitstellt, dann können diese Applets nur auf die CORBA-Serverobjekte des Servers zugreifen, ansonsten passiert gar nichts. Im Prinzip funktioniert das wie eine Firewall. Der CORBA-Server bestimmt, ob die Funktionalität bereitgestellt wird. Wenn ja, dann ist dies wohldefiniert und kann verwendet werden. Wollen andere Applets auf unseren Server zugreifen, dann wird in der Regel eine Exception erzeugt. Damit könnte ein ganzes Intranet einfach umgesetzt werden.

5.6
Zusätzliche Informationen

5.6.1
Internet

JavaSoft Homepage
    http://www.javasoft.com/products/jdk/idl/index.html

Object Management Group
    http://www.omg.org/

JavaWorld-Artikel zu JavaIDL
    http://www.javaworld.com/javaworld/topicalindex/jw-ti-javaidl.html

JavaWorld-Artikel zum Thema CORBA
    http://www.javaworld.com/javaworld/topicalindex/jw-ti-corba.html

5.6.2
Bücher

Robert Orfali; Dan Harky: Client/Server Programming with Java and CORBA. John Wiley & Sons, 832 S., Februar 1998
Andreas Vogel; Keith Duddy: Java Programming With Corba. John Wiley & Sons, 496 S., Februar 1998

Enterpriseprogrammierung

6 JavaBeans

6.1
Einführung

Dieses Kapitel beschreibt die Komponententechnologie der Programmiersprache Java. Im Gegensatz zu anderen Komponententechnologien gilt neben dem (modifizierten) Schlagwort für Java:

> Write Once, Run Almost Anywhere

für JavaBeans auch noch

> Reuse Everywhere.

Aus der Beans-Spezifikation:

> JavaBeans is a portable, platform-independent component-model, written in Java.

Mit JavaBeans ist es möglich, kleine, wiederverwendbare Softwarekomponenten zu erzeugen, die in einer grafischen Entwicklungsumgebung (Visual Builder Tool) verwendet werden können, um Applikationen ohne Schreiben von Sourcecode (oder zumindest mit einem reduzierten Maß an eigenem Code entwickeln zu können. Die Vorteile sind offensichtlich:

Reusable Components

- schnellere Entwicklungszeiten

- getestete Komponenten

- weniger Know-how der Sprache ist notwendig

Dieses Kapitel beschreibt die notwendigen Schritte und Dienste, um eine Komponente zu verwenden. Danach werden wir mehr und mehr auf den Background eingehen. Zum Schluß sollten Sie in der Lage sein, eigene Beans zu erzeugen und mit dem von Sun™ gelieferten Tool (BDK - Beans Developer Kit) zu testen.

6.1.1
Definition Bean

Eine Bean ist eine JavaBeans-Komponente. Beans sind unabhängige, wiederverwendbare Softwarekomponenten. Sie können sowohl sichtbare (z.B. AWT- oder Swing-) oder auch unsichtbare (z.B. Queues, Heaps) Objekte darstellen. Mit einem Visual Builder Tool, manchmal auch als IDE (Integrated Development Environment) bezeichnet, können Beans manipuliert und somit neue Applikationen entwickelt werden. Das Versprechen der objektorientierten Programmierung soll hier jetzt endlich eingelöst werden.

6.1.2
Beans-Architektur

Beans bestehen im wesentlichen aus drei Bestandteilen:

- Events (Ereignisse)
- Properties (Eigenschaften)
- Methods (Methoden)

Zusätzlich müssen Beans auch die Fähigkeit besitzen, über einen Zeitraum persistent zu sein. Diese Punkte werden wir im folgenden näher betrachten.

6.2
Events

Events werden dann benötigt, wenn „etwas passiert ist", z.B. wenn ein Knopf gedrückt oder ein Fenster geschlossen wurde. Das Delegationsmodell aus JDK 1.1 besteht aus drei Teilen:

1. EventObject (in der AWT-Welt ist es AWTEvent)
2. EventListener (ActionListener, FocusListener, …)
3. Event-Quelle (die entsprechenden AWT-Komponenten)

Jede Komponente kann EventListener registrieren, vorausge- setzt, die Komponente versteht den Event. Eine TextArea kann z.B. keinen ActionListener implementieren. Passiert etwas mit der Komponente, werden alle Listener benachrichtigt. Sie erhalten ein EventObject durch die entsprechende Methode des Listeners.

6.3
Properties (Eigenschaften)

6.3.1
Einführung

Properties beschreiben die Eigenschaften einer Bean. Schauen wir uns mal eine Bean aus dem AWT an. Ein Button aus dem AWT hat u.a. die folgenden Properties:

- enabled
- label
- background

In einem Visual Builder Tool, wie z.B. Visual Age for Java von IBM, sieht das so aus:

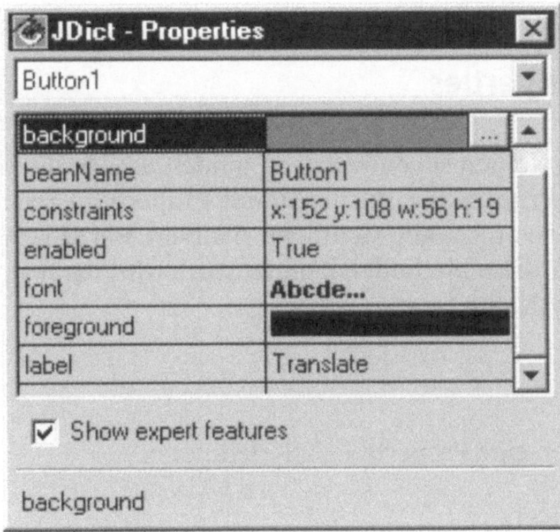

Abbildung 1
Properties in Visual
Age for Java

Um Methoden für Properties zu definieren, sind sog. Design Patterns vorgegeben:

```
public void setPropertyName (PropertyType value);
public PropertyType getPropertyName ();
```

PropertyName ist der Name der Property und PropertyType ist der Datentyp. Fehlt die set-Methode, ist die Property read-only, fehlt die get-Methode ist die Property write-only.

Beispiel:

Der o.g. Button hat für die Property Label dann die folgenden Methoden implementiert:

```
public void setLabel (String value);
public String getLabel ();
```


Insgesamt unterscheidet JavaBeans vier verschiedene Arten von Properties:

1. Simple Properties
2. Index Properties
3. Bound Properties
4. Constrained Properties

6.3.2
Simple Properties

Wie Sie am Namen sehen können, handelt es sich hierbei um die einfachsten Properties. Um eine Simple Property zu erzeugen, muß nur ein Paar von set/get-Methoden definiert werden. Was immer als Name für diese Methoden benutzt wird, wird dann automatisch der Property-Name.

Beispiel:

Wir wollen eine Property Gehalt definieren.

```
double gehalt;
public void setGehalt (double neuesGehalt)
{
  gehalt = neuesGehalt;
```

```java
}

public double getGehalt ()
{
  return gehalt;
}
```

Ist die Property vom Typ boolean, kann die get-Methode geändert werden. Um bei dem Gehaltsbeispiel zu bleiben: Wenn Sie
wissen wollen, ob der Angestellte Gehalt bekommt oder nicht,
können Sie die Property folgendermaßen definieren.

Aus getXXX () wird isXXX ()

```java
boolean gehalt;
public void setGehalt (boolean bekommtGehalt)
{
  gehalt = bekommtGehalt;
}

public boolean isGehalt ()
{
  return gehalt;
}
```

Wie zu sehen ist, wird aus der get-Methode eine is-Methode.
Nun wird auch klar, warum manche Methoden vom Namen her im
JDK 1.1.X gegenüber JDK 1.0.2 geändert wurden. Zum Beispiel
wurde aus resize () setSize (). Size ist eine Property für eine Kom-
ponente und um der Beans-Spezifikation zu folgen, muß diese den
Design Patterns entsprechen.

Aus resize () wurde setSize ()

6.3.3
Index Properties

Index Properties stehen für den Fall, daß eine einzige Property ein
Array von Werten enthalten kann. Die Design Patterns für Index
Properties sind wie folgt:

```java
public void setPropertyName (PropertyTyp[] list);
public void setPropertyName (PropertyTyp element,
int position);
public PropertyTyp[] getPropertyName ();
public PropertyTyp getPropertyName (int position);
```

Beispiel:

Die AWT-Komponente List enthält eine Property Item, die
dann so aussehen kann:

```
public void setItem (String[] list);
public void setItem (String element, int positi-
on);
public String[] getItem ();
public String getItem (int position);
```

6.3.4
Bound Properties

Verbund Bound Properties sind „gebundene" Properties, d.h., wenn ein Teilnehmer an der Property etwas ändert, wird ein anderer informiert.

Beispiel:

Stellen Sie sich ein Kreuzung vor. Wenn ein Fußgänger auf den
berüchtigten Knopf drückt, soll die Fußgängerampel grün werden
und die anderen Ampeln sollten benachrichtigt werden, damit sie
auf rot schalten können.

Damit dies geschehen kann, muß eine Liste verwaltet werden.
Wenn eine Property verändert wird, muß ein Event erzeugt werden. Dies geschieht via PropertyChangeEvents und der Klasse PropertyChangeSupport.

Um das oben Gesagte zu erreichen, müssen Sie die entsprechenden Listener aufsetzen (erinnern Sie sich, ich spreche hier über
Events), die entsprechenden Events auslösen etc. Das geschieht
durch folgenden Code:

```
private PropertyChangeSupport changes = new Pro-
pertyChangeSupport (this);

public void addPropertyChangeListener (Property-
ChangeListener p)
{
  changes.addPropertyChangeListener (p);
}

public void removePropertyChangeListener (Proper-
tyChangeListener p)
{
  changes.removePropertyChangeListener (p);
}
```

Nun kehren wir zum Gehaltsbeispiel zurück. Hier muß zuerst überprüft werden, ob sich der Wert geändert hat. Ist das der Fall, dann müssen alle Listener informiert werden.

```
public void setGehalt (double gehalt)
{
  Double altesGehalt = new Double (this.gehalt);
  this.gehalt = gehalt;
  changes.firePropertyChange ("gehalt", altesGe-
  halt, new Double (this.gehalt));
}
```

Das ist der sendende Teil. Aber auch der Empfänger muß in der Lage sein zu reagieren. Er benötigt eine propertyChange-Methode.

```
public void propertyChange (PropertyChangeEvent
evt);
```

PropertyChangeEvents werden in Java auf der Klassen- oder Bean-Ebene abgehandelt, d.h., Sie müssen den Namen der Property mit der Methode getPropertyName () überprüfen. Nur dann können Sie gewährleisten, daß die Änderung auch für die Komponente zutrifft und Sie diese erwartet haben.

Wenn Sie sich obigen Code genauer angeschaut haben, werden sie festgestellt haben, daß in der Methode setGehalt () nicht der primitive Datentyp double verwendet wurde, sondern die korrespondierende Klasse. Das ist ein Muß, wenn ein Event ausgelöst wird.

Klassen anstelle primitiver Datentypen

6.3.5
Constrained Properties

Constrained und Bound Properties sind sehr eng miteinander verwandt. Aber zusätzlich zur Verwaltung von PropertyChange-Listenern werden noch VetoableChangeListener verwaltet. Wie am Namen schon zu erkennen ist, kann also gegen die Veränderung einer Property ein Veto eingelegt werden. Das heißt, bevor eine Veränderung vorgenommen wird, werden die Listener gefragt, ob die Veränderung in Ordnung ist. Ist dies nicht der Fall, löst der Listener eine PropertyVetoException aus, die in der set-Methode deklariert wird.

Will also unser Fußgänger die Ampel überqueren und drückt den Knopf, dann werden alle anderen Ampeln angefragt, ob das in Ordnung ist. Hat z.B. eine andere Ampel einen höheren Wert (eine

Constrained = Bound + Einspruch

höhere Priorität), oder die Schlange ist lang, dann kann sie der Fußgängerampel dies mitteilen (Veto einlegen), und der Fußgänger muß warten.

Um aus unseren o.g. Bound Properties Constrained Properties zu machen, müssen folgende Erweiterungen vorgenommen werden.

```java
private VetoableChangeSupport vetoes = new VetoableChangeSupport (this);

public void addVetoableChangeListener (VetoableChangeListener v)
{
  vetoes.addVetoableChangeListener (v);
}

public void removeVetoableChangeListener (VetoableChangeListener v)
{
  vetoes.removeVetoableChangeListener (v);
}
```

In dem Gehalts-Sourcecode müssen dann noch die folgenden Veränderungen durchgeführt werden:

```java
public void setGehalt (double gehalt) throws PropertyVetoException
{
  Double altesGehalt = new Double (this.gehalt);
  vetoes.fireVetoableChange ("gehalt", altesGehalt, new Double (gehalt));
  this.gehalt = gehalt;
  changes.firePropertyChange ("gehalt", altesGehalt, new Double (this.gehalt));
}
```

Auf der Empfängerseite benötigt der VetoableChangeListener eine vetoableChange-Methode.

```java
public void vetoableChange (PropertyChangeEvent evt) throws PropertyVetoException;
```

Anstatt einen Listener für alle PropertyChangeEvents zu verwenden und einen Listener für alle VetoableChangeEvents, können separate Listener für jede Property verwendet werden.

Die Design Patterns sehen dann so aus:

```
public void addPropertyNameListener
(PropertyChangeListener p);

public void removePropertyNameListener (Property-
ChangeListener p);

public void addPropertyNameListener (VetoableChan-
geListener v);

public void removePropertyNameListener (Vetoab-
leChangeListener v);
```

6.4
Methoden

6.4.1
Einführung

Bean-Methoden sind für alle ansprechbar und daher einfacherweise als public definiert. Aber natürlich können Methoden für Visual Builder Tools auch unsichtbar gemacht werden.

Alles ist öffentlich

Dies geschieht, indem mit der BeanInfo-Klasse die Methode getMethodDescription () verwendet wird. Jede Bean kann eine BeanInfo-Klasse benutzen und so die Darstellung und Fähigkeit im Visual Builder Tool bestimmen.

Über Methoden können andere Objekte mit den Beans interagieren. Beans erhalten eine Meldung über Events, indem sie eine entsprechende Methode besitzen, die dann von dem Event-Auslöser aufgerufen wird.

Zusätzlich zu den Methoden, die für die Properties verwendet werden müssen, schreiben Sie normalerweise noch weitere Methoden. Diese haben meist keinen oder nur einen Parameter, nämlich den (oder die) Event(s), auf die Sie reagieren wollen. Auf diese Weise kann ein Visual Builder Tool direkt feststellen, welche Methoden die Bean implementiert und mit welcher er sich verbinden kann.

Zusätzliche Methoden

Beispiel:

Das folgende Bild zeigt IBMs Visual Age for Java und dessen Connect-Möglichkeiten in seinem Visual Builder.

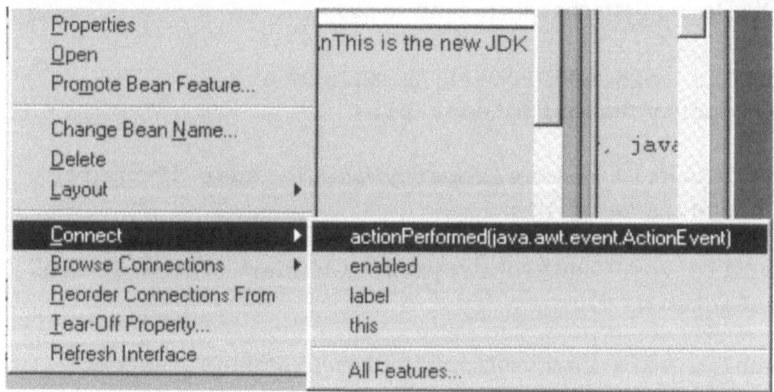

Löst man einen actionPerformed-Event für einen Button aus (siehe Abbildung 2) und verbindet dann grafisch diese Aktion mit einer Liste, dann bekommt man die folgende Auswahl an Methoden:

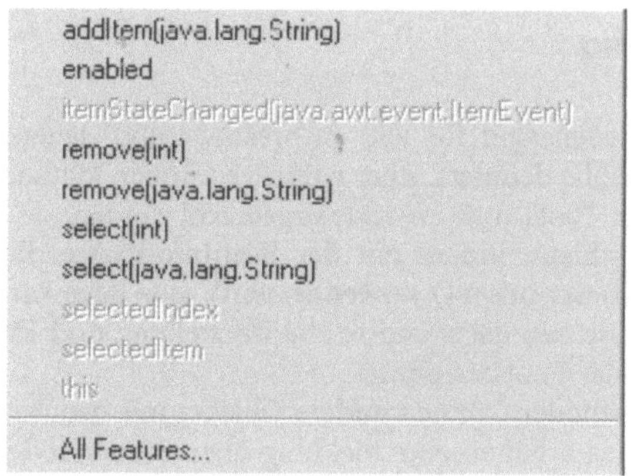

Die Klasse List des AWT ist also eine Bean, wie Sie bereits wußten, und bietet Ihnen die oben gezeigten Methoden an, die Sie verwenden können, wenn Sie einen ActionEvent eines Buttons auslösen.

6.4.2
BeanInfo

Genaue Beschreibung der Bean

Das BeanInfo-Interface erlaubt es dem Bean-Entwickler, die Bean detaillierter zu beschreiben, als es der „automatische" Reflection-Mechanismus kann (auf Reflection komme ich später noch zu sprechen). Dies geschieht meist dann, wenn der Bean-Integrator mit weniger oder beschränkteren Möglichkeiten konfrontiert werden soll, damit er leichter mit der Bean arbeiten kann. Manche Beans sind sehr allgemein gehalten und für spezielle Fälle muß nicht die Fülle aller Optionen zur Verfügung gestellt werden.

Auch für die BeanInfo-Klasse gibt es wieder Namenskonventionen. Dem Namen der Bean muß noch BeanInfo angehängt werden.

Beispiel:

Falls Ihre Bean OpenStepButton heißt, dann hat die BeanInfo für diese Bean den Namen OpenStepButtonBeanInfo.

Zum Glück ist es nicht nötig, die gesamte BeanInfo selbst zu implementieren. Die Klasse java.beans.SimpleBeanInfo liefert eine Basis, die Sie dann nach Belieben überschreiben können. Außerdem bieten Tools wie Visual Age for Java Automatismen, um BeanInfo direkt im Tool zu verwenden, und nehmen dem Entwickler damit viel Arbeit ab. Die Klasse hat folgenden Konstruktor:

SimpleBeanInfo

```
public SimpleBeanInfo()
```

und besitzt folgende Methoden:

```
getAdditionalBeanInfo ()
getBeanDescriptor ()
getDefaultEventIndex ()
getDefaultPropertyIndex ()
getEventSetDescriptors ()
getIcon (int)
getMethodDescriptors ()
getPropertyDescriptors ()
loadImage (String)
```

6.5
Customization

6.5.1
Einführung

Mit dem Mechanismus der Customization kann der Bean-Entwickler steuern, was der Bean-Integrator (also der, der die Beans zusammenbaut) in seinem entsprechenden Tool zu sehen bekommt.

Visual Builder Tools verwenden normalerweise Reflection, den Mechanismus, der in JDK 1.1 eingeführt wurde. Das ist in den meisten Fällen auch ausreichend, aber es gibt auch genügend Gelegenheiten, wo der Beans-Entwickler andere Funktionalität bereitstellen möchte.

Zum Beispiel könnte der Beans-Entwickler den Wunsch nach einem eigenen Customization-Fenster haben, anstatt das des Visual Builder Tools zu verwenden. Dazu wird das Customizer-Interface und ein Custom Panel implementiert.

Das Beans Development Kit (BDK) enthält ein Beispiel mit dem Namen OurButton. Von diesem ist ein Button mit Customizer abgeleitet, der ExplicitButton, abgeleitet.

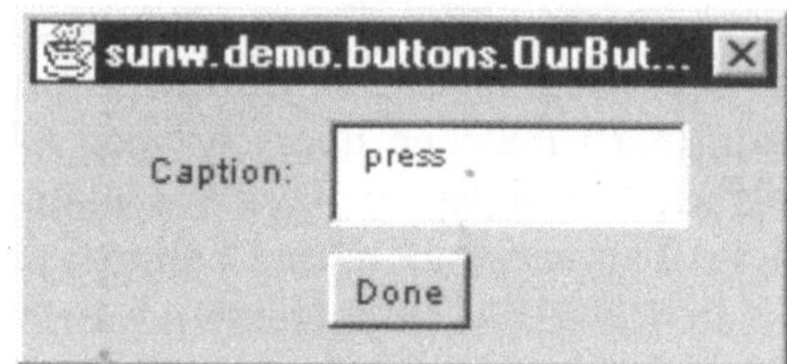

Abbildung 4
OurButton-Customizer

Dasselbe kann auch mit Properties gemacht werden. Wenn ein anderer Weg zur Veränderung der Properties gewählt werden soll, dann ist dies auch möglich. Ein gutes Beispiel dafür ist das Molecule Bean in den Demos vom Beans Development Kit. Dabei wird die Klasse PropertyEditorSupport erweitert.

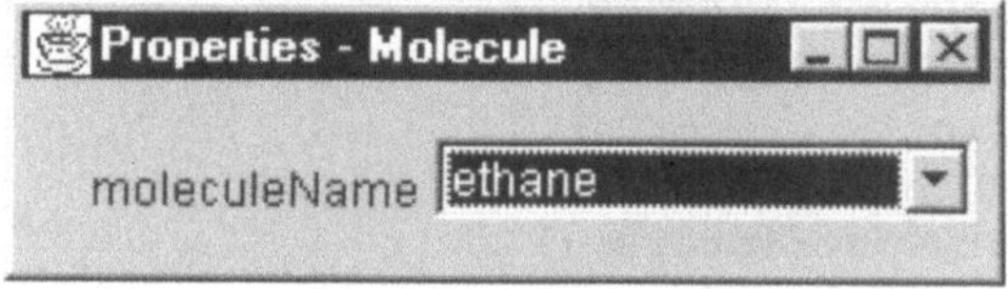

Abbildung 5
Property-Editor-
Support

Um all dies erreichen zu können, muß die Bean eine zusätzliche Klasse (ExplicitButton) verwenden, die mit der Bean kommt. Diese zweite Klasse implementiert dann das BeanInfo-Interface.

6.5.2
Eigene Customizers

Um nicht an die Visual Builder Tools gebunden zu sein, können eigene Customizers geschrieben werden.

Gehen wir zurück zum Gehaltsbeispiel und überlegen, daß diese Bean nur eine Property hat: das Gehalt!

Nun könnte in einem Visual Builder Tool alles mögliche eingegeben werden, aber bei diesem Beispiel ist es sinnvoll, nur Zahlen, z.B. float, einzugeben. Deshalb wird ein eigener Customizer erstellt.

Beispiel 01:

```java
import java.awt.*;
import java.awt.event.*;
import java.beans.*;

public class EmployeeCustomizer extends Panel
implements Customizer, KeyListener
{
  private Employee target;
  private TextField gehaltsFeld;
  private PropertyChangeSupport support = new Pro-
pertyChangeSupport(this);

  public void setObject(Object obj)
  {
    target = (Employee) obj;
    Label t1 = new Label("Salary :");
    add(t1);
    gehaltsFeld = new TextField(
    String.valueOf(target.getGehalt()), 20);
    add(gehaltsFeld);
    gehaltsFeld.addKeyListener(this);
  }

  public Dimension getPreferredSize()
  {
    return new Dimension(225,50);
  }

  public void keyPressed(KeyEvent e)
  {
  }

  public void keyTyped(KeyEvent e)
  {
  }

  public void keyReleased(KeyEvent e)
  {
```

```java
      Object source = e.getSource();
      if (source == gehaltsFeld)
      {
        String txt = gehaltsFeld.getText();
        try
        {
          target.setGehalt((new Float(txt)). float-
Value());
        }
        catch (NumberFormatException ex)
        {
          gehaltsFeld.setText (String.valueOf (tar-
get.getGehalt()));
        }
        support.firePropertyChange("", null, null);
      }
    }

    public void addPropertyChangeListener(
PropertyChangeListener l)
    {
      support.addPropertyChangeListener(l);
    }

    public void removePropertyChangeListener(
PropertyChangeListener l)
    {
      support.removePropertyChangeListener(l);
    }
}
```

Entscheidet der Bean-Integrator jetzt, daß er die Bean mit dem Customizer anpassen möchte, bekommt er folgendes Fenster:

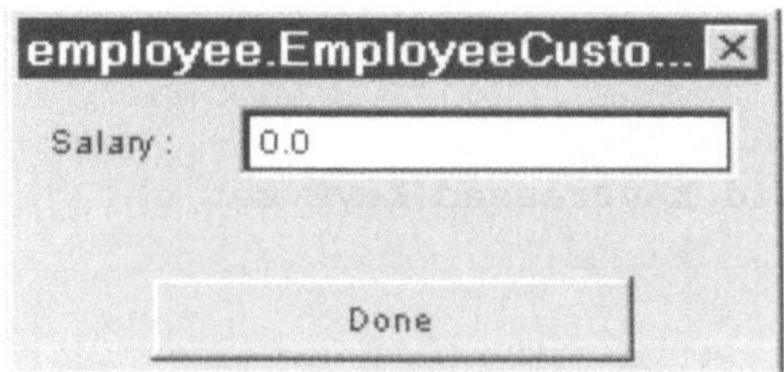

Vorausgesetzt, wir haben auch die folgende BeanInfo-Klasse:

Beispiel 02 (EmployeeBeanInfo.java)

```java
import java.beans.*;
```

```java
public class EmployeeBeanInfo extends SimpleBea-
nInfo
{
  private final static Class beanClass =
Employee.class;
  private final static Class customizerClass = Em-
ployeeCustomizer.class;

  public BeanDescriptor getBeanDescriptor()
  {
    return new BeanDescriptor(beanClass, customi-
zerClass);
  }
}
```

Customizers sind natürlich viel mächtiger als, dieses einfache
Beispiel es zeigt, aber komplexere Beispiele werden unendlich lang.
Sie haben eben gesehen, wie lang schon ein einfaches Beispiel wer-
den kann.

6.5.3
Property Customizers

Nun macht es nicht immer Sinn, für alle Properties eine eigene
Eingabemaske zu schreiben. Aber natürlich wäre es hilfreich,
Kontrolle darüber zu haben, was das Property Sheet (ein Fenster
für die Properties) für eine spezielle Property anzeigt. In diesem
Fall ist der PropertyEditor ideal. Die Klasse kann entweder selbst
vollständig implementiert werden, oder wir verwenden wieder eine
vorgegebene Klasse, die PropertyEditorSupport-Klasse.

PropertyEditor

Aus der Dokumentation:

> A PropertyEditor class provides support for GUIs that want to allow users
> to edit a property value of a given type.

Die Methoden für PropertyEditor sind:

```
addPropertyChangeListener(PropertyChangeListener)
getAsText ()
getCustomEditor ()
getJavaInitializationString ()
getTags ()
getValue ()
isPaintable ()
paintValue (Graphics, Rectangle)
removePropertyChangeListener
```

```
                      (PropertyChangeListener)
setAsText (String)
setValue (Object)
supportsCustomEditor ()
```

Und die Methoden für PropertyEditorSupport sind:

```
addPropertyChangeListener(PropertyChangeListener)
firePropertyChange ()
getAsText ()
getCustomEditor ()
getJavaInitializationString ()
getTags ()
getValue ()
isPaintable ()
paintValue (Graphics, Rectangle)
removePropertyChangeListener
   (PropertyChangeListener)
setAsText (String)
setValue (Object)
supportsCustomEditor ()
```

Wollen Sie neben dem Gehalt noch eine Property Position für
den Angestellten hinzufügen, dann können Sie eine Liste von Positionen über die Klasse EmployeePositionEditor bereitstellen.
Diese Klasse erbt von der Klasse PropertyEditorSupport.

Beispiel 03:

```java
import java.beans.*;

public class EmployeePositionEditor extends Pro-
pertyEditorSupport
{
  public String[] getTags()
  {
    String values[] = {"Geschaeftsfuehrer",
                   "Abteilungsleiter",
                      "Putzfrau",
                      "Sekretaerin"};
    return values;
  }
}
```

Wird eine Liste mit Möglichkeiten als Property angeboten (das kommt sicher häufig vor), dann muß die Property mit einem der Tags initialisiert werden. Ist dies nicht der Fall und der Bean-Integrator will die Property verändern, dann bekommt er eine IllegalArgumentException.

Daraus folgt, wir müssen den folgenden Code unserer Klasse EmployeeBeanInfo hinzufügen:

```java
public PropertyDescriptor[] getPropertyDescrip-
tors()
{
  try
  {
    PropertyDescriptor pd = new PropertyDescriptor
("position", beanClass);
                        pd.setPropertyEditorClass
(positionEditorClass);
    PropertyDescriptor result[] = { pd };
    return result;
  }
  catch (Exception e)
  {
    System.err.println("Unexpected exception: " +
e);
    return null;
  }
}
```

Dann könnte das Property Sheet so aussehen:

Abbildung 7
Property Sheet

Sollten Sie mehrere PropertyDescriptors verwenden, dann wird die Reihenfolge der Anzeige der Reihenfolge des Arrays nachempfunden.

Wird die Methode setPropertyEditorClass nicht für einen der PropertyDescriptor aufgerufen, dann kümmert sich der mitgelieferte PropertyEditorManager um einen „vernünftigen" PropertyEditor.

6.5.4
System-Property-Editoren

Diese „vernünftigen" Property-Editoren werden mit dem JDK geliefert.

Im sun.beans.editors-Package finden Sie die folgenden Editoren für die entsprechenden Datentypen:

Datentyp	Editor
Boolean	BoolEditor
Byte	ByteEditor
Color	ColorEditor
Double	DoubleEditor
Float	FloatEditor
Font	FontEditor
Int	IntEditor
Long	LongEditor
Number	NumberEditor
Short	ShortEditor
String	StringEditor

Java weiß, welcher Editor benötigt wird

Es muß nichts Besonderes getan werden, um diese Editoren verwenden zu können. Die BeanBox des BDK ist clever genug, um zu sehen, ob ein String, Float oder Int verwendet wird, und um dann den entsprechenden Editor zu benutzen. Wird die BeanBox nicht verwendet, können Sie dies aber auch in Ihrem Viusal Builder Tool ausprobieren.

6.6
Persistenz

6.6.1
Einführung

Beibehalten des Status

Persistenz bedeutet die Fähigkeit eines Objekts, seinen Status für die spätere Wiederverwendung zu speichern. Sie haben z.B. einem Button den Label „Click-Me" gegeben und möchten das natürlich auch später wieder so haben. Im Appletviewer kann das durch den Menüpunkt „Save" geschehen. Es wird der Status des Applets ge-

speichert und dann z.B. über das Netzwerk zu einem anderen
Rechner transferiert. Dieser setzt dann dort genau wieder auf, wo
das Applet auf dem ersten Rechner geendet hat.

JavaBeans verwendet hier den Mechanismus der Serialization,
der im JDK 1.1 eingeführt wurde.

Die Interfaces, die als Basis dienen, sind ObjectInput und Ob-
jectOutput. Dazu kommen noch ObjectInputStream und Objec-
tOutputStream. Mit Serialization werden alle non-static und non-
transient Instanzvariablen eines Objekts gespeichert. Ist einer der
genannten eine Referenz auf ein anderes Objekt, wird hier rekursiv
weitergearbeitet und dieses Objekt ebenfalls mit den o.g. Kriterien
abgespeichert. Es geht soweit, bis alle gespeicherten Daten primitive Datentypen sind.

Sie fragen sich jetzt: Und was ist mit Objekten, die von mehreren Referenzen angesprochen werden können? Die Antwort lautet:
Es wird nur einmal serialisiert und abgespeichert.

Damit ist der Entwickler sicher, daß ein wirkliches Abbild des
letzten Zustandes des Objektes gespeichert wird und er beim Laden später wieder genau denselben Zustand bekommt. Würde das
Objekt mehrmals serialisiert, würde beim erneuten Laden jedes serialisierte Objekt neu geladen, und es gäbe dann nicht mehr die
Referenzen auf ein Objekt, sondern jede Referenz wäre ein eigenes
Objekt.

Beispiel:

Stellen Sie sich einen binären Baum vor.

```
TreeNode top = new TreeNode ("top");
top.addChild (new TreeNode ("linkes Kind"));
top.addChild (new TreeNode ("rechtes Kind"));
```

Nun wollen Sie diesen Status abspeichern. Das geschieht auf folgende Weise:

```
FileOutputStream fout = new FileOutputStream
("test.out");
ObjectOutput oout = new ObjectOutputStream (fout);
oout.writeObject (top);
oout.flush ();
oout.close ();
```

Nun kann das Programm beendet werden, der Status des Objekts ist gespeichert. Der folgende Code wird verwendet, um diesen
wiederherzustellen:

```
FileInputStream fin = new FileInputStream
("test.out");
ObjectInputStream ois = new ObjectInputStream
(fin);
TreeNode n = (TreeNode) ois.readObject ();
```

6.6.2
Bean Serialization

Wie Sie schon gesehen haben, wird ein serialisierbares Objekt
durch den Aufruf von

`ObjectOutput.writeObject` erzeugt. Der umgekehrte Weg
geht über

`ObjectInput.readObject`

Der Bean-Entwickler muß diese Methoden nicht verwenden,
aber er muß gewährleisten, daß die Bean serialisierbar ist.
Die folgende Checkliste kann dabei helfen:

1. Ist die Klasse serializable?

2. Sind alle Instanzvariablen serializable?

3. Soll alles, was nicht transient oder static ist, abgespeichert wer-
    den?

4. Soll das Objekt in seiner gegenwärtigen Struktur serialisiert
    werden?

5. Wie werden transient und static Variable nach dem Deseriali-
    sieren initialisiert?

6. Soll eine Überprüfung während der Serialisierung vorgenom-
    men werden?

Wollen Sie nur die Standard-Dinge tun, wie z.B. serialisieren für
spätere Verwendung und das Deserialisieren, dann reicht es aus,
Ihre Klasse als Serializable zu kennzeichnen.

```
public class MeinButton implements Serializable
{
...
}
```

In allen anderen Fällen sollten Sie Punkt für Punkt die Checkliste durchgehen.

Punkt 1 kann sehr leicht abgehakt werden.

Punkt 2 verlangt, daß alle Instanzvariablen serialisierbar sind. Auf primitive Datentypen wie int und floattrifft dies zu. Die anderen müssen leider von Hand nachgeschaut werden, bis man ein Gefühl dafür bekommt. Zum Beispiel ist Image nicht serialisierbar. Und wenn man einen Datentyp gefunden hat, der nicht serialisierbar ist, dann muß überlegt werden, was damit geschieht. Um bei dem Typ Image zu bleiben: Images können separat abgespeichert und neu geladen werden. Aber wie sieht es bei Videos aus?

Wird dieser Datentyp mit einem Defaultwert abgespeichert (z.B. starte immer wieder am Anfang), wird er transient gemacht, oder soll er auf andere Weise wieder initialisiert werden?

Punkt 3 ist wieder einfach zu beantworten.

Punkt 4 verlangt die Überlegung, ob es sinnvoller ist, die Daten in einem anderen Format abzuspeichern. Zum Beispiel ist es einfacher, die Daten einer Hashtabelle zu speichern und beim erneuten Laden die Hashtabelle neu zu erzeugen, als die gesamte Hashtabelle (vielleicht 70% leer) abzuspeichern. Außerdem könnte das Objekt ja über das Internet transferiert werden und dann stellt sich die Frage, ob die Daten nicht verschlüsselt werden sollten.

Punkt 5 fragt, ob die nicht-persistenten Daten mit ihren Defaultwerten abgespeichert werden sollen. Wenn nicht, muß hier Hand angelegt werden.

Zu guter Letzt wird in Punkt 6 gefragt, ob der Prozeß überprüft werden soll. Schließlich kann es sich dabei um ein Netzwerk von Objekten mit Rekursionen etc. handeln. Wenn das der Fall ist, muß eine zusätzliche Methode registriert werden.

Beispiel:

Nehmen wir an, Sie haben eine Klasse TreeNode (wie oben schon erwähnt) und haben dort eine Instanzvariable Datum. Würde dieses jetzt abgespeichert werden, würde das zuerst erzeugte Datum genommen werden. Wenn der Entwickler aber das zuletzt erzeugte Datum möchte, muß er die Variable transient machen. Folgender Code illustriert das:

```java
public class TreeNode implements Serializable
{
    Vector children;
    TreeNode parent;
    String name;
    transient Date date;
```

```java
public TreeNode(String s)
{
  children = new Vector(5);
  name = s;
  initClass();
}

private void initClass ()
{
  date = new Date();
}
...
private void writeObject(ObjectOutputStream s)
throws IOException
{
  s.defaultWriteObject();
}

private void readObject(ObjectInputStream s)
throws ClassNotFoundException, IOException
{
  s.defaultReadObject();
  initClass();
}
}
```

6.6.3
Wiederherstellung einer Bean

Normalerweise wird zum Erzeugen eines Objektes das Schlüsselwort

new

verwendet. Mit Beans gibt es aber noch die Möglichkeit, die Methode

Beans.instantiate ()

aufzurufen. Diese Methode wird normalerweise von den Visual
Builder Tools verwendet, um eine Bean aus einer serialisierten Bean wiederherzustellen. Der Grund dafür liegt darin, daß die Hersteller der Visual Builder Tools keine Beschränkungen einführen
wollen, welche Beans verwendet werden.

Beispiel:

Die folgenden Zeilen sind identisch!

```java
Component c = (Component) Beans.instantiate (null,
"java.awt.TextField");

Component c = new TextField ();
```

Also nichts Neues.
Doch treiben wir dieses Beispiel noch ein bißchen weiter, indem wir unsere eigene Klasse für ein TextField erzeugen.

```java
public class MeinTextFeld extends TextField
{
...
}
```

Schreiben wir nun ein kleines Programm, das dies mit ein paar Properties serialisiert.

Beispiel 04 (TfSaver.java)

```java
import java.awt.*;
import java.io.*;

public class TfSaver
{
  public static void main(String args[])
  {
    MeinTextFeld mtf = new MeinTextFeld();

    Font ft = new Font("Serif", Font.ITALIC, 36);
    mtf.setFont(ft);
    mtf.setText("Hello World");

    try
    {
      FileOutputStream f = new FileOutputStream
("MeinTextFeld.ser");
      ObjectOutputStream s = new ObjectOutputStre-
am(f);
      s.writeObject(mtf);
      s.flush();
    }
    catch (Exception e)
    {
```

```java
        System.out.println(e);
      }
    System.exit(0);
  }
}
```

Wird jetzt eine Applikation geschrieben, die eine Instanz von MeinTextFeld verwendet, kann diese sofort mit den Font- und Text-Properties starten, die gesetzt sind.

```java
Component c = (Component) Beans.instantiate
(null, "MeinTextFeld");
```

Hier die Applikation mit Beans:

Beispiel 05:

```java
import java.awt.*;
import java.beans.*;
import java.io.*;

class Beispiel05 extends Frame
{
  Beispiel05 ()
  {
    try
    {
    Component c = (Component) Beans. instantiate
(null, "MeinTextFeld");
      add (c);
      setVisible (true);
    }
    catch (IOException e){}
    catch (ClassNotFoundException c)  {}

  }

  public static void main (String args[])
  {
    new Beispiel05 ();
  }
}
```

Die Ausgabe:

Nun die „gewohnte" Form:

Beispiel 06:

```java
import java.awt.*;
import java.beans.*;
import java.io.*;

class Beispiel06  extends Frame
{
  Beispiel06 ()
  {
    Component c = new MeinTextFeld ();
    add (c);
    setVisible (true);
  }

  public static void main (String args[])
  {
    new Beispiel06 ();
  }
}
```

Classname.ser

Existiert ein Dateiname der Form Klassenname.ser, also in diesem Fall MeinTextFeld.ser, dann wird die Klasse deserialisiert, also wiedergewonnen. Ist dies nicht der Fall, dann wird die Bean mit dem Standard-Konstruktor aufgerufen.

6.6.4
Versionsverwaltung einer Bean

*Struktur-
veränderungen*

Werden Veränderungen an der Struktur einer Bean vorgenommen, dann ist die Bean zur alten Version nicht mehr kompatibel und die Wiederherstellung funktioniert nicht. Das klingt plausibel, führt in der Praxis aber zu einigen Problemen. Das einfache Hinzufügen einer Methode bewirkt eine Veränderung der Struktur und endet mit der Meldung:

```
java.io.InvalidClassException
```

wenn die Klasse deserialisiert werden soll. Das geschieht, obwohl eine Methode nicht notwendigerweise Statusinformationen verändert (hinzufügt oder löscht). Eigentlich sollten die beiden Klassen, was die Serialisierung angeht, kompatibel sein.

Um sicherzustellen, daß die neue Version auch vom Original wiederhergestellt werden kann, muß die Variable Stream Unique Identifier (SUID) hinzugefügt werden.

Beispiel:

```
private static final long serialVersionUID = -
29662887844322217853L;
```

Wenn die Versionen wirklich unterschiedlich sind, wird einfach die SUID verändert. Damit können alle alten Versionen weiter verwaltet werden. Über die Versionsnummer kann dann auch auf die alten Daten zugegriffen werden.

Die Werte für die SUID werden nicht zufällig gewählt, sondern über einen Hashalgorithmus. Da statische Variable nicht serialisiert werden, wird der Wert während der Wiederherstellung neu erzeugt und mit der aktuellen Klassendefinition verglichen. Im JDK-Paket finden Sie das Programm dazu:


```
serialver
```

Es hat ein Argument, den Klassennamen, und außerdem den Parameter

```
-show
```

der das Ganze grafisch darstellt.

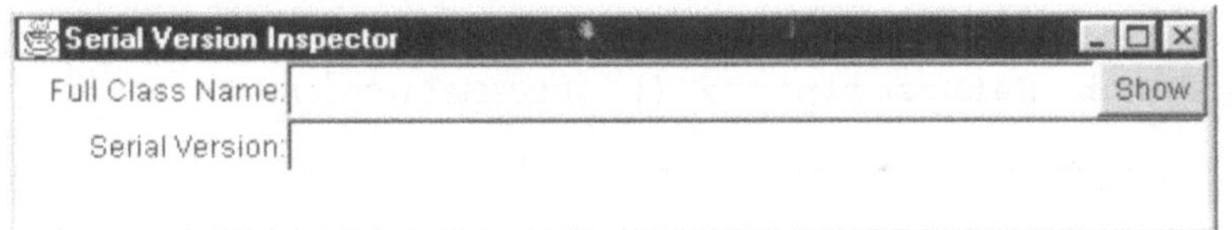

Abbildung 10
serialver
-show

6.7
Introspection

6.7.1
Einführung

Introspection ist die Fähigkeit, die Schnittstelle einer Bean zu bestimmen, also die Properties, Methoden und Events. Es gibt zwei Wege, dies zu tun:

- Verwendung der Introspector-Klasse
- Direkt durch Verwendung der Reflection-API

Das Introspector-Interface verwendet die getBeanInfo ()-Methode, die eine Instanz der Klasse Class als Parameter benötigt.

Beispiel:

```
TextArea ta = new TextArea ();
BeanInfo bi = Introspector.getBeanInfo
(ta.getClass ());
```

Verwenden Sie aber nicht die BeanInfo-Klasse, dann muß der Reflection-Mechanismus benutzt werden.

6.7.2
Reflection

Mit dem Reflection-Mechanismus werden alle Teile einzeln bestimmt, also Events, Properties und Methoden.

6.7.2.1 Events

Um herauszufinden, welche Events die Bean auslöst, kann die Methode

```
getEventSetDescriptors ()
```
eingesetzt werden.

Beispiel:

```
EventSetDescriptor[] esd =
bi.getEventSetDescriptors ();
for (int i=0;i<esd.length;i++)
{
  System.out.print (esd[i].getName () + " ");
}
System.out.println ();
```

Für die obige TextArea lautet das Ergebnis:

```
text mouse key component focus mouseMotion
```

Für einen Button aber:

```
mouse key component action focus mouseMotion
```

6.7.2.2 Properties

Eine ähnliche Methode wie für Events gibt es auch für Properties. Hier heißt die Methode:

```
getPropertyDescriptors ();
```

Diese werden natürlich nur erkannt, wenn die Bean die entsprechenden Design Patterns erfüllt.

Beispiel:

```
PropertyDescriptor pd[] =
bi.getPropertyDescriptors ();
for (int i=0;i<pd.length;i++)
{
   System.out.print (pd[i].getName () + " ");
}
System.out.println ();
```

Die Ausgabe für eine TextArea (siehe oben) sieht so aus:

```
rows selectionStart enabled text preferredSize fo-
reground visible background selectedText scroll-
barVisibility font columns name caretPosition se-
lectionEnd minimumSize editable
```

Für einen Button dagegen:

```
enabled actionCommand foreground label visible
background font name
```

6.7.2.3 Methoden

Auch Methoden haben einen ähnlichen Aufruf:

```
getMethodDescriptors ();
```

Diese Methode liefert alle Methoden, die die Bean unterstützt. Natürlich sind das nur die Methoden, die sichtbar, also public sind. Außerdem gibt es auch einen Mechanismus, der die Parameter der Methoden liefert. Dies geschieht mit

```
getParameterDescriptors ();
```

Beispiel:

```
MethodDescriptor md[] = bi.getMethodDescriptors();
for (int i = 0; i < md.length; i++)
{
   System.out.print (md[i].getName () + " ");
}
System.out.println ();
```

Für unsere TextArea erhalten wir folgende Ausgabe (und nun
können Sie das mit der Dokumentation der TextArea vom AWT
vergleichen):

```
setEditable setSelectionStart show
addMouseMotionListener handleEvent
getSelectedText addFocusListener
setSelectionEnd contains repaint action
setLocale print replaceText removeNotify move
getForeground createImage setName toString
setBounds checkImage getPeer
getScrollbarVisibility preferredSize
setCaretPosition remove
removeMouseMotionListener
removeComponentListener hide size
preferredSize getMaximumSize repaint
removeFocusListener equals getFont gotFocus
addTextListener resize setRows getGraphics
addMouseListener getSelectionStart printAll
appendText mouseExit repaint
getLocationOnScreen getComponentAt isEditable
reshape inside removeMouseListener
minimumSize mouseEnter getColumns add
deliverEvent list list nextFocus
getCaretPosition prepareImage contains
minimumSize isShowing enable locate
createImage getSize setBackground getBounds
addNotify checkImage notify setColumns insert
lostFocus show disable isVisible keyUp list
getComponentAt removeTextListener setVisible
setFont addComponentListener setBounds
notifyAll location setForeground getText
hashCode getLocation isEnabled getColorModel
getToolkit setEnabled prepareImage
addKeyListener insertText wait requestFocus
select layout bounds getClass getSelectionEnd
mouseDrag update getMinimumSize getTreeLock
repaint validate setSize wait setLocation
mouseDown wait paint mouseUp mouseMove
setSize append removeKeyListener postEvent
getName getParent getCursor resize paintAll
invalidate imageUpdate list selectAll
replaceRange keyDown isValid getAlignmentY
setText getAlignmentX getFontMetrics doLayout
setLocation setCursor enable
isFocusTraversable transferFocus getLocale
dispatchEvent getRows list getPreferredSize
```

getMinimumSize getBackground getPreferredSize
BeanInfo

Für die anderen AWT-Komponenten sieht es ähnlich aus. Zwei
Anmerkungen sind hier noch angebracht: Natürlich werden auch
alle geerbten Methoden (die meisten von Component) angezeigt.
Und es werden auch die EventListener-Methoden angezeigt, da sie
normale Methoden darstellen.

Nun der komplette Sourcecode für die oben erwähnten Auszüge:

Beispiel 07:

```java
import java.awt.*;
import java.beans.*;

class Beispiel07
{
  public static void main (String arg[]) throws
IntrospectionException
  {
    Button ta = new Button ();
    BeanInfo bi = Introspector.getBeanInfo
(ta.getClass ());
    EventSetDescriptor[] esd =
bi.getEventSetDescriptors();
    for (int I = 0; I < esd.length; i++)
    {
      System.out.print (esd[i].getName()+" ");
    }
    System.out.println ();

    PropertyDescriptor pd [] =
bi.getPropertyDescriptors ();
    for (int i = 0; i < pd.length; i++)
    {
      System.out.print (pd[i].getName() + " ");
    }
    System.out.println ();
    MethodDescriptor md [] =
bi.getMethodDescriptors ();
    for (int i=0;i<md.length;i++)
    {
      System.out.print (md[i].getName() + " ");
    }
    System.out.println ();
  }
}
```

6.7.2.4 BeanInfo

Nun werden Sie sich wundern, wir haben den Introspector verwendet und trotzdem auf die BeanInfo-Klasse zurückgegriffen. Wird BeanInfo verwendet, aber die Klasse unterstützt dies nicht, wird automatisch auf die Reflection-API zurückgegriffen.

Will der Bean-Entwickler dem Visual Builder Tool weniger Möglichkeiten zur Verfügung stellen, dann kann er das Standardverhalten der BeanInfo-Klasse verändern und seine eigene Bean-Info implementieren.

Wie schon vorher erwähnt, wird das BeanInfo-Interface separat implementiert.

Beispiel:

Wir haben ein SizedTextField erzeugt und wollen nun eine BeanInfo dafür erstellen. Die Klasse heißt dann in diesem Fall SizedTextFieldBeanInfo. Nehmen wir weiter an, wir wollen nur die Länge des SizedTextFields anzeigen, dann könnte die Klasse so aussehen:

Beispiel 08 (SizedTextFieldBeanInfo.java)

```java
import java.beans.*;

public class SizedTextFieldBeanInfo extends SimpleBeanInfo
{
  private final static Class beanClass = SizedTextFieldBeanInfo.class;

  public PropertyDescriptor[] getPropertyDescriptors()
  {
    try
    {
    PropertyDescriptor length = new PropertyDescriptor("length", beanClass);
    PropertyDescriptor rv[] = {length};
    return rv;
    }
    catch (IntrospectionException e)
    {
    throw new Error(e.toString());
    }
  }
}
```

Wie Sie sehen, wird die Methode getPropertyDescriptors ()
überschrieben.

Bei diesem Sourcecode wird dann anstelle der 17 Properties des
TextField nur eine Property, nämlich die Länge, angezeigt. Die
Klasse SizedTextField muß aber trotzdem die setLenght ()- und
getLength ()-Methoden implementieren.

Und: Auch wenn wir Methoden verstecken, es kann jeder, der
die entsprechenden Namen kennt, die Methoden aufrufen. Die Zugriffsmethoden für die Properties sind ja public. Es gilt also eher
die Regel:

Wenn niemand die anderen Properties sieht, werden sie auch
nicht verwendet.

Mit Hilfe der Reflection-API oder durch Wissen der Methodennamen können die anderen Methoden trotzdem verwendet werden. Soll jetzt noch ein Icon unserer Bean hinzugefügt werden,
dann geschieht das durch folgenden Code:

```java
public Image getIcon (int iconKind)
{
  if (iconKind == BeanInfo.ICON_COLOR_16x16)
  {
    Image img = loadImage("sized.gif");
    return img;
  }
  return null;
}
```

6.8
Verwendung der BeanBox und des BDK

6.8.1
Einführung

Nachdem wir die ganze Zeit die Theorie überstrapaziert haben,
wenden wir uns nun einem sehr praktischen Teil zu: der BeanBox
des BDK (Beans Developer Kit).

Die BeanBox ist im Prinzip ein kleines Visual Builder Tool. Es
erlaubt uns, unsere Beans zu testen. Wenn unsere Bean vernünftig
in der BeanBox läuft, dann können wir davon ausgehen, daß sie
auch mit jedem anderen Visual Builder Tool problemlos zusammenarbeitet. Aber: Die BeanBox ist nicht dafür da, Applikationen
zu entwickeln.

6.8.2
Start der BeanBox

Nach Installation des BDK 1.0 befindet sich das Skript zum Starten
der BeanBox in (Beispiel Windows 95/NT):

```
{Ihr Rootverzeichnis}\beanbox\run.bat
```

Die BeanBox selber ist vollständig in Java geschrieben und wird
daher über den Java-Interpreter (oder Compiler) gestartet.
Nach dem Start erscheint folgendes leeres Fenster:

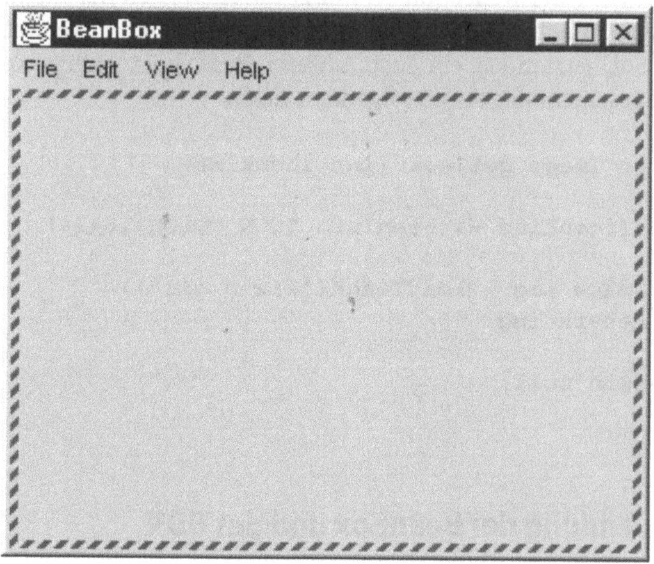

Außerdem werden noch zwei weitere Fenster geöffnet. Zum einen der Property Sheet Dialog:

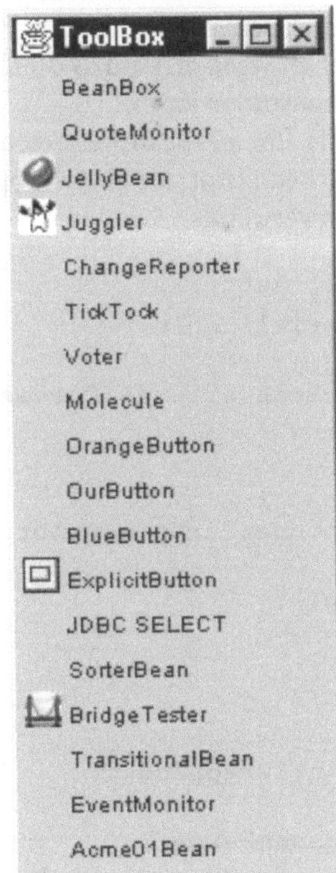

Abbildung 12
BeanBox Property
Sheet Dialog

Je nachdem welche Bean Sie gcrade in der BeanBox testen, ändert sich das Property Sheet für die entsprechende Bean. Zum anderen startet noch die BeanBox Toolbox.

Abbildung 13
BeanBox Toolbox

Diese Toolbox zeigt uns die momentan verfügbaren Beans an, die getestet werden können. Jetzt stellt sich die Frage, woher diese kommen. Sie stehen in

```
{Ihr Rootverzeichnis}\jars
```

Die BeanBox liest automatisch aus diesem Verzeichnis.

6.8.3
JAR-Files

JAR = Java TAR + ZIP

In dem eben genannten Verzeichnis stehen Dateien mit der Endung JAR. Diese sind Java-Archive. JAR-Files erlauben uns, die wildesten Dinge zu tun, z.B. kann ein Applet mit Sound, Grafiken und mehreren Klassen als JAR-File über das Internet geschickt werden. Das reduziert die Downloadzeiten, zumal JAR-Files ZIP-komprimiert sind. Außerdem kann das JAR-File mit einer digitalen Unterschrift versehen werden, so daß dieses File „sicher" über das Internet übertragen werden kann.

Wie wird so ein File für die BeanBox erzeugt? Programmieren Sie die folgende kleine Bean (mit nur einer Property Farbe), die wir dann auch später noch verwenden können.

```java
import java.awt.*;
import java.io.Serializable;

public class DemoBean extends Canvas implements
Serializable
{

  private Color bohnenFarbe = Color.blue;

  public DemoBean()
  {
    resize(60,40);
  }

  public void paint(Graphics g)
  {
    g.setColor(bohnenFarbe);
    g.fillRect(20, 5, 20, 30);
  }

  public Color getFarbe()
  {
```

```
    return bohnenFarbe;
  }

  public void setFarbe(Color neueFarbe)
  {
    bohnenFarbe = neueFarbe;
    repaint();
  }
}
```

Das reicht aber leider noch nicht aus. Damit die Bean auch in der BeanBox verwendet werden kann, müssen noch ein paar zusätzliche Schritte ausgeführt werden.

Sie benötigen ein sog. Manifest-File. Dieses ist eigentlich optional, für die BeanBox aber notwendig. Es muß im Verzeichnis meta-inf stehen und den Namen manifest.mf tragen.

Das Manifest-File beschreibt den Inhalt des Archivs. Wird kein Manifest-File angegeben, dann werden alle Dateien in dem Paket als Beans behandelt. Mit dem Manifest-File beschreiben wir, welche Klassen Beans sind. Dies geschieht mit der Zeile:

```
Java-Bean: True
```

Das einfachste Manifest-File sieht folgendermaßen aus:

```
Name: DemoBean.class
Java-Bean: True
```

Eine komplexere Version könnte so aussehen (Juggler aus der BeanBox):

```
Manifest-Version: 1.0

Name: sunw/demo/juggler/Juggler.class
Java-Bean: True
Digest-Algorithms: SHA MD5
SHA-Digest: HvNgDbu0tEItNQrN2FxtnLHUB/g=
MD5-Digest: lodCaNW4vjtpiyVtqQojAg==

Name: sunw/demo/juggler/JugglerBeanInfo.class
Digest-Algorithms: SHA MD5
SHA-Digest: aVi52xkXvbrqrBBkW41mI9GJvSo=
MD5-Digest: cy2MF8RT8c8AncXB7ZKtVA==

Name: sunw/demo/juggler/Juggler0.gif
Digest-Algorithms: SHA MD5
SHA-Digest: BoXVBkl+aKR7/2+f80rqxYbltTc=
MD5-Digest: SOLrOrGbrm+3aJNgJgIwdQ==
```

```
Name: sunw/demo/juggler/Juggler1.gif
Digest-Algorithms: SHA MD5
SHA-Digest: BoXVBk1+aKR7/2+f80rqxYbltTc=
MD5-Digest: SOLrOrGbrm+3aJNgJgIwdQ==

Name: sunw/demo/juggler/Juggler2.gif
Digest-Algorithms: SHA MD5
SHA-Digest: vf+oWwJoCJXwd0FTwIAOqBwShc8=
MD5-Digest: 0UQOpDSyiy7ziKGuk8o2xQ==

Name: sunw/demo/juggler/Juggler3.gif
Digest-Algorithms: SHA MD5
SHA-Digest: 5ngCVC314zj4zefuY5V0zWjGKAM=
MD5-Digest: 0XIiV4Hs97ZLE6Vh5wYH3g==

Name: sunw/demo/juggler/Juggler4.gif
Digest-Algorithms: SHA MD5
SHA-Digest: 7/z73JtPbxHmsn61TQp1q2cvuDs=
MD5-Digest: GY6JSNxiIabXhvoK2ZjjYQ==

Name: sunw/demo/juggler/JugglerIcon.gif
Digest-Algorithms: SHA MD5
SHA-Digest: Irqj25Pd5hgucribaj3QUIU3UAc=
MD5-Digest: BS0b0MJ3J+/tI4G/NFxVEw==
```

Wer den TAR-Befehl von Unix kennt und auch schon verwendet hat, wird sich mit dem JAR-Befehl schnell anfreunden können. Syntax und Bedeutung sind ähnlich, nur daß JAR gleich komprimiert.

Syntax:

```
jar {ctx}[vfm0M] [manifest-file] [jar-file] files
...
```

Optionen:

```
-c  neues Archiv erzeugen
-t  Inhaltsverzeichnis des Archivs anzeigen
-x  extrahieren von Dateien (oder alle)
-v  Ausgabe von Meldungen auf Stderr
-f  das .jar-File benennen
-m  hinzufügen des Manifest-Files
-0  nur Speichern, keine ZIP-Komprimierung
-M  kein Manifest-File erzeugen
-u  Update des JAR-Files
-C  Wechseln des Verzeichnisses
```

Ist die Angabe einer Datei ein Verzeichnis, dann wird es rekursiv eingebunden.

Unter Verwendung der Option '0' kann das JAR-File in den
CLASSPATH eingebunden werden.

Beispiel für unsere DemoBean:

```
jar cfm DemoBean.jar meta-inf\manifest.mf DemoBe-
an.java DemoBean.class
```

In der Regel werden aber zum Erzeugen von JAR-Files Make-
files verwendet. Das folgende Beispiel zeigt so ein Makefile, das
auch gleichzeitig ein Manifest-File erzeugt:

```
CLASSFILES= \
    sunw\demo\valves\WaterListener.class \
    sunw\demo\valves\WaterSource.class \
    sunw\demo\valves\Valve.class \
    sunw\demo\valves\Pipe.class \
    sunw\demo\valves\WaterEventObject.class

JARFILE= ..\jars\valves.jar

.SUFFIXES: .java .class

all: $(JARFILE)

# Create a JAR file with a suitable manifest.

$(JARFILE): $(CLASSFILES) $(GIFFILES)
jar cfm $(JARFILE) <<manifest.tmp
sun\demo\valves\*.class $(GIFFILES)

Name: sunw/demo/valves/WaterListener.class
Java-Bean: False

Name: sunw/demo/valves/WaterSource.class
Java-Bean: True

Name: sunw/demo/valves/Valve.class
Java-Bean: True

Name: sunw/demo/valves/Pipe.class
Java-Bean: True

Name: sunw/demo/valves/WaterEventObject.class
Java-Bean: False
<<
```

```
# Rule for compiling a normal .java file
{sunw\demo\valves}.java{sun\demo\valves}.class:
    set CLASSPATH=..\classes;.
    javac $<
clean:
    -del sunw\demo\valves\*.class
    -del $(JARFILE)
```

Jetzt muß das JAR-File noch in das Verzeichnis der anderen
JAR-Files kopiert werden.

Wenn jetzt die BeanBox erneut gestartet wird, steht in der Toolbox ein Eintrag mit dem Namen DemoBean.

6.8.4
Verwendung der BeanBox

Natürlich müssen die JAR-Files nicht notwendigerweise in dem
o.g. Verzeichnis stehen. Es gibt in der BeanBox auch die Möglichkeit, über das LoadJar-Kommando im Menü File die entsprechenden Dateien zu laden.

Soll nun die DemoBean in das Hauptfenster gelangen, geschieht
dies, in dem die Bean angeklickt und wieder freigegeben wird. Der
Cursor ändert sich zu einem Kreuz. Dieses Kreuz wird nun in das
Hauptfenster an die Stelle bewegt, wo die Bean angezeigt werden
soll.

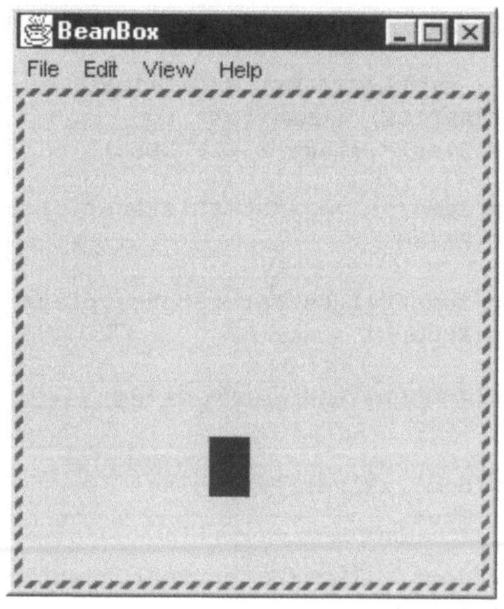

Es können beliebig viele Beans in die BeanBox gebracht werden. Ist ein Viereck um die Bean gezeichnet, dann heißt dies, daß die Bean selektiert wurde und das Property Sheet für diese Bean angezeigt wird.

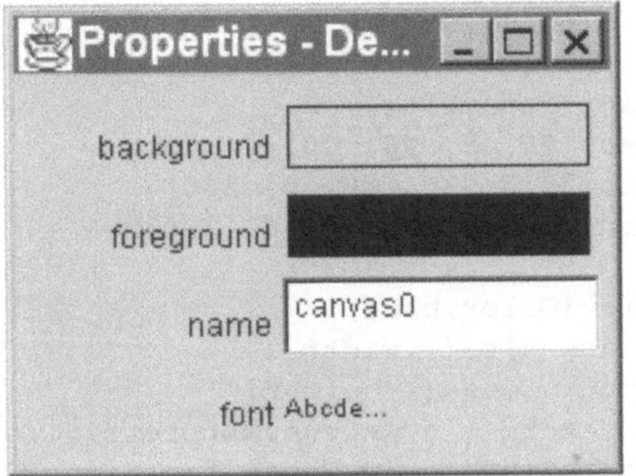

Hier ist nun auch zu sehen, daß wir eine Property Farbe haben. Um diese zu modifizieren, kann ein Doppelklick auf das blaue Feld erfolgen und der Standard-ColorEditor wird gestartet.

Nun soll dieses Beispiel noch ein wenig erweitert werden. Nehmen wir an, der Frame soll später mal wie ein Button verwendet werden, also braucht er ein Label:

```
private String name;
this.name = "Click Me";
setFont (new Font ("Dialog", Font.PLAIN, 12));
```

Aber schließlich sollte in einem Visual Builder Tool die Möglichkeit bestehen, den Namen des Labels zu verändern. Wir benötigen also eine Label-Property.

```
public String getName()
{
  return name;
}

public void setName(String neuerName)
{
  String alterName = name;
  name = neuerName;
}
```

Dies ist genau derselbe Mechanismus wie vorher mit der Farbe, eine Simple Property.

Nun passen wir das Layout des „Buttons" ein wenig einem echten Button an:

```
public void paint(Graphics g)
{
  g.setColor(beanColor);
  g.fillRect(20, 5, 20, 30);
  g.fillArc(5, 5, 30, 30, 0, 360);
  g.fillArc(25, 5, 30, 30, 0, 360);

  g.setColor(Color.blue);
  int width = size().width;
  int height = size().height;
  FontMetrics fm = g.getFontMetrics();
  g.drawString(name, (width - fm.stringWidth (na-
me)) / 2, (height + fm.getMaxAscent() -
fm.getMaxDescent()) / 2);
}
```

Ergebnis:

Das Aussehen der Bean hat sich verändert, und das Property Sheet enthält eine zusätzliche Property.

Abbildung 16

DemoBean mit elliptischem Button

Hier können Sie jetzt gut erkennen, was der obige Sourcode für Auswirkungen auf das Aussehen des Buttons hat. Das untere Bild verdeutlicht die Veränderung in dem Property Sheet.

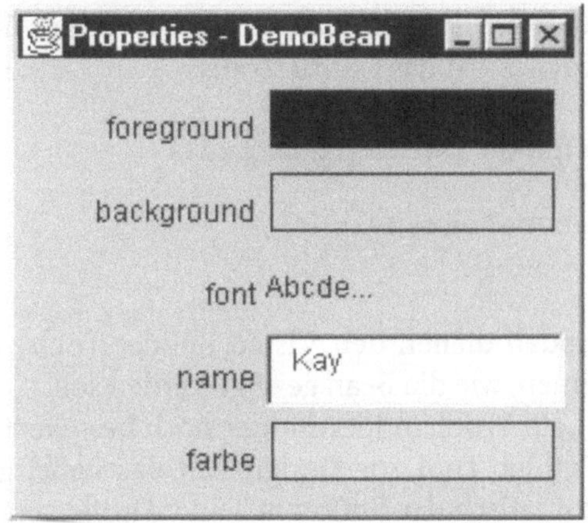

Abbildung 17
DemoBean mit
Farbe-Property

Wird dem Button im Visual Builder Tool jetzt ein anderer Name gegeben, dann kann das dazu führen, daß der Button zu klein für den Namen ist. Wird eine Methode mit dem Namen

```
getPreferredSize ()
```

definiert, wird diese von der BeanBox automatisch aufgerufen, wenn die Bean in das Hauptfenster gebracht wird.

Beispiel:

```
public Dimension getPreferredSize()
{
  FontMetrics fm = getFontMetrics(getFont());
  return new Dimension(fm.stringWidth(label) +
TEXT_XPAD, fm.getMaxAscent() + fm.getMaxDescent()
+ TEXT_YPAD);
}
```

Der Algorithmus ist dem ähnlich, den wir in der paint ()-Methode verwendet haben. Aber in diesem Fall wird die Dimension zurückgegeben, die dann benutzt wird. Außerdem soll noch ein kleiner Rand zwischen Text zum Buttonrand bestehen, daher werden die Varibalen TEXT_XPAD und TEXT_YPAD verwendet.

Neben der gewünschten Größe kann auch noch eine minimale Größe angegeben werden. Diese wird mit der Methode

```
getMinimumSize ()
```

festgelegt.

Soll beispielsweise die minimale Größe auf die gewünschte Größe gesetzt werden, sieht das Ganze so aus:

```
public Dimension getMinimumSize()
{
  return getPreferredSize();
}
```

Diese Methoden dienen den Visual Builder Tools, zur Design-Zeit zu bestimmen, wie die Bean gezeigt werden soll.

Doch bleibt ein Problem hier immer noch bestehen: Wird in einem Visual Builder Tool zur Design-Zeit das Label geändert, so wird nicht automatisch der Button in seiner Größe verändert. Aber der Button soll seine Größe sofort dann anpassen, wenn der Name geändert wurde. Die Methode, die uns dabei hilft, heißt:

```
sizeToFit ()
```

Nun können wir die bereits geschriebene Methode preferredSize () verwenden. Damit wird diese Methode sowohl beim Initialisieren der Bean in der BeanBox, als auch bei Änderung des Namens eingesetzt.

Beispiel:

```
private void sizeToFit()
{
  Dimension d = getPreferredSize();
  resize(d.width, d.height);
  Component p = getParent();
  if (p != null)
  {
    p.invalidate();
    p.layout();
  }
}
```

Prinzipiell kann diese Methode jeden beliebigen Namen annehmen, solange sie von der Methode setName () aufgerufen wird. setName wird vom Visual Builder Tool automatisch immer dann aufgerufen, wenn ein Tastendruck im Namensfeld des Property Sheet generiert wird. Der Name sizeToFit () für die Methode hat sich aber eingebürgert. Damit sieht unsere Methode setName () folgendermaßen aus:

```java
public void setName(String neuerName)
{
  String alterName = name;
  name = neuerName;
  sizeToFit ();     //NEU
}
```

Daraus geht auch hervor, daß die set-Methoden der Properties auf bestimmte Events reagieren. Nun kann der Button noch in 3D dargestellt werden etc.

6.8.5
Events in der BeanBox

Bis jetzt haben wir zwar Properties modifiziert, aber Events noch nicht betrachtet. Die BeanBox stellt uns eine Möglichkeit zum Testen von Events zur Verfügung. Wenn unsere DemoBean in die BeanBox geladen wurde, dann können Events getestet werden.

Das Edit-Menü im Hauptfenster der BeanBox bietet u.a. den Punkt Events an und dazugehörend Maus-Events, Key-Events etc.

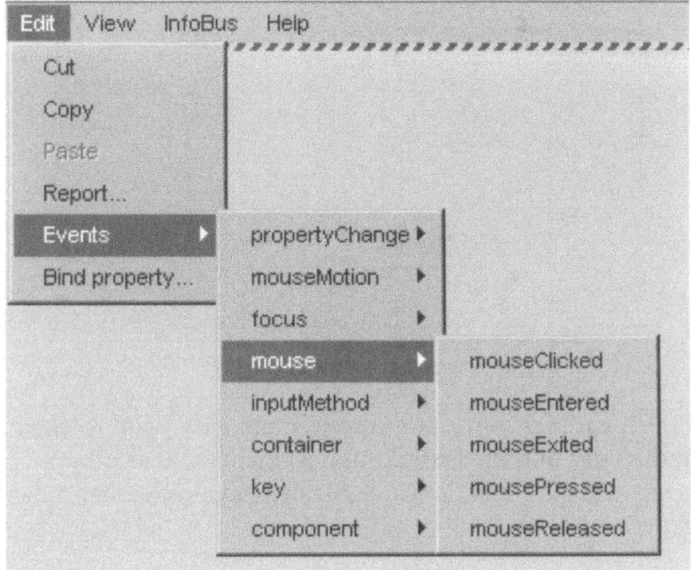

Abbildung 18
BeanBox-Events

Wenn wir jetzt unsere DemoBean nehmen und z.B. mouseClikked auswählen, dann können wir diesen Event auf eine andere Bean ziehen oder auf den Hintergrund. Ziehen wir den Event auf den Hintergrund, dann sehen wir den roten Faden.

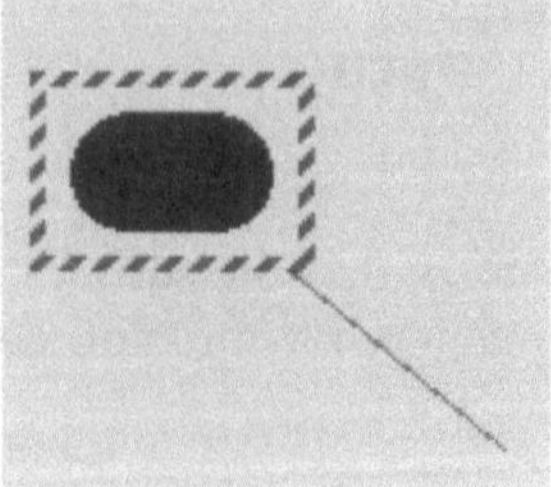

Lassen wir jetzt los, bekommen wir folgendes Fenster mit Defaultmethoden, die wir verwenden können:

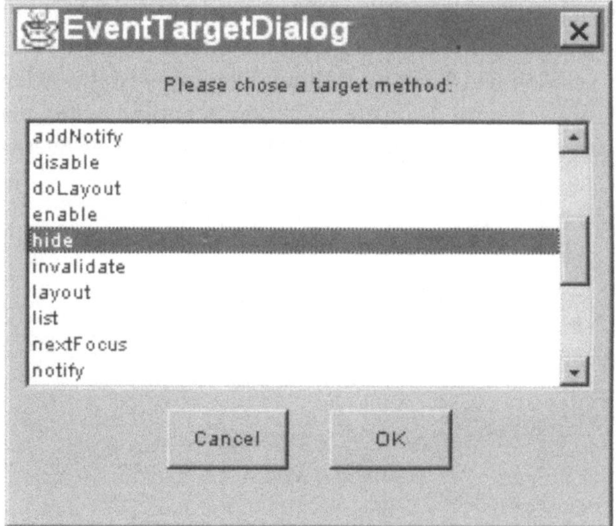

Wählen wir hier nun z.B. hide aus, dann wird beim Klicken auf den Button der Button versteckt und ist nicht mehr sichtbar.

Zuvor wird aber erst der Code für den entsprechenden Adapter etc. generiert.

6.8.6
Ausführliches Beispiel

Für dieses Beispiel, das zeigt, wie man mit der BeanBox arbeitet, verwenden wir die existierenden Beans der BeanBox. Starten wir mit der Bean Juggler.

Leider jongliert er die ganze Zeit. Es sollte also die Möglichkeiten zum Starten und Stoppen des Jugglers geben. Dafür können wir die Bean OurButton verwenden, die uns die BeanBox bereitstellt. Diese ziehen wir dann ebenfalls in das Hauptfenster. Einmal für den Start, einmal für Stop.

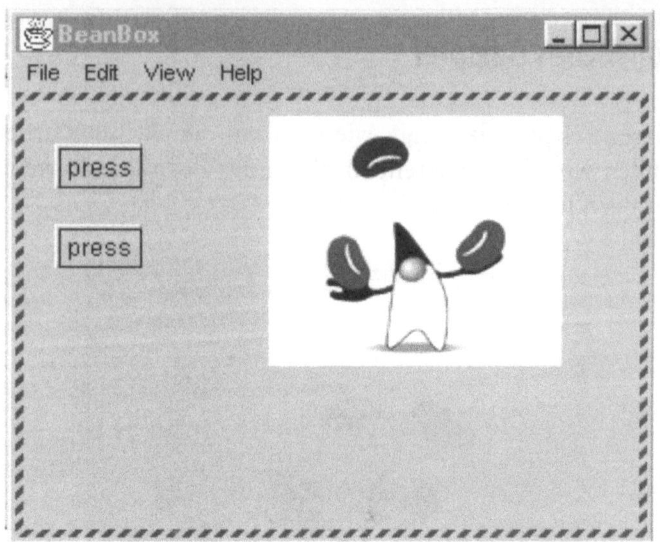

Die Buttons sollten jetzt natürlich noch umbenannt werden. Wie das mit den Properties geht, sollte Ihnen in der Zwischenzeit klar sein.

Was jetzt noch getan werden muß, ist den Buttons die Möglichkeit zu geben, Events auszulösen. Hierfür gehen wir wieder ins Edit-Menü und wählen einen ActionEvent aus.

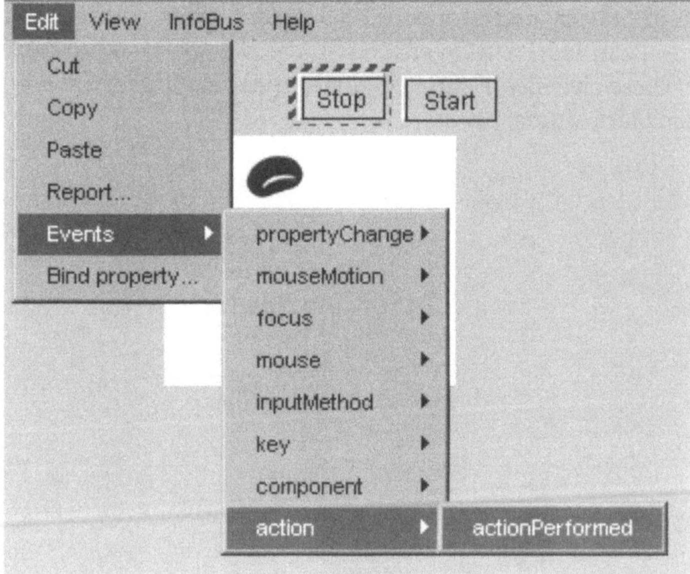

Jetzt ziehen wir die rote Linie auf den Juggler und bekommen eine Liste von Methoden angeboten.

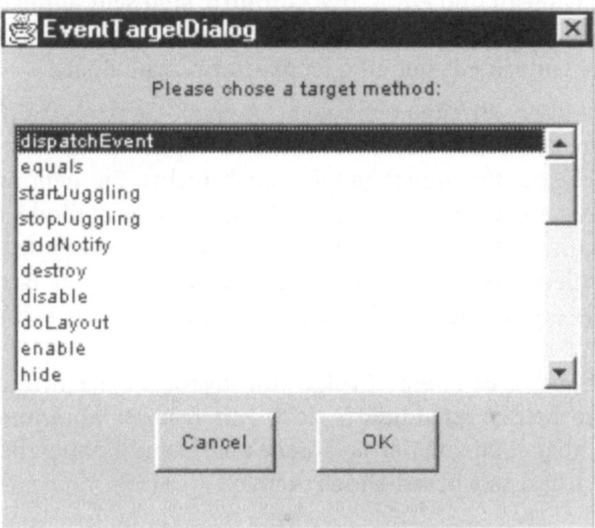

Abbildung 24
Juggling-
Methoden

Für den Start-Button wählen wir startJuggling, für den Stop-Button stopJuggling. Damit haben wir eine neue Applikation aus bestehenden Beans entwickelt.

6.9
Vergleich JavaBeans und ActiveX/COM

Es wird viel diskutiert, welche Technologie die bessere ist oder welche mehr Sinn macht, wenn sie professionell verwendet werden soll.

Es ist sicher wie so oft eine Frage der Anschauung, aber ein paar Fakten sollten doch erwähnt werden, die unumstößlich sind.

Keine religiöse Frage

- JavaBeans sind jung. ActiveX ist es auch, aber die darunterliegende Architektur (COM) ist schon älter. Daher gibt es wesentlich mehr existierende ActiveX-Komponenten als JavaBeans-Komponenten.

JavaBeans sind jung, COM ist alt

- Es ist wesentlich einfacher, aus bestehenden Komponenten ActiveX-Controls zu generieren als JavaBeans.

- Mit JavaBeans hat der Entwickler eine Umgebung an der Hand, die es ihm erlaubt, mit Java Komponenten zu erstellen.

- ActiveX dagegen erlaubt die Erstellung von Verbunddokumenten mit ActiveX-Controls.

- Eine JavaBean und ein ActiveX-Control sind sehr ähnlich. Aber: Eine Bean ist in Java geschrieben und enthält daher Javas Sicherheitsmechanismen und ist plattformunabhängig.

Es ist aber durchaus möglich, ActiveX-Controls in Java zu schreiben, das hatte Microsoft sehr früh implementiert. Doch sind diese nicht plattformunabhängig (noch nicht). Sie benötigen zumindest einen Port von Microsofts Common Object Model (COM), um sie außerhalb der Microsoft-Welt verwenden zu können.

Normalerweise werden ActiveX-Controls in Visual Basic oder Visual C++ geschrieben, sie sind daher gänzlich plattformabhängig.

Von Sun™ gibt es eine Bridge von JavaBeans nach ActiveX, so daß diese beiden letztendlich doch miteinander kommunizieren können, aber eben von der Java-Seite aus. Damit können Beans geschrieben und mit bestehenden ActiveX-Controls verwendet werden.

Es gibt zum Vergleich beider Systeme zwei interessante Artikel im WWW. Ein analytischer Vergleich und ein Punkt-für-Punkt-Vergleich.

http://www.javaworld.com/javaworld/jw-02-1997/jw-02-activex-beans.html

http://www.javaworld.com/javaworld/jw-03-1997/jw-03-avb-tech.html

6.10
Bean Development Tools

Im folgenden eine (unvollständige) Liste der verfügbaren Development Tools, um JavaBeans zu erzeugen. Und die Liste wächst täglich.

Firma	Tool
Borland	JBuilder
BulletProof Corporation	JDesignerPro
Informix	DataDirector
IBM	Visual Age for Java
KonaSoft	KonaSoft Packajar
Lighthouse Design	JavaPlan
Lotus Development	BeanMachine
ObjectShare	Parts for Java
OMNIS Software	OMNIS Studio
Penumbra	SuperMojo
SFS Software	Javadraw
Silicon Graphics	CosmoCode
SunSoft	Java Workshop
Sybase	PowerJ
Symantec	Visual Café
Taligent	Visual Age WebRunner Toolkit
Tek-Tools	Kawa
Vision Software Tools	Vision JADE

6.11
Zusätzliche Informationen

6.11.1
Internet

JavaBeans Home
   http://splash.javasoft.com/beans/

The JavaBeans Advisor
   http://splash.javasoft.com/beans/Advisor.html

JavaBeans FAQ
   http://splash.javasoft.com/beans/FAQ.html

JavaBeans Tools
   http://splash.javasoft.com/beans/tools.html

JavaBeans API Definitions
   http://splash.javasoft.com/beans/javadoc.html

JavaBeans Related APIs
   http://splash.javasoft.com/beans/related.html

JavaBeans-ActiveX Bridge
   http://splash.javasoft.com/beans/bridge/index.html

6.11.2
Bücher

Robert Englander; Rob Englander; Mike Loukides: Developing Java Beans. O'Reilly & Associates, 316 S., Juni 1997

Gamma, Helm, Johnson, Vlissides: Design Patterns – Elements of Reusable Object-Oriented Software. Addison-Wesley Pub Co, 395 S., Oktober 1995

7 InfoBus

7.1 Einführung

Anmerkung: Bevor Sie dieses Kapitel lesen, sollten Sie sich mit dem Kapitel 6 über JavaBeans auseinandersetzen, da dieses die Grundlage für dieses Kapitel darstellt.

Kommunikation ohne sich zu kennen

Der InfoBus ist eine öffentlich verfügbare Spezifikation für eine Technologie, die es erlaubt, dynamisch Daten verteilt zu nutzen. Sie ermöglicht es Entwicklern, ihre JavaBeans so auszustatten, daß sie mit anderen JavaBeans-Komponenten kommunizieren können, ohne daß diese Beans voneinander wissen müssen.

Der InfoBus wurde in Zusammenarbeit von Sun Microsystems JavaSoft und Lotus Development Corporation entwickelt. Die Spezifikation für Version 1.1 und den InfoBus 1.1 sowie andere Informationen können Sie natürlich im World-Wide Web finden.

http://www.javasoft.com/beans/infobus

Der InfoBus unterstützt Applikationen, die entweder auf dem JDK 1.1 oder dem JDK 1.2 basieren.

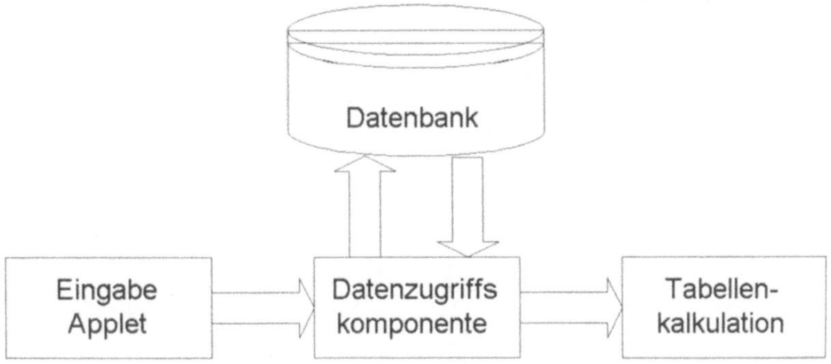

Abbildung 1
Architektur des Beispiels

Bei dem in diesem Kapitel verwendeten Beispiel, verbinden wir drei Komponenten mit dem InfoBus. Diese werden Anfragen an eine Datenbank stellen und die Ergebnisse in einer Tabellenkalkulation präsentieren, die als JavaBean schon existiert.

InfoBus-Interfaces erlauben es Applikationsentwicklern, sog. „Data Flows" zwischen kooperierenden Komponenten zu entwikkeln. Dies steht im Gegensatz zum Event/Response- Modell (Ereignis/Antwort-Modell), bei dem die Semantik der Interaktion abhängt davon, daß der ausgelöste Event verstanden wird und dann auf diesen speziellen Event reagiert wird. Die InfoBus-Interfaces haben nur wenige Events und einen festen Satz von Methodenaufrufen für alle Applets. Beim InfoBus basiert die Semantik des Data Flows auf der Interpretation des Data-Flow-Inhalts entlang des InfoBus-Interfaces und reagiert nicht auf Namen von Event-Parametern.

7.2
InfoBus-Komponenten

Drei Arten von Komponenten

Die Komponenten, die eine InfoBus-Applikation auszeichnen, können in drei Typen aufgeteilt werden:

- Data Producers (Datenproduzenten): Komponenten, die auf Anfragen von Consumern (Konsumenten) nach Daten antworten.

- Data Consumers (Datenkonsumenten): Komponenten, die daran interessiert sind, über neue Datensets zu hören (auf dem Bus), die in die aktuelle Laufzeitumgebung eintreten.

- Data Controllers: Das ist, wenn man so will, die Verkehrspolizei. Der Data Controller ist eine optionale Komponente, die den Fluß zwischen Data Producer und Data Consumer steuert oder eben auch umleitet. Für unser Beispiel wird dieser Teil nicht benötigt.

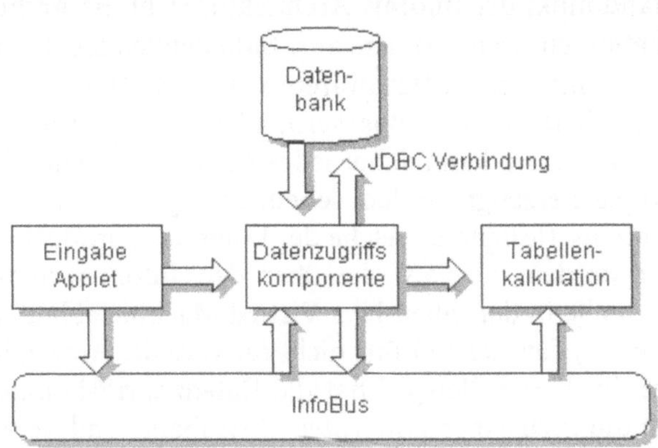

Dieses Bild zeigt den logischen Datenfluß der drei verwendeten Applets und ihre Verbindung über den InfoBus. Die Applets werden über HTML-Applet-Parameter verbunden.

Das zweite Applet in diesem Beispiel ist eine sog. Datenzugriffskomponente (Data Access Component, DAC). Sie sucht nach einem DataItem (die String-Repräsentation einer Angestelltennummer des Input-Applets), schickt diesen String an die Datenbank via JDBC und erhält ein typisches JDBC-ResultSet, das dann auf dem InfoBus zur Verfügung gestellt wird. Die Datenzugriffskomponente schickt diese Anfrage ab, wenn sie das erste Mal eine Mitarbeiternummer erhält, und dann jedes Mal, wenn sich diese Nummer ändert. Wenn die Anfrage komplett abgearbeitet ist, wird eine sog. Change Notification (erinnern Sie sich an JavaBeans und die Change-Events und Change-Listeners) bezüglich des DataItems verschickt. In diesem Beispiel ist die Datenzugriffskomponente sowohl Producer als auch Consumer (in der Art, daß es nach einem Query-String-Item des Mitarbeiternummer-Eingabe-Applets auf dem InfoBus sucht).

Die Tabellenkalkulation in diesem Beispiel fungiert als Data Consumer. Dieser Consumer sucht nach Informationen, die von der Datenzugriffskomponente veröffentlicht wurden, und zeigt diese Daten an. Der Designer der Applikationen mußte natürlich nicht die ganze Tabellenkalkulation programmieren. Es ist ein kommerziell verfügbares Java-Applet, das genau für diesen Zweck, nämlich mit anderen Applikationen via InfoBus zu kommunizieren, entwickelt wurde. Die Tabellenkalkulation antwortet auf Change-Events der Datenzugriffskomponente, um die Ergebnisse der Anfrage darzustellen.

Vom Standpunkt der InfoBus-Architektur sieht die Architektur der Applikation ein wenig anders aus. Bitte denken Sie daran, daß der InfoBus ähnlich einem Hardwarebus arbeitet. Alle drei Applets werden alle mit demselben Bus verbunden, wie in Abbildung 2 dargestellt. Im Prinzip kann daher jedes Applet die Events, die von anderen Applets erzeugt werden, sehen. Es liegt nun in der Hand des Applikations-Designers, welche der Daten nun produziert oder konsumiert werden. Applets, die über den InfoBus verbunden sind, müssen alle in derselben Java Virtual Machine ablaufen. Das heißt aber nicht, daß der InfoBus nicht für verteilte Anwendungen geeignet ist. In diesem Beispiel hat die Datenzugriffskomponente eine Verbindung zu einer entfernten Datenbank und verwendet JDBC, um die Daten von der Datenbank zu erfragen und die ResultSets zu empfangen.

Obwohl dieses einfache Beispiel einen Producer für jeden Consumer und umgekehrt zeigt, können auch mehrere Consumer von einem Producer Daten empfangen, oder ein Consumer kann auf sehr einfache Weise Daten von mehreren Producern verarbeiten. Tatsächlich kann eine Anfrage nach Daten mehrere Antworten erzeugen. Mehrere Verbindungen können simultan auftreten, ohne daß irgendwelche speziellen Dinge der teilnehmenden Komponenten berücksichtigt werden müssen.

7.3
Überblick über den InfoBus-Prozeß für den Datenaustausch

Der InfoBus unterstützt ein stilisiertes Protokoll für den Datenaustausch zwischen partizipierenden InfoBus-Komponenten. Dieses Protokoll enthält die folgenden Elemente:

7.3.1
Membership

Jede Java-Klasse kann am InfoBus teilnehmen, wenn sie das InfoBusMember-Interface implementiert. Dieser Membership-Prozeß verbindet Applets mit einer Instanz von InfoBus, um den Datenaustausch vorzubereiten.

7.3.2
Rendezvous

Produzent oder Konsument

Eine InfoBus-Applikation liefert ein Objekt, das entweder das InfoBusDataProducer-Interface oder InfoBusDataConsumer-Interface implementiert (oder beide). Damit kann die Applikation nach Events Ausschau halten, die der Rolle der Komponente im ganzen System gerecht wird, als Produzent oder Konsument. Ein Producer kann außerdem die Verfügbarkeit von Informationen an alle Listener ankündigen. Wenn ein Producer eine Anfrage (via Event) für Informationen bekommt, die er liefern kann, dann erzeugt er eine Instanz eines DataItems und stellt es dem anfragenden Consumer zur Verfügung. Ein Consumer kann ein spezielles Item mit seinem Namen erfragen, oder der Consumer fragt nach einem DataItem als Reaktion auf eine Ankündigung eines Producers, daß Daten zur Verfügung stehen.

7.3.3
Datenzugriff (Data access)

Direkter Zugriff

Der InfoBus spezifiziert eine Menge von Standard-Interfaces, um direkten Datentransfer zwischen Producer und Consumer zu gewährleisten. Diese Interfaces beinhalten u.a. ImmediateAccess, das einen InfoBus-Wrapper für ein DataItem zur Verfügung stellt. Außerdem ArrayAccess, welches Zugriffsfunktionen für Arrays mit nicht bekannter Dimension liefert. Zu guter Letzt wird auch noch RowsetAccess unterstützt, welches ein Spalten- und Zeilen-Interface zur Verfügung stellt, um Datenbanklösungen zu vereinfachen. Zusätzlich können InfoBus-Applikationen die Java Collections Interfaces aus dem JDK 1.2 verwenden. Mehr Informationen dazu finden Sie unter

http://java.sun.com/products/jdk/1.2/docs/guide/collections/

7.3.4
Change Notification

Bitte melde Dich

Wenn ein Consumer ein DataItem von einem Producer erhält, dann kann er veranlassen, informiert zu werden, wenn dieses DataItem Änderungen unterliegt. Dies geschieht, indem der DataItemChangeListener für das DataItem registriert wird. Wenn der Producer Änderungen feststellt oder erzeugt, entweder durch Än-

derungen der externen Datenquellen (Datenbank) oder durch
Veränderungen von anderen Consumern, werden diese Änderungen allen Listenern bekanntgegeben.

Nehmen wir nun wieder das Mitarbeiternummer-Applet vor
und schauen uns das eben Gesagte an.

7.4
Implementierung von InfoBusMember um auf den Bus zu gelangen

Für diese einfache Beispiel-Applikation müssen Sie Ihre Komponenten dem InfoBus bekanntmachen. Die Hauptklasse, der SimpleDataProducer, implementiert das benötigte InfoBusMember-
Interface. Die Methoden, die der InfoBusMember benötigt, wurden
entwickelt, um eine InfoBus-Property zu unterstützen, ebenso wie
die entsprechenden Listener für die Änderungen der Eigenschaft.
InfoBus liefert eine Klasse, InfoBusMemberSupport, die die gefor-
derte Funktionalität kapselt, und der SimpleDataProducer verwendet diese auch. Dies geschieht durch die Erzeugung einer Instanz von InfoBusMemberSupport, danach werden alle Methoden
an diese Klasse delegiert.

Der folgende Code zeigt, daß die Klasse EmployeeIDInput Info-
BusMember (und andere, die wir später behandeln werden) implementiert. Er deklariert ein sog. Member Data, das eine Referenz
zum Objekt von InfoBusMemberSupport enthält, und sie definiert
jede benötigte Methode für den InfoBusMember, aber delegiert die
Arbeit an die Instanz der Support-Klasse. Der Codeausschnitt zeigt
der Einfachheit halber nur eine Methodenimplementierung. Die
Implementierung der anderen Methoden verläuft genauso.

```
public class EmployeeIDInput extends Applet imple-
ments InfoBusMember, InfoBusDataProducer, Action-
Listener
{
  // verwende einen InfoBusMemberSupport als
  // Verbindung zu unserem InfoBus
  private InfoBusMemberSupport ibmsHolder;

  // der zu veröffentlichende String wird in
  // ein SimpleDataItem  gepackt
  private SimpleDataItem si_data;

  // der Name des InfoBus, mit dem wir uns
  // verbinden
  private String m_busName = null;
```

```java
    // der Name, den wir verwenden, um unsere
    // Daten zu veröffentlichen
    private String m_dataName;

    // wir müssen Available und Revoke Events
    // synchronisieren
    private Object m_AvailRevokeInterlock = new Ob-
ject ();

    // Delegierung aller Aufrufe an
    // InfoBusMemberSupport object,
    // ibmsHolder
    public InfoBus getInfoBus ()
    {
      return ibmsHolder.getInfoBus ();
    }
    // hier können jetzt andere InfoBusMember-
    // Aufrufe geschehen
    // Die Delegierung erfolgt genauso wie oben
```

Die Instanz von InfoBusMemberSupport muß erzeugt werden, bevor Aufrufe an sie delegiert werden, das sollte aber einsichtig sein. In diesem Beispiel geschieht dies in der init ()-Methode des Applets.

```java
public void init ()
{
  super.init ();
  ibmsHolder = new InfoBusMemberSupport (this);
}
```

init () initiiert auch einen PropertyChangeListener. Damit erfahren wir auch, wenn sich unsere eigene InfoBus-Property verändert hat. Das ist dann wichtig, wenn Sie wiederverwendbare Komponenten schreiben wollen. Eine JavaBean hat normalerweise den eigenen Bus durch seinen eigenen Bean-Container eingestellt.

Wenn ich mich ändere, muß ich das wissen

```java
ibmsHolder.addInfoBusPropertyListener (this);
```

Um eine Kommunikation zwischen Applets im selben Browser verwenden zu können, kann ein sog. Default-InfoBus verwendet werden. Ein Default-InfoBus ist einer, dessen Name durch das DOCBASE-Tag in Applets erzeugt wird. Alternativ dazu kann ein Applet oder eine Bean den Namen des InfoBus, an dem es teilnehmen soll, extern spezifiziert bekommen. Es ist gute Programmierpraxis, den Softwaredesigner den Namen des InfoBus angeben zu

Auch hier gibt es einen Default

lassen. Im unten gezeigten Code wird der angegebene Name verwendet, wenn der Parameter InfoBusName gefunden wird, ansonsten wird der Default-InfoBus verwendet.

```
m_busName = getParameter ("InfoBusName");
```

Genauso sollte auch der Name von DataItem konfigurierbar sein. DataItem-Namen werden im Rendezvous verwendet (siehe unten). In diesem Beispiel bietet der Producer die Mitarbeiternummer als ein benanntes DataItem an. Der folgende Code zeigt, wie man den Namen des DataItem bekommt und ihn für spätere Zwecke abspeichert.

```
m_dataName = getParameter  ("DataItemName");
if (m_dataName == null)
{
  m_dataName = "EmployeeID";
}
```

Beachten Sie, daß InfoBusMemberSupport auch eine bequeme, High-Level-Methode liefert, die verwendet werden kann, um entweder an einem benannten oder Default-InfoBus teilzunehmen. Die start ()-Methode ist ein guter Platz, um sie aufzurufen. Die Methode InfoBusMemberSupport.leaveInfoBus () kann in der stop ()-Methode aufgerufen werden. joinInfoBus () kann eine Exception auslösen; diese Anweisungen befinden sich innerhalb eines try... catch-Blockes in der Quelldatei.

```
if (m_busName != null)
{
  // erhält einen benannten Bus unter
  // Verwendung des Strings
  // busName
  ibmsHolder.joinInfoBus (m_busName);
}
else
{
  //verwende Default-Bus
  ibmsHolder.joinInfoBus (this);
}
```


Im InfoBus-Modell ist das Rendezvous asynchron. Datenproduzenten (Data Producer) melden die Verwendbarkeit der neuen Daten, z.B. am Ende einer gelesenen URL oder am Ende einer Berechnung. Datenverbraucher (Data Consumer) erbitten Daten von den

Produzenten, z.B. benötigen sie Daten bei der Applet-Initialisierung oder einem Neu-Zeichnen.

EmployeeIDInput hört auf Anfragen für Daten und meldet die Verfügbarkeit von Daten, indem es einen InfoBusDataProducer-Listener implementiert und diesen der Liste der Listener auf dem InfoBus, an dem dieser Listener teilnimmt, hinzufügt. Der Einfachheit halber zeigt das Beispiel dieses implementierte Interface in der Hauptklasse des Applets; in einer Real-World-Anwendung ist es empfehlenswert, das Listener-Objekt von der Hauptklasse zu trennen, um ungewollte Introspection zu verhindern, da die Listener-Referenz durch jeden möglichen anderen InfoBus-Teilnehmer auf dem gleichen Bus erhalten werden kann.

InfoBusDataProducer definiert nur eine Methode, die jedes Mal aufgerufen wird, wenn ein Verbraucher auf dem gleichen Bus Daten mit ihrem Namen erfragt. Der Produzent vergleicht den erbetenen Datennamen mit dem Namen, der von einem Parameter empfangen wird, und setzt das Datenelement, wenn sie zusammenpassen.

7.5
InfoBus-Interface-Definitionen

7.5.1
InfoBusMember

InfoBusMember ist eine Schnittstelle, die durch eine Java-Klasse implementiert wird, um ein Mitglied des InfoBus zu werden. Sein Primärzweck ist, die InfoBus-Property zu verwalten, die eine Referenz zu der InfoBus-Instanz hält. InfoBusMember läßt auch eine externe Instanz (zum Beispiel einen Bean-Container) den InfoBus setzen, mit dem ein Member sprechen will, damit ein Bean-Builder die Kommunikation zwischen seinen Beans steuern kann.

Geschlossene Gesellschaft

7.5.2
InfoBusDataProducer

InfoBusDataProducer ist ein Event-Listener, der von Data Producers implementiert wird, um Anfrage-Events von Consumern zu erhalten.

7.5.3
InfoBusDataConsumer

InfoBusDataConsumer ist ebenfalls ein Event-Listener, der von
Data Consumers implementiert wird. Er erhält Events, die die
Verfügbarkeit oder Ablehnung von Items anzeigt, die vom Produ-
cer angeboten werden.

7.5.4
DataItem

DataItem ist eine Schnittstelle, die die Methoden liefert, die für das
Lernen über ein Datenelement verwendet werden. Verbraucher
können MIME-Typ-Informationen entdecken, eine Referenz auf
den Event-Listener des Produzenten erhalten oder um den Wert
bitten, der mit einem Property-String verbunden ist.

7.5.5
DataItemChangeManager

DataItemChangeManager ist die Schnittstelle, die die Methoden
liefert, die von einem Verbraucher verwendet werden, um einen
Change-Listener hinzuzufügen oder zu löschen. Ein Produzent implementiert DataItemChangeManager auf allen Datenelementen,
für die er bereit ist, Änderungsmitteilungen (Change Notification)
den Listenern zur Verfügung zu stellen.

7.5.6
DataItemChangeListener

Ein Verbraucher implementiert diese Schnittstelle und registriert
das zu informierende Objekt mit DataItemChangeManager des
Produzenten, um Änderungen, die in einem Datenelement eintreten können, anzuzeigen.

7.5.7
ImmediateAccess

ImmediateAccess wird durch ein DataItem implementiert, das Da-
tenwerte direkt von Aufrufen an Methoden auf dieser Schnittstelle
erhalten muß. Sie können eine sofortige Übertragung der Daten als

Zeichenkette oder Objekt erhalten. Eine Methode kann verwendet werden, um den Wert zu ändern oder eine Exception für Read-only-Items auszulösen.

7.5.8
ArrayAccess

ArrayAccess wird durch Datenelemente implementiert, die Ansammlungen von DataItems sind, die in einem n-dimensionalen Array organisiert sind. Die ArrayAccess-Schnittstelle umfaßt Methoden, um die Dimension des Arrays festzustellen, einzelne Elemente des Datensatzes zu erhalten, über allen Elementen im Set zu iterieren und ein ArrayAccess-Objekt in zwei zu unterteilen (z.B. kann eine Datei von zwei Spalten und fünf Reihen in zwei Dateien von einer Spalte und fünf Reihen geteilt werden).

7.5.9
RowsetAccess

RowsetAccess ist eine Schnittstelle für Datenelemente, die Ansammlungen von Reihen sind, die von einer Datenquelle wie einem relationalen Datenbankserver erhalten werden. Die RowsetAccess-Schnittstelle enthält Methoden, um die Spaltenanzahl sowie ihre Namen und Datenarten festzustellen, die folgende Reihe oder Spaltenwerte zu erhalten und Reihen einzufügen, zu aktualisieren und zu löschen.

7.5.10
DbAccess

DbAccess ist eine Datenbankschnittstelle, die es dem Datenverbraucher erlaubt, Queries mit und ohne Rückgabewerte auszulösen, und die optional das Ergebnis als DataItem auf dem InfoBus zur Verfügung stellt.

InfoBus-Anwendungen können Informationen mit irgendwelchen der beschriebenen Zugriffsschnittstellen austauschen. Die JDK 1.2 Collection-Interfaces können auch dazu verwendet werden, strukturierte Information in einer standardisierten, anwendungsunabhängigen Art und Weise anzusprechen. Diese Schnittstellen werden in beschrieben.

```java
public void dataItemRequested (InfoBusItemReque-
stedEvent ibe)
{
  if (si_data == null)
  {
  // Suchen wurde nicht angeklickt
  // es ist also noch kein Item verfügbar
    return;
  }
  String s = ibe.getDataItemName ();
  if ((null != s)  && s.equals (m_dataName))
  {
    // THREADSAFETY: wir müssen unsere
    // Aktivitäten bei einer Übereinstimmung
    // thread safe machen
    synchronized (si_data)
    // Der InfoBus sollte NIEMALS als LOCK-
    // OBJECT verwendet werden
    {
       ibe.setDataItem(si_data);
    }
  }
}
```

Der InfoBusDataProducer lauscht auf dem Bus nach Anfrage-Events. Der Listener kann registriert werden, wenn die Methode start () aufgerufen wurde, nachdem wir uns in den Bus eingeklinkt haben.

```java
try
{
  // hinzufügen des Event-Listeners
  // wenn das Applet gestartet wurde
  m_InfoBusHolder.getInfoBus ().addDataProducer
(this);
}
catch (InfoBusMembershipException e)
{
  /* handle exception */
}
```

Das Datenelement wird erzeugt und angekündigt, wenn der Button das erste Mal gedrückt wurde. Für alle folgenden Button-Klicks wird jedesmal nur der neue Wert gesetzt.

```java
private void searchClicked ()
{
  if (si_data == null)
  {
    // erster Klick, daher müssen wir das
    //Item erzeugen und ankündigen
    si_data = new SimpleDataItem (text-
Field1.getText (), this);
    // THREADSAFETY: Erzeugen eines Lock, um zu
    // verhindern, dass ein REVOKE
    // gesendet wird, bevor AVAILABLE fertig
    // ist
    synchronized (m_AvailRevoke Interlock)
    {
      InfoBus ib = ibmsHolder.getInfoBus ();
      ib.fireItemAvailable (m_dataName, null,
this);
    }
  }
  else
  {
    si_data.setValue (textField1.getText ());
  }
}


// Wir widerrufen das Datenelement, wenn stop
// () aufgerufen wird und löschen unseren
// Listener vom InfoBus.
// widerrufen des DataItem
synchronized (m_AvailRevokeInterlock)
{
  InfoBus ib = ibmsHolder.getInfoBus ();
  ib.fireItemRevoked (m_dataName, this);
}
// sagt dem InfoBusMemberSupport den Bus zu
// verlassen
try
{
  ibmsHolder.leaveInfoBus ();
}
catch (PropertyVetoException pve)
{
// nichts zu tun hier - unsere InfoBus-
// Property wird von einer externen Bean
```

```
  // verwaltet
}
catch (InfoBusMembershipException ibme)
{
  // nichts zu tun - wir haben null schon
  // erhalten
}
```

7.5.11
Datenaustausch

Unterschiedliche Datenproduzenten verwalten unterschiedliche Arten von Daten; Verbraucher möchten eventuell diese Daten in einfacher oder komplexer Weise empfangen. Um die Notwendigkeiten beider, Produzenten und Verbraucher, anzupassen, definiert der InfoBus eine bestimmte Anzahl von Datenzugriffsschnittstellen (Data Access Interfaces).

EmployeeIDInput benutzt eine eigene Klasse, SimpleDataItem, um die Daten unterzubringen, die sie veröffentlicht. Diese Klasse ist eine universelle Implementierung von ImmediateAccess; wir werden uns die Implementierung der Methoden ansehen, die für diese Anwendung nötig werden.

Datencontroller sind manchmal ziemlich kompliziert. Sie können Datenproduzenten verfolgen, die bestimmte Datenelemente angeboten haben, und Datenverbraucher, die um Datenelemente gebeten haben, um spätes Binden (late binding) des Produzenten zum Verbraucher zur Verfügung zu stellen. ImmediateAccess definiert drei Möglichkeiten, die Daten zu erhalten:

- getValueAsString () liefert einen einfachen String der Daten

- getPresentationString () ist ähnlich, aber kann eine Übertragung passend für ein spezifiziertes Locale (Land, Sprache etc.) zur Verfügung stellen. Wird z.B. ImmediateAccess verwendet, um einen finanziellen Wert unterzubringen, liefert getValueAsString () „1000,00$", während die Methode getPresentationString (), vorausgesetzt es wird ein Locale für die Vereinigten Staaten benutzt, „$1,000.00" zurückliefert.

- Bei der dritten Möglichkeit wird eine Zugriffsmethode verwendet, die eine Referenz auf das Objekt liefert, das von ImmediateAccess gehalten wird.

Zu unseren Zwecken genügen die folgenden einfachen Implementierungen:

```
public String getValueAsString ()
{
  return wert != null ? wert.toString () : new
String ("");
}
// Anmerkung: Für dieses einfache Beispiel
// sind getPresentationString ()  und
// getValueAsString () identisch

public Object getValueAsObject ()
{
  return wert;
}
```

Das DAC (Data Access Component) stellt ein Zeilen- und ein Spalten-Interface für die Informationen zur Verfügung, die durch die Abfrage zurückgeliefert werden. Dieses kann mit der ArrayAccess-Schnittstelle oder der Datenbank-spezifischen RowsetAccess-Schnittstelle getan werden. Ein wirklich flexibles DAC könnte beide Schnittstellen einführen, um möglichst viele Verbraucher zu unterstützen, von denen einige nur das eine oder andere verstehen können. Das DataItem-Interface wird benutzt, um beschreibende Informationen für ein Datenelement zur Verfügung zu stellen. Die Methoden beinhalten

- getTransferrable (), das u.a. den Zugriff auf den MIME-Type zur Verfügung stellt

- getProperty (), das einem Produzenten erlaubt, ein Objekt in Erwiderung auf einen Property-Namen zurückzuliefern, den es erkennt und

- getProducer (), das eine Referenz auf den Event-Listener des Produzenten zurückliefert. Das dient Identifikationszwecken.

SimpleDataItem liefert null für die ersten beiden genannten und eine Referenz auf die EmployeeIDInput-Instanz zurück, die das Item anzeigt. Beachten Sie, daß das Beispiel bei unerwünschter Introspection verletzbar ist, da EmployeeIDInput einige andere Interfaces hat. Eine sicherheitsbewußte Anwendung könnte InfoBusDataProducer in einer Klasse ohne andere Funktionen implementieren, um zu vermeiden, solche Informationen an andere Verbraucher zu geben.

Einfaches Beispiel =>
keine Sicherheit

7.5.12
Data Item Change Notification

Die EmployeeIDInput-Klasse erlaubt dem Benutzer, eine Employee ID (Mitarbeiternummer) einzugeben, dann Suche zu klikken, um Daten für diesen Angestellten zu finden. Das erste Mal wenn Suche geklickt wird, wird das Datenelement angekündigt, wie Sie schon gesehen haben. Jeder folgende Klick sendet eine Change Notification. Das DAC sendet eine Abfrage, wenn es das Item erhält und für jede Veränderung des Wertes zu dem Datenelement.

Produzenten können das DataItemChangeManager-Interface leicht implementieren, um Change Notification mit seinen Listenern zu unterstützen unter Verwendung der DataItemChangeSupport-Klasse. Erinnern Sie sich an den InfoBusMemberSupport. Wir erzeugten eine Instanz der Klasse und delegierten alle Aufrufe des Interfaces zu den entsprechenden Aufrufen der Support-Klasse.

DataItemChangeSupport liefert auch Methoden, die verwendet werden können, um Change-Methoden jeder Art auszulösen. EmployeeIDInput ruft die Methode SimpleDataItem.setValue () dann auf, wenn der Benutzer auf Suchen klickt, um eine neue Employee ID zu setzen, nach der dann gesucht wird. SimpleData-Item.set Value () stellt den neuen Wert ein, ruft dann eine Methode auf, um einen Event auszulösen, der allen registrierten Listenern anzeigt, daß der Wert verändert wurde.

```
m_DICS.fireItemValueChanged (this, null);
```

7.6
Zusammensetzen der Bausteine

Der letzte Baustein unseres Beispiels ist der HTML-Code, der unsere InfoBus-Bestandteile einbaut und die Art und Weise steuert, wie sie miteinander sprechen. In diesem Beispiel-HTML-Code beachten Sie, daß alle drei Applikationen Parameter haben, die den men verwenden, können sie sich auf dem InfoBus sehen.

Hier der vollständige HTML-Code:

```
<HTML>
<BODY>
<CENTER>
```

```
<APPLET   CODEBASE=".."
CODE="xyz.EmployeeIDNumberInput"
NAME="EmployeeIDInput" HEIGHT=475 WIDTH=475>
<PARAM NAME="InfoBusName"
VALUE="xyzBus">
<PARAM NAME="FontSize"        VALUE="10">
<PARAM NAME="DataItemName"
VALUE="EmployeeIDNumber">
</APPLET>

<APPLET CODEBASE=".." CODE="lotus.jdbc.JdbcSource"
NAME="Jdbc" HEIGHT=475 WIDTH=475>
<PARAM NAME="InfoBusName"  VALUE="xyzBus">
<PARAM NAME="host"         VALUE="mydbhost">
<PARAM NAME="database"     VALUE="jdbc:dbaw:
           //%HOST%:8889/Sybase_SQLANY/myDB">
<PARAM NAME="ID"           VALUE="user1">
<PARAM NAME="password"     VALUE="password1">
<PARAM NAME="autoConnect" VALUE="false">
<PARAM NAME="queryName"
VALUE="EmployeeIDRetrieve">
<PARAM NAME="publishName" VALUE="EmployeeIDData">
</APPLET>

 <APPLET CODEBASE=".." CODE="lotus.sheet.Sheet"
ARCHIVE="jars/lot_sheet.jar" Width=550 HEIGHT=350>
<PARAM NAME="InfoBusName" VALUE="xyzBus">
<PARAM NAME="DataName"    VALUE="EmployeeIDData">
<PARAM NAME="WIDTH"       VALUE="550">
<PARAM NAME="HEIGHT"      VALUE="350">
</APPLET>
</CENTER>
</BODY>
</HTML>
```

Das erste Applet ist das EmployeeIDInput-Beispiel, das in diesem Kapitel vorgestellt wurde. Das DataItem Name ist als EmployeeIDNumber festgelegt worden.

Erinnern Sie sich, daß das zweite Applet, die Data-Access-Komponente, beides ist, sowohl Verbraucher, um einen String nachzuschlagen, als auch ein Produzent einer Tabelle von Daten, die durch eine Abfrage zurückgeliefert wurden. Ein Parameter, queryName, spezifiziert den DataItem-Namen für den Suchstring mit einem Wert von EmployeeIDRetrieve. Weil der Wert derselbe ist, den der Parameter EmployeeIDInput produziert, tauschen sie diese Daten aus. Der DataItem-Name für die Daten des Abfrageergebnisses wird durch den Parameter publishName spezifiziert, dessen Wert als EmployeeIDData spezifiziert wird.

Schließlich spezifiziert die dritte Komponente einen DataItem-Namen mit seinem DataName-Parameterwert von EmployeeID-Data. Da dies wiederum dem Namen des DataItem entspricht, der durch das DAC produziert wird, kann die Komponente die Daten von der Abfrage anzeigen.

7.7
Status

Das InfoBus 1.2 Release ist auf

http://www.javasoft.com/beans/infobus

vorhanden. Das InfoBus 1.2 Release ist eine Standardextension zum JDK. Diese Technologie erlaubt, daß InfoBus-fähige Komponenten in größere zusammengesetzte Anwendungen schnell und leicht eingefügt werden können, die aus wiederverwendbaren Bestandteilen aufgebaut werden. Zum Beispiel verwendet Lotus eSuite den InfoBus für Anwendungsintegration, die es Programmierern erlaubt, kundenspezifische Erweiterungen mit eSuite und anderen Komponenten zu schreiben.

7.8
Zusätzliche Informationen

7.8.1
Internet

InfoBus Homepage
http://www.javasoft.com/beans/infobus

JavaBeans Homepage
http://www.javasoft.com/beans

IBM Implementierung
http://www.alphaworks.ibm.com/formula/distributedinfobus

Andere Links und Informationen
http://www.sw-technologies.com/javabeans/infobus/

7.8.2
Bücher

Reaz Hoque: Connecting Javabeans With Infobus. John Wiley &
Sons, 480 S., November 1998

8 Einführung in JDBC

8.1
Ziele

In diesem Kapitel werden fünf Ziele verfolgt:

- Verständnis von Java Database Connectivity (JDBC™) und die notwendigen Grundlagen für Open Database Connectivity (ODBC)
- Verbindung von JDBC zu relationalen Datenbanken
- Ausführung von SQL-Abfragen an relationale Datenbanken
- Behandlung der Ergebnisse der Abfragen
- Ansichten der Daten durch Verwendung von MetaData

Die folgenden Unterkapitel werden diese fünf Ziele im Detail erläutern und anhand von Beispielen den Praxisbezug erklären.

8.2
Einführung

8.2.1
Allgemeines zu JDBC™

JDBC™ ist eine Java-API, um SQL-Kommandos auszuführen. Sie *Java API*
besteht aus einem Satz von Klassen und Interfaces, die in Java geschrieben wurden. JDBC bietet dem Entwickler eine Standard-API
und ermöglicht es, Datenbankapplikationen zu schreiben, die ausschließlich Java-Code enthalten (pure Java).

Mit JDBC ist es einfach, SQL-Anweisungen an praktisch jede relationale Datenbank zu schicken. Das heißt, mit der JDBC-API ist es nicht notwendig, ein Programm zum Ansprechen der Sybase-Datenbank zu schreiben, ein anderes Programm, um auf eine Oracle-Datenbank zuzugreifen und so weiter. Man kann ein einzelnes Programm mit der JDBC-API schreiben, und das Programm ist in der Lage, SQL-Anweisungen zur passenden Datenbank zu schicken. Dies ist vergleichbar mit EOF von OpenStep. Und wenn eine Anwendung in der Programmiersprache Java geschrieben ist, muß man sich auch nicht um unterschiedliche Anwendungen für unterschiedliche Plattformen kümmern (UNIX, Windows NT, MacOS). Die Kombination von Java und JDBC läßt einen Programmierer die Software einmal schreiben, und sie kann dann überall laufen.

Java, das robust, sicher, einfach zu verwenden und einfach zu verstehen ist, stellt die ideale Umgebung für die Entwicklung von Datenbankapplikationen dar. Was benötigt wird, ist eine Möglichkeit für Java-Applikationen, mit den verschiedenen Datenbanken zu sprechen. Und das genau ist JDBC.

JDBC erweitert die Fähigkeiten von Java. Zum Beispiel ist es mit JDBC möglich, eine Webseite zu veröffentlichen, die ein Applet besitzt, von dem aus auf eine Datenbank zugegriffen wird. Damit hat man Plattformunabhängigkeit und Datenbankunabhängigkeit. Jeder Mitarbeiter, der einen Java-fähigen Browser hat, kann die gleichen Daten ansprechen. MacIntosh- oder Unix-User sind nicht mehr ausgeschlossen, wie z.B. bei Delphi. Das gilt natürlich noch verstärkt für das Intranet, weil es hier oftmals mehrere Datenbanken für verschiedene Bereiche gibt.

IT-Manager mögen die Kombination von Java und JDBC, weil das Verbreiten von Informationen einfach und ökonomisch geschieht. Business kann weitergehen, die Informationen der installierten Datenbanken sind leicht zu verwenden, selbst wenn sie auf unterschiedlichen Datenbankmanagementsystemen (DBMS) gespeichert sind. Die Entwicklungszeit für neue Applikationen ist kurz. Installation und Versionssteuerung werden wesentlich vereinfacht. Ein Programmierer kann eine Anwendung oder ein Update schreiben, dieses wird einmal auf dem Server installiert und jeder hat sofort die neueste Version. Und für die Geschäfte, die Informationsdienste verkaufen, bieten Java und JDBC einen besseren Weg der Herausgabe von Updates der Informationen oder Software an außenstehende Kunden. Das führt uns weiter in die Details.

8.2.2
Funktionalität von JDBC

Vereinfacht gesprochen, macht JDBC nur drei Dinge:

- Verbindung mit einer Datenbank herstellen
- Senden von SQL-Statements
- Verarbeiten der Ergebnisse

Das folgende Codefragment gibt ein einfaches Beispiel für diese drei Schritte. Die Details dieses Fragments müssen Sie hier noch nicht verstehen, diese werden Sie im Verlaufe dieses Kapitels kennenlernen:

```
// Verbindung herstellen, treiberabhängig
Connection con = DriverManager.getConnection
("jdbc:odbc:springer", "kay", "schulz");

// Erzeugen eines SQL-Statements
Statement stmt = con.createStatement();

// SQL-Statement ausführen und Ergebnisse
// erhalten
ResultSet rs = stmt.executeQuery ("SELECT a, b, c
FROM Table");

// Ergebnisse bearbeiten
while (rs.next ())
{
  int x = getInt ("a");
  String s = getString ("b");
  float f = getFloat ("c");
}
```

8.2.3
JDBC ist eine Low-Level-API

JDBC ist eine Low-Level-Schnittstelle, das bedeutet, daß sie benutzt wird, um SQL-Befehle direkt aufzurufen. Das funktioniert auch sehr gut und ist einfacher als andere Datenbank-Connectivity-APIs zu verwenden, aber JDBC wurde auch entworfen, um eine Basis für Higher-Level-Schnittstellen zu ermöglichen. Eine Higher-Level-Schnittstelle ist mit einer verständlicheren oder bequemeren API versehen und ist somit benutzerfreundlich, im Hintergrund wird sie aber in eine Low-Level-Schnittstelle wie JDBC übersetzt. Zur Zeit der Manuskripterstellung sind zwei Arten von Higher-Level-APIs in der Entwicklung, die beide auf JDBC aufbauen:

1. *Embedded SQL für Java (SQLJ)*. Mindestens einer der Hersteller hat Pläne, dies zu entwickeln. DBMSs implementieren SQL, eine Sprache, die speziell für den Gebrauch von Datenbanken entworfen wurde. JDBC verlangt, daß die SQL-Anweisungen als Zeichenketten an die Java-Methoden übergeben werden. Ein eingebetteter SQL-Präprozessor erlaubt einem Programmierer, SQL-Anweisungen direkt mit Java zu versenden, anstatt es zu mischen: z.B. kann eine Java-Variable in einer SQL-Anweisung verwendet werden, um SQL-Werte zu empfangen oder zur Verfügung zu stellen. Der eingebettete SQL-Präprozessor übersetzt dann diese Java-/SQL-Mischung in Java mit JDBC-Aufrufen. Dies ist vergleichbar mit Pro-C für Oracle.

2. *Direktes Umsetzen der Tabellen der relationalen Datenbank in Java-Klassen*. JavaSoft und andere haben verkündet, dies zu implementieren. In dieser „object/relational"-Umsetzung wird jede Reihe der Tabelle eine Instanz dieser Klasse, und jeder Spaltenwert entspricht einem Attribut dieser Instanz. Programmierer können dann direkt mit Java-Objekten arbeiten; die angeforderten SQL-Aufrufe zum Holen und die Speicherdaten werden automatisch festgelegt. Auch weiterentwickelte Ideen stehen zur Diskussion, z.B. können Zeilen von mehreren Tabellen in einer Java-Klasse kombiniert werden.

Seitdem das Interesse an JDBC gewachsen ist, arbeiten mehr und mehr Entwickler daran, JDBC-basierte Tools zu entwickeln, um das Schreiben von Programmen zu vereinfachen (z.B. mit JavaBeans). Außerdem wird jetzt mehr Zeit und Geld investiert, Applikationen zu entwickeln, die es dem Endanwender erleichtern, mit der Datenbank zu kommunizieren.

Zum Beispiel könnte eine solche Applikation dem Anwender ein Menü zur Verfügung stellen, das Datenbankaktionen enthält. Wird so eine Aktion ausgewählt, stellt das GUI ein Formular dar, um die entsprechenden Parameter einzugeben. Mit diesen Eingaben wird dann die Datenbank mit den entsprechenden SQL-Kommandos angefragt. Damit können Anwender auch ohne SQL-Kenntnisse Datenbankabfragen ausführen.

8.2.4
JDBC, ODBC und andere APIs

Heute ist Microsofts ODBC (Open Database Connectivity)-API wohl die am meisten verwendete API, um mit relationalen Datenbanken zu kommunizieren. Sie erlaubt es, von nahezu jeder Plattform aus fast jede verfügbare Datenbank anzusprechen. Hierbei stellt sich nun die Frage, wozu wir dann JDBC brauchen? Und warum verwenden wir nicht ODBC aus unseren Java-Applikationen heraus? *MS-ODBC*

Die Antworten sind bei genauerem Hinsehen einleuchtend. ODBC kann aus Java verwendet werden, aber dies geschieht am besten mit der Hilfe von JDBC in Form der ODBC-JDBC-Bridge, auf die wir später noch zu sprechen kommen, denn der Einfachheit halber werden wir diese für unsere Beispiele verwenden.

Warum also brauchen wir JDBC? Vielleicht brauchen Sie es nicht, aber hier ein paar Gründe, warum ich der Meinung bin, JDBC zu benötigen: *Wozu JDBC*

1. ODBC ist nicht ideal für die Verwendung von Java, da es in C entwickelt wurde. Die Verwendung von native C aus Java hat einige Nachteile, die z.B. die Sicherheit, Robustheit und Portabilität betreffen.

2. Eine direkte Übersetzung der ODBC-C-API in eine Java-API ist sicherlich nicht wünschenswert und auch nicht einfach. Zum Beispiel verwendet Java keine Zeiger. Die meisten Programme, die in C geschrieben wurden, verwenden diese aber intensiv.

3. ODBC ist schwer zu erlernen. Es wirft einfache und komplexe Dinge wild durcheinander und verwendet sehr schwierige Optionen selbst für einfache Datenbankabfragen. JDBC wurde so entwickelt, daß einfache Sachverhalte auch einfach bleiben, aber trotzdem die Möglichkeit besteht, auch komplexere Fähigkeiten zu verwenden, wenn nötig.

4. Eine Java-API wird benötigt, um „pure Java"-Lösungen bieten zu können. Wird ODBC verwendet, müssen der Treiber-Manager und die Treiber manuell installiert werden, und das für jeden Client (wie Sie später noch sehen werden). Ist der JDBC-Treiber komplett in Java geschrieben, ist der JDBC-Code portabel, sicher und automatisch installierbar. Denken Sie hier wieder an Applets.

Als Zusammenfassung kann man also sagen, daß die JDBC-API eine natürliche Java-Schnittstelle gegenüber dem Basis-SQL und seinen Konzepten darstellt. Sie baut vom Verständnis her auf ODBC auf, so daß diejenigen, die ODBC kennen, JDBC leicht erlernen können.

JDBC erhält die wesentlichen Designs von ODBC. Das bedeutet, daß beide auf X/OPEN SQL CLI (Call Level Interface) basieren. Der Unterschied liegt in der Tatsache, daß JDBC Java verwendet und daher in den Genuß (und die Nachteile) der Sprache kommt, wie z.B. die Verwendung im WWW via Applets.

Davon abgesehen hat Microsoft neue APIs vorgestellt: RDO (Remote Data Objects), ADO (ActiveX Data Objects) und OLE DB. Diese Designs sind sehr stark in Richtung JDBC entwickelt worden. Das bedeutet, sie sind objektorientiert und basieren auf Klassen, die auf ODBC aufbauen können. Ob das Vorteile bietet, wird sich zeigen. Ich bin der Meinung nein, denn der Markt für ODBC-Treiber ist gesättigt, und warum sollten die Hersteller von Datenbanken alles auf objektorientierte Software umstellen, wenn es für C funktioniert. Und wenn schon objektorientiert, warum dann nicht JDBC und Java, das ja enorme Vorteile gegenüber z.B. C++ bietet. Und Geschwindigkeit kann auch kein Thema mehr sein, da die letzten Tests von Java mit JIT (Just-in-Time-Compiler) oder HotSpot bewiesen haben, daß es genauso schnell sein kann wie C++. Und hinzukommt noch, daß die Datenbank oder das Netzwerk zum Flaschenhals werden können.

Das folgende Bild zeigt die Möglichkeiten, mit denen via JDBC auf Datenbanken zugegriffen werden kann (aus der JDBC-Spezifikation).

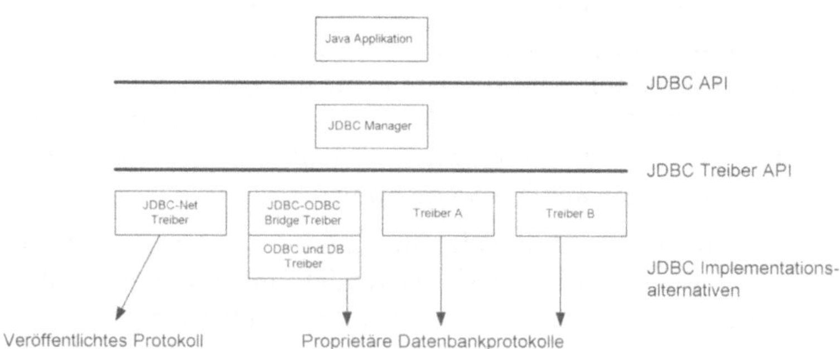

8.2.5
DB-Modelle und JDBC/Java

Die JDBC-API unterstützt die Two-Tier und Three-Tier-Modelle für Datenbankzugriffe.

8.2.5.1   2-Schichten-Modell

Im 2-Schichten-Modell spricht ein Java-Applet oder eine Java-Anwendung direkt mit der Datenbank. Diese benötigt einen JDBC-Treiber, der sich mit den verschiedenen Datenbankmanagementsystemen (DBMS), die angesprochen werden sollen, verständigen kann. SQL-Anweisungen eines Benutzers werden an die Datenbank geliefert, und die Resultate jener Anweisungen werden zurück zu dem Benutzer gesendet. Die Datenbank kann sich auf einer anderen Maschine befinden, an die der Benutzer über ein Netz angeschlossen wird. Dieses kennzeichnet eine Client/Server-Anwenderkonfiguration, mit der Maschine des Benutzers als Client und der Maschine, welche die Datenbank enthält, als Server. Das Netz kann ein Intranet sein, das z.B. Angestellte innerhalb einer Firma anschließt, oder es kann das Internet sein. Auch das Extranet ist möglich, um Kunden Zugang zu den neuesten Daten zu geben.

Direkte Verbindung

Es gibt insgesamt drei JDBC-Treiber für dieses Modell, die ich kurz erläutern möchte (im folgenden gilt SQLNet allgemein als proprietäres Protokoll):

Drei JDBC-Treiber

1. Die ODBC-Bridge: Die meisten momentan verfügbaren JDBC-Implementierungen bauen auf ODBC auf und somit auf der Bridge, die von Sun und Intersolv entwickelt wurde. Für diesen Fall bedeutet ODBC die Mittelschicht. Das folgende Bild verdeutlicht den Ablauf dafür:

ODBC-Bridge

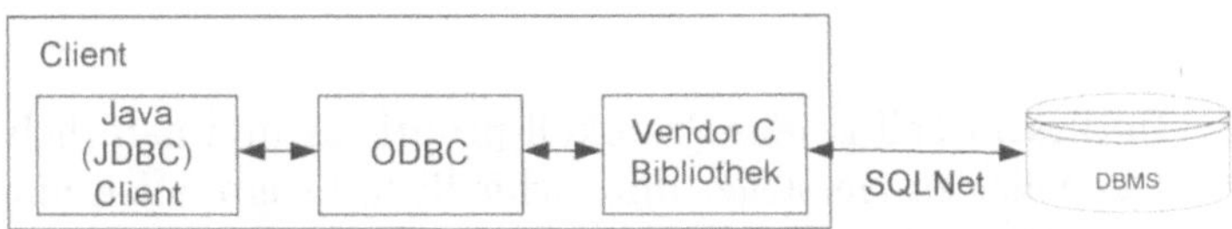

Abbildung 2
2-tier ODBC

2. Ein anderer Typ von JDBC-Implementierungen ist ein 2-Tier Treiber, der vom Hersteller geliefert wird. JavaSoft nennt diese Treiber *native-API partly-Java drivers*. Diese sind aber von Datenbankhersteller zu Datenbankhersteller sehr unterschiedlich. Einige sind in C geschrieben, andere in C++. Auch welcher Anteil des Treibers Java ist und wieviel in Java implementiert wurde ist sehr unterschiedlich. Der Vorteil liegt hier

2-Tier-Treiber (native-API partly-Java drivers)

darin, daß kein ODBC benötigt wird. Die Komplexität des Systems wird geringer. Dadurch natürlich auch Debugging und Maintenance etc. Ein Nachteil ist, daß die meisten Hersteller den Java-Teil nicht als puren Java-Teil implementiert haben. Dadurch, daß die Client-Library in C oder C++ entwickelt wurde, müssen diese als .DLLs (Dynamic Link Library) oder .so-Dateien (Shared Libraries) auf dem lokalen Rechner vorhanden sein. Außerdem ist die Datenbank- und Plattformunabhängigkeit damit nicht mehr gewährleistet und vollständig abhängig vom Datenbankhersteller oder Treiber-Lieferanten. Abbildung 3 zeigt den Ablauf:

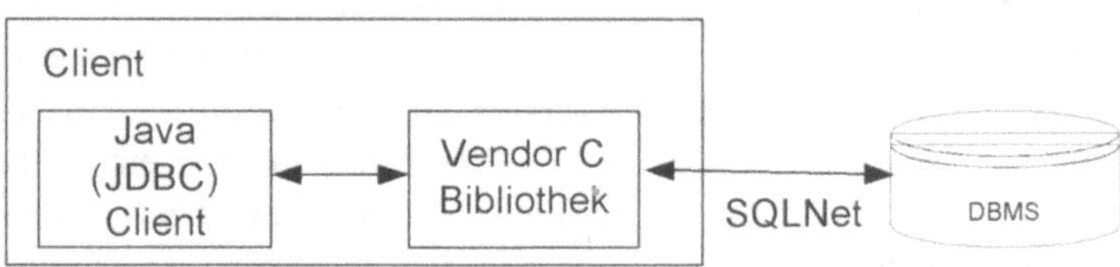

Abbildung 3
Zugriff via Client-Libraries

Pure-Java Treiber native-protocol all-Java drivers)

3. Die dritte Gruppe von Treibern sind pure Java-Treiber. Es wird weder ODBC noch eine andere Library aufgerufen, sondern es wird direkt von Java auf die Datenbank zugegriffen. Abbildung 4 soll dies verdeutlichen:

Abbildung 4
Zugriff via proprietärem DBMS-Protokoll

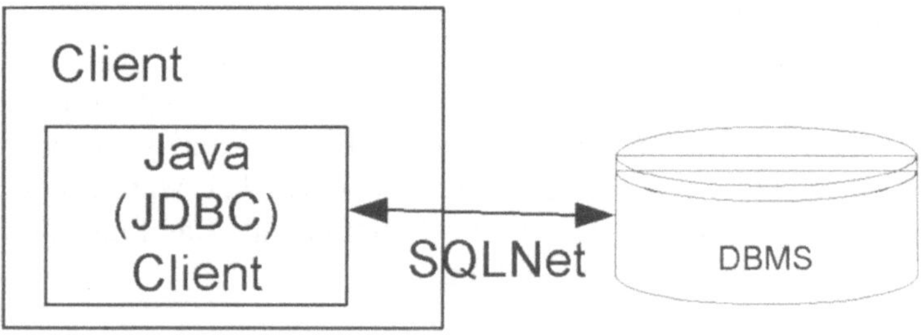

In diesem Fall ist das Protokoll proprietär und natürlich von Hersteller zu Hersteller unterschiedlich. Es gibt auch nur wenige Hersteller, die eigene Java-Treiber für dieses Szenario liefern. JavaSoft nennt diese Treiber *native-protocol all-Java drivers*. Damit ist auch wieder die Datenbankunabhängigkeit nicht gegeben.

8.2.5.2 3-Schichten-Modell

Im 3-Schichten-Modell werden Befehle zu einer „mittleren Reihe" der Dienstleistungssoftware geschickt, die dann SQL-Anweisungen zur Datenbank weitergeleitet. Die Datenbank verarbeitet die SQL-Anweisungen und sendet die Resultate zurück zu der mittleren Schicht, die sie dann dem Benutzer schickt. JavaSoft nennt diese Treiber *net-protocol all-Java drivers*.

IT-Manager finden das 3-Schichtenmodell sehr attraktiv, weil die mittlere Schicht es ermöglicht, die Steuerung über Datenzugriffe und die Arten der Updates, die zu den Daten gebildet werden können, beizubehalten. Ein anderer Vorteil dieser mittleren Schicht besteht darin, daß der Benutzer eine bedienungsfreundliche High-Level-API einsetzen kann, die durch die mittlere Schicht in die passenden Low-Level-Aufrufe übersetzt wird. Außerdem bietet das 3-Schichten-Modell in vielen Fällen Leistungsvorteile.

Nicht zuletzt ist das Modell sehr oft im Einsatz, wie Sie am folgenden Beispiel erkennen können, das die verschiedenen Alternativen der Datenbankapplikations-Entwicklung aufzeigt.

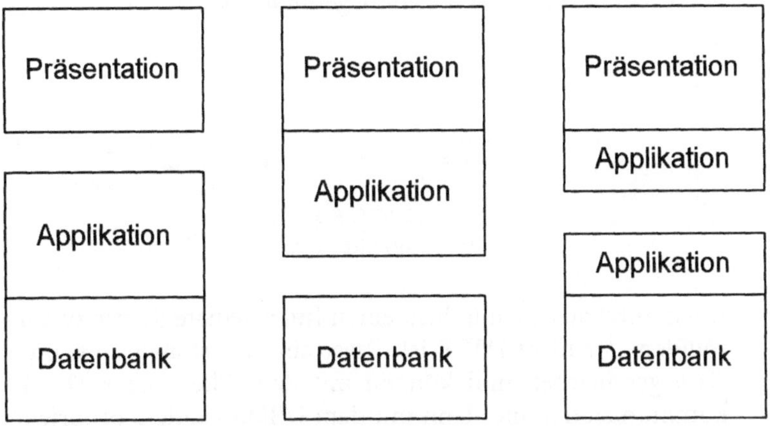

Abbildung 5
Architektur-Alternativen

Bis jetzt ist die mittlere Schicht gewöhnlich in Sprachen wie C oder C++ geschrieben worden, die schnelle Leistung bieten. Jedoch mit der Einführung von optimierten Compilern, die Java-Bytecode in leistungsfähigen maschinen-spezifischen Code übersetzen, ist es praktischer, die mittlere Schicht in Java zu implementieren. Dieses ist ein großes Plus und ermöglicht es, den Nutzen aus der Robustheit von Java zu ziehen und das Multithreading sowie die Sicherheitseigenschaften einzusetzen. JDBC ist wichtig, um Datenbankzugriffe aus einer mittleren Schicht, geschrieben in Java, zu erlauben.

Auch für dieses Modell gibt es wieder mehrere Szenarien, die ich kurz einführen möchte.

1. Ein typisches Szenario ist, daß der JDBC-Client mit dem proprietären Protokoll des Herstellers kommuniziert. Abbildung 6 stellt dies dar. Zum Beispiel kann ein Java-Client Anfragen an den HTTP-Server schicken, der auf Port 80 lauscht und diese Anfragen an das DBMS weiterleitet. Es gibt mehrere Pros und Kontras zu diesem Ablauf. Es ist einfach zu implementieren, denn es muß nur der Java-Client geschrieben werden, und dieser verwendet den JDBC-Treiber, der mit dem DBMS kommunizieren kann. Es kann aber durchaus sein, daß HTTP nicht unbedingt das geeignete System für eine sehr große Zahl an Anfragen darstellt (dafür wurde es ja auch nicht entwickelt). Vor allem ist hier die Performance zu nennen. Außerdem ist zu bedenken, daß JDK 1.0.2 und auch einige Implementierungen von JDK 1.1 in den diversen Browsern es nicht zulassen, daß ein Applet auf einen anderen Rechner im Netzwerk zugreift als auf den, von dem es geladen wurde. Das heißt, DBMS und Webserver laufen auf demselben Rechner. Was das alles bedeuten kann, will ich hier nicht ausführen (Hinweis: Sicherheit). Dies ist nur unter der Verwendung des Java-PlugIn möglich, das bisher noch keine so große Verbreitung gefunden hat.

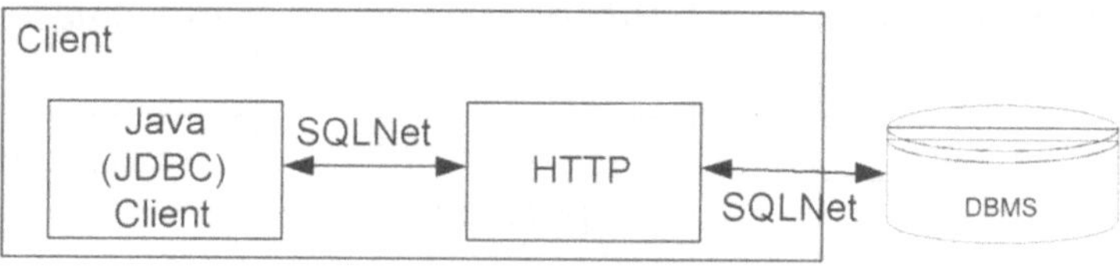

Abbildung 6
Zugriff via Intermediate Server

2. Es ist durchaus auch üblich, einen Intermediate Server zu verwenden, der nicht HTTP ist. Diese sind meist auch in C oder C++ geschrieben und können mit dem Client über TCP/IP kommunizieren und dann mit dem DBMS via dem proprietären Protokoll. Dies wird oft bei großen Internet/Intranet-Anwendungen eingesetzt. Da auch hier meist wieder auf ODBC zurückgegriffen wird, treffen alle schon genannten Nachteile zu.

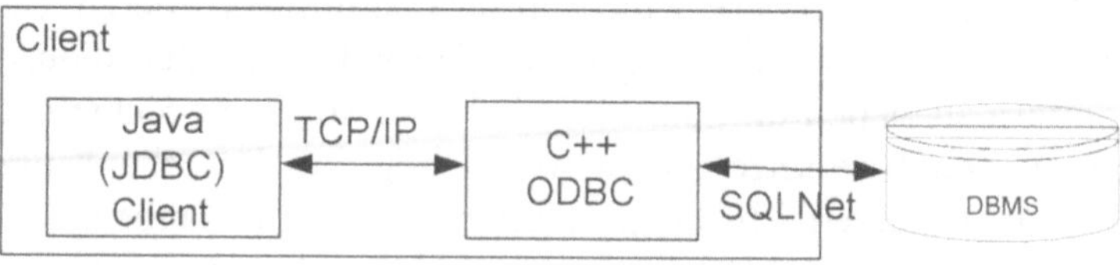

Abbildung 7
Zugriff via C/C++ Intermediate Server

3. Das letzte Szenario ist noch nicht sehr weit verbreitet, aber ich
   bin der Meinung, es wird es bald sein, denn es ist meiner Über-
   zeugung nach das mächtigste Szenario. Hier ist der Intermediate Server auch in Java geschrieben. Die Firma WebLogic hat
   so ein Produkt im Einsatz, das sich Tengah nennt. Enterprise
   JavaBeans sind das beste Beispiel für diesen Ansatz. Der Ja-
   va/JDBC-Client greift auf den Intermediate Server via TCP/IP
   zu. Der Intermediate Server kann dann jeden JDBC-kompa-
   tiblen Treiber verwenden, um mit der Datenbank zu sprechen.
   Die Vorteile sind einleuchtend: Da der Intermediate Server in
   Java geschrieben ist, haben Sie volle Plattformunabhängigkeit.
   Und da es die JDBC-Treiber der Hersteller verwendet, ist auch
   die volle Datenbankunabhängigkeit gegeben.

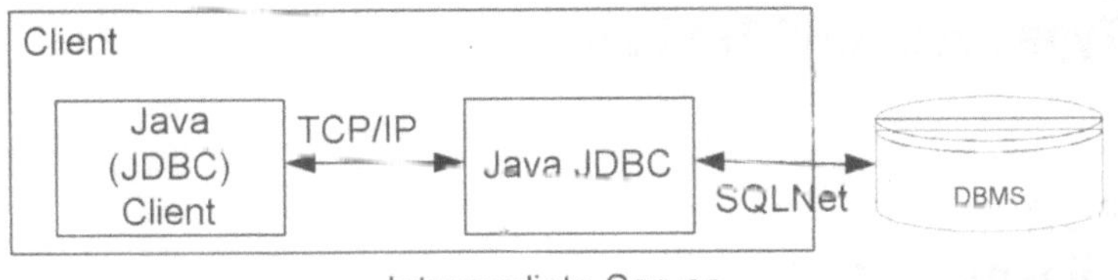

Abbildung 8
Pure Java-Lösung

8.2.6
SQL-Conformance

Auch wenn SQL ein Standard ist, unterstützen nicht alle JDBC-
Treiber die volle ANSI92 Grammatik. Zum Glück können Sie aber
den Level der Kompatibilität dazu abfragen. Das Objekt vom Typ
DatabaseMetaData enthält drei Methoden, die Ihnen genau diese
Informationen liefern. Dies geschieht in Anlehnung an die drei
Stufen der Conformance:

*Die Stufen der
Heiligkeit*

- supportsANSI92EntryLevelSQL – Hier muß jeder JDBC-Treiber
  true liefern

- supportsANSI92IntermediateSQL – Die Grammatik für die par-
  tielle Unterstützung ist gewährleistet

- supportsANSI92FullSQL – Volle ANSI-Unterstützung

Zusätzlich dazu gibt es mehrere SQL-Support-Levels für die
ODBC-Datenquelle. Diese können ebenso abgefragt werden. Das
Objekt vom Typ DatabaseMetaData enthält folgende drei Metho-
den, die diesen Level liefern:

- supportsMinimumSQLGrammar

- supportsCoreSQLGrammar

- supportsExtendedSQLGrammar

Diese Ebenen bestimmen, welche speziellen SQL-Operationen oder welche speziellen Optionen zu diesen SQL-Operationen ausgeführt werden können.

Außerdem kann der ODBC-Treiber, unter Verwendung der JDBC-ODBC-Brücke, die Funktionalität weiter einschränken, z.B. gibt es kein Prepared Statement für den ODBC-Treiber für Textdateien.

8.3
Typen von JDBC-Treibern

8.3.1
Allgemeines

JDBC-Treiber sind für eine Reihe von Datenbanken verfügbar. Tabelle 1 enthält eine unvollständige Liste der Hersteller, die die wesentlichen Treiber anbieten. Auch die anderen, die hier nicht aufgeführt sind, werden folgen.

Da diese Welt sehr schnellebig ist, kann die Liste nicht 100% aktuell sein, aber sie wird Ihnen sicherlich weiterhelfen. Im Notfall fragen Sie Ihren Datenbankhersteller, ob er einen Treiber hat. Es gibt vier Kategorien von JDBC-Treibern:

8.3.2
JDBC-ODBC-Brücke (Typ 1)

Hiermit kann via ODBC auf fast jede Datenbank zugegriffen werden. Anzumerken sei hier, daß manchmal ODBC-Binär-Code und in anderen Fällen auch Datenbank-Client-Code geladen werden muß. Das bedeutet, daß diese Art von Treiber am besten in Corporate Networks zu verwenden ist oder aber wenn der Code für den Application Server in einer klassischen 3-Schichten-Architektur geschrieben wurde.

8.3.3
Native-API-partly-Java-Treiber (Typ 2)

Dieser Treiber setzt JDBC-Aufrufe in Aufrufe des Clients für Oracle, Sybase und andere DBMS um. Auch hier gilt, Binärcode muß für jeden Client erst geladen werden.

8.3.4
Net-Protocol-all-Java-Treiber (Typ 3)

Dieser Treiber übersetzt JDBC-Aufrufe in DBMS-unabhängige Netzprotokolle, die dann in das DBMS des jeweiligen Datenbankherstellers übersetzt werden. Dies geschieht durch einen Server. Dieser Netzwerkserver ist in der Lage, alle Java-Clients mit unterschiedlichen Datenbanken zu verbinden. Das spezielle Protokoll, das dann verwendet wird, ist Datenbankhersteller-abhängig. Allgemein gesehen ist dies jedoch die flexibelste aller Möglichkeiten. Es ist davon auszugehen, daß alle Datenbankhersteller oder Hersteller von JDBC-DB-Schnittstellen diese Art von Treiber unterstützen werden, weil es die beste Intranet-Lösung darstellt. Damit diese aber auch im Internet verwendet werden können, müssen die typischen Kriterien berücksichtigt werden:

- Sicherheit
- Zugriff durch Firewalls hindurch etc.

8.3.5
Native-Protocol-all-Java-Treiber (Typ 4)

Dieser Treiber konvertiert JDBC-Aufrufe direkt in das Netzwerkprotokoll des DBMS. Damit wird eine direkte Verbindung des Clients mit dem DBMS hergestellt. Dies ist die praktischste Lösung für das Intranet. Da alle diese Protokolle aber Datenbankspezifisch und proprietär sind, sind die Datenbankhersteller selber dafür verantwortlich, diese Treiber zu liefern.

8.3.6
Treiber-Überblick

Die Zahlen geben an, in welche der eben besprochenen Kategorien die Treiber fallen.

Sie werden verstehen, daß eine Liste von ODBC-Treibern, die mit der JDBC-ODBC-Brücke verwendet werden können, außerhalb des Rahmens dieses Kapitels liegt.

Firma	Typ	Unterstützte DBMS
Agave Software Design	3	Oracle, Sybase, Informix, andere via ODBC
Asgard Software	3	Unisys A series DMSII database
Borland	4	InterBase 4.0
Caribou Lake Software	3	Ingres
Connect Software	4	Sybase, MS SQL Server
DataRamp	3	Mehrere durch ODBC-Treiber
Ensodex, Inc.	3	-"-
IBM	2/3	IBM DB2 Version 2
IBM	4	DB2 für OS/400
GWE Technologies	4	Mysql
IDS Software	3	Oracle, Sybase, MS SQL Server, MS Access, Informix, Watcom und andere via ODBC
I-Kinetics, Inc.	3	Oracle, Informix, Sybase und andere via ODBC
Imaginary	4	msql
InterSoft	3	Essentia
Intersolv	3	DB2, Ingres, Informix, Oracle, Microsoft SQL Server, Sybase 10/11
JavaSoft	1	Mehrere durch ODBC-Treiber
KonaSoft, Inc.	3/4	Sybase, Oracle, Informix
NetAway	3	Oracle, Informix, Sybase, MS SQL Server, DB2, andere via ODBC
OpenLink	3	Oracle, Informix, Sybase, MS SQL Server, CA-Ingres, Progress, Unify, PostgreSQL, Solid und andere via ODBC
Oracle Corporation	2/4	Oracle
SAS Institute Inc.	3/4	SAS, und via SAS/ACCESS, Oracle, Informix, Ingres und ADABAS
SCO	3	Informix, Oracle, Ingres, Sybase, Interbase
StormCloud Development	3	Jedes DBMS, das via ODBC ansprechbar ist
Sybase, Inc	3/4	Sybase SQL Server, SQL Anywhere, Sybase IQ, Replication Server und

		mehr als 25 Datenbankserver via Sybase OmniCONNECT
Symantec	3	Oracle, Sybase, MS SQL Server, MS Access, Watcom und andere via ODBC
Trifox, Inc.	3	ADABAS, DB2, Informix, Ingres, Oracle, Rdb, SQL Server, Sybase und andere via GENESIS.
Visigenic	3	Mehrere Dutzend per ODBC-Treiber
WebLogic	2	Oracle, Sybase, MS SQL Server
WebLogic	3	Mehrere Dutzend per ODBC-Treiber
XDB Systems, Inc.	1/3	Mehrere Datenbanken durch ODBC
Yard Software GmbH	4	YARD-SQL Database

8.4
JDBC-ODBC Bridge Driver

Wenn immer möglich, sollten Sie „Pure Java JDBC Driver" verwenden anstelle der ODBC-Treiber und der Brücke. Das eliminiert die ODBC-Konfiguration des Clients. Außerdem werden potentielle Fehler vermieden, die durch die Verwendung des nativen Codes (meist C) verursacht werden können. *Allgemeines*

Die JDBC-ODBC-Brücke ist ein JDBC-Treiber, der JDBC-Operationen implementiert, in dem er diese in ODBC-Operationen umsetzt. Für ODBC sieht es wie eine ganz normale Applikation aus. Die Brücke implementiert JDBC für jede Datenbank, für die es auch einen ODBC-Treiber gibt (und für welche Datenbank gibt es diesen nicht?). Sie ist als sun.jdbc.odbc Java-Package implementiert und beinhaltet die native Bibliothek, die benötigt wird, um ODBC anzusprechen. Die Brücke wurde von JavaSoft zusammen mit Intersolv entwickelt. *JDBC ist eine normale Applikation für ODBC*

Die JDBC-ODBC-Brücke unterstützt ODBC 2.x. Dies ist die Version, die von den meisten ODBC-Treibern unterstützt wird. Es ist davon auszugehen, daß die Brücke auch mit ODBC 3.x zusammenarbeiten kann. Die Brücke ist in Java implementiert und verwendet Java Native Methods um ODBC aufzurufen. Sie wird automatisch mit dem JDK (ab Version 1.1) installiert. Für die Installation von ODBC müssen Sie sich an Ihren ODBC-Software-Vertrieb wenden. Die Brücke selber braucht keine speziellen Konfigurationen, sie ist einfach vorhanden und funktioniert. *Unterstützte ODBC-Versionen*

Installation

Einige ODBC-Treiber erlauben nur ein einzelnes ResultSet (siehe 8.10) pro aktiver Verbindung.

Die Brücke nimmt an, daß ODBC-Treiber nicht reentrant sind. Das bedeutet, daß sie den Zugriff auf diese Treiber synchronisieren muß. Das Ergebnis daraus ist, daß die Brücke nur begrenzt Konkurrenz zuläßt. Das gilt aber nicht für JDBC-Treiber, sondern nur für die ODBC-Brücke.

Die Brücke wird verwendet, wenn eine JDBC-Connection unter Verwendung einer URL mit dem Subprotokoll odbc aufgebaut wird. Weiter unten finden Sie mehrere Beispiele zu URLs.

Bevor eine Verbindung aufgebaut werden kann, muß entweder die Brücke-Treiber-Klasse (sun.jdbc.odbc.JdbcOdbcDriver) mit dem Namen jdbc.drivers der java.lang.System–Property hinzugefügt werden, oder sie muß explizit unter Verwendung des Java Class Loaders (das ist der meist verwendete Fall) geladen werden. Das explizite Laden geschieht folgendermaßen:

```
Class.forName("sun.jdbc.odbc.JdbcOdbcDriver");
```


Wenn sie geladen wurde, erzeugt der ODBC-Treiber eine Instanz von sich selbst und registriert sich bei dem JDBC-Treiber-Manager.

Denselben Effekt können Sie auch von der Kommandozeile aus erhalten, in dem Sie die System-Properties von jdbc.drivers verwenden (der eher seltene Fall):

```
java -Djdbc.drivers= sun.jdbc.odbc.JdbcOdbcDriver
AProgram
```


Nun stellt sich die Frage der Verwendung von JDBC in Applets. JDBC arbeitet wunderbar mit Applets, wenn ein purer Java-Treiber benutzt wird. Der Treiber für die Brücke funktioniert aber nicht.

Da die Brücke eine optionale Komponente des JDK darstellt, kann es sein, daß die Browserhersteller sie nicht einbinden (es fällt schwer zu glauben, daß Microsoft sie einbaut). Auch wenn sie eingebaut ist, können nur sog. Trusted Applets (denen erlaubt ist, auf das Filesystem zuzugreifen) diese Brücke verwenden. Das ist aus Sicherheitsgründen nötig, da Applets ja in ihrer sog. Sandbox ablaufen. Und selbst dann müssen ODBC und die DBMS dafür konfiguriert sein.

8.5
Setup

8.5.1
Allgemeines

Bevor wir zur praktischen Verwendung übergehen, müssen ein paar Schritte unternommen werden, damit Sie die Beispiele auch laufen lassen können. Ich verwende als Beispiel Access (aber auch Msql funktioniert). Das hat mehrere Gründe:

1. Access ist sehr weit verbreitet und reicht für die Beispiele hier aus.

2. Nicht jeder interessierte Leser hat Zugriff auf Oracle oder andere kommerzielle Produkte.

3. Msql ist frei verfügbar, und es gibt JDBC-Treiber dafür.

Im großen und ganzen müssen Sie zwei Schritte vornehmen, wenn Sie ODBC verwenden wollen (nicht, wenn Sie reines JDBC machen möchten).

Zwei Wege führen nach Rom

1. Erzeugung einer ODBC-ansprechbaren Datenquelle (für Access)

2. Registrierung dieser Quelle mit dem System

Führen Sie die folgenden Schritte durch:
Welche Datenquelle wollen Sie verwenden?

- Microsoft Access
- Textdatei
- Oracle/SQL-Server/dbAnywhere
- andere

Wir werden Access und teilweise Msql für die Beispiele verwenden.

8.5.2
Windows 95/98/NT 4.0

- Starten Sie das Control Panel

  Wählen Sie den Start-Button
  Wählen Sie Settings aus
  Wählen Sie das Control Panel
  Doppelklick auf das ODBC-Icon (32-bit)

Abbildung 9
Control Panel

Es erscheint ein Fenster „ODBC Data Source Administrator".

Abbildung 10
Datasources

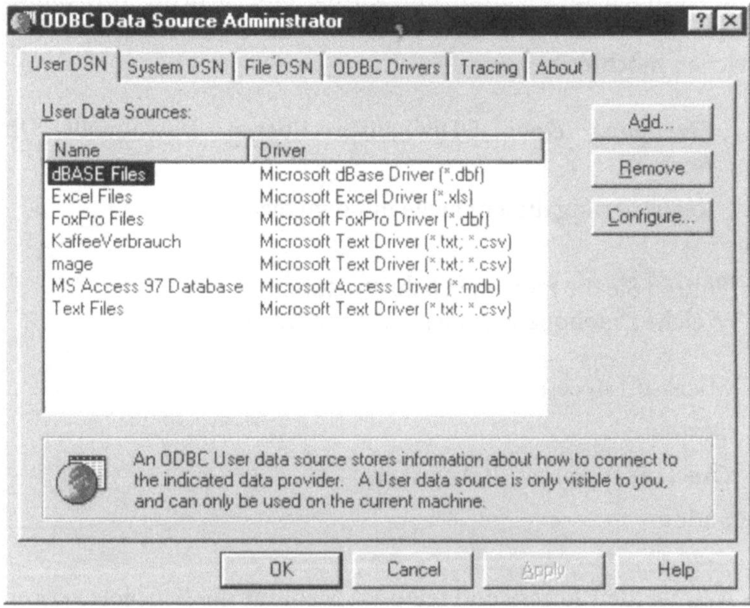

Wählen Sie Add aus. Es erscheint ein Fenster „Create New Data Source".

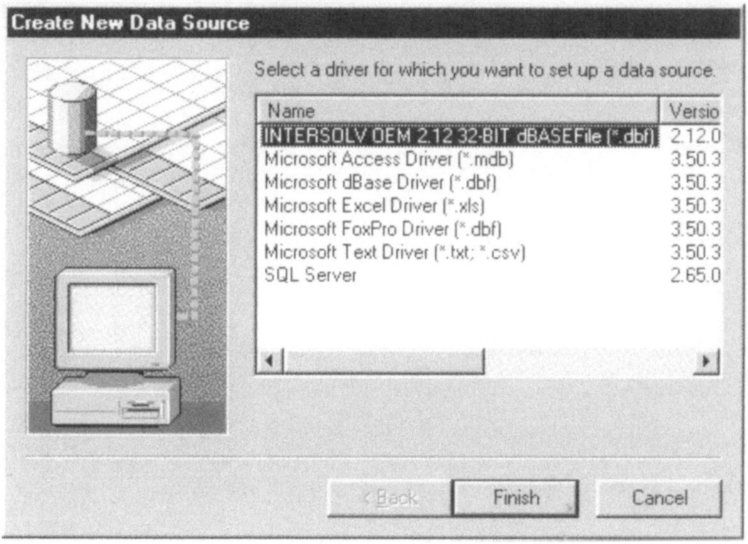

Abbildung 11
Create New Data Source

Wählen Sie den entsprechenden Treiber aus. Wenn Sie Text auswählen, erscheint das ODBC Text Setup-Fenster.

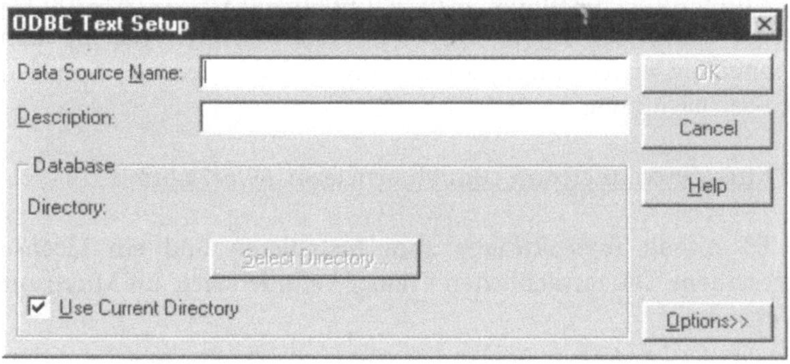

Abbildung 12
ODBC Text Setup

Geben Sie Ihrer Quelle einen Namen, z.B. Springer (in unserem Beispiel später KaffeeVerbrauch).

Geben Sie eine Beschreibung an, z.B. Beispiele aus dem Springer-Verlag.

Wählen Sie das Verzeichnis aus, in dem die Daten stehen sollen (oder existierende Daten stehen).

Klicken Sie auf OK.

Haben Sie sich für Microsoft Access entschieden, erscheint das ODBC Microsoft Access 7.0 Setup-Fenster.

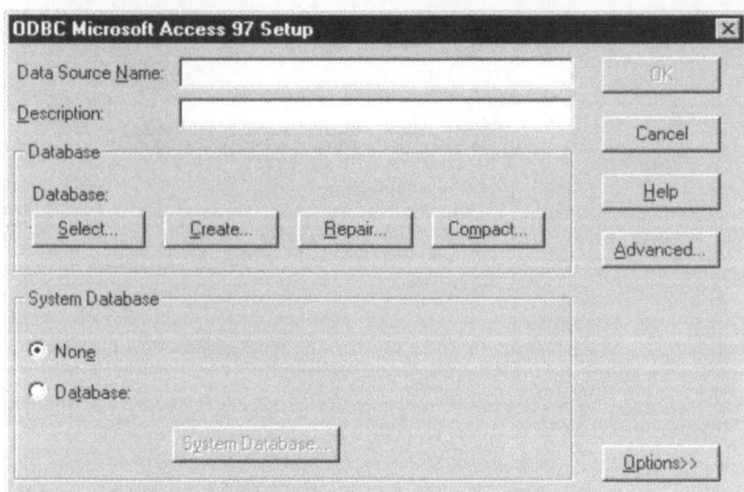

Geben Sie wieder einen Namen an
Geben Sie wieder eine Beschreibung an
Klicken Sie auf den Select-Button, um einen File-Dialog zu erhalten
Wählen Sie ein Verzeichnis aus
Wählen Sie OK

Hier finden Sie Hilfe

Anmerkung: Wenn Sie nicht den Microsoft ODBC Desktop Database Driver 3.5 für 32-bit-Programme installiert haben, dann können Sie weitere Informationen im WWW Microsofts Knowledge Base nachlesen:

http://www.microsoft.com/kb/articles/q159/6/74.htm

Es enthält Instruktionen zum Installieren und ein License-Agreement. Die tatsächlichen Treiber befinden sich auf Microsofts Webserver.

http://support.microsoft.com/download/support/mslfiles/Wx1350.exe

8.5.3
Solaris

Intersolv

Hier die Verwendung der Intersolv-ODBC-Brücke:
Editieren Sie die Datei odbc.ini in der Intersolv-Installation, normalerweise zu finden unter /opt/Intersolv, und geben Sie einen Namen an.

Und nun die Verwendung von Oracle 7. Wenn Sie Oracle 7 ver-
wenden, dann können Sie eine ähnliche Einstellung benutzen wie
die folgende:

```
[ODBC Data Sources]
mage=INTERSOLV Oracle V7 ODBC Driver

[mage]
QEWSD=35502
Driver=/opt/Intersolve/lib/qeor708.so
Description=INTERSOLV Oracle Version 7 ODBC Driver
ServerName=examplesid
```

Führen Sie einen Update für Ihren Datenbankserver durch.
Wenn Sie Oracle 7 verwenden, könnte die Datei tnsnames.ora folgendermaßen aussehen:

```
mage =
(description =
(address_list =
    (address =
    (protocol = tcp)
    (host = localhost)
    (port = 1521)
    )
)
(connect_data =
(server = dedicated)
(sid = examplesid)
)
```

Konfigurieren Sie Ihren CLASSPATH, so daß die JDBC-Klassen,
die Intersolv-Klassen und der ODBC-Treiber gefunden werden.
Zum Beispiel mit folgendem Bourne-Shell-Skript:

```
CLASSPATH=/opt/jdk1.1.1/lib/classes.zip:/opt/Inter
solve/classes:.
export CLASSPATH
LD_LIBRARY_PATH=/opt/Intersolve/lib
export LD_LIBRARY_PATH
```

Sie können aber auch die JAR-Dateien in die dafür vorgesehene
Verzeichnisstruktur (jre/lib/ext) schreiben. Anmerkung für Solaris
und andere Plattformen:

Intersolv hat ODBC- und JDBC-Treiber für alle geläufigen Datenbanken auf ihrem Webserver:

http://www.intersolv.com/products/dataconnectivity.htm

8.5.4
Testen des Setup

Um das obige Setup zu testen, können Sie folgenden Code benutzen (natürlich nur, wenn die Datenbank auch existiert, zwar leer und ohne Tabellen):

Beispiel 01:

```
import java.sql.*;
import java.util.Properties;
import java.io.InputStream;

public class Beispiel01
{
  public static void main (String args[])
  {
    try
    {
      Class.forName
("sun.jdbc.odbc.JdbcOdbcDriver");
    }
    catch (Exception e)
    {
      System.out.println ("Kann JDBC/ODBC-Treiber
nicht laden.");
      return;
    }

    try
    {
      Connection con = DriverManager.getConnection
("jdbc:odbc:KaffeeVerbrauch", "", "");
      System.out.println ("Verbindung herge-
stellt.");
      DatabaseMetaData dmd = con.getMetaData ();
      if (dmd == null)
      {
        System.out.println ("Keine Metadaten ver-
fuegbar!");
      }
```

```java
        else
        {
            System.out.println ("Datenbank-Produktname
: " + dmd.getDatabaseProductName ());
            System.out.println ("Datenbank-
Produktversion: " + dmd.getDatabaseProductVersion
());
            System.out.println ("Datenbank-Treibername
: " + dmd.getDriverName ());
            System.out.println ("Datenbank-
Treiberversion: " + dmd.getDriverVersion ());
        }
        con.close ();
    }
    catch (Exception e)
    {
        e.printStackTrace ();
    }
    }
}
```

Die Ausgabe könnte dann so aussehen:

```
Verbindung hergestellt.
Datenbank-Produktname    : ACCESS
Datenbank-Produktversion: 3.5 Jet
Datenbank-Treibername    : JDBC-ODBC Bridge
(ODBCJT32.DLL)
Datenbank-Treiberversion: 1.2001 (03.51.1029.00)
```

8.6
Connection

8.6.1
Eine Verbindung aufbauen

Ein Connection-Objekt stellt eine Verbindung mit einer Datenbank dar. Eine Connection-Session umfaßt die SQL-Anweisungen,
die ausgeführt werden, und die Resultate, die über diesen Anschluß zurückgegeben werden. Eine einzelne Anwendung kann ein
oder mehrere Verbindungen mit einer einzelnen Datenbank oder
Verbindungen mit vielen unterschiedlichen Datenbanken haben.
Die Standardvorgehensweise, eine Verbindung mit einer Datenbank herzustellen, ist die Verwendung der Methode

Kein Anschluß unter dieser Nummer

```
DriverManager.getConnection ()
```


Diese Methode verwendet eine Zeichenkette, die eine URL enthält. Die DriverManager-Klasse, als die JDBC-Managementschicht gekennzeichnet, versucht, einen Treiber zu lokalisieren, mit dem eine Verbindung mit der Datenbank aufgebaut werden kann, die durch diese URL dargestellt wird. Die DriverManager-Klasse enthält eine Liste der eingetragenen Treiber-Klassen, und wenn die Methode getConnection () aufgerufen wird, überprüft sie jeden Treiber in der Liste, bis sie einen findet, mit dem sie eine Verbindung mit der Datenbank aufbauen kann. Die Treibermethode connect () macht Gebrauch von dieser URL, um den Anschluß wirklich herzustellen.

Ein Benutzer kann die JDBC-Managementschicht umgehen und Treibermethoden direkt aufrufen. Dieses könnte im seltenen Fall nützlich sein, wenn sich zwei Treiber mit einer Datenbank verbinden können und der Benutzer einen bestimmten Treiber ausdrücklich auswählen möchte. Normalerweise jedoch ist es viel einfacher, der DriverManager-Klasse das Öffnen einer Verbindung zu überlassen.

Der folgende Code illustriert das Öffnen einer Verbindung zu einer Datenbank mit der URL „jdbc:odbc:kaffeeverbrauch“, der BenutzerID „kay“ und dem Paßwort „schulz“.

```
String url = "jdbc:odbc:kaffeeverbrauch";
Connection con = DriverManager.getConnection (url,
"kay", "schulz");
```

8.6.2
URLs

Da URLs häufig etwas Verwirrung schaffen, soll hier zuerst eine kurze Erklärung zu URLs im allgemeinen und dann im speziellen zu JDBC-URLs erfolgen. Eine URL (Uniform Resource Locator) gibt Informationen für das Lokalisieren einer Ressource im Internet an. Sie kann als eine Adresse angesehen werden.

Der erste Teil einer URL spezifiziert das Protokoll, mit dem auf Informationen zugegriffen wird, gefolgt von einem Doppelpunkt. Einige bekannte Protokolle sind „ftp“, das „File Transfer Protocol“, und „http“, das „Hyptertext Transfer Protocol“. Wenn das Protokoll „File“ ist, zeigt es an, daß die Ressource in einem lokalen Dateisystem anstatt auf dem Internet ist.

Beispiele:

```
ftp://javasoft.com/docs/JDK-1_apidocs.zip
http://java.sun.com/products/jdk/CurrentRelease
file:/home/haroldw/doc/book/tutorial/summary.html
```

Der Rest einer URL, alles nach dem ersten Doppelpunkt, gibt Informationen, wo die Datenquelle lokalisiert wird. Wenn das Protokoll file ist, gibt der Rest der URL den Pfad zu einer Datei an. Für die Protokolle ftp und http kennzeichnet der Rest der URL den Hauptrechner und eventuell einen Pfad zu einer spezifischeren Site. Zum Beispiel ist unten die URL für die JavaSoft-Homepage angegeben. Diese URL kennzeichnet nur den Hauptrechner:

http://www.javasoft.com/

8.6.3
JDBC-URLs

Eine JDBC-URL sorgt für die Identifizierung einer Datenbank, damit der passende Treiber sie erkennt und eine Verbindung mit ihr herstellt. Programmierer von Treibern sind diejenigen, die wirklich festlegen, wie die JDBC-URL für ihren bestimmten Treiber heißt. Benutzer brauchen sich nicht darum zu kümmern, wie man eine JDBC-URL bildet; sie verwenden einfach die URL, die für die von Ihnen eingesetzten Treibern angegeben wird. JDBCs Rolle besteht darin, einige Konventionen für Treiber-Entwickler zu empfehlen, damit sie ihre JDBC-URLs einheitlich strukturieren.

Da JDBC-URLs mit verschiedenen Arten von Treibern verwendet werden, sind die Konventionen notwendigerweise sehr flexibel. Zuerst erlauben sie verschiedenen Treibern, unterschiedliche Entwürfe für das Benennen der Datenbanken zu verwenden. Das ODBC-Subprotokoll z.B. läßt es zu, daß die URL Attribute enthält (aber sie benötigt sie nicht).

Zweitens können Treiber-Programmierer in JDBC-URLs alle notwendigen Verbindungsinformationen innerhalb des Treibers verschlüsseln. Dieses ermöglicht es z.B. einem Applet, den Datenbankanschluß zu einer gegebenen Datenbank zu öffnen, ohne einen Benutzer zu benötigen, der alle möglichen Systemadministrationen einzustellen hat.

Drittens erlauben JDBC-URLs die Angabe von logischen Namen. Das heißt, daß die JDBC-URL einen logischen Hauptrechner- oder Datenbanknamen ansprechen kann, der durch ein Network Naming System dynamisch zum tatsächlichen Namen übersetzt wird. Dadurch kann es der Systemverwalter vermeiden, bestimmte Hauptrechner als Teil des JDBC-Namens zu spezifizieren. Es gibt eine Anzahl von unterschiedlichen Network Naming Services (wie DNS, NIS und DCE), die ohne Beschränkung verwendet werden können.

Die Standardsyntax für JDBC-URLs wird unten gezeigt. Die URL besteht aus drei Teilen, die durch Doppelpunkte getrennt werden:

```
jdbc:<subprotocol>:<subname>
```

Die drei Teile einer JDBC-URL sind wie folgt:

1. jdbc – Das Protokoll in einer JDBC-URL ist immer jdbc.

2. <subprotocol> – Der Name des Treibers oder eines Mechanismus für Datenbankverbindungen, die durch einen oder mehrere Treiber unterstützt werden können. Ein bekanntes Beispiel eines Subprotokoll-Namens ist „odbc", das für URLs reserviert worden ist, die ODBC-Style-Datenquellen namentlich spezifizieren.

   Beispiel:

   Um eine Datenbank durch eine JDBC-ODBC-Brücke anzusprechen, könnte man z.B. folgende URL benutzen:

```
jdbc:odbc:kaffeeverbrauch
```

   In diesem Beispiel ist das Subprotokoll ODBC und kaffeeverbrauch ist der Name einer lokalen ODBC-Datenquelle. Wenn man einen Network-Naming-Service verwenden möchte (damit der Datenbankname in der JDBC-URL nicht der tatsächliche Name sein muß), kann der Naming Service das Subprotokoll sein. So kann man z.B. folgende URL haben:

```
jdbc:dcenaming:teeverbrauch
```

   In diesem Beispiel spezifiziert die URL, daß der lokale DCE Naming Service den logischen Datenbanknamen in einen spezifischeren Namen auflösen soll, der dann verwendet wird, um an die reale Datenbank zu kommen.

1. <subname> – Ein Pfad, um die Datenbank zu identifizieren. Der Subname kann variieren, abhängig von dem Subprotokoll,

und es kann ein Subsubname mit jeder internen Syntax enthalten sein, die der Treiber-Entwickler wählt. Der Subname soll genügend Informationen geben, um die Datenbank zu lokalisieren. Im Beispiel reicht „kaffeeverbrauch" aus, weil ODBC den Rest der Informationen liefert. Eine Datenbank auf einem Remoteserver benötigt jedoch mehr Informationen. Soll die Datenbank z.B. über das Internet erreicht werden, dann sollte die Netzwerkadresse in der JDBC-URL Teil des Subnamens sein und den folgenden Konventionen der Standard-URL genügen:

```
//hostname:port/subsubname
```

Nehmen Sie einfach mal an, das der Name „dbnct" ein Protokoll für die Verbindung eines Clients im Internet mit einer Datenbank ist. Dann könnte die URL so aussehen:

```
jdbc:dbnet://springer:356/fred
```

8.6.4
Das ODBC-Subprotokoll

Das Subprotokoll ODBC ist ein spezieller Fall. Es ist für URLs reserviert worden, die Datenquellennamen im ODBC-Stil spezifizieren und die besondere Eigenschaft besitzen, daß jede mögliche Anzahl der Attributwerte nach dem Subnamen einzeln aufgeführt werden kann. Die vollständige Syntax für das ODBC-Subprotokoll lautet:

```
jdbc:odbc:<data-source-name>[;<attribute-
name>=<attribute-value>]
```

Daher sind die folgenden Beispiele alles gültige Namen:

```
jdbc:odbc:qeor7
jdbc:odbc:wombat
jdbc:odbc:wombat;CacheSize=20;ExtensionCase=LOWER
jdbc:odbc:qeora;UID=kgh;PWD=fooey
```

8.6.5
Registrierung von Subprotokolls

Ein Treiber-Entwickler kann einen als das Subprotokoll zu verwendenden Namen in einer JDBC-URL reservieren lassen. Wenn die DriverManager-Klasse den Namen der eigenen Liste von registrierten Treibern präsentiert, sollte dieser Name erkannt und ein Anschluß zu der gekennzeichneten Datenbank hergestellt werden. Zum Beispiel ist ODBC für die Brücke JDBC-ODBC reserviert. Wenn es, um ein anderes Beispiel zu verwenden, eine Firma mit dem Namen CutCosts gibt, könnte sie „cutcosts" als das Subprotokoll für den JDBC-Treiber registrieren lassen, der sich an seine CutCosts-DBMS anschließt, damit niemand diesen Namen verwenden kann.

JavaSoft dient als ein formloses Register für JDBC-Subprotokoll-Namen. Um einen Subprotokoll-Namen einzutragen, schikken Sie eine E-Mail an:

jdbc@wombat.eng.sun.com

8.6.6
Senden von SQL-Statements

Sobald ein Anschluß hergestellt wurde, wird er benutzt, um SQL-Anweisungen zu der angegebenen Datenbank zu senden. JDBC beschränkt nicht die Arten der SQL-Anweisungen, die gesendet werden können; dieses bietet viel Flexibilität und erlaubt den Gebrauch von Datenbank-spezifischen Anweisungen oder sogar Non-SQL-Anweisungen. Es verlangt jedoch vom Benutzer, ob die zugrundeliegende Datenbank die gesendeten SQL-Anweisungen verarbeiten kann, und auch die Konsequenzen „erträgt", wenn sie es nicht kann. Wenn z.B. eine Anwendung versucht, eine gespeicherte Prozedur an ein DBMS zu schicken, die diese nicht unterstützt, dann bleibt die Anfrage erfolglos, und es wird eine Exception erzeugt, die natürlich behandelt werden muß. JDBC verlangt, daß ein Treiber zumindest das ANSI SQL-2 Entry Level besitzt, um als JDBC COMPLIANT™ zu gelten. Das heißt, daß Benutzer auf mindestens diese Standardstufe der Funktionalität zählen können.

JDBC stellt drei Klassen für das Senden von SQL-Anweisungen zur Datenbank zur Verfügung, und drei Methoden im Connection-Interface erstellen diese Instanzen. Diese Klassen und die Methoden, die sie erstellen, werden nachstehend aufgeführt:

1. Statement – Wird erstellt durch die Methode createState-   *Einfach*
   ment(). Ein Statement-Objekt wird für das Senden von einfachen SQL-Anweisungen benutzt.

2. PreparedStatement – Wird erstellt durch die Methode prepa-   *Vorkompiliert*
   reStatement (). Ein PreparedStatement-Objekt wird für SQL-
   Anweisungen benutzt, die ein oder mehrere Parameter als In-
   put-Argumente haben (IN-Parameter). PreparedStatement besitzt eine Gruppe von Methoden, die den Wert in den Parametern setzen, die zur Datenbank geschickt werden, wenn die
   Anweisung ausgeführt wird. Instanzen von PreparedStatement
   erweitern Statement und umfassen folglich Statement-Metho-
   den. Ein PreparedStatement-Objekt ist leistungsfähiger als ein
   Statement-Objekt, weil es für zukünftigen Gebrauch vorkompiliert und gespeichert werden kann.

3. CallableStatement – Wird erstellt durch die Methode prepare-   *In Datenbank abgelegt*
   Call (). CallableStatement-Objekte werden benutzt, um ge-
   speicherte SQL-Prozeduren aufzurufen. Eine solche Prozedur
   besteht aus einer Gruppe von SQL-Anweisungen, die per Name ähnlich einer Funktion angesprochen werden kann. Ein
   CallableStatement-Objekt übernimmt Methoden für die Behandlung von IN-Parametern von PreparedStatement; es fügt
   Methoden für die OUT- und INOUT-Verwaltung von Parametern hinzu.

Die folgende Liste gibt einen kurzen Überblick darüber, welche
Connection-Methode wann sinnvoll ist:

SQL-Statements:
   createStatement ()-Methode wird verwendet für:

   - einfache SQL-Statements (ohne Parameter)

   prepareStatement ()-Methode wird verwendet für:

   - SQL-Statements mit einem oder mehreren IN-Parametern
   - einfache SQL-Statements, die wiederholt ausgeführt werden

   prepareCall ()-Methode wird verwendet für:

   - Aufruf von gespeicherten Prozeduren in der Datenbank

8.6.7
Transaktionen

Eine Transaktion besteht aus einer oder mehreren Anweisungen, die ausgeführt (execute), abgeschlossen (complete) und dann entweder bestätigt (commit) oder zurückgegeben (rollback) werden. Wenn die Methoden commit () oder rollback () aufgerufen werden, wird die aktuelle Transaktion beendet und eine andere beginnt.

Autocommit   Eine neue Verbindung ist standardmäßig im Auto-commit-Modus, d.h., beim Durchführen einer Anweisung, wird die Methode commit () automatisch aufgerufen. In diesem Fall, da jede Anweisung einzeln bestätigt (committed) wird, besteht eine Transaktion aus nur einer Anweisung. Wenn der Auto-commit-Modus gesperrt wird, bricht eine Transaktion so lange nicht ab, bis eine der Methoden commit () oder rollback () ausdrücklich aufgerufen wurde. Die Transaktion umfaßt also alle Anweisungen, die seit dem letzten Aufruf von commit () oder rollback () ausgeführt worden sind. In diesem zweiten Fall werden alle Anweisungen in der Transaktion als Gruppe bestätigt oder zurückgegeben.

Die Methode commit () macht alle möglichen Änderungen, die eine SQL-Anweisung an einer Datenbank vornimmt, permanent, und sie gibt auch alle Locks frei, die durch die Transaktion gesetzt wurden. Die Methode rollback () verwirft dagegen jene Änderungen.

Manchmal möchte ein Benutzer eine Änderung nur dann vornehmen, wenn ein anderer dasselbe macht. Dieses kann erreicht werden, indem man auto-commit sperrt und beide Aktualisierungsvorgänge in einer Transaktion gruppiert. Wenn beide Aktualisierungsvorgänge erfolgreich sind, dann wird die commit ()-Methode aufgerufen, und diese macht die Effekte von beiden Aktualisierungsvorgängen permanent. Wenn eine oder beide fehlschlagen, dann wird die rollback ()-Methode aufgerufen, die den Zustand vor den Aktualisierungsvorgänge wiederherstellt.

Die meisten JDBC-Treiber unterstützen Transaktionen. Tatsächlich *muß* ein JDBC-kompatibler Treiber Transaktionen unterstützen. DatabaseMetaData liefert Informationen, welche Stufe des Supports das DBMS für Transaktionen zur Verfügung stellt.

Transaction Isolation Levels

Wenn ein DBMS die Transaktionsverarbeitung unterstützt, hat es *Locking*
eine Handhabe gegen Überschneidungen, die entstehen können,
wenn zwei Transaktionen gleichzeitig auf einer Datenbank operie-
ren wollen. Ein Benutzer kann einen Transaction Isolation Level
bestimmen, um anzuzeigen, welche Sicherheitsstufe das DBMS
ausführen soll, wenn es mögliche Überschneidungen behebt. Was
geschieht, wenn z.B. eine Transaktion einen Wert ändert und eine
zweite Transaktion den Wert liest, bevor die Änderung zurückge-
schrieben wurde (commit) oder zurückgewiesen (rollback) worden
ist? Sollte das erlaubt werden, auch wenn der geänderte Wert, der
durch die zweite Transaktion gelesen wird, unzulässig ist, falls die
erste Transaktion zurückgenommen wurde? Ein JDBC-Benutzer
kann das DBMS anweisen, daß ein Wert gelesen werden darf, bevor er mit dem folgenden Code bestätigt („dirty reads") worden ist.
Die Anweisung lautet folgendermaßen, wobei con die aktuelle Verbindung darstellt:

```
con.setTransactionIsolation(TRANSACTION_READ_UNCOM
MITTED);
```

Je höher der Transaction Isolation Level ist, desto mehr wird *Locking und*
aufgepaßt, um Überschneidungen zu vermeiden. Das Connection- *Performance*
Interface definiert fünf Stufen, mit der niedrigsten, bei der Transaktionen nicht unterstützt werden, und der höchsten, die dafür
sorgt, daß, während eine Transaktion auf einer Datenbank abläuft,
keine anderen Transaktionen Änderungen vornehmen können.
Gewöhnlich gilt: je höher der Transaction Isolation Level, desto
langsamer die Anwendung (das liegt am erhöhten Aufwand für das
Locking und dem verringerten Konkurrenzbetrieb zwischen den
Benutzern, die für eine gewisse Zeit gesperrt werden). Der Entwickler muß die Notwendigkeit der Leistung und die Notwendigkeit der Datenübereinstimmung gegeneinander abwägen, wenn er
eine Entscheidung über den zu verwendenden Isolation-Level
trifft. Selbstverständlich hängt die Stufe, die wirklich unterstützt
werden kann, von den Fähigkeiten des zugrundeliegenden DBMS
ab.

Wenn ein neues Connection-Objekt erstellt wird, hängt sein
Transaction Isolation Level vom Treiber ab, aber normalerweise ist
es der Default für die zugrundeliegende Datenbank. Ein Benutzer
kann die Methode setIsolationLevel () aufrufen, um den Transaction Isolation Level zu ändern, danach tritt für den Rest der Sessi-

on die neue Stufe in Kraft. Um den Transaction Isolation Level für eine Transaktion zu ändern, muß man ihn vor Beginn der Transaktion einstellen und nach Beendigung der Transaktion wieder zurücksetzen. Das Ändern des Transaction Isolation Levels während einer Transaktion wird nicht empfohlen, denn es startet einen sofortigen Aufruf der Methode commit () und veranlaßt alle Änderungen, die bis zu diesem Punkt vorgenommen wurden, permanent zu machen.

8.6.9
Beispiel

8.6.9.1   Allgemeines

Anhand eines einfachen aber kompletten Beispiels soll der praktische Bezug von JDBC erklärt werden.

Die fundamentalen Punkte, die beim Schreiben einer Datenbankapplikation auftreten und im folgenden erläutert werden, sind überall gleich. Wir werden auf die einzelnen Schritte später noch genauer eingehen. Aber um anzufangen, muß ein wenig vorgegriffen werden.

- *Erzeugen einer Datenbank.* Dies kann außerhalb von Java geschehen (meistens werden Sie schon eine Datenbank haben), und zwar mit Tools, die vom Hersteller geliefert werden, oder einfach via SQL.

- *Verbindung mit einer ODBC-Datenquelle.* Eine ODBC-Datenquelle ist eine Datenbank, die mit einem ODBC-Treiber registriert ist. In Java kann entweder JDBC mit der ODBC-Brücke verwendet werden, oder JDBC mit einer vom Hersteller gelieferten nativen Brücke. Dies haben wir bereits oben besprochen.

- *Informationen in die Datenbank geben.* Dies kann wieder außerhalb von Java mit Datenbank-spezifischen Tools oder mit SQL-Statements (die natürlich auch von einem Java-Programm geschickt werden können) erfolgen.

- *Zurückgelieferte Informationen erhalten und darstellen.* Hierzu können SQL-Kommandos aus Java heraus verwendet werden, und anschließend kann das Java-GUI zur Darstellung dieser Informationen eingesetzt werden. Besonders zu beachten ist hier Swing, da es Klassen für Tabellen etc. enthält (wie oben gezeigt wurde) und die Darstellung der Daten der Datenbank wesentlich vereinfacht. Das werden wir bei dem Thema ResultSet genauer betrachten.

8.6.9.2   Erzeugen der Datenbank

Für dieses Beispiel werden wir einen Fall aus dem Leben nehmen (auch wenn die Firma fiktiv ist): Das Kaffeetrinken. Das Management der Firma CutCosts hat beschlossen, den Kaffeeverbrauch der Programmierer zu kontrollieren. Es sollen der komplette Kaffeeverbrauch als auch der einzelne maximale Kaffeeverbrauch pro Programmierer pro Tag aufgelistet werden. Aus diesen Angaben soll ein wöchentlicher Report generiert werden.

Name	Tag	Tassen
Kay	Mon	1
Susanne	Mon	2
Edgar	Die	8
Susanne	Die	2
Michael	Die	3
Sabine	Mit	2
Edgar	Don	3
Kay	Don	1
Claudia	Fre	9
Edgar	Fre	3
Sabine	Fre	4

Tabelle 2
Beispieltabelle

Um diese Datenbank zu erzeugen, können SQL-Statements über die JDBC-ODBC-Brücke an die ODBC-Datenquelle gesendet werden. Aber zuerst muß diese Datenquelle erstellt werden. Dafür stehen Ihnen alle Möglichkeiten offen, z.B. können Sie eine Oracle- oder Sybase-Datenbank verwenden. Der Einfachheit halber und um die größtmögliche Zahl an Lesern zu erreichen, erzeugen wir eine Access-Datenbank als ODBC-Datenquelle für dieses Beispiel mit dem Namen KaffeeVerbrauch.

Um die Daten in die KaffeeVerbrauch-Datenbank einzugeben, müssen Sie eine Java-Applikation schreiben, die folgende Funktionalität bereitstellt:

Laden **der JDBC-ODBC-Brücke**

Es muß ein Treiber geladen werden, der JDBC sagt, wie mit der Datenquelle kommuniziert werden kann. In diesem Fall benötigen Sie die Klasse JdbcOdbcDriver:

```
Class.forName("sun.jdbc.odbc.JdbcOdbcDriver");
```

Denselben Effekt können Sie auch von der Kommandozeile aus erhalten, indem Sie die System-Properties von jdbc.drivers verwenden:

```
java -Djdbc.drivers= sun.jdbc.odbc.JdbcOdbcDriver
AProgram
Verbindung mit einer Datenquelle aufnehmen
```

Es wird eine URL (Uniform Resource Locator) verwendet, um mit einer speziellen JDBC-Datenquelle zu kommunizieren. In der JDBC-Dokumentation finden Sie unter 3.1.2 URLs in General Use und 3.1.3 JDBC-URLs mehr Informationen zu diesem Punkt.

Wir gehen nun davon aus, daß der Treiber für die JDBC-ODBC-Brücke geladen wurde. Die URLs müssen dann im folgenden Format sein:

```
jdbc:odbc:data-source-name
```

In unserem Fall also:

```
jdbc:odbc:kaffeeverbrauch
```

Unter Verwendung der Klasse DriverManager wird eine Verbindungsanfrage an die URL gestellt und der DriverManager wählt den entsprechenden Treiber aus. In unserem Fall ist nur der Treiber JdbcOdbcDriver geladen.

Beispiel:

```
Connection con = DriverManager.getConnection (URL,
username, password);
```

In diesem Beispiel sind der Einfachheit halber username und password leere Zeichenketten („". Bei einer realen Datenbank müssen diese natürlich angegeben werden.

```
Senden der SQL-Statements zum Erzeugen der Daten-
bank
```

Das „Verbindungsobjekt" wird nach einem „Statement-Objekt" gefragt. Dies ist einfacher mit Sourcecode zu erklären:

```
Statement stmt = con.createStatement ();
```

Dann werden die folgenden SQL-Statements ausgeführt, um die Tabelle anzulegen. Die Tabelle soll den Namen Mitarbeiter erhalten.

SQL-Statement:

```
create table Mitarbeiter (Name varchar (15), Tag
char (3), Tassen integer);
```

Der Java-Code für obiges SQL-Statement (hier greifen wir jetzt vor) lautet:

```
stmt.execute ("create table Mitarbeiter (" + "Name
varchar (15), " +  "Tag char (3), " + "Tassen in-
teger); ");
```

Nachdem die Tabelle angelegt wurde, können die Daten eingefügt werden.

```
insert into Mitarbeiter values ('Kay', 'Mon', 1);
insert into Mitarbeiter values ('Susanne', 'Mon',
2);
insert into Mitarbeiter values ('Edgar', 'Die',
8);
...
```

Hier folgt nun der komplette Code, um die Tabelle zu erzeugen und die Daten einzufügen.

Beispiel 02:

```
import java.sql.*;

public class Beispiel02
{
  static String[] SQL =
  {
    "create table Mitarbeiter (" +
        "Name varchar (15) NOT NULL," +
        "Tag char (3)," +
        "Tassen integer);",
```

```java
        "insert into Mitarbeiter values ('Kay', 'Mon',
1);",
        "insert into Mitarbeiter values ('Susanne',
'Mon', 2);",
        "insert into Mitarbeiter values ('Edgar',
'Die', 8);",
        "insert into Mitarbeiter values ('Susanne',
'Die', 2);",
        "insert into Mitarbeiter values ('Michael',
'Die', 3);",
        "insert into Mitarbeiter values ('Sabine',
'Mit', 2);",
        "insert into Mitarbeiter values ('Edgar',
'Don', 3);",
        "insert into Mitarbeiter values ('Kay', 'Don',
1);",
        "insert into Mitarbeiter values ('Claudia',
'Fre', 9);",
        "insert into Mitarbeiter values ('Edgar',
'Fre', 3);",
        "insert into Mitarbeiter values ('Sabine',
'Fre', 4);",
    };

  public static void main (String[] args)
  {
    String URL = "jdbc:odbc:kaffeeverbrauch";

    String username = "";
    String password = "";

    try
    {
      Class.forName
("sun.jdbc.odbc.JdbcOdbcDriver");
    }
    catch (Exception e)
    {
      System.out.println ("Kann den Treiber fuer
JDBC/ODBC nicht laden.");
      return;
    }

    Statement stmt = null;
    Connection con = null;
    try
    {
```

```java
      con = DriverManager.getConnection (URL,
username, password);
      stmt = con.createStatement ();
   }
   catch (Exception e)
   {
      System.err.println ("Probleme beim Verbin-
dungsaufbau mit " + URL);
   }

   try
   {
      // Ausfuehren der SQL-Kommandos
      // zum Erzeugen der Tabelle
      // und deren Fuellung
      for (int i = 0; i < SQL.length; i++)
      {
         stmt.execute (SQL[i]);
      }
      con.close ();
   }
   catch (Exception e)
   {
      System.err.println ("Probleme mit dem SQL
String an " + URL + ": " + e.getMessage ());
   }
  }
}
```

Was haben wir bis hierher getan? Wir haben zuerst eine Datenquelle erzeugt, die für ODBC sichtbar ist, danach eine Verbindung
dazu über die JDBC-ODBC-Brücke aufgebaut und eine Reihe von
SQL-Statements verwendet, um die Datenbank zu erzeugen und
mit Daten zu füllen.

8.7
Statements

8.7.1
Allgemeines

Ein Statement-Objekt wird verwendet, um SQL-Statements an eine
Datenbank zu schicken. Es gibt, wie Sie gesehen haben, drei Arten
davon: Statement, PreparedStatement und CallableStatement. Die-

ses Unterkapitel beschäftigt sich mit der simplen Statement-Klasse,
die folgende zwei Unterkapitel dann mit den anderen beiden.

Das Statement-Interface gibt Ihnen grundlegende Methoden an
die Hand, um Statements auszuführen und die Ergebnisse zurück-
zubekommen. Die beiden anderen Arten von Statements erben davon und erweitern diese Funktionalität.

8.7.2
Erzeugen von Statement-Objekten

Wenn eine Verbindung mit einer bestimmten Datenbank hergestellt wurde, dann kann dieses Connection-Objekt verwendet werden, um SQL-Statements zu senden. Ein Statement-Objekt wird
mit der Methode createStatement () erzeugt, wie der folgenden
Code zeigt:

```
Connection con = DriverManager.getConnection (url,
"kay", "");
Statement stmt = con.createStatement ();
```

Das SQL-Statement, das an die Datenbank geschickt wird, wird
als Argument der Methode executeQuery () übergeben, wie Sie an
den folgenden Zeilen erkennen können:

```
ResultSet rs = stmt.executeQuery ("SELECT Name,
Tag, Tassen FROM Mitarbeiter");
```

8.7.3
Ausführung von Statements durch Statement-
Objekte

Die drei Methoden Das Statement-Interface liefert drei verschiedene Methoden, um
SQL-Statements auszuführen:

- executeQuery ()
- executeUpdate ()
- execute ()

Welche Methode zu verwenden ist, wird durch die Frage bestimmt, was das SQL-Statement denn als Ergebnis liefern wird.

Die Methode executeQuery () wurde für Statements entwickelt, die ein einfaches ResultSet (siehe Unterkapitel 8.10) produzieren, wie z.B. das SQL-SELECT-Statement.

Für einfache Ergebnisse

executeUpdate () ist dazu da, Kommandos wie INSERT, UPDATE oder DELETE auszuführen. Außerdem muß diese Methode eingesetzt werden, wenn SQL-DDL (Data Definition Language) verwendet werden soll. Dazu gehören Befehle wie: CREATE TABLE, DROP TABLE etc.

Für DDL und Verwaltung

Wenn man INSERT, UPDATE oder DELETE verwendet, werden eine oder mehrere Spalten in einer oder mehreren Zeilen modifiziert. Der Rückgabewert von executeUpdate () ist ein Integer, der die Anzahl der Zeilen liefert, die von der Änderung betroffen sind (der sog. Update Count). Für die Befehle CREATE TABLE oder DROP TABLE ist der Wert immer 0, da keine Zeile davon betroffen ist.

Die Methode execute () wird verwendet, wenn mehr als ein ResultSet als Rückgabewert erwartet wird, mehr als ein update count oder eine Kombination von beiden. Alle Methoden, die Statements ausführen, schließen das aktuelle aufrufende ResultSet des Statement-Objekts, wenn es ein offenes ResultSet enthält. Das bedeutet, daß man die ResultSet-Verarbeitung komplett abschließen muß, bevor man ein anderes, neues Statement-Objekt ausführt.

execute () für komplexe Anfragen

Es soll hier angemerkt werden, daß das PreparedStatement-Interface, das ja alle Methoden von Statement erbt, seine eigenen Versionen der Methoden execute (), executeQuery () und executeUpdate () besitzt. Statement-Objekte selber haben kein SQL-Statement; daher muß eines als Argument den execute-Methoden mitgegeben werden.

Erben und doch nicht erben

PreparedStatement-Objekte liefern kein SQL-Statement als Parameter, weil sie ja schon ein vorkompiliertes SQL-Statement besitzen.

CallableStatement-Objekte erben von PreparedStatement. Daher haben sie diese Funktionalität. Wird trotzdem ein Parameter verwendet, dann wird eine SQL-Exception erzeugt.

8.7.4
Statement-Abschluß

Befindet sich eine Verbindung im Modus auto-commit, werden alle Statements, die darin ausgeführt und beendet wurden, abgeschlossen (commit) oder zurückgewiesen (rollback). Ein Statement wird dann als beendet betrachtet, wenn es ausgeführt wurde und alle Ergebnisse zurückgeliefert wurden. Für die Methode execute-

Happy-End

Query (), das einen ResultSet zurückliefert, ist das Statement dann abgeschlossen, wenn alle Zeilen des ResultSet-Objekts empfangen wurden. Für executeUpdate () ist ein Statement abgeschlossen, wenn es ausgeführt wurde. In dem seltenen Fall, wenn execute () ausgeführt wird, ist das Statement abgeschlossen, wenn alle ResultSets oder Update Counts, die es erzeugt hat, empfangen wurden.

Einige DBMS behandeln jedes Statement in einer gespeicherten Prozedur als getrenntes Statement. Andere wiederum behandeln den ganzen Block von Anweisungen als eine Anweisung. Diese Unterschiede werden dann wichtig, wenn auto-commit eingeschaltet ist, denn es nimmt Einfluß darauf, wann commit () aufgerufen wird. Was das bedeutet ist ersichtlich: Im ersten Fall wird commit () nach jedem einzelnen Aufruf angesprochen, im zweiten erst, nachdem mehrere Statements abgesetzt wurden. Der Einfluß auf die Applikation dabei ist klar erkennbar.

8.7.5
Schließen von Statement-Objekten

Statement-Objekte werden automatisch durch den Garbage Collector von Java geschlossen, wenn sie nicht mehr gebraucht werden. Aber natürlich ist es guter Programmierstil, sie explizit zu schließen, wenn ihr Einsatz beendet ist.

8.7.6
SQL-Escape-Syntax in Statement-Objekten

Statement-Objekte könnten SQL-Statements enthalten, die die SQL-Escape-Syntax verwenden. Diese Syntax zeigt dem Treiber an, daß der Code unterschiedlich behandelt werden soll. Der Treiber scannt das Statement für jede Escape-Syntax und übersetzt es in Code, den diese spezielle Datenbank versteht. Das bedeutet, daß die Escape-Syntax für den JDBC-Programmierer DBMS-unabhängig ist, und sie ermöglicht es ihm, Funktionalität zu benutzen, die sonst nicht verfügbar wäre.

Ein Escape-Kommando ist von geschweiften Klammern und einem Keyword eingeschlossen:

```
{keyword . . . parameters . . . }
```

Das Keyword beschreibt den Typ des Satzes. Nachfolgend sind einige Keywords mit Erläuterungen aufgeführt.

- escape für LIKE escape characters

Die Zeichen „%" und „_" verhalten sich wie Joker in SQL-LIKE-Sätzen (wobei „%" für ein oder mehrere Zeichen steht und „_" für genau ein Zeichen). Will man sie als normale Zeichen behandeln, kann ihnen ein Backslash („\") vorangestellt werden, der als spezielles Escape-Zeichen in Strings verwendet wird. Es kann aber ein beliebiges Zeichen als Escape-Sequenz bestimmt werden. Dies geschieht mit folgender Syntax am Ende der Anfrage:

```
{escape 'escape-character'}
```

Beispiel:

Die folgende Anfrage verwendet den Backslash als Escape-Zeichen und findet Identifier, die mit einem Unterstrich („_") beginnen:

```
stmt.executeQuery ("SELECT name FROM Identifiers
WHERE Id LIKE '\_%' {escape '\'};
```

- fn für skalare Funktionen

Fast alle DBMS haben numerische Funktionen, String-, Time-, Datum-, System- und Konvertierungsfunktionen auf Skalar-Werte. Eine solche Funktion kann benutzt werden, indem sie in einer Escape-Syntax eingebaut wird und als Keyword fn verwendet wird. Danach kommt der Name der gewünschten Funktion und ihre Argumente.

Beispiel:

Der folgende Code ruft die Methode concat mit zwei Parametern auf:

```
{fn concat ("Hot", "Java")};
```

Mit folgendem Aufruf kann der Name des aktuellen Users der Datenbank erhalten werden:

```
{fn user ()};
```

Skalarfunktionen können von den verschiedenen DBMS unterschiedlich unterstützt werden, sie werden aber evtl. nicht von jedem Treiber unterstützt. Verschiedene DatabaseMetaData-Methoden listen die unterstützten Funktionen auf.

Beispiel:

Die Methode getNumericFunctions () liefert eine durch Kommata getrennte Liste zurück, die die Namen der numerischen Funktionen der Datenbank enthält; die Methode getStringFunctions () listet die der Strings auf usw.

Der Treiber übersetzt entweder die Escape-Syntax in den entsprechenden Datenbankaufruf oder implementiert die Funktion selber.

- d, t, und ts für Datum und Zeit

DBMS differieren in der Art und Weise, wie sie Datum, Zeit und Zeitstempel verwenden. JDBC unterstützt das ISO-Standard-Format (wozu sind Standards sonst da?). Der Treiber *muß* die JDBC-Escape-Syntax dann in die entsprechende Datenbankrepräsentation umsetzen.

Beispiel:

Ein Datum wird in JDBC-SQL mit folgender Syntax beschrieben:

```
{d 'yyyy-mm-dd'}
yyyy - Jahr
mm - Monat
dd - Tag
```

Der Treiber setzt dieses Format dann in die entsprechende DBMS-Syntax um. Zum Beispiel könnte der Treiber aus

```
{d 1997-02-11}
```
die Ausgabe

```
'11-FEB-97'
```
bilden.

Analog dazu hier die Syntax für TIME und TIMESTAMP:

```
{t 'hh:mm:ss'}
{ts 'yyyy-mm-dd hh:mm:ss.f . . .'}
```

Die Sekunden (.f...) sind optional.

- call oder ? = Aufruf für gespeicherte Prozeduren

Wenn die Datenbank gespeicherte Prozeduren unterstützt, können diese von JDBC mit der folgenden Syntax verwendet werden:

```
{call procedure_name[(?, ?, . . .)]}
```

oder, falls die Prozedur einen Rückgabeparameter liefert:

```
{? = call procedure_name[(?, ?, . . .)]}
```

Die eckigen Klammern ([ ]) besagen, daß dieser Teil optional ist. Sie gehören nicht zur Syntax.

Eingabeargumente sind entweder Literale oder Parameter. In Kapitel 8.9 werden wir uns noch genauer damit befassen.
Es kann die Methode

```
DatabaseMetaData.supportsStoredProcedures ()
```

aufgerufen werden, um herauszufinden, ob die Datenbank gespeicherte Prozeduren unterstützt.

- oj steht für Outer Joins

Der Syntax dafür lautet:

```
{oj outer-join}
```

wobei outer-join die Form hat:

```
table LEFT OUTER JOIN {table | outer-join} ON se-
arch-condition
```

Outer Joins sind ein erweitertes Feature. Für weitere Informationen sollten Sie die SQL-Grammatik lesen. JDBC liefert drei Methoden aus DatabaseMetaData, um zu bestimmen, welche Outer Joins der Treiber unterstützt. Diese sind:

- supportsOuterJoins ()
- supportsFullOuterJoins ()
- supportsLimitedOuterJoins ()

Die Methode Statement.setEscapeProcessing () schaltet die Verarbeitung der Escape-Syntax an oder aus, der Default ist an.

Ein Entwickler kann sie ausschalten, wenn die Performance enorm wichtig ist, aber normalerweise bleibt es an. Es sollte noch angemerkt werden, daß die Methode setEscapeProcessing () nicht für PreparedStatement-Objekte gilt. Das liegt daran, daß das Statement schon an die Datenbank gesendet worden sein kann, bevor es aufgerufen werden kann. Schauen Sie bitte bei den PreparedStatements nach und lesen Sie den Teil über Precompilation.

8.7.7
Verwendung von execute ()

Vielfalt der Ergebnisse

Die Methode execute () sollte nur dann verwendet werden, wenn die Möglichkeit besteht, daß ein Statement mehr als ein Objekt vom Typ ResultSet liefert, mehr als einen Update Count oder eine Kombination von beiden. Obwohl diese Vielfalt an Ergebnissen selten vorkommt, sind sie dennoch möglich, wenn verschiedene gespeicherte Prozeduren ausgeführt werden oder wenn dynamisch ein unbekannter SQL-String abgearbeitet wird (z.B. wenn der Anwender einen Befehl selber eingeben kann).

Weil execute () genau diese Fälle behandelt, die außerhalb der Normalität liegen, bedarf es eines speziellen Verhaltens beid er Bearbeitung der Ergebnisse. Nehmen Sie an, es ist bekannt, daß eine Prozedur zwei ResultSets zurückliefert. Nachdem Sie execute () aufgerufen haben, um die Prozedur auszuführen, muß die Methode getResultSet () aufgerufen werden, um das erste ResultSet zu erhalten, und dann die entsprechende Methode getXXX (), um von diesem ResultSet die Werte zu bekommen.

Um das zweite ResultSet zu erhalten, muß die Methode getMoreResults () aufgerufen werden und dann wiederum die Methode getResultSet ().

Ist bekannt, daß die Prozedur zwei Update Counts zurückliefert, muß zuerst die Methode getUpdateCount () aufgerufen werden, dann die Methode getMoreResults () und anschließend die Methode getUpdateCount ().

Fallunterscheidung der Ergebnisse

Fälle, in denen nicht bekannt ist, was zurückgeliefert wird, sind wesentlich komplizierter. Die Methode execute () liefert true, wenn das Ergebnis ein ResultSet ist, und false, wenn es ein Java Integer ist. Wird ein Integer zurückgeliefert, bedeutet dies, daß das Ergebnis entweder ein update count ist, oder daß das Statement ein DDL-Kommando war. Das erste, was zu tun ist, wenn die Methode execute () aufgerufen wurde, ist entweder getResultSet () aufzurufen oder getUpdateCount (). Die Methode getResultSet () wird aufgerufen, um das erste von zwei oder mehreren ResultSets zu erhalten. Die Methode getUpdateCount () erhält evtl. den ersten update count von zwei oder mehreren.

Wenn das Ergebnis des SQL-Statements kein ResultSet ist, liefert die Methode getResultSet () null zurück. Das kann entweder bedeuten, daß das Ergebnis ein Update Count ist oder daß es keine weiteren Ergebnisse mehr gibt. Die einzige Möglichkeit herauszufinden, was null bedeutet, ist die Methode getUpdateCount () aufzurufen, die ein Integer zurückliefert.

Dieser Integer gibt entweder die Anzahl der Zeilen an, die von dem Aufruf betroffen sind, oder –1, um anzuzeigen, daß es keine Ergebnisse gibt oder das Ergebnis ein ResultSet ist. Wenn die Methode getResultSet () schon null geliefert hat, d.h. das Ergebnis ist kein Objekt vom Typ ResultSet, dann hat der Wert –1 die Bedeutung, daß es keine weiteren Ergebnisse gibt. Wenn die folgende Zeile true ist, gibt es also keine weiteren Ergebnisse mehr:

```
((stmt.getResultSet () == null) &&
(stmt.getUpdateCount () == -1))
```

Wurde die Methode getResultSet () aufgerufen und das Objekt ResultSet wurde verarbeitet, dann ist es notwendig, die Methode getMoreResults () aufzurufen, um zu sehen, ob es noch weitere ResultSets oder Update Counts gibt. Liefert getMoreResults () true, dann muß wieder die Methode getResultSet () aufgerufen werden, um die nächste Anfrage zu starten, ob es ein ResultSet oder update count gibt.

Liefert getMoreResults () false, dann sind keine Ergebnisse mehr da oder es wurde ein Update Count geliefert. Es muß also die Methode getUpdateCount () aufgerufen werden, um herauszufinden, welcher Fall eingetreten ist. Wenn das folgende true ist, dann gibt es keine Ergebnisse mehr:

```
((stmt.getMoreResults () == false) &&
(stmt.getUpdateCount () == -1))
```

Der folgenden Code soll Ihnen nun einen Weg zeigen, wie gewährleistet werden kann, daß alle ResultSets und Update Counts, die von execute () erzeugt wurden, auch erhalten wurden:

```
stmt.execute (queryStringWithUnknownResults);
while (true)
{
    int rowCount = stmt.getUpdateCount ();
    if (rowCount > 0)
    {
```

```
        System.out.println ("Veraenderte Zeilen = " +
count);
        stmt.getMoreResults ();
        continue;
    }
    if (rowCount == 0)
    {
        System.out.println ("Keine Zeilen veraendert
oder DDL-Kommando");
        stmt.getMoreResults ();
        continue;
    }

    ResultSet rs = stmt.getResultSet ();
    if (rs != null)
    {
        . . .
        while (rs.next ())
        {
            . . .
            stmt.getMoreResults ();
            continue;
        }
        break;
    }
}
```

8.8
PreparedStatement

8.8.1
Allgemeines

Das PreparedStatement-Interface erbt von Statement und unterscheidet sich davon in zwei Dingen:

1. Instanzen von PreparedStatement enthalten eine SQL-Anweisung, die bereits kompiliert worden ist. Das bedeutet der Begriff „prepared".

2. Die SQL-Anweisung, die in einem PreparedStatement-Objekt enthalten ist, kann einen oder mehrere IN-Parameter enthalten. Ein IN-Parameter ist ein Parameter, dessen Wert nicht spezifiziert wird, wenn die SQL-Anweisung erstellt wird. Anstelle dessen hat die Anweisung ein Fragezeichen („?") als

Platzhalter für jeden IN-Parameter. Ein Wert für jedes Fragezeichen muß durch die passende setXXX ()-Methode angegeben werden, bevor die Anweisung durchgeführt wird.

Weil PreparedStatement-Objekte vorkompiliert sind, kann ihre Ausführung schneller sein als die von Statement-Objekten. Infolgedessen wird eine SQL-Anweisung, die viele Male ausgeführt wird, häufig als ein PreparedStatement-Objekt erstellt, um die Leistungsfähigkeit zu erhöhen.

Da PreparedStatement eine Unterklasse von Statement ist, erbt es dessen Funktionalität. Zusätzlich kommen noch Methoden hinzu, die die Platzhalter für die IN-Parameter bestimmen. Die drei Methoden execute (), executeUpdate () und executeQuery () wurden modifiziert, so daß sie keine Argumente als Parameter übernehmen können. Die Methoden aus Statement sollten nie in einem PreparedStatement verwendet werden.

8.8.2
Erzeugen von PreparedStatement-Objekten

Das folgende Codestück zeigt einen PreparedStatement-Aufruf, wobei con das Objekt von Connection ist und das SQL-Statement zwei IN-Parameter enthält.

```
PreparedStatement pstmt = con.prepareStatement
("UPDATE table4 SET m = ? WHERE x = ?");
```

Das Objekt pstmt enthält nun das SQL-Statement

```
"UPDATE table4 SET m = ? WHERE x = ?",
```

welches zur Datenbank geschickt wurde und für die Verarbeitung vorbereitet (prepared) wird.

8.8.3
IN-Parameter übergeben

Bevor ein PreparedStatement-Objekt ausgeführt wird, muß der Wert jedes ? (IN-Parameter) gesetzt werden. Dies wird durch den Aufruf von setXXX () erledigt, wobei XXX der entsprechende Typ für den Parameter ist.

Beispiel:

Wenn der Parameter vom Typ long in Java ist, dann muß die Methode setLong () verwendet werden. Der erste Parameter für setLong () gibt die Position des Parameters im SQL-Statement an, der zweite Parameter ist der eigentliche Wert. Der folgenden Code setzt den ersten Parameter auf 123456789 und den zweiten Parameter auf 987654321:

```
pstmt.setLong (1, 123456789);
pstmt.setLong (2, 987654321);
```

Parameter bleiben bestehen

Wurde ein Parameter für ein Statement gesetzt, kann er so lange für mehrfache Ausführungen dieses Statements verwendet werden, bis die Parameter durch die Methode clearParameters () gelöscht werden.

Im Default-Modus für eine Connection (auto-commit ist angeschaltet) wird jedes Statement automatisch bestätigt oder abgewiesen (commit oder rollback).

Dasselbe PreparedStatement-Objekt kann mehrmals ausgeführt werden, wenn die darunterliegende Datenbank und der dazugehörige Treiber Statements offen halten, nachdem sie bestätigt wurden. Ist dies nicht der Fall, dann macht es keinen Sinn, PreparedStatement zu verwenden, denn es wird keine Performance-Verbesserung erreicht.

Unter Verwendung von PreparedStatement und dem oben erzeugten Objekt zeigt der folgende Code das Setzen der Platzhalter und das Ausführen von pstmt zehnmal. Um dies zu erreichen, darf, wie schon erwähnt, pstmt nicht geschlossen werden. In unserem Beispiel wird der erste Parameter auf „Hi" gesetzt und bleibt dann konstant. Der zweite Parameter wird aber auf unterschiedliche Werte gesetzt, auf 0 bis 9, für jeden einzelnen Schleifendurchlauf:

```
pstmt.setString (1, "Hi");
for (int i = 0; i < 10; i++)
{
  pstmt.setInt (2, i);
  int rowCount = pstmt.executeUpdate ();
}
```

Der folgende komplette Code zeigt Ihnen, wie Sie in unserem Beispiel „Kaffeeverbrauch" alle Einträge von Kay auf zwei Tassen mit PreparedStatements ändern können.

Beispiel 03:

```java
import java.sql.*;
import java.util.Properties;
import java.io.InputStream;

public class Beispiel03
{
  public static void main (String args[])
  {
    try
    {
      Class.forName
("sun.jdbc.odbc.JdbcOdbcDriver");
    }
    catch (Exception e)
    {
      System.out.println ("Kann JDBC/ODBC-Treiber
nicht laden.");
      return;
    }

    try
    {
      Connection con = DriverManager.getConnection
("jdbc:odbc:KaffeeVerbrauch", "", "");
      System.out.println ("Verbindung herge-
stellt.");
      PreparedStatement pstmt =
con.prepareStatement ("UPDATE Mitarbeiter SET Tas-
sen = ? WHERE Name = ?");
      // Setze alle Eintraege von Kay auf 2
      pstmt.setInt (1, 2);
      pstmt.setString (2, "Kay");
      pstmt.executeUpdate ();
      con.close ();
    }
    catch (Exception e)
    {
      e.printStackTrace ();
    }
  }
}
```

8.8.4
Datentyp-Übereinstimmung von IN-Parametern

XXX gibt in einer setXXX ()-Methode den Java-Typ an. Implizit ist es ein JDBC-Typ (also ein generischer SQL-Typ), weil der Treiber den Datentyp in den entsprechenden JDBC-Typ umwandelt (wie es in Unterkapitel 8.11 spezifiziert ist). Dieser JDBC-Typ wird dann an die Datenbank gesendet.

Beispiel:

Das folgende Codestück setzt den zweiten Parameter des PreparedStatement-Objekts pstmt auf 44, mit dem Java-Typ short.

```
pstmt.setShort(2, 44);
```

Dieser schickt dann die 44 als JDBC-Typ SMALLINT an die Datenbank. Dies entspricht dem Default-Mapping des Java-Typs short.

Es liegt in der Verantwortung des Programmierers sicherzustellen, daß jeder Java-Typ der IN-Parameter in einen JDBC-Typ umgesetzt werden kann, der wiederum kompatibel mit dem JDBC-Datentyp ist, der von der Datenbank erwartet wird. Stellen Sie sich folgenden Fall vor: Die Datenbank erwartet einen JDBC SMALLINT. Wird die Methode setByte () verwendet, generiert der Treiber daraus einen JDBC TINYINT und sendet diesen an die Datenbank. Das kann gut gehen, weil die unterschiedlichen Datenbanken eigene Typ-Konvertierungen vornehmen und ein TINYINT kann normalerweise überall als SMALLINT verwendet werden. Doch ist dies keine sichere Lösung und schadet der Datenbankunabhängigkeit, weil eben nicht jede Datenbank dies gewährleistet. Daher sollte der Entwickler dafür sorgen, daß die Datentypen auch wirklich 100 % zueinander passen.

8.8.5
Verwendung von setObject ()

Ein Entwickler kann auch explizit einen IN-Parameter in einen bestimmten JDBC-Typ konvertieren, wenn er die Methode setObject () verwendet. Diese Methode enthält ein drittes Argument, das den Datentyp von JDBC angibt. Der Treiber übersetzt dann das Java-Objekt in den JDBC-Datentyp bevor der Parameter an die Datenbank gesendet wird.

Wird kein dritter Parameter angegeben, dann wird automatisch
eine Konvertierung in den Default-Datentyp von JDBC vorgenommen (siehe auch Abschnitt 8.11.6.4). Das ist vergleichbar mit der
Verwendung der Methode setXXX (). In beiden Fällen konvertiert
der Treiber den Java-Typ in einen JDBC-Datentyp. Der Unterschied liegt im Detail. Die Methode setXXX () verwendet das Standard-Mapping von Java-Typen in JDBC-Typen (siehe Abschnitt
8.11.6.2), wohingegen setObject () das Mapping von Java-Object-
Typen in JDBC-Typen einsetzt (siehe Abschnitt 8.11.6.4).

Die Fähigkeit von setObject (), jeden beliebigen Datentyp zu benutzen, erlaubt es dem Entwickler, generische Applikationen zu
schreiben und Eingaben erst zur Laufzeit auszuwerten und zu verwenden. Das bedeutet, zur Compile-Zeit ist der Typ unbekannt
und erst zur Laufzeit des Programme wird der Typ eingesetzt (jedes beliebige Objekt) und in den entsprechenden JDBC-Datentyp
umgewandelt. Die Tabelle in Abschnitt 8.11.6.5 zeigt alle möglichen Umwandlungen, die setObject () ausführen kann.

8.8.6
Senden von JDBC NULL als IN-Parameter

Mit der Methode setNull () kann der Programmierer einen JDBC-
NULL-Wert als IN-Parameter an die Datenbank schicken. Trotzdem muß der JDBC-Typ des Parameters spezifiziert werden.

JDBC NULL wird außerdem verwendet, wenn ein Java-null-
Wert an eine setXXX ()-Methode übergeben wurde. Die Methode
setObject () kann jedoch einen null-Wert nur verwenden, wenn der
JDBC-Typ spezifiziert wurde.

8.8.7
Senden von großen IN-Parametern

Die Methoden setBytes () und setString () sind in der Lage, unendlich viele Daten an die Datenbank zu schicken. Manchmal ist es
Programmierern aber viel lieber, die großen Daten (blobs) in kleinen Teilen zu verschicken. Dies kann erreicht werden, indem man
einen IN-Parameter mit einem Java-InputStream assoziiert. Wird
das Statement ausgeführt, dann macht der JDBC-Treiber wiederholt den Versuch, den InputStream zu lesen und übermittelt den
Inhalt des Streams als aktuellen Parameter an die Datenbank.
JDBC unterstützt insgesamt drei Methoden, um IN-Parameter mit
InputStreams zu verbinden.

- setBinaryStream () – um uninterpretierte Bytes oder auch Binärdaten zu verschicken

- setAsciiStream () – um ASCII-Daten zu verschicken

- setUnicodeStream () – um Unicode-Zeichen zu verschicken

Diese Methoden besitzen ein Argument mehr als setXXX (), weil die gesamte Länge des Streams angegeben werden muß. Dies ist notwendig, denn einige Datenbanken müssen wissen, wie viele Daten sie erhalten, bevor überhaupt Daten gesendet werden können. Der folgende Code veranschaulicht die Verwendung eines Streams am Beispiel einer Datei, die ihren Inhalt an die Datenbank schickt:

```
File file = new File ("/tmp/data");
int fileLength = file.length ();
InputStream fin = new FileInputStream (file);
PreparedStatement pstmt = con.prepareStatement
("UPDATE Table5 SET stuff = ? WHERE index = 4");
pstmt.setBinaryStream (1, fin, fileLength);
pstmt.executeUpdate ();
```

Wenn das Statement ausgeführt wird, dann wird der InputStream fin immer wieder aufgerufen, um seine Daten an die Datenbank zu schicken.

8.9
CallableStatement

8.9.1
Allgemeines

Gespeicherte Prozeduren einer DB aufrufen

Ein CallableStatement-Objekt stellt eine Möglichkeit zur Verfügung, gespeicherte Prozeduren einem Standard entsprechend aufzurufen, der für alle DBMS gilt. Eine gespeicherte Prozedur wird in der Datenbank abgelegt und gespeichert. Der Aufruf einer gespeicherten Prozedur ist in einem CallableStatement-Objekt enthalten. Dieser Aufruf wird in einer Escape-Syntax geschrieben, die eine von zwei möglichen Formen annehmen kann: eine mit Ergebnis-Parameter und eine ohne (bitte lesen Sie Abschnitt 8.7.6, um sich über die Escape-Syntax zu informieren). Ein Ergebnisparameter ist ein sog. OUT-Parameter (IN haben Sie eben ja kennengelernt), es ist der Ergebniswert einer gespeicherten Prozedur. Beide Arten der gespeicherten Prozeduren können eine variable Anzahl von Eingabeparametern (IN-Parameter), Ausgabeparametern (OUT-Parameter) oder beides (INOUT-Parameter) haben. Auch hier dient ein Fragezeichen („?") als Platzhalter.

Die Syntax, wie eine gespeicherte Prozedur aus JDBC verwendet wird, sehen Sie im folgenden. In eckigen Klammern stehen wieder optionale Informationen.

```
{call procedure_name [(?, ?, ...)]}
```

Die Syntax für eine gespeicherte Prozedur, die einen Rückgabewert liefert, sieht folgendermaßen aus:

```
{? = call procedure_name [(?, ?, ...)]}
```

Eine gespeicherte Prozedur ohne Parameter hat folgende Form:

```
{call procedure_name}
```

Normalerweise weiß jeder, der CallableStatement-Objekte erzeugt, ob das DBMS gespeicherte Prozeduren unterstützt und welche diese Prozeduren sind. Falls trotzdem diese Funktionalität trotzdem erfragt werden muß, dann geschieht das über verschiedene Methoden von DatabaseMetaData. Zum Beispiel gibt es die Methode supportsStoredProcedures (), die true zurückliefert, wenn das DBMS gespeicherte Prozeduren unterstützt. Die Methode getProcedures () liefert eine Beschreibung der verfügbaren gespeicherten Prozeduren.

CallableStatement erbt von Statement Methoden, die mit SQL-Statements im allgemeinen zu tun haben. Außerdem erbt es von PreparedStatement, das mit IN-Parametern umgehen kann. Alle Methoden, die in CallableStatement hinzugekommen sind, behandeln OUT-Parameter oder INOUT-Parameter. Dazu zählen vor allem die Registrierung der JDBC-Typen (generische SQL-Typen) der OUT-Parameter, das Empfangen der entsprechenden Werte oder das Überprüfen, ob ein Returnwert ein JDBC-NULL-Wert ist.

8.9.2
Erzeugen eines CallableStatement-Objektes

CallableStatement-Objekte werden mit der Connection-Methode prepareCall () erzeugt. Das unten stehende Beispiel erzeugt eine Instanz von CallableStatement, welches die gespeicherte Prozedur getTestData aufruft, die zwei Parameter enthält und keinen Returnwert.

```
CallableStatement cstmt = con.prepareCall ("{call
getTestData (?, ?)}");
```

Ob die Platzhalter IN-, OUT- oder INOUT-Parameter sind, hängt von der gespeicherten Prozedur getTestData ab.

8.9.3
IN- und OUT-Parameter

Die Eingabe von IN-Parametern wird von den Methoden von PreparedStatement geerbt. Das heißt, auch hier werden die Methoden setXXX () verwendet.

Liefert eine gespeicherte Prozedur einen OUT-Parameter, dann muß der JDBC-Typ des OUT-Parameters registriert werden, und zwar bevor das CallableStatement-Objekt ausgeführt werden kann (das ist deshalb notwendig, weil einige DBMS den JDBC-Typ benötigen, bevor sie das Statement ausführen). Die Registrierung wird mit der Methode registerOutParameter () vorgenommen. Dann, nachdem das Statement ausgeführt wurde, werden die Methoden getXXX () von CallableStatement verwendet, um die Ergebnisse zu erhalten. Auch hier steht XXX wieder für den Java-Typ, der mit dem entsprechenden JDBC-Typ korrespondiert.

Mit anderen Worten bedeutet dies, daß registerOutParameter () JDBC-Typen verwendet (so daß sie mit den entsprechenden JDBC-Typen übereinstimmen, die die Datenbank liefert), und getXXX () konvertiert (casts) diese dann in die Java-Datentypen.

Um das oben Gesagte zu demonstrieren, zeigt das folgende Beispiel, wie OUT-Parameter registriert werden, eine gespeicherte Prozedur ausgeführt wird, die von cstmt aufgerufen wird, und wie sie die Werte erhält, die die OUT-Parameter liefern.

Die Methode getByte () erhält einen Java Byte vom ersten OUT-Parameter. Der zweite OUT-Parameter ist ein BigDecimal-Objekt (das neu im JDK 1.1. eingeführt wurde) und wird mit der Methode getBigDecimal () gelesen:

```
CallableStatement cstmt = con.prepareCall (" {call
getTestData (?, ?)}");
cstmt.registerOutParameter(1,java.sql.Types.TINYIN
T);
cstmt.registerOutParameter (2, ja-
va.sql.Types.DECIMAL, 3);
```

```
cstmt.executeQuery ();
byte x = cstmt.getByte (1);
java.math.BigDecimal n = cstmt.getBigDecimal (2,
3);
```

Im Gegensatz zu ResultSet unterstützt CallableStatement keine
Mechanismen, um lange Ausgaben in Pakete unterteilt zu lesen
(siehe auch Abschnitt 8.11.5).

8.9.4
INOUT-Parameter

Ein Parameter, der sowohl Eingaben als auch Ausgaben unterstützt
(ein INOUT-Parameter), benötigt einen Aufruf von setXXX () (siehe PreparedStatement) und von registerOutParameter ().

Die Methode setXXX () macht genau dasselbe wie auch bei Pre
paredStatement, sie setzt die Eingabeparameter. Die Methode registerOutParameter () registriert den JDBC-Typ als Ausgabeparameter. Der JDBC-Typ des IN-Wertes und der JDBC-Typ, den die
Methode registerOutParameter () bereitstellt, sollten gleich sein.
Das ist offensichtlich.

Um dann letztendlich den Ausgabeparameter zu erhalten, muß
die entsprechende getXXX ()-Methode aufgerufen werden.

Beispiel:

Ein Parameter, dessen Java-Typ byte ist, sollte die Methode set-
Byte () verwenden, als JDBC-Datentyp TINYINT für den Aufruf
von registerOutParameter () registrieren und danach mit getByte
() die Daten auslesen.

Das folgende Beispiel geht davon aus, daß Sie eine gespeicherte
Prozedur mit dem Namen reviseTotal haben, die nur einen
INOUT-Parameter enthält. Die Methode setByte () setzt diesen Pa-
rameter auf 25. Dieser Wert wird vom Treiber in den JDBC-
Datentyp TINYINT konvertiert und an die Datenbank geschickt.
Als nächstes wird mit der Methode registerOutParameter () der
JDBC-Datentyp TINYINT registriert. Nachdem die gespeicherte
Prozedur ausgeführt wurde, wird ein neuer JDBC TINYINT zu-
rückgeliefert und die Methode getByte () erhält den Wert als Java
byte.

```
CallableStatement cstmt = con.prepareCall ("{call
reviseTotal (?)}");
cstmt.setByte (1, 25);
```

```
cstmt.registerOutParameter (1, ja-
va.sql.Types.TINYINT);
cstmt.executeUpdate ();
byte x = cstmt.getByte (1);
```

8.9.5
Lesen der OUT-Parametern nach Erhalt der Ergebnisse

Wegen Beschränkungen einiger DBMS und dem Streben nach maximaler Portabilität ist es sinnvoll, alle Ergebnisse, die durch die Ausführung von CallableStatement-Objekten erzeugt werden, mit getXXX ()-Methoden zu lesen, bevor OUT-Parameter verwendet werden. Liefert ein CallableStatement-Objekt mehrere ResultSet-Objekte (durch Verwendung von execute ()), sollten alle Ergebnisse vor den OUT-Parametern erhalten werden. In diesem Fall, um sicher zu sein, daß alle Ergebnisse angesprochen wurden, müssen die Methoden getResultSet (), getUpdateCount () und getMoreResults () so lange aufgerufen werden, bis es keine Ergebnisse mehr gibt.

Erst wenn dies erledigt ist, sollten die OUT-Parameter via getXXX ()-Methoden gelesen werden.

8.9.6
Lesen von NULL-Werten als OUT-Parameter

Der Wert, der an einen OUT-Parameter gegeben wird, könnte JDBC NULL sein. Ist dies der Fall, dann wird der JDBC NULL Wert konvertiert, so daß die entsprechende getXXX ()-Methode den Wert null, 0 oder false zurückliefert. Dies hängt natürlich von der entsprechenden getXXX ()-Methode ab. Wie bei ResultSet auch, ist der einzige Weg herauszufinden, ob ein Wert 0 oder false von JDBC NULL war, die Methode wasNull (). Diese Methode liefert true, wenn der letzte Wert, der von getXXX () gelesen wurde, JDBC NULL war, ansonsten liefert sie false. Im nächsten Kapitel finden Sie mehr Informationen dazu.

8.10
ResultSet

8.10.1
Allgemeines

Ein ResultSet enthält alle Zeilen, die den Bedingungen des SQL-Statements genügen. Die Daten in den Zeilen können durch eine Reihe von get-Methoden angesprochen werden. Diese Methoden erlauben es, auf die verschiedenen Spalten innerhalb der Zeilen zuzugreifen. Die Methode ResultSet.next () wird dazu verwendet, zur nächsten Zeile zu springen. Die allgemeine Form eines ResultSet ist eine Tabelle mit Spaltenköpfen und korrespondierenden Werten in den Spalten.

Beispiel:

Das SQL-Statement

```
SELECT a, b, c FROM Table1
```

könnte folgendes Ergebnis liefern:

A	B	C
12345	München	Bayern
83472	Stuttgart	Schwaben
83492	Kiel	Lummerland

Tabelle 3
Ergebnistabelle

Das folgende Codefragment stellt ein Beispiel für ein SQL-Statement dar, das eine Liste von Zeilen zurückliefert, wobei die erste Spalte einen Integer darstellt, die zweite Spalte einen String und die dritte Spalte einen float.

```java
java.sql.Statement stmt = conn.createStatement ();
ResultSet r = stmt.executeQuery ("SELECT a, b, c
FROM Table1");
while (r.next ())
{
  // Ausgabe der Werte für die aktuelle Zeile
  int i = r.getInt ("a");
  String s = r.getString ("b");
  float f = r.getFloat ("c");
```

```
System.out.println ("Zeile = " + i + " " + s + "
" + f);
}
```

8.10.2
Rows und Cursors

Ein ResultSet führt einen Cursor mit, der auf die aktuelle Zeile der Daten zeigt. Jedesmal beim Aufruf der Methode next () wird dieser eine Zeile weiter bewegt. Initialisiert wird der Cursor vor der ersten Zeile, so daß der erste Aufruf von next () auf die erste Zeile verweist und diese damit die aktuelle Zeile wird. ResultSet-Zeilen werden sequentiell empfangen, angefangen von der obersten Zeile, und mit jedem next ()-Aufruf eine Zeile weiter, bis der Aufruf von next () null zurückliefert. Mit der JDBC-API 2.0, die im JDK 1.2 enthalten ist (aber nicht im JDK 1.1), können Sie jetzt auch vorwärts und rückwärts scrollen, was bisher nicht möglich war. Bisher konnten Sie nur sequentiell durch die Zeilen navigieren. Um diesen neuen Mechanismus zu verwenden, müssen Sie ein sog. scrollable ResultSet erzeugen, also auch hier ein Erweiterung.

```
Statement stmt = con.createStatement (Result-
Set.TYPE_SCROLL_SENSITIVE, Result-
Set.CONCUR_READ_ONLY);
ResultSet srs = stmt.executeQuery ("SELECT Name,
Tassen FROM Mitarbeiter");
```

Wie Sie sehen, ist der Code ähnlich dem, was wir bisher auch schon gemacht haben. Es werden lediglich zwei Argumente der Methode createStatement hinzugefügt. Das Argument beschreibt eine von drei möglichen Konstanten, die der ResultSet-API hinzugefügt wurden. Diese können sein:

- TYPE_FORWARD_ONLY
- TYPE_SCROLL_INSENSITIVE
- TYPE_SCROLL_SENSITIVE

Das zweite Argument ist eine von zwei Konstanten:

- CONCUR_READ_ONLY
- CONCUR_UPDATABLE

Das erste Argument gibt an, daß das ResultSet nur zum Lesen zur Verfügung steht, das zweite dagegen besagt, daß es auch verändert werden kann.

Bitte beachten Sie hier folgendes: Der erste Parameter ist der Typ. Wenn Sie die Reihenfolge durcheinander bringen, können Sie Probleme bekommen, denn beide Parameter sind letztendlich nur Integers. Und wenn Sie einen Typ angeben, dann müssen Sie auch bestimmen, ob das ResultSet read-only ist oder nicht.

Wenn Sie als Typ TYPE_FORWARD_ONLY angeben, wird ein ResultSet erzeugt, das nicht scrollbar ist, d.h., der Cursor kann nur vorwärts bewegt werden. Damit hätten wir den alten Fall aus JDBC 1.0. Das bedeutet also, wenn Sie gar keine Parameter übergeben, erhalten Sie defaultmässig TYPE_FORWARD_ONLY und CONCUR_READ_ONLY. Sie erzeugen nur dann ein scrollable ResultSet, wenn Sie also

TYPE_SCROLL_SENSITIVE oder
TYE_SCROLL_INSENSITIVE

verwenden. Der Unterschied zwischen beiden liegt darin, daß das ResultSet widerspiegelt, ob Veränderungen angezeigt werden, während es offen ist, und ob bestimmte Methoden aufgerufen werden können, um diese Änderungen zu finden. Mit dem Parameter TYPE_SCROLL_SENSITIVE ist derjenige welche, werden die Änderungen angezeigt. Alle ResultSets zeigen aber Änderungen an, wenn Sie geschlossen und dann wieder geöffnet werden. Wenn Sie erst einmal ein scrollable ResultSet (srs) haben, können Sie dieses verwenden, um sich in Ihren Zeilen des ResultSets zu bewegen. Aber auch hier wird beim Start der Cursor vor die erste Zeile gesetzt.

Bisher haben Sie mit der Methode next () die nächste Zeile angesprochen. Nun gibt es die Methode previous (), die genau das Gegenteil macht. Beide Methoden liefern false, wenn sich der Cursor aus dem gültigen Bereich heraus bewegt.

Sie könnten beispielsweise auf den Gedanken kommen, die Zeilen rückwärts zu lesen. Sie positionieren den Cursor ans Ende des ResultSets und rufen dann previous () auf, um so durch die Ergebnisse zu navigieren. Die einzige Funktion, die Sie benötigen (alles andere sollte Ihnen jetzt geläufig sein), ist, wie Sie ans Ende gelangen.

```
srs.afterLast();
```

Außerdem kann der Cursor an bestimmte Stellen im Ergebnis zu bewegt werden, dazu gibt es die folgenden Methoden:

- first ()

- last ()

- beforeFirst ()

- afterLast ()

- absolute (int)

- relative ()

Die Methode absolute (int) setzt den Cursor auf die Zeile, die als Parameter angegeben wurde. Ist der Wert positiv, wird am Ergebnisanfang begonnen zu zählen und von dort aus vorwärts. Also setzt absolute (1) den Cursor auf die erste Zeile. Ist der Wert negativ, wird von hinten angefangen zu zählen. Also wird der Cursor beim Aufruf von absolute (-1) auf die letzte Zeile gesetzt.

Es sind außerdem drei Methoden hinzugekommen, die den Cursor relativ zur aktuellen Position bewegen. next () und previous () kennen Sie ja schon. Jetzt kommt noch relative () hinzu. Damit können Sie angeben, wie viele Zeilen Sie von der aktuellen Position vorwärts (positiver Wert) oder rückwärts (negativer Wert) gehen wollen.

Mit der Methode checkRow () können Sie herausfinden, in welcher Zeile Sie sich gerade befinden. Vier Methoden helfen Ihnen festzustellen, ob sich der Cursor an einer bestimmten Stelle befindet. Hier gilt: Nomen est Omen:

- isFirst ()

- isLast ()

- isBeforeFirst ()

- isAfterLast ()

Sie liefern alle einen boolean-Wert zurück und sind daher ideal für if- und while-Abfragen.
Ein Cursor ist solange gültig, bis das ResultSet-Objekt oder das dazugehörige Statement-Objekt geschlossen werden.
Auch Cursor haben Namen In SQL ist der Cursor einer Ergebnistabelle benannt. Wenn eine Datenbank positionierte Updates oder positionierte Deletes erlaubt, dann muß der Name des Cursors dem update- oder delete-Kommando als Parameter mit übergeben werden. Der Name des Cursors kann mit der Methode getCursorName () ausgelesen werden.

Aber, wie auch schon vorher öfters erwähnt, hängt das von der Datenbank ab, nicht alle unterstützen diesen Mechanismus. Die Methoden

DatabaseMetaData.supportsPositionedDelete () und
DatabaseMetaData.supportsPositionedUpdate ()

können dazu verwendet werden herauszufinden, ob diese Fähigkeit besteht. Wenn das der Fall ist, dann muß der DBMS-Treiber gewährleisten, daß die ausgewählten Zeilen gelockt werden, so daß positionierte Updates nicht zu Update-Anomalien führen oder es zu Deadlock-Situationen oder Konkurrenz kommt.

8.10.3
Veränderbare ResultSets

Mit der JDBC-API 2.0 sind Sie jetzt auch in der Lage, wie bereits angedeutet wurde, ResultSets zu verändern. Dies ist in Verbindung mit JTable ein mächtiges Werkzeug. Stellen Sie sich vor, Sie haben über das Select-Kommando eine JTable mit den Ergebnissen erhalten. Wenn Sie diese jetzt verändern wollten, dann hätten Sie aus der Tabelle heraus einen SQL-String erzeugen müssen und diesen dann an die Datenbank senden müssen. Dies ist jetzt nicht mehr notwendig, Sie können mit Hilfe von Java diese Veränderung durchführen.

Damit Sie diesen Mechanismus verwenden können, müssen Sie natürlich erst wieder ein ResultSet erzeugen, das dieses auch unterstützt. Dazu wählen Sie die Konstante CONCUR_UPDATABLE in der Methode createStatement (), die oben schon vorgestellt wurde. Hier nun ein kleines Codestück, um das eben Gesagte zu illustrieren:

```
Connection con = DriverManager.getConnection
("jdbc:odbc:KaffeeVerbrauch");
Statement stmt = con.createStatement (Result-
Set.TYPE_SCROLL_SENSITIVE, Result-
Set.CONCUR_UPDATABLE);
ResultSet uprs = stmt.executeQuery ("SELECT Name,
Tassen FROM Mitarbeiter");
```

Das ResultSet uprs kann jetzt verändert werden.

Mit der alten API wäre dazu ein SQL-Kommando der Form „Update … „ notwendig, und dieser String müßte an die Methode

executeUpdate () übergeben werden. Die neue Möglichkeit sieht so
aus:

```
uprs.last ();
uprs.updateInt (3, 10);
uprs.updateRow ();
```

Zuerst gehen wir zur letzten Zeile, weil diese verändert werden
soll. Dann setzen wir in der dritten Spalte den Wert auf zehn (10).
Die Klasse ResultSet hat einen ganzen Satz von updateXXX ()-
Methoden. Doch jetzt haben Sie eine Dateninkonsistenz, weil Ihr
ResultSet den Wert 10 enthält, Ihre Tabelle aber nicht (diese wurde
bisher nicht verändert). Daher müssen Sie die Methode updateRow
() aufrufen, um die Daten zu synchronisieren. Wenn Sie diese Aktion aber abbrechen möchten, dann können Sie die dafür vorgesehene Methode cancelRowUpdates () aufrufen.

8.10.4
Zeilen löschen und hinzufügen

Es gibt auch die Möglichkeit, mit Java (und nicht SQL) Zeilen zu
löschen („DELETE …“) oder hinzuzufügen („INSERT…“).

Beispiel:

```
Connection con = DriverManager.getConnection
("jdbc:odbc:KaffeeVerbrauch");
Statement stmt = con.createStatement (Result-
Set.TYPE_SCROLL_SENSITIVE, Result-
Set.CONCUR_UPDATABLE);
ResultSet uprs = stmt.executeQuery ("SELECT * FROM
Mitarbeiter");
uprs.moveToInsertRow ();
uprs.updateString ("Name", "Hugo");
uprs.updateInt ("Tassen", 1);
uprs.updateString ("Tag", "Die");
uprs.insertRow ();
```

Wie Sie sehen, können Sie sowohl den Namen als auch die
Nummer der Spalte verwenden. Ähnlich funktioniert auch das Löschen von Zeilen. Wollen Sie z.B. zur Zeile zehn gehen und diese
dann löschen, geht das so:

```
uprs.absolute (10);
uprs.deleteRow ();
```

Die zehnte Zeile wurde aus dem ResultSet und der Datenbank gelöscht. Wie das Löschen tatsächlich funktioniert, darüber können Sie nur spekulieren, da dies von jedem JDBC-Treiber anders gehandhabt werden kann.

8.10.5
Columns

Die Methoden getXXX () dienen dazu, die Spalten der aktuellen Zeile zu lesen. In jeder Zeile können die Spalten in beliebiger Reihenfolge empfangen werden, aber um maximale Portabilität zu erreichen, sollten diese von links nach rechts gelesen werden.
Es kann entweder der Name oder die Nummer der Spalte verwendet werden, um den entsprechenden Wert zu lesen.

Lesen der Spalte der aktuellen Zeile

Beispiel:

Hat die zweite Spalte eines ResultSet-Objektes rs den Namen „Nachname" und speichert Strings ab, sind beide der folgenden Zeilen gültig:

```
String s = rs.getString ("Nachname");
String s = rs.getString (2);
```

Anzumerken sei hier, daß die Spalten von links nach rechts numeriert werden und bei 1 beginnen (und nicht bei 0). Außerdem sind die Namen, die in getXXX () verwendet werden, casesensitive, das heißt, es wird zwischen Groß- und Kleinschreibung unterschieden.

Von links nach rechts und beginnend bei 1

Warum die Namen als Parameter eingeführt wurden, hat folgenden Grund: Ein Anwender, der einen Spaltennamen in seiner Datenbankanfrage spezifiziert hat, kann diesen Namen dann auch für getXXX () verwenden. Damit kann flexibler programmiert werden. Spezifiziert das Select-Statement keinen Spaltennamen, dann sollten Spaltennummern verwendet werden. In diesem Fall ist aber nicht klar, welchen Namen die Spalten haben und was sie bedeuten.

In einigen Fällen kann es dazu kommen, daß eine SQL-Anfrage ein ResultSet zurückliefert, das mehr als eine Spalte mit demselben Namen hat. Wird der Spaltenname als Parameter für die getXXX ()-Methode verwendet, dann wird der Wert der ersten Spalte mit diesem Namen zurückgeliefert.

Wer zuerst kommt …

Daher muß in solchen Fällen der Spaltenindex verwendet werden, um sicherzustellen, daß die richtige Spalte gelesen wird. Es ist aber auch effizienter, Spaltenindizes zu verwenden.

Informationen über Spalten in einem ResultSet können mit der Methode ResultSet.getMetaData () abgefragt werden. Das ResultSetMetaData-Objekt, das Sie zurückbekommen, enthält Informationen wie Anzahl, Typ und Eigenschaften der ResultSet-Objekt-Spalte.

Wenn der Name einer Spalte bekannt ist, aber nicht ihr Index, kann die Methode findColumn () verwendet werden, um die Spaltennummer zu bekommen.

8.10.6
Datentypen und Konvertierung

Für alle getXXX ()-Methoden versucht der JDBC-Treiber den Wert der darunterliegenden Daten in einen Java-Typ zu konvertieren und liefert diesen Wert dann zurück. Wird z.B. die Methode getString () verwendet, dann ist der Datentyp der darunterliegenden Datenbank VARCHAR, also wird VARCHAR vom JDBC-Treiber in einen Java-String umgewandelt. Der Returnwert ist also ein String-Objekt.

Die folgende Tabelle zeigt, welche JDBC-Typen eine getXXX ()-Methode empfangen können und welche JDBC-Typen (generische SQL-Typen) von Sun dafür vorgeschlagen werden.

Ein kleines x steht für eine legale Konvertierung der getXXX ()-Methode für einen bestimmten Datentyp. Ein großes X steht für die empfohlene getXXX ()-Methode für diesen Datentyp.

Beispiel:

Jede getXXX ()-Methode außer getBytes () oder getBinaryStream () kann verwendet werden, um einen LONGVARCHAR zu bekommen, aber getAsciiStream () oder getUnicodeStream () werden empfohlen. Die Methode getObject () liefert jedweden Typ als Java-Objekt zurück. Dies ist dann sinnvoll, wenn der darunterliegende Datentyp ein Datenbank-spezifischer abstrakter Datentyp ist oder wenn eine generische Applikation jeden Datentyp akzeptieren muß.

	TINYINT	SMALLINT	INTEGER	BIGINT	REAL	FLOAT	DOUBLE	DECIMAL	NUMERIC	BIT	CHAR	VARCHAR	LONGVARCHAR	BINARY	VARBINARY	LONGVARBINARY	DATE	TIME	TIMESTAMP
getByte	X	x	x	x	x	x	x	x	x	x	x	x	x						
getShort	x	X	x	x	x	x	x	x	x	x	x	x	x						
getInt	x	x	X	x	x	x	x	x	x	x	x	x	x						
getLong	x	x	x	X	x	x	x	x	x	x	x	x	x						
getFloat	x	x	x	x	X	x	x	x	x	x	x	x	x						
getDouble	x	x	x	x	x	X	X	x	x	x	x	x	x						
getBigDecimal	x	x	x	x	x	x	x	X	X	x	x	x	x						
getBoolean	x	x	x	x	x	x	x	x	x	X	x	x	x						
getString	x	x	x	x	x	x	x	x	x	x	X	X	x	x	x	x	x	x	x
getBytes														X	X	x			
getDate											x	x	x				X		x
getTime											x	x	x					X	x
getTimestamp											x	x	x				x		X
getAsciiStream											x	x	X	x	x	x			
getUnicodeStream											x	x	X	x	x	x			
getBinaryStream														x	x	X			
getObject	x	x	x	x	x	x	x	x	x	x	x	x	x	x	x	x	x	x	x

8.10.7
Verwendung von Streams für sehr lange Zeilen

ResultSet erlaubt es außerdem, lange LONGVARBINARY- oder LONGVARCHAR-Daten zu lesen. Die Methoden getBytes () und getString () liefern Daten als einen einzigen langen String (aber nur bis zu einer Länge, die durch Statement.getMaxFieldSize () festgelegt wurde). Aber es macht in vielen Fällen mehr Sinn, diesen großen Strom von Daten in kleineren Paketen zu empfangen, die eine feste

Aus Groß mach Klein

Länge haben. Dies geschieht, wie vorhin schon kurz erläutert wurde, indem ResultSet einen java.io.InputStream zurückliefert. Von dort können die Daten dann in Teilen gelesen werden. Diese Streams müssen sofort gelesen werden, da bei jedem neuen getXXX ()-Aufruf die Streams automatisch geschlossen werden. Oder sie müssen die Verarbeitung trennen und verschiedene Threads generieren. Dies hat sicherlich wenig Sinn.

Die JDBC-API hat drei spezielle Methoden, um Streams zu lesen, jede davon hat einen anderen Returnwert:

- getBinaryStream () – Liefert einen Stream zurück, der einfach nur die „rohen" Bytes aus der Datenbank liest, ohne jede Konvertierung

- getAsciiStream () – Liefert 1-Byte-ASCII-Zeichen

- getUnicodeStream () – Liefert 2-Byte-Unicode-Zeichen

Bitte bedenken Sie hier, daß sich das von den Java-Streams unterscheidet, die Bytes untypisiert zurückliefern und daher sowohl für ASCII- als auch für UNICODE-Zeichen verwendet werden können. Das folgende Beispiel verwendet getAsciiStream ():

```java
java.sql.Statement stmt = con.createStatement ();
ResultSet r = stmt.executeQuery ("SELECT x FROM
Table2");
// Empfange die Ergebnisse von Spalte 1 in 4
// K großen Blöcken
byte buff = new byte[4096];
while (r.next ())
{
  java.io.InputStream fin = r.getAsciiStream (1);
  for (;;)
  {
    int size = fin.read (buff);
    if (size == -1) // am Ende des Streams
    {
      break;
    }
// Sende den neu gefüllten Puffer an einen
// ASCII output stream
    output.write (buff, 0, size);
  }
}
```

8.10.8
NULL-Ergebniswerte

Um herauszufinden, ob ein erhaltener Wert JDBC NULL ist, muß die Spalte zuerst gelesen und dann die Methode ResultSet.wasNull () aufgerufen werden. Wurde JDBC NULL durch eine der Methoden ResultSet.getXXX () gelesen, dann liefert wasNull () eine der folgenden Informationen:

1. Einen Java-null-Wert für die Methoden, die ein Java-Objekt zurückliefern (Methoden wie getString (), getBigDecimal () getBytes (), getDate (), getTime (), getTimestamp (), getAsciiStream (), getUnicodeStream (), getBinaryStream (), getObject ()).
2. Einen 0-Wert für getByte (), getShort (), getInt (), getLong (), getFloat () und getDouble ().
3. False für getBoolean ().

8.10.9
Optionale oder multiple Ergebnis-Sets

Normalerweise werden SQL-Statements durch executeQuery () oder executeUpdate () ausgeführt. Unter bestimmten Bedingungen kann es passieren, daß die Applikation bis zu dem Zeitpunkt, an dem das Statement tatsächlich ausgeführt wird, nicht weiß, ob ein Statement einen ResultSet zurückliefert. Zusätzlich dazu, wie Sie ja bereits gesehen haben, liefern gespeicherte Prozeduren verschiedene ResultSets und/oder Update Counts.

Um auch dieser Situation Herr zu werden, auch wenn sie nur selten vorkommt, liefert JDBC einen Mechanismus, mit dem eine Applikation ein Statement ausführen kann und dann eine willkürliche Anzahl von Ergebnissen verarbeiten kann. Dieser Mechanismus basiert auf folgendem: Zuerst wird eine ganz normale execute ()-Methode ausgeführt und anschließend die drei Methoden getResultSet (), getUpdateCount () und getMoreResults (). Diese Methoden erlauben es einer Applikation, die Ergebnisse eines Result zu untersuchen und zu bestimmen, ob ein Ergebnis ein ResultSet oder ein Update Count war.

Dieser Vorgang wurde oben bereits ausführlich erläutert. Es muß nichts getan werden, um ein ResultSet zu schließen. Dies geschieht automatisch dann durch das Statement, das das ResultSet erzeugt hat, wenn das Statement geschlossen wird, wieder ausgeführt wird oder die nächsten Daten aus einem mehrfachen Result-Set gelesen werden.

8.10.10
Beispiel

Um Informationen aus einer Datenbank zu holen, können SQL-SELECT-Statements unter Verwendung der schon genannten Java-Methode Statement.executeQuery () abgesetzt werden. Die Ergebnisse werden als Zeilen in einem ResultSet-Objekt zurückgeliefert.

Die Ergebnisse werden Zeile für Zeile ausgewertet. Dazu dienen die Methoden

```
ResultSet.next ()
ResultSet.getXXX ()
```

Überlegen Sie nun, wie Sie die maximale Anzahl der Tassen Kaffee pro Programmierer pro Tag erhalten. Verwenden Sie zunächst SQL, dann sortieren Sie die Tabelle anhand der Spalte Tassen in absteigender Reihenfolge.

Die Spalte Name wird ausgewählt, so daß auch der Name des Programmierers ausgegeben werden kann. Das SQL-Statement sieht folgendermaßem aus:

```
SELECT Name, Tassen FROM KaffeeVerbrauch ORDER BY
Tassen DESC;
```

Der Java-Code mit dem SQL-Statement lautet:

```
ResultSet result = stmt.executeQuery ("SELECT Na-
me, Tassen FROM KaffeeVerbrauch ORDER BY Tassen
DESC;");
```

Die Spalte Tassen der ersten Zeile des Ergebnisses enthält dann die größte Anzahl verbrauchten Kaffees. Die Ergebnistabelle hat dann diese Form:

Claudia	9
Edgar	8
Sabine	4
Michael	3
Edgar	3
Edgar	3
Susanne	2
Susanne	2
Sabine	2
Kay	1
Kay	1

Nun können Sie mit Java noch einige andere Operationen durchführen:

1. „Moving" zur ersten Zeile der Daten. Der Befehl dazu lautet:

```
result.next ();
```

2. Extrahieren von Daten aus der Spalte der aktuellen Zeile. Der Java-Code dazu lautet:

```
String name = result.getString ("Name");
int cups = result.getInt ("Tassen");
```

Diese Ergebnisse können dann auf sehr einfache Weise ausgegeben werden:

```
System.out.println ("Mitarbeiter " + name + " kon-
sumierte den meisten Kaffee an einem Tag: " + cups
+ " Tassen.");
```

mit der folgenden Ausgabe:

```
Mitarbeiter Claudia konsumierte den meisten Kaffee
an einem Tag: 9 Tassen.
```

Um nun die kompletten Kosten zu bestimmen, die in einer Woche anfallen, müssen Sie die Tassen der Spalte Tassen einfach aufaddieren. Mit einem SQL-SELECT kann das ganz einfach in Java dargestellt werden:

```
result = stmt.executeQuery ("SELECT Tassen FROM
KaffeeVerbrauch;");
```

Sie rufen die Methode next auf und prüfen jeweils den Return-wert. Ist dieser false (keine weiteren Zeilen vorhanden), beenden Sie die Schleife. In Java sieht das dann so aus:

```
cups = 0;
while(result.next ())
{
  cups += result.getInt ("Tassen");
}
```

Nun geben Sie das Ergebnis aus:

```
System.out.println ("Totalverbrauch:" + cups + "
Tassen Kaffee.");
```

Die Ausgabe sollte dann so aussehen:

```
Totalverbrauch: 38 Tassen Kaffee.
```

Hier folgt nun der vollständige Code:

Beispiel 04:

```
import java.sql.*;

public class Beispiel04
{
  public static void main (String args[])

  {
    String URL = "jdbc:odbc:kaffeeverbrauch";
    String username = "";
    String password = "";

    try
    {
      Class.forName
("sun.jdbc.odbc.JdbcOdbcDriver");
    }
    catch (Exception e)
    {
      System.out.println ("Kann JDBC/ODBC-Treiber
nicht laden.");
      return;
```

```java
    }

    Statement stmt = null;
    Connection con = null;

    try
    {
       con = DriverManager.getConnection (URL,
username, password);
       stmt = con.createStatement ();
    }
    catch (Exception e)
    {
       System.err.println ("Probleme bei der Ver-
bindung mit" + URL);
    }

    try
    {
       ResultSet result = stmt.executeQuery
("SELECT Name, Tassen FROM Mitarbeiter ORDER BY
Tassen DESC;");
       result.next ();
       String name = result.getString ("Name");
       int cups = result.getInt ("Tassen");
       System.out.println ("Mitarbeiter" + name + "
konsumierte den meisten Kaffee an einem Tag: " +
cups + " Tassen.");
       result = stmt.executeQuery ("SELECT Tassen
FROM Mitarbeiter;");
       cups = 0;
       while(result.next ())
       {
         cups += result.getInt ("Tassen");
       }
       System.out.println ("Totalverbrauch:" + cups
+ " Tassen Kaffee.");

       con.close ();
    }
    catch (Exception e)
    {
       e.printStackTrace ();
    }
  }
}
```

Nachdem Sie nun die wesentlichen Befehle kennengelernt haben, sollen hier die Abhängigkeiten und Beziehungen noch einmal grafisch dargestellt werden (aus der JDBC-Spezifikation):

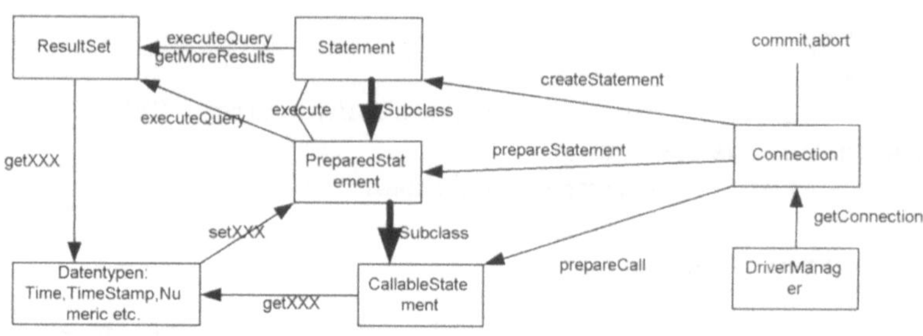

Abbildung 14
Beziehungen

8.11
Mapping von SQL- und Java-Typen

8.11.1
Allgemeines

SQL-Datentyp !=
Java-Datentyp

Da SQL-Datentypen und Java-Datentypen nicht identisch sind, muß es einen Mechanismus geben, der die Daten liest und schreibt und diese zwischen den SQL-Datentypen und Java-Datentypen umwandelt.

Um dies zu erreichen, liefert JDBC die schon erwähnten getXXX ()- und setXXX ()-Methoden und die Methode

registerOutputParameter ().

Dieser Teil gibt Ihnen nun Informationen über Datentypen, die verschiedene Klassen und Interfaces ansprechen, und einige Tabellen, die das Umsetzen der verschiedenen Datentypen zeigen.

8.11.2
Umwandlung von SQL-Datentypen in Java-Datentypen

DB-Hersteller
verwenden nicht die-
selben Datentypen

Unglücklicherweise bestehen gravierende Unterschiede bei den SQL-Datentypen, die von den verschiedenen Datenbanken unterstützt werden. Selbst wenn die Datenbanken dieselbe Semantik verwenden, erhalten die Typen evtl. unterschiedliche Namen.

Beispiel:

Die meisten Datenbanken unterstützen einen Datentyp für lange Binärwerte (long binary values), aber Oracle nennt ihn LONG RAW, Sybase bezeichnet ihn mit IMAGE, Informix verwendet den Namen BYTE und DB2 nennt ihn LONG VARCHAR FOR BIT DATA.

Zum Glück müssen sich JDBC-Programmierer normalerweise keine Gedanken über die von der Datenbank unterstützten SQL-Datentypen machen. Meistens werden JDBC-Programmierer Software entwickeln, die auf existierende Datenbanken zugreift, und daher brauchen sie sich nicht um die exakten Namen der SQL-Typen zu kümmern, die beim Erzeugen der Datenbank verwendet wurden.

JDBC definiert einen Satz von generischen SQL-Typen in der Klasse java.sql.Types. Diese Typen wurden gebildet, um die am meisten verwendeten SQL-Datentypen zu repräsentieren. Wird mit der JDBC-API programmiert, dann werden normalerweise die JDBC-Datentypen verwendet, um die SQL-Datentypen zu referenzieren. Diese JDBC-Typen werden im nächsten Teil besprochen.

Der wohl wichtigste Bereich, in dem Programmierer SQL-Typen verwenden, ist im Statement SQL CREATE TABLE zu finden, wenn eine neue Datenbank angelegt wird. In diesem Fall müssen Programmierer aufpassen, daß sie Datentypen verwenden, die von der Datenbank auch unterstützt werden. Wenn Sie die exakte Definition der Typen und ihr genaues Verhalten benötigen, dann sollten Sie unbedingt Ihre Datenbankdokumentation lesen.

Nun kann es aber sein, daß Sie Software schreiben wollen, mit der auf verschiedenen Datenbanken neue Tabellen erzeugt werden können. Dann haben Sie zwei Möglichkeiten:

1. Sie können sich eigene Beschränkungen auferlegen, indem Sie nur die gebräuchlichsten SQL-Typen verwenden, wie z.B. INTEGER, NUMERIC oder VARCHAR. Das ist die einfachste Möglichkeit, aber auch die unflexibelste.

2. Sie können die folgende Methode aus DatabaseMetaData verwenden, um herauszufinden, welche Datentypen von der Datenbank tatsächlich unterstützt werden, und wählen dann einen Datenbank-spezifischen SQL-Typ aus, der zu dem entsprechenden JDBC-Typ paßt. Dies ist die aufwendigere, aber flexiblere Lösung (java.sql.DatabaseMetaData.getTypeInfo ()).

JDBC verwendet ein Standard-Mapping von JDBC-Typen in Java-Typen.

Beispiel:

Ein JDBC-Typ INTEGER wird normalerweise in einen Java-Typ int (beachten Sie die Kleinschreibung, es ist nicht der Objekt-Typ gemeint) umgesetzt. Dies erlaubt ein einfaches Interface zum Lesen und Schreiben von JDBC-Werten in Java-Werte. Die Java-Typen müssen nicht absolut isomorph gegenüber den JDBC-Typen sein, es reicht aus, wenn sie den Typ repräsentieren können und genug Typinformationen liefern, um den Wert samt seinen Parametern korrekt zu speichern und wieder auszulesen.

Beispiel:

Ein Java-String-Objekt paßt nicht genau zu JDBC CHAR, aber es liefert genügend Informationen, um CHAR, VARCHAR oder LONGVARCHAR zu repräsentieren.

8.11.3
JDBC-Typen

8.11.3.1   CHAR, VARCHAR und LONGVARCHAR

Strings   Die JDBC-Typen CHAR, VARCHAR und LONGVARCHAR sind sehr eng miteinander verbunden. CHAR repräsentiert einen kurzen String mit fester Länge, VARCHAR stellt einen kurzen String mit variabler Länge dar und LONGVARCHAR repräsentiert einen langen String mit variabler Länge.

SQL-92-konform   Der SQL-Typ CHAR ist definiert in der SQL-92-Spezifikation und korrespondiert mit JDBC CHAR. Er wird von allen Datenbankherstellern unterstützt. Er verwendet einen Parameter, der die Länge des Strings angibt. Daher bedeutet CHAR (12) ein String mit 12 Zeichen. Alle Datenbanken unterstützen dies bis zu einer Länge von 254 Zeichen.

SQL-92-konform   Der SQL-Typ VARCHAR ist auch in der SQL-92-Spezifikation enthalten und ist mit dem JDBC-Datentyp VARCHAR verknüpft. Auch dieser wird von allen Datenbankherstellern unterstützt. Ebenso wie CHAR verwendet der Datentyp einen Parameter, um die Länge des Strings zu bestimmen. VARCHAR (12) bedeutet also ein String, dessen Länge bis zu 12 Zeichen sein kann. Auch hier gilt: Alle Datenbanken unterstützen dies bis zu einer Länge von 254

Zeichen. Wird einer VARCHAR-Variablen ein String zugewiesen, dann erinnert sich die Datenbank an die Länge dieses Strings, und bei einem SELECT-Aufruf wird der exakte String mit seiner exakten Länge zurückgeliefert.

Leider gibt es keine konsistenten Konvertierungen für JDBC LONGVARCHAR. Alle großen Datenbanken unterstützen irgendeine Art von langen Strings mit variabler Länge, manche sogar bis zu einem Gigabyte an Daten. Aber die SQL-Namen variieren.

Java-Programmierer müssen zwischen den drei oben genannten Typen nicht unterscheiden, jeder wird in Java als String dargestellt. Dadurch ist es möglich, ein SQL-Statement korrekt zu lesen und zu schreiben, ohne den exakten Datentyp zu kennen.

CHAR, VARCHAR und LONGVARCHAR hätten sowohl in String als auch in ein Character-Array (char []) abgebildet werden können, aber für den normalen Gebrauch ist String die bessere Lösung und daher hat man sie gewählt. Außerdem erlaubt es die String-Klasse auf sehr einfache Weise, zwischen String und char [] zu konvertieren: Es gibt eine Methode, um ein String-Objekt in einen char [] zu konvertieren, und es existiert außerdem ein Konstruktor, der einen char [] in ein String-Objekt überführt.

Eine Sache muß hier noch angesprochen werden: Wie werden Strings mit fester Länge des Typs CHAR (n) abgehandelt? Die Antwort ist, daß der JDBC-Treiber (oder das DBMS) ein entsprechendes Auffüllen mit Leerzeichen ausführt. Das heißt, wenn ein CHAR (n)-Feld von der Datenbank erhalten wird, konvertiert der Treiber es in ein Java-String-Objekt mit der Länge n. Dieses kann dann auch die genannten Leerzeichen enthalten. Im umgekehrten Fall, wenn ein String-Objekt an ein CHAR (n)-Feld geschickt wird, nimmt der Treiber genau dasselbe vor und setzt so den String auf die entsprechende Länge n.

Die Methode ResultSet.getString (), die einen neuen String allokiert und ein neues String-Objekt zurückliefert, wird als Methode vorgeschlagen, wenn es um das Lesen von CHAR-, VARCHAR- oder LONGVARCHAR-Feldern geht. Dies funktioniert einwandfrei bei normalen Daten, aber kann chaotisch enden, wenn der JDBC-Datentyp LONGVARCHAR verwendet wird, um mehrere Megabyte zu speichern. Um auch damit umgehen zu können, gibt es in ResultSet zwei Methoden, die es erlauben, LONGVARCHAR-Daten als InputStreams zu verwenden und daher in Blöcken von fester Länge zu lesen.

Diese Methoden sind oben bereits erwähnt worden und heißen getAsciiStream () und getUnicodeStream ().

8.11.3.2 BINARY, VARBINARY und LONGVARBINARY

Die JDBC-Typen LONGVARBINARY, VARBINARY und BINARY
hängen zusammen. BINARY repräsentiert dabei einen kleinen Binärwert mit fester Länge. VARBINARY (und das können Sie sich
jetzt sicher denken) stellt einen kleinen Binärwert mit variabler
Länge dar, und LONGVARBINARY repräsentiert einen großen Binärwert mit variabler Länge.

Leider sind die BINARY-Typen nicht standardisiert und unterscheiden sich sehr stark zwischen den verschiedenen Datenbanksystemen.

Der SQL-Typ BINARY korrespondiert mit dem JDBC-Typ
BINARY und ist eine nicht-standardisierte SQL-Erweiterung, die in
einigen Datenbanken vorkommt. Auch hier wird wieder ein Parameter verwendet, der die Länge des BINARY angibt. Daher bedeutet BINARY (12) einen 12 Byte langen Binärwert. Das Limit beträgt
wieder 254 Bytes.

SQL VARBINARY korrespondiert mit JDBC VARBINARY und
ist ebenfalls eine nicht-standardisierte SQL-Erweiterung, die nicht
in allen Datenbanken zu finden ist. Auch hier wird ein Parameter
für die Länge angegeben, daher bedeutet VARBINARY (12) einen
Binärwert von bis zu 12 Bytes. Das Limit ist wiederum 254 Bytes.
Wird so ein Wert der Datenbank übergeben, erinnert sie sich an
die Länge und liefert bei einem SELECT-Aufruf den exakten Wert
zurück.

Bedauerlicherweise gibt es wiederum keinen konsistenten SQL-
Datentyp für den Typ JDBC LONGVARBINARY. Natürlich unter-
stützten die großen Hersteller so einen Typ, manchmal bis in den
Gigabyte-Bereich, aber die Namen variieren.

Die oben genannten drei Typen können in Java alle als Byte-
Arrays (byte []) ausgedrückt werden. Auch hier gilt, daß der Programmierer in den meisten Fällen nicht wissen muß, welcher der
obigen Typen in der Datenbank verwendet wird.

Die empfohlene Methode, um BINARY oder VARBINARY zu
lesen ist ResultSet.getBytes (). Wird LONGVARBINARY in Verbindung mit einem langen Datensatz verwendet, dann wird getBinaryStream () empfohlen. Dies ist vergleichbar mit dem oben genannten LONGVARCHAR.

8.11.3.3 BIT

Der JDBC-Datentyp BIT stellt einen einzelnen Bit-Wert dar, der 0
oder 1 sein kann.

SQL-92 definiert einen SQL-BIT-Typ. Aber er kann nicht wie der JDBC-BIT-Typ als parametrisierter Typ verwendet werden, um einen Binärstring mit fixer Länge zu definieren. Zum Glück erlaubt SQL-92 auch die Verwendung von einem einfachen, nicht-parametrisierten BIT-Typ, der einen einzelnen digitalen Wert darstellt und dieser korrespondiert dann mit dem JDBC-BIT-Typ. Leider ist der SQL-92-BIT-Typ nur für die volle SQL-92-Implementierung gefordert und wird daher nur von einem Teil der Datenbankhersteller unterstützt. Um den Code portabel zu machen, sollten Sie dann lieber JDBC SMALLINT verwenden, der weiter verbreitet ist. Der Java-Typ für BIT ist boolean.

Bit ist nicht Bit

8.11.3.4 TINYINT

Der JDBC-Typ TINYINT ist ein 8 Bit Unsigned Integer-Wert zwischen 0 und 255.

Der dazugehörige SQL-Typ, TINYINT, wird nur von einem Teil der Datenbankhersteller unterstützt. Auch hier gilt wieder, wenn man portabel sein will, verwendet man besser JDBC SMALLINT.

Nicht überall zu finden

Der empfohlene Java-Datentyp für TINYINT ist entweder byte oder short. Der 8 Bit lange Java-Typ byte verwendet einen signed Wert von –128 bis + 127, ist also nicht immer empfehlenswert. Der 16 Bit lange Datentyp short ist also für größere Werte besser geeignet.

8.11.3.5 SMALLINT

Der JDBC-Typ SMALLINT repräsentiert einen 16 Bit langen Signed Integer-Wert zwischen -32768 und 32767.

Der dazugehörige SQL-Datentyp ist SMALLINT. Er ist in SQL-92 spezifiziert und wird von allen großen Herstellern unterstützt. Der SQL-92-Standard überläßt die Genauigkeit des Typs SMALLINT der Implementierung, aber in der Praxis unterstützen alle mindestens 16 Bit. Der empfohlene Java-Typ dafür ist short.

SQL-92-konform

8.11.3.6 INTEGER

Der JDBC-Typ INTEGER repräsentiert einen 32 Bit langen Signed Integer-Wert zwischen - 2147483648 und 2147483647.

Der dazugehörige SQL-Typ INTEGER ist in der Spezifikation SQL-92 enthalten und wird von fast allen Datenbankherstellern unterstützt. Auch hier läßt die Spezifikation die Genauigkeit offen, aber fast alle Hersteller verwenden mindestens 32 Bit. Der empfohlene Datentyp in Java ist int.

SQL-92-konform

8.11.3.7 BIGINT

Der JDBC-Typ BIGINT repräsentiert einen 64 Bit langen Signed Integer-Wert zwischen

-9223372036854775808
und
9223372036854775807.

Der korrespondierende SQL-Typ BIGINT ist eine nicht-standardisierte SQL-Erweiterung. Praktisch bedeutet das, daß dieser Typ von keinem Hersteller implementiert ist und Sie sollten es vermeiden, diesen Typ zu verwenden. Das entsprechende Java-Mapping wäre mit dem Java-Typ long zu erreichen.

8.11.3.8 REAL

Der JDBC-Typ REAL repräsentiert eine Fließkommazahl mit einfacher Genauigkeit („single precision"), die sieben Zeichen Mantisse unterstützt.

SQL-92-konform

Der dazugehörige SQL-Datentyp, REAL, ist in der Spezifikation SQL-92 enthalten und wird von vielen Herstellern unterstützt. Auch hier gilt wieder, daß die Genauigkeit der Implementierung überlassen wird, aber alle Hersteller unterstützen mindestens sieben Bit Mantisse. Der empfohlene Java-Typ ist float.

8.11.3.9 DOUBLE

Der JDBC-Typ DOUBLE repräsentiert eine Fließkommazahl mit doppelter Genauigkeit („double precision") mit 15 Zeichen Mantisse.

SQL-92-konform

Der dazugehörige SQL-Datentyp ist DOUBLE PRECISION, der in der Spezifikation enthalten ist und auch von den meisten Datenbankherstellern unterstützt wird. Auch hier gilt wieder, daß die Genauigkeit der Implementierung überlassen wird, aber alle Hersteller verwenden mindestens eine 15stellige Mantisse. Der empfohlene Java-Typ dafür ist double.

8.11.3.10 FLOAT

Der JDBC-Typ FLOAT ist im großen und ganzen äquivalent mit JDBC-Typ DOUBLE. JavaSoft hat aber beide unterstützt, um auch die APIs von älteren Datenbanken nicht zu vernachlässigen.

SQL-92-konform

Der dazugehörige SQL-Typ ist FLOAT und in SQL-92 definiert. Die Genauigkeit wird der Implementierung überlassen, aber die Hersteller unterstützen alle mindestens eine 15stellige Mantisse. Der empfohlene Java-Typ dafür ist Java double. Um Verwirrungen

zu vermeiden, sollte aber JDBC DOUBLE anstelle von FLOAT verwendet werden.

8.11.3.11 DECIMAL und NUMERIC

Die JDBC-Typen DECIMAL und NUMERIC sind sehr ähnlich. Beide stellen Dezimalwerte mit fester Genauigkeit dar.

Der korrespondierende SQL-Typ ist DECIMAL (NUMERIC) *SQL-92-konform*
und ist in SQL-92 definiert. Dieser Typ wird auch sehr oft von den
Datenbankherstellern implementiert. Die SQL-Typen verwenden
als Parameter „Precision" und „Scale". Precision ist dabei die ins-
gesamte Anzahl von Dezimalstellen, die unterstützt werden. Scale
ist die Anzahl der Stellen nach dem Dezimalzeichen (Punkt oder
Komma). Scale muß immer kleiner oder gleich Precision sein.

Beispiele:

Der Wert 12.345 hat eine Precision von 5 und einen Scale von 3.
Der Wert .11 hat eine Precision von zwei und einen Scale von 2.

JDBC verlangt, daß alle DECIMAL- und NUMERIC-Typen min-
desten 15 Zeichen unterstützen.

Die Unterscheidung zwischen DECIMAL und NUMERIC ist in *Fest und erweiterbar*
der Spezifikation zu finden. SQL-92 erwartet von NUMERIC, daß
es exakt mit der angegebenen Genauigkeit dargestellt wird, wohingegen DECIMAL erlaubt, zusätzliche Genauigkeit hinzuzufügen,
die über die Spezifikation hinausgeht. Daher wird eine Spalte, die
mit NUMERIC (12,4) erzeugt wurde, immer genau 12 Zeichen darstellen, wohingegen eine Spalte, die mit DECIMAL (12,4) erzeugt
wurde, mit einer größeren Anzahl an Zeichen dargestellt werden
kann. Die empfohlene Umsetzung in einen Java-Typ ist für beide
BigDecimal (aus java.math). Dieser Typ wurde erst in JDK 1.1 eingeführt. Die Methode für das Lesen der Daten sollte Result-
Set.getBigDecimal () sein. JDBC erlaubt es aber auch, diese Daten
als Strings oder char [] zu lesen. Damit kann auch die Methode
getString () verwendet werden, um DECIMAL- oder NUMERIC-
Daten zu empfangen. Das ist aber ziemlich sinnlos für den Fall von
Währungen, wo der Programmierer dann mathematische Operationen auf einen String ausführen muß. Es ist außerdem möglich,
diese SQL-Typen als jeden anderen numerischen Datentyp in Java
zu lesen.

8.11.3.12 DATE, TIME und TIMESTAMP

Es gibt drei JDBC-Typen, die sich mit der Zeit befassen:

1. JDBC DATE stellt ein Datum dar, das Tag, Monat und Jahr enthält. Der dazugehörige SQL-Typ DATE ist in SQL-92 spezifiziert, wird aber nur von einem Teil der Datenbanken unterstützt. Die anderen Datenbanken unterstützen alternative SQL-Typen mit ähnlicher Semantik. Die Zeiten ändern sich.

2. JDBC TIME stellt die Zeit dar, die Stunden, Minuten und Sekunden enthält. Der SQL-Typ TIME ist in SQL-92 definiert und auch er wird nicht von allen Datenbanken so unterstützt. Ansonsten gilt, was bei DATE gesagt wurde. SQL-92-konform, aber nur wenig unterstützt

3. JDBC TIMESTAMP stellt DATE und TIME dar. Hinzu kommt noch ein Feld für Nanosekunden. Der SQL-Typ TIMESTAMP ist in SQL-92 definiert, aber nur einige wenige Datenbankhersteller unterstützen ihn.

Da die Core-Klasse von Java java.util.Date keine der drei JDBC-Typen genau enthält, definiert JDBC drei Unterklassen von java.util.Date, die dann mit den JDBC-Typen korrespondieren.

- java.sql.Date für SQL-DATE-Informationen. Das Jahr-, Monat- und Tag-Feld der Basisklasse java.util.Date werden auf den 1. Januar 1970 gesetzt. Das ist das Jahr 0 in der Java-Zeitrechnung.

- java.sql.Time für SQL-TIME-Informationen. Die Felder Stunde, Minute, Sekunde und Millisekunde der Basisklasse java.util. Date werden auf 0 gesetzt.

- java.sql.Timestamp für SQL-TIMESTAMP-Informationen. Diese Klasse erweitert die Klasse java.util.Date, indem sie ein Feld Nanosekunde hinzufügt.

Da alle drei Klassen Unterklassen von java.util.Date sind, können sie überall dort eingesetzt werden, wo auch java.util.Date erwartet wird. Methoden für die Internationalisierung benutzen z.B. java.util.Date-Objekte als Argument, daher können hier auch die oben erwähnten Klassen verwendet werden.

Ein JDBC-Timestamp-Objekt hat seine Date- und Time-Komponenten in der Elternklasse und eine separate Nanosekunden-Komponente. Wird ein java.sql.Timestamp-Objekt verwendet, wo eigentlich java.util.Date erwartet wird, und es werden Methoden wie getTime () auf dieses Objekt angewendet, dann ist dieser Teil verloren. Da aber wenigstens die Millisekunden in java.util.Date verwendet werden, kann zumindest diese Genauigkeit benutzt werden, wenn java.sql.Timestamp-Objekte in java.util.Date-Objekte konvertiert werden. Das geschieht dadurch, daß die Nanosekunden in ganze Millisekunden umgerechnet werden (die Nanosekunden werden durch 1.000.000 geteilt) und das Ergebnis dann dem Objekt java.util.Date hinzugefügt wird. Bis zu 999.999 Nanosekunden gehen dadurch verloren, aber innerhalb der Millisekunden-Region von java.util.Date ist die Zeitangabe dann exakt.

Das folgende Codefragment soll als Beispiel einer Konvertierung von java.sql.Timestamp nach java.util.Date dienen:

```
Timestamp t = new Timestamp (100, 0, 1, 15, 45,
29, 987245732);
java.util.Date d;
d = new java.util.Date (t.getTime () + (t.getNanos
() / 1000000));
```

8.11.3.13 BLOB (Binary Large Object)

BLOB und die folgenden Datentypen entstammen nicht der SQL 92-Spezifikation sondern, SQL-3. SQL-3 wird lediglich von JDBC 2.0 unterstützt und nicht von vorherigen Versionen. Wollen Sie diese Erweiterungen nutzen, dann müssen Sie die Java-2-Plattform verwenden. BLOB, CLOB und ARRAY haben gewisse Gemeinsamkeiten, die hier kurz erwähnt werden.

Der Vorteil der eben genannten Datentypen liegt darin, daß Sie die Daten manipulieren können, ohne tatsächlich die gesamten Daten vom Datenbankserver zum Clientrechner laden zu müssen. Eine Instanz dieser Typen ist nur ein Zeiger auf das Objekt in der Datenbank. Damit kann die Geschwindigkeit des Systems erheblich verbessert werden.

Wie der Name schon sagt, behandelt BLOB große, binäre Daten, z.B. Video, Bilder und Audiodateien (und ist somit das äquivalent zu SQL-BLOB). Die verwendeten Methoden sind getBlob (), setBlob () und updateBlob ().

8.11.3.14 CLOB (Character Large Object)

Dieser Typ ist ebenso in SQL-3 enthalten und repräsentiert sehr große Daten auf Zeichenbasis (äquivalent zu SQL-CLOB). Die hier zu verwendenden Methoden sind getClob (), setClob () und updateClob().

8.11.3.15 ARRAY

Mit diesem Typ wird es möglich, ein Array als einen Spaltenwert zu verwenden. Die dazugehörigen Methoden sind getArray (), setArray (), updateArray ().

8.11.3.16 Structured Type

Mit diesem Typ (Struct) werden SQL-Structured-Type-Instanzen umgesetzt. Er kann Attribute jedes Typs enthalten. Wenn Sie so wollen, ist das ein sog. User Defined Type (UDT). Achtung: Die zu verwendenden Methoden sind getObject (), setObject () und updateObject ().

Ein SQL structured type ist ein Typ, der in SQL vom Anwender definiert werden kann. Er wird mit dem SQL-Kommando CREATE TYPE erzeugt. Diese Typen ähneln sehr stark einer Struktur, wie Sie sie aus Java kennen. Es ist eine Sammlung aus Member-Variablen (Attribute) unterschiedlichen und beliebigen Typs.

Beispiel:

```
CREATE TYPE Punkt_in_der_Ebene ( X FLOAT, Y FLOAT)
```

Dieser Typ wird in Java nicht als Zeiger repräsentiert.

8.11.3.17 REF (Structured Type)

Dieser Typ stellt das JDBC-Äquivalent zu SQL REF dar. Die zu verwendenden Methoden sind getRef (), setRef () und updateRef ().

8.11.4
Beispiele der Umsetzung

8.11.4.1 Allgemeines

In nahezu jeder Situation, in der Daten von der Datenbank empfangen werden, muß eine Art von Datenkonvertierung vorgenommen werden. In den meisten Fällen werden JDBC-Programmierer mit Kenntnis des Datenbankschemas programmieren. Zum Beispiel wissen sie, welche Tabellen die Datenbank enthält und welchen Datentyp die entsprechenden Spalten haben. Daher können sie die am besten passenden Methoden von ResultSet, PreparedStatement und CallableStatement verwenden. Dieser Teil des

Kapitels zeigt Ihnen anhand drei verschiedener Szenarien die Konvertierung.

8.11.4.2 Einfaches SQL-Statement

In den meisten Fällen führt der User ein einfaches SQL-Statement aus und erhält ein ResultSet-Objekt mit Ergebnissen zurück. Der Wert, der von der Datenbank zurückgeliefert wird und in einer Spalte des ResultSet steht, hat einen JDBC-Datentyp. Ein Aufruf von ResultSet.getXXX () nimmt den Wert als Java-Datentyp entgegen. Hat z.B. das ResultSet eine Spalte, die einen JDBC-FLOAT-Wert enthält, dann wird die Methode getDouble () den Wert lesen und als Java double verwerten. Die Tabelle in Abschnitt 8.11.6.6 zeigt Ihnen, welche getXXX ()-Methoden zum Lesen der einzelnen JDBC-Typen verwendet werden können (ein Anwender, der den Typ der Spalte des ResultSet-Objektes nicht kennt, kann die Information mit der Methode ResultSet.getMetaData () bekommen und dann die Methoden getColumnType () oder getColumnTypeName () verwenden). Das folgende Codestück erläutert, wie man den Spaltentypnamen (column type names) aus einem ResultSet erhält:

```
String query = "select * from Table1";
ResultSet rs = stmt.executeQuery (query);
ResultSetMetaData rsmd = rs.getMetaData ();
int columnCount = rsmd.getColumnCount ();
for (int i = 1; i <= columnCount; i++)
{
  String s = rsmd.getColumnTypeName (i);
  System.out.println ("Spalte " + i + " ist vom
Typ " + s);
}
```

8.11.4.3 SQL-Statement mit IN-Parametern

In einem anderen Szenario kann der Anwender ein SQL-Statement abschicken, das Input-Parameter verwendet. In diesem Fall wird PreparedStatement.setXXX () aufgerufen, um den Wert zuzuweisen. Zum Beispiel wird mit dem Statement

```
PreparedStatement.setLong (1, 2345678)
```

der Wert des ersten Parameters auf Java long 2345678 gesetzt. Der Treiber setzt diesen Wert dann in einen JDBC BIGINT um, bevor er an die Datenbank gesendet wird. Welchen Typ der Treiber an die Datenbank sendet (SQL-Typ), wird vom Standard-Mapping der Java-Typen in JDBC-Typen bestimmt. Dies zeigt die Tabelle in Abschnitt 8.11.6.2.

8.11.4.4   SQL-Statement mit INOUT-Parametern

Im letzten der drei Szenarien möchten Sie, der Anwender, vielleicht eine gespeicherte Prozedur aufrufen und Parameter für INOUT setzen. Sie wollen vielleicht Werte aus den Ergebnissen lesen und von Parametern Werte erhalten. Dieser Fall ist eher unwahrscheinlich und komplizierter, doch kann er auftreten und deshalb werden wir uns dieses Szenarion näher ansehen. Außerdem zeigt es exemplarisch, wie die Datenkonvertierung funktioniert.

Das erste, was hier getan werden muß, ist Werte für die INOUT-Parameter zuzuweisen. Dies geschieht mit dem Aufruf von PreparedStatement.setXXX (). Da diese Parameter auch als Ausgabeparameter verwendet werden, müssen sie als solche registriert werden. Dieses erfolgt unter Verwendung der Methode CallableStatement.registerOutParameter (). Ein Entwickler erhält die Ergebnisse in einem ResultSet und ruft dann die Methode ResultSet.getXXX () auf und kann dann die Werte der gespeicherten Prozedur unter Verwendung von CallableStatement.getXXX () auslesen.

In einigen Fällen ist die Verwendung von ResultSet.getXXX () sehr flexibel. Die Tabelle in 8.11.6.6 zeigt, welche ResultSet.getXXX ()-Methoden benutzt werden können, um die einzelnen JDBC-Typen zu erhalten.

Der XXX-Typ, der für CallableStatement.getXXX () verwendet wird, muß mit dem registrierten JDBC-Typ korrelieren. Wenn z.B. die Datenbank einen Ausgabewert vom Typ JDBC REAL erwartet, dann sollte der Parameter als java.sql.Types.REAL registriert sein. Ist das der Fall, kann die Methode CallableStatement.getFloat () aufgerufen werden, um den Wert zu erhalten (die Umsetzung von JDBC-Typen in Java-Typen ist in Abschnitt 8.11.6.1 aufgezeigt).

Die Methode getFloat () liefert dann den Wert, der im Ausgabeparameter gespeichert ist, nachdem der Wert von einem JDBC REAL in einen Java float umgesetzt wurde. Aus Portabilitätsgründen ist zu empfehlen, zuerst die Werte des ResultSet zu lesen und dann die Ausgabeparameter. Einige Datenbanken verlangen das.

Das folgende Codestück zeigt exemplarisch, wie eine gespeicherte Prozedur mit dem Namen getTestData aufgerufen wird. Sie hat zwei Parameter, die beide INOUT-Parameter darstellen. Zuerst muß das Connection-Objekt erzeugt werden. Dies geschieht bei gespeicherten Prozeduren mit CallableStatement. Danach muß die Methode setByte () aufgerufen werden, um den ersten Parameter als Java byte auf 25 zu setzen. Der Treiber wird dies dann in einen JDBC TINYINT mit dem Wert 25 umwandeln und diesen an die Datenbank schicken. Die Methode setBigDecimal () setzt den zweiten Parameter mit einem Eingabewert von 83,75. Der Treiber konvertiert diesen Wert in einen JDBC-NUMERIC-Wert. Danach werden beide Werte als Ausgabeparameter registriert, der erste als JDBC TINYINT und der zweite als JDBC DECIMAL mit zwei Stellen nach dem Dezimalpunkt (Dezimalkomma). Nachdem cstmt ausgeführt wurde, werden die Ergebnisse vom ResultSet mit der Methode ResultSet.getXXX () gelesen. Die Methode getString () liest den Wert der ersten Spalte als Java-String-Objekt, getInt () liest den Wert der zweiten und dritten Spalte jeweils als Java int.

Danach werden mit CallableStatement.getXXX () die Output-Parameter der gespeicherten Prozedur gelesen. Die Methode get-Byte () erhält dabei den JDBC TINYINT als Java byte und getBig-Decimal () den JDBC DECIMAL als java.math.BigDecimal mit zwei Stellen nach dem Komma.

Anzumerken ist hier: Wenn der Parameter sowohl als IN als auch als OUT fungiert, dann verwendet die setXXX ()-Methode denselben Typ wie die getXXX ()-Methode (wie in setByte () und getByte ()). Die Methode registerOutputParameter () registriert dies zum JDBC-Typ, der vom Java-Typ umgesetzt wurde (ein Java byte konvertiert in einen JDBC TINYINT).

```
CallableStatement cstmt = con.prepareCall ("{call
getTestData (?, ?)}");
cstmt.setByte (1, 25);
cstmt.setBigDecimal (2, 83.75);

cstmt.registerOutParameter (1, ja-
va.sql.Types.TINYINT);
cstmt.registerOutParameter (2, ja-
va.sql.Types.DECIMAL, 2);
ResultSet rs = cstmt.executeUpdate ();

while (rs.next ())
{
  String name = rs.getString (1);
  int score = rs.getInt (2);
  int percentile = rs.getInt (3);
  System.out.print("Name = " + name + ", Punkte =
" + score);
  System.out.println ("Durchschnitt = " + percen-
tile);
}
```

```
byte x = cstmt.getByte (1);
java.math.BigDecimal n = cstmt.getBigDecimal (2,
2);
```

Generell gesprochen ist XXX in CallableStatement.getXXX () und PreparedStatement.setXXX () ein Java-Typ. Für setXXX ()-Methoden konvertiert der Treiber den Java-Typ in einen JDBC-Typ, bevor er an die Datenbank gesendet wird (unter Verwendung der Standardkonvertierungen aus der Tabellen in Abschnitt 8.11.6.2). Für getXXX ()-Methoden konvertiert der Treiber den JDBC-Typ in einen Java-Typ (unter Verwendung der Standardkonvertierungen aus Abschnitt 8.11.6.1).

Die Methode registerOutputParameter () hingegen verwendet immer einen JDBC-Typ als Argument, und die Methode setObject () kann einen JDBC-Typ als Argument verwenden.

Anmerkung: Wird ein JDBC-Typ als drittes Argument übergeben, führt die Methode setObject () eine explizite Konvertierung des Parameters durch. Wird der dritte Parameter nicht angegeben, wird der Wert entsprechend der Standardkonvertierung umgesetzt (siehe Abschnitt 8.11.6.2).

8.11.5
Dynamischer Datenzugriff

In den meisten Fällen möchte der User auf Daten zugreifen, deren Typ schon zur Compile-Zeit bekannt ist. Aber es gibt wie immer Ausnahmen, z.B. generische Applikationen oder Query Tools. Diese werden so kompiliert, daß Sie zur Compile-Zeit nicht wissen, welches Datenbankschema hinter allem steckt. Für diesen Fall liefert JDBC vollen Support nicht nur für den statischen sondern auch für den kompletten dynamischen Datenzugriff.

Dies geschieht unter Verwendung von drei Methoden und einem zusätzlichen Wert, dessen Typ unbekannt ist:

- ResultSet.getObject ()

- PreparedStatement.setObject ()

- CallableStatement.getObject ()

- java.sql.Types.OTHER (wird als Argument für Callable-Statement.registerOutParameter () verwendet)

Will eine Applikation z.B. verschiedene Typen von Ergebnissen in einem ResultSet-Objekt akzeptieren, dann kann sie die Methode ResultSet.getObject () verwenden.

Die oben genannten Methoden ResultSet.getObject () und CallableStatement.getObject () erhalten als Wert ein Java-Objekt. Da Object die Basisklasse für alle Objekte ist, kann eine Instanz jeder Java-Klasse als Instanz von Object erhalten werden. Wie dem auch sei, die folgenden Java-Typen sind eingebaute „primitive" Datentypen und daher keine Instanzen von Object: boolean, char, byte, short, int, long, float, double.

Daher können diese Typen nicht mit getObject () gelesen werden.

Aber wie Sie sicherlich wissen, hat jeder der oben genannten Datentypen eine entsprechende Wrapper-Klasse. Instanzen davon sind Objekte, und das bedeutet, daß diese mit der Methode ResultSet.getObject () und CallableStatement.getObject () gelesen werden können.

Die Tabelle in Abschnitt 8.11.6.3 zeigt das Mapping von JDBC-Typen in Java-Object-Typen. Diese Tabelle unterscheidet sich vom Standard-Mapping von JDBC-Typen in Java-Typen insofern, als jeder primitive Datentyp durch seine Wrapper-Klasse ersetzt wurde. Ausnahmen davon sind JDBC TINYINT und JDBC SMALLINT, die in die Java-Klasse Integer umgesetzt wurden. Die Methode getObjects () kann auch verwendet werden, um User-definierte Java-Typen zu lesen.

8.11.6
Tabellen für Datentypumwandlung

Dieser Teil des Kapitels enthält nun die entsprechenden Tabellen zur Beschreibung der Konvertierung der Datentypen.

8.11.6.1   JDBC-Typen umgesetzt in Java-Typen

JDBC-Typ	Java-Typ
CHAR	String
VARCHAR	String
LONGVARCHAR	String
NUMERIC	java.math.BigDecimal
DECIMAL	java.math.BigDecimal
BIT	boolean

TINYINT	byte
SMALLINT	short
INTEGER	int
BIGINT	long
REAL	float
FLOAT	double
DOUBLE	double
BINARY	byte[]
VARBINARY	byte[]
LONGVARBINARY	byte[]
DATE	java.sql.Date
TIME	java.sql.Time
TIMESTAMP	java.sql.Timestamp

8.11.6.2 Java-Typen umgesetzt in JDBC-Typen

Diese Tabelle zeigt genau das umgekehrte Mapping wie die Tabelle in Abschnitt 8.11.6.1.

Java-Typ	JDBC-Typ
String	VARCHAR oder LONGVARCHAR
java.math.BigDecimal	NUMERIC
boolean	BIT
byte	TINYINT
short	SMALLINT
int	INTEGER
long	BIGINT
float	REAL
double	DOUBLE
byte[]	VARBINARY oder LONGVARBINARY
java.sql.Date	DATE
java.sql.Time	TIME
java.sql.Timestamp	TIMESTAMP

Die Umsetzung von String ist normalerweise VARCHAR. Wurde aber das Limit des Treibers für VARCHAR überschritten, dann wird in LONGVARCHAR umgesetzt. Dasselbe gilt auch für byte [] und die JDBC-Typen VARBINARY und LONGVARBINARY.

8.11.6.3 JDBC-Typen umgesetzt in Java-Object-Typen

Da die primitiven Datentypen wie boolean oder char keine Unterklassen von Object sind, gibt es ein anderes Mapping von JDBC-Typen in Java-Object-Typen für das Methodenpaar getObject ()/setObject ().

JDBC-Typ	Java-Object-Typ
CHAR	String
VARCHAR	String
LONGVARCHAR	String
NUMERIC	java.math.BigDecimal
DECIMAL	java.math.BigDecimal
BIT	Boolean
TINYINT	Integer
SMALLINT	Integer
INTEGER	Integer
BIGINT	Long
REAL	Float
FLOAT	Double
DOUBLE	Double
BINARY	byte[]
VARBINARY	byte[]
LONGVARBINARY	byte[]
DATE	java.sql.Date
TIME	java.sql.Time
TIMESTAMP	Java.sql.Timestamp

Tabelle 8
JDBC → Java-Object

8.11.6.4 Java-Object-Typen umgesetzt in JDBC-Typen

Java-Object-Typ	JDBC-Typ
String	VARCHAR oder LONGVARCHAR
java.math.BigDecimal	NUMERIC
Boolean	BIT
Integer	INTEGER
Long	BIGINT
Float	REAL
Double	DOUBLE
byte[]	VARBINARY oder LONGVARBINARY
java.sql.Date	DATE
java.sql.Time	TIME
java.sql.Timestamp	TIMESTAMP

Anmerkung: Die Umsetzung von String ist normalerweise VARCHAR. Wurde aber das Limit des Treibers für VARCHAR überschritten, wird in LONGVARCHAR umgesetzt. Dasselbe gilt auch für byte [] und die VARBINARY- und LONGVARBINARY-Werte.

8.11.6.5 Umsetzungen durch setObject ()

Die Methode setObject () konvertiert Java-Object-Typen in JDBC-Typen.

	TINYINT	SMALLINT	INTEGER	BIGINT	REAL	FLOAT	DOUBLE	DECIMAL	NUMERIC	BIT	CHAR	VARCHAR	LONGVARCHAR	BINARY	VARBINARY	LONGVARBINARY	DATE	TIME	TIMESTAMP
String	x	x	x	x	x	x	x	x	x	x	x	x	x	x	x	x	x	x	x
java.math.BigDecimal	x	x	x	x	x	x	x	x	x	x	x	x	x						
Boolean	x	x	x	x	x	x	x	x	x	x	x	x	x						
Integer	x	x	x	x	x	x	x	x	x	x	x	x	x						
Long	x	x	x	x	x	x	x	x	x	x	x	x	x						
Float	x	x	x	x	x	x	x	x	x	x	x	x	x						
Double	x	x	x	x	x	x	x	x	x	x	x	x	x						
byte[]														x	X	x			
java.sql.Date											x	x	x				x		x
java.sql.Time											x	x	x					x	
java.sql.Time- stamp											x	x	x				x	x	x

8.11.6.6 Passende ResultSet.getXXX ()-Methoden für jeden JDBC-Typ

Ein „x" steht für Methoden, die den JDBC-Typ erhalten können.
Ein „X" steht für die Empfehlung von JavaSoft.

Tabelle 11
JDBC ➜ getXXX ()

	TINYINT	SMALLINT	INTEGER	BIGINT	REAL	FLOAT	DOUBLE	DECIMAL	NUMERIC	BIT	CHAR	VARCHAR	LONGVARCHAR	BINARY	VARBINARY	LONGVARBINARY	DATE	TIME	TIMESTAMP
getByte	X	x	x	x	x	x	x	x	x	x	x	x	x						
getShort	x	X	x	x	x	x	x	x	x	x	x	x	x						
getInt	x	x	X	x	x	x	x	x	x	x	x	x	x						
getLong	x	x	x	X	x	x	x	x	x	x	x	x	x						
getFloat	x	x	x	x	X	x	x	x	x	x	x	x	x						
getDouble	x	x	x	x	x	X	X	x	x	x	x	x	x						
getBigDecimal	x	x	x	x	x	x	x	X	X	x	x	x	x						
getBoolean	x	x	x	x	x	x	x	x	x	X	x	x	x						
getString	x	x	x	x	x	x	x	x	x	x	X	X	x	x	x	x	x	x	x
getBytes														X	X	x			
getDate											x	x	x				X		x
getTime											x	x	x					X	x
getTimestamp											x	x	x					x	X
getAsciiStream											x	x	X	x	x	x			
getUnicodeStream											x	x	X	x	x	x			
getBinaryStream														x	x	X			
getObject	x	x	x	x	x	x	x	x	x	x	x	x	x	x	x	x	x	x	x

8.12
MetaData

8.12.1
Allgemeines

Es besteht die Möglichkeit, Informationen über die Datenbank als Ganzes oder über eine spezielle Anfrage der ResultSets zu erhalten.

In diesem Abschnitt wird nun beschrieben, wie DatabaseMetaData und ResultSetMetaData-Objekte angesprochen und gelesen werden.

8.12.2
Lesen von MetaData-Typinformationen

Für die folgende Beispiele kehren wir wieder zurück zu unserer Datenbank KaffeeVerbrauch.

Manchmal ist es nötig, sog. Metadaten einer Tabelle zu erfahren. Zum Beispiel liefert

```
SELECT * from KaffeeVerbrauch
```

ein ResultSet mit derselben Anzahl von Zeilen und Spalten wie die Tabelle selber. Aber Sie wissen vorher nicht, wie viele Zeilen und Spalten die Tabelle enthält. Unter Verwendung der Klasse ResultSetMetaData können Sie diese Informationen erhalten.

Hier das SQL-Statement:

```
SELECT Name, Tassen FROM KaffeeVerbrauch ORDER BY
Tassen DESC;
```

In Java:

```
ResultSet result = stmt.executeQuery ("SELECT Name, Tassen FROM KaffeeVerbrauch ORDER BY Tassen DESC;");
```

Die Metadaten der Tabelle erhalten Sie folgendermaßen:

```
ResultSetMetaData meta = result.getMetaData ();
```

Nun können Sie diese Daten abfragen, z.B. wie viele Spalten die Tabelle hat:

```
int columns = meta.getColumnCount ();
```

Mit dieser Information können Sie die Liste der Spalten durchlaufen und jeweils ihren Namen und Typ ausgeben:

```
int numbers = 0;
for (int i = 1; i <= columns; i++)
{
```

```java
    System.out.println (meta.getColumnLabel(i) +
"\t" + meta.getColumnTypeName (i));
    if (meta.isSigned (i))
    {
      numbers++;
    }
}
System.out.println ("Spalten: " + columns + " Nu-
merisch: " + numbers);
```

Nachfolgend finden Sie den kompletten Sourcecode für die
Ausgabe einiger Metadaten.

Beispiel 05:

```java
import java.sql.*;

public class Beispiel05
{
  public static void main (String args[])
  {
    String URL = "jdbc:odbc:kaffeeverbrauch";
    String username = "";
    String password = "";

    try
    {
      Class.forName
("sun.jdbc.odbc.JdbcOdbcDriver");
    }
    catch (Exception e)
    {
      System.out.println ("Konnte JDBC/ODBC-
Treiber nicht laden.");
      return;
    }
    Statement stmt = null;
    Connection con = null;

    try
    {
      con = DriverManager.getConnection (URL,
username, password);
      stmt = con.createStatement();
    }
    catch (Exception e)
    {
```

```java
        System.err.println("Probleme bei der Verbin-
dung mit " + URL);
    }

    try
    {
      ResultSet result = stmt.executeQuery
("SELECT Name, Tassen FROM Mitarbeiter ORDER BY
Tassen DESC;");
      ResultSetMetaData meta = re-
sult.getMetaData();

      int numbers = 0;
      int columns = meta.getColumnCount ();
      for (int i = 1;i <= columns; i++)
      {
        System.out.println (meta.getColumnLabel
(i) + "\t" + meta.getColumnTypeName (i));
        if (meta.isSigned (i))
        {
          numbers++;
        }
      }
      System.out.println ("Spalten: " + columns +
" Numerisch: " + numbers);
      con.close ();
    }
    catch (Exception e)
    {
      e.printStackTrace ();
    }
  }
}
```

8.12.3
Informationen über die Datenbank

Wenn man mehr über die Fähigkeiten einer Datenbank oder deren
Hersteller erfahren möchte, dann geschieht dies unter Verwendung des Connection-Objektes.

Beispiel:

```java
Connection con = DriverManager.getConnection
("jdbc:odbc:mydatasource", "user", "password");
DatabaseMetaData md = con.getMetaData ();
```

Es gibt eine reiche Anzahl von Anfragen, die abgesetzt werden können.

Beispiel:

Sie wollen den Produktnamen erfahren und wissen, wie viele simultane Verbindungen mit der Datenbank möglich sind. Der Code dazu sieht z.B. so aus:

```
if (md == null)
{
  System.out.println ("Keine Datenbank-Metadaten
verfügbar");
}
else
{
  System.out.println ("Datenbank Produkt Name:" +
md.getDatabaseProductName ());
  System.out.println ("Erlaubte aktive Verbindun-
gen: "+ md.getMaxConnections ());
}
```

In der API für DatabaseMetaData finden Sie noch weitere Informationen.

8.13
JDBC-Exception Types

8.13.1
Allgemeines

Drei Arten von Exceptions

JDBC hat insgesamt drei Arten von Exceptions:

- SQLException
- SQLWarning
- DataTruncation

Diese werden im folgenden kurz besprochen.

8.13.2
SQLException

SQL-Exception ist die Basis für alle JDBC-Exceptions. Sie enthält insgesamt drei Informationen:

4. Einen String, wie alle Klassen, die von Exception erben
5. Noch einen String, der den XOPEN-SQL-Status angibt
6. Einen Integer, der treiberabhängig ist und als zusätzlicher Errorcode fungiert

Zusätzlich dazu können mehrere SQLExceptions wie eine Kette aneinandergefügt werden.

8.13.3
SQLWarning

Diese Klasse ist ähnlich der Klasse SQLException, doch anstelle von gravierenden Fehlern werden hier „noncritical" Errors behoben, die aber nicht zu einer Exception führen. Es liegt am Programmierer, durch die Methode


```
getWarnings ()
```

in den Klassen ResultSet, Connection und Statement diese abzufangen. Wenn Sie die Warnings nicht pollen, werden Sie nie welche erhalten. Außerdem werden die Warnings jedesmal gelöscht, wenn erneut etwas mit ResultSet, Connection oder Statement unternommen wird.

8.13.4
Data Truncation

Diese Klasse ist ein spezieller Typ von SQLWarning. Sie wird zusammen mit anderen SQL-Warnings verwendet und zeigt an, wenn Informationen verloren gegangen sind, sei es beim Schreiben oder Lesen. Um eine Truncation zu erkennen, muß eine Überprüfung mit

```
instanceof DataTruncation
```

vorgenommen werden. Dies muß für jede SQL-Warning in der
getWarnings-Kette geschehen.

8.14
Zusätzliche Informationen

8.14.1
Internet

Newsgroup
   news://comp.lang.java.database

JDBC-Homepage
   http://splash.javasoft.com/jdbc/

8.14.2
Bücher

Seth White; Maydene Fisher; Rick Cattell; Graham Hamilton; Mark
Hapner: JDBC(TM) API Tutorial and Reference, Second Edition:
Universal Data Access for the Java(TM) 2 Platform. Addison-
Wesley Pub Co, 1059 S., Juni 1999

George Reese: Database Programming with JDBC and Java.
O'Reilly & Associates, 240 S., Juli 1997

9 Enterprise JavaBeans

9.1
Einführung

Dieses Kapitel ist den Enterprise JavaBeans (EJB) gewidmet, die in der letzten Zeit erheblich für Aufsehen gesorgt haben. Es werden in diesem Kapitel die Vor- und Nachteile aufgezeigt und auch andere Architekturen mit einbezogen, die mit EJB konkurrieren oder verwandt sind oder von EJB benötigt werden.

Es ist hilfreich, wenn Sie bereits die Kapitel zu RMI (Kapitel 4), CORBA (Kapitel 5) und JavaBeans (Kapitel 6) gelesen haben. Es erleichtert das Verständnis und erklärt die Mächtigkeit der EJB für Unternehmen. Das Kapitel ist in vier Teile gegliedert:

1. Einführung – Grundlagen zum Verständnis von EJB

2. Komponenten der EJB – Hier werden detailliert die verschiedenen Komponenten beleuchtet, die das EJB-System zum Laufen bringen

3. Transaktionen – Hier ist von Vorteil, wenn Sie das CORBA-OTS-System kennen, aber es ist keine Notwendigkeit

4. Beispiele – In diesem Teil finden Sie zwei Beispiele, die einen frei verfügbaren EJB-Server benutzen

Doch bevor wir tiefer in die Details gehen, müssen noch ein paar Begrifflichkeiten festgelegt werden, damit keine Mißverständnisse aufkommen.

EJB ist besonders für verteilte Entwicklung der Software ausgelegt, daher muß klargestellt werden, welche Begriffe was meinen.

Begriff	Beschreibung
EJB	Abkürzung für Enterprise JavaBeans
Entwickler	Person, die Implementierungen von EJB-Klassen schreibt.
Hersteller	Erzeuger eines EJB-Produktes, welches für die Entwicklung, Installation und Verteilung von EJB-Klassen verwendet werden kann und von einem Entwickler programmiert wurde. Dieser Begriff wird hier sehr allgemein verwendet, und zwar in dem Sinne, daß er einen Hersteller beschreibt, der ein Serverprodukt erzeugt hat, welches fähig ist, EJB-Klassen ablaufen zu lassen und von einem EJB-Entwickler geschrieben wurde.
EJB-Klasse	Eine Java-Klasse, geschrieben und kompiliert von einem Entwickler und kompatibel zu den Interfaces und Anforderungen, die in der Spezifikation zu EJB beschrieben sind.
EJB-Instanz	Eine Instanz einer EJB-Klasse.

9.1.1
Hintergrund

Grund für dieses Kapitel

Wenn Sie die Spezifikation zu EJB lesen, werden Sie wie so oft feststellen, daß sie sehr schwer zu lesen ist, obwohl sie komplett und sehr aussagekräftig ist. Sie definiert auf sehr formale Art und Weise eine Menge von Standards für eine serverbasierte Komponentenarchitektur für die Programmiersprache Java. Aber sie ist mehr für die Hersteller ausgelegt als für den Anwender der Spezifikation oder den Kodierer. Dieses Kapitel kann die Spezifikation nicht ersetzen, aber es soll Ihnen eine technische Einführung in Enterprise JavaBeans geben. Nach dem Durcharbeiten dieses Kapitels sollte es für Sie leichter sein, EJB zu verwenden.

Dieses Kapitel ist auch kein Tutorial zum kompletten Erlernen von EJB. Ein solches Kapitel könnte ein eigenes Buch ergeben. Sie erhalten hier Erläuterungen zu den Komponenten und wie sie zusammenspielen. Damit sollte ein Grundgerüst für das Verständnis da sein. Wenn Sie in die Tiefe gehen möchten und Serverkomponenten anbieten wollen, dann müssen Sie die Spezifikation lesen.

Dienste (Services)
Framework

EJB ist kein Produkt, das Sie kaufen können. Es ist eine Spezifikation, die beschreibt, wie in Java serverseitige Dienste bereitgestellt werden können. Da diese Dienste unabhängig vom Anbieter sein sollen und miteinander kommunizieren sollen, bilden sie ein

Framework, welches Hersteller verwenden können, um EJB-Server zu implementieren.

Der Vorteil liegt darin, daß sich Entwickler auf die Geschäftslogik konzentrieren können und sich nicht mit Details wie Transaktionen oder Protokollen herumschlagen müssen.

Die Spezifikation beschreibt einen minimalen Satz von Diensten, die aber unabdingbar sind, wie z.B. Benennungen (Naming), Transaktionen und Sicherheit. Die Hersteller müssen dieser Spezifikation folgen. Die Spezifikation sagt nichts darüber aus, wie die Hersteller die Spezifikation implementieren müssen. Das macht es schwerer, die Spezifikation zu lesen, aber für Hersteller einfacher, sie umzusetzen. Und sie können Zusätze einbauen.

Oft werden JavaBeans und Enterprise JavaBeans in Verbindung gebracht - nicht nur des Namens wegens. Wenn Sie Kapitel 6 über JavaBeans gelesen haben, werden Sie wissen, daß es dabei um ein Komponentenmodell für Java geht. Es werden u.a. Events und Properties beschrieben. EJB beschreibt auch ein Komponentenmodell, aber es ist nicht dasselbe wie JavaBeans, auch wenn es hilfreich ist, JavaBeans zu kennen und zu verstehen.

In JavaBeans besteht das Ziel darin, Komponenten in sog. IDEs (Integrated Development Environments) zu verwenden und sie visuell zu manipulieren. Für EJB gilt, daß es ein Framework beschreibt, in dem Java-Komponenten portabel sind und verteilt werden können. Daher gibt es in der EJB Spezifikation auch keine Beschreibung für Events, da EJB keine Events sendet oder empfängt. Auch Properties werden nicht erwähnt. Customization existiert, doch wird dies nicht zur Entwicklungszeit festgelegt, sondern erst zur Laufzeit. Es verwendet den später beschriebenen Deployment Descriptor.

Sie sollten auf keinen Fall nach Gemeinsamkeiten von EJB und JavaBeans suchen. Beides sind Spezifikationen für Komponentenmodelle, aber da hören die Gemeinsamkeiten auch schon auf, wie Sie hoffentlich erkannt haben.

Sie sollten außerdem nicht den Fehler machen zu denken, JavaBeans ist für Clients und EJB für Server. JavaBeans kann gegebenenfalls durchaus auch auf Serverseite Sinn machen. Aber es gibt kein Server-Framework, das müssen Sie selber schreiben, und es ist dann nicht standardisiert. EJB stellt Ihnen das Framework.

9.1.2
Architektur

Der EJB-Server ist ein Prozeß oder eine Applikation, die EJB-Container verwaltet. Außerdem werden Schnittstellen zu Systemdiensten bereitgestellt. Dazu kommt, daß der EJB-Server durchaus herstellerspezifische Erweiterungen bieten kann, z.B. optimierten Datenbankzugriff, zusätzliche CORBAServices oder SSL (Secure Sokket Layer).

Es wird vom EJB-Server verlangt, JNDI (Java Naming and Directory Interface) und Transaktionen zu unterstützen. EJB-Server könnten z.B. sein:

- Datenbankserver (wird wohl am meisten verwendet und dient uns als Beispiel)
- Applikationsserver
- Middlewareserver

9.1.2.1 EJB-Container

Der EJB-Container ist eine Abstraktionsebene höher und verwaltet eine oder mehrere EJB-Klassen oder Instanzen. Er stellt benötigte Dienste für EJB-Klassen zur Verfügung, indem ein Interface der Spezifikation entsprechend verwendet wird.

Es gibt im Augenblick keine Spezifikation für die Schnittstelle zwischen EJB-Server und Container. Daher wird der Container vom EJB-Server zur Verfügung gestellt. Wenn ein Interface standardisiert ist, dann wird die Entwicklung hier sicher teilbar sein und jeder Container von jedem Hersteller kann mit jedem EJB-Server von jedem Hersteller kommunizieren.

9.1.2.2 Home Interface

Das sog. Home Interface beinhaltet die verfügbaren Factory-Methoden für die

- Lokalisierung,
- Erzeugung und
- Löschung

von Instanzen von EJB-Klassen.

9.1.2.3   Home Object

Das Home Object ist die Implementierung des Home Interface. Der Entwickler der EJB-Klasse muß auch das Home Interface definieren. Der Hersteller des Containers sollte Möglichkeiten zur Verfügung stellen, das Home Object aus dem Home Interface zu erzeugen.

9.1.2.4   Remote Interface

Das Remote Interface listet alle Geschäftsmethoden der EJB-Klasse auf. Das EJBObject implementiert das Remote Interface und ist das Objekt, welches der Client verwenden muß, um die Geschäftsmethoden benutzen zu können. Der EJB-Klassen-Entwickler definiert das Remote Interface, und der Hersteller des Containers sollte Möglichkeiten anbieten, die korrespondierenden EJBObject-Objekte zu erzeugen.

9.1.2.5   Client

Der Client erhält niemals eine Referenz zu einer EJB-Instanz, nur zur EJBObject-Instanz. Wenn der Client eine Methode aufruft, empfängt dies das EJBObject und delegiert den Aufruf zur EJB-Instanz, indem es die entsprechenden Wrapper-Mechanismen zur Verfügung stellt.

Der Client ist eine Applikation, die das Home Object verwendet, um Instanzen der EJB-Klasse

- zu lokalisieren,

- zu erzeugen und

- zu löschen

und mit Hilfe des EJBObjects ruft der Client die Geschäftsmethoden einer Instanz auf. Der Client kann in Java geschrieben werden und via RMI das Home Object und EJBObject ansprechen. Aber es ist auch möglich, den Client in einer anderen Sprache zu schreiben und CORBA/IIOP zu verwenden, um auf den Server zuzugreifen. Das bedeutet aber, daß der Server diese Funktionalität für CORBA/IIOP bieten muß. Es müssen also CORBA-Interfaces vorhanden sein.

Das folgende Bild soll das eben Gesagte veranschaulichen. Im nächsten Abschnitt werden wir mehr in die Details gehen.

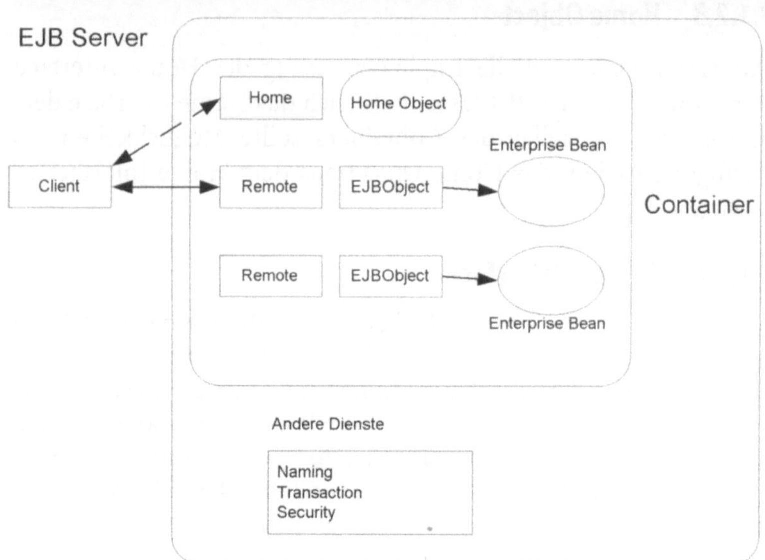

9.1.3
Vor- und Nachteile

Wie alles im Leben hat auch EJB Vor- und Nachteile, die hier nicht verschwiegen werden sollen. Es gibt vorab aber verschiedene Dinge, die Sie bedenken sollten:

- Das Produkt und der Preis für einen EJB-Server

- Sie müssen eine minimale API implementieren und die Semantik verstehen

Die Vorteile überwiegen bei weitem die Nachteile aus meiner Sicht.

Richtige Rolle für die richtige Person

EJB erlaubt es, daß die richtige Person die richtige Rolle übernimmt. Applikationsentwickler können sich auf die Geschäftslogik stürzen. Der Datenbankverwalter, der die Datenbank und das Netzwerk kennt, kann die Konfiguration durch den Deployment Descriptor verwenden usw.

Automatische Transaktionsverwaltung

Die automatische Transaktionsverwaltung ist einer der Dienste, der vom Container-Hersteller angeboten wird. Der Applikationsentwickler muß darüber nichts wissen und muß sich auch keine Gedanken darüber machen. Das Starten und Beenden von Transaktionen ist ihm egal. Auch die Synchronisation mit anderen EJB von anderen Programmen und evtl. Konflikte sind hier abgesichert. Auf Transaktionen wird später noch im Detail eingegangen.

Ein Teil der Transparenz von Transaktionen geschieht durch den Support für verteilte Transaktionen. Zum Beispiel kann ein Client eine Transaktion starten und dann Methoden von Beans aufrufen, die auf verschiedenen Servern laufen. Methoden in einer Bean können Methoden einer anderen Bean aufrufen und es ist gesichert, daß beide im selben Transaktionskontext ablaufen.

Mit Ausnahme von Servererweiterungen des Herstellers installieren und laufen EJB in genau derselben Art und Weise auf jedem EJB-Server.

Auch wenn die EJB-Spezifikation den Eindruck erweckt, EJB sei komplex und schwer verständlich, werden Sie feststellen, daß die Spezifikation der EJB dafür sorgt, daß EJB-Serverhersteller für alle Plattformen und Systeme, Software entwickeln können, die extrem effektiv und schnell ist. In der Zukunft werden wir sicher auch Load-Balancing und Failover in den EJB-Servern finden. Dies ist sehr wichtig für E-Commerce und andere Dinge, wie Lagerbestände abfragen etc.

Wenn Sie das Kapitel 5 über CORBA gelesen haben, dann kann die Frage aufkommen, ob CORBA und EJB nicht in Konkurrenz stehen. Nein, tun sie nicht! Sie sind sogar komplementär. EJB bewegt sich mehr und mehr hin zu CORBA/IIOP anstelle von RMI, um die Clients flexibler zu machen. Das erlaubt puren CORBA-Clients EJB-Server zu kontaktieren. Der in den Beispielen verwendete, frei verfügbare EJB-Server von EJBHome und dessen Team wird jetzt von IONA eingesetzt, um ihn in die CORBA-Welt von IONA einzubauen (Sie erinnern sich, IONA ist einer der führenden Anbieter von CORBA-Software).

CORBAServices bieten eine Menge Möglichkeiten für Applikationsentwickler. Anstelle diese durch EJB ersetzen zu wollen, werden Hersteller von EJB-Servern CORBAServices wohl einfach einbauen und eine vereinfachte API dafür zur Verfügung stellen und es so Bean Entwicklern erlauben, CORBAServices zu verwenden, ohne CORBA erst studieren zu müssen. Ein hervorragendes Beispiel dafür ist der Transaktionssupport von EJB-Server zu EJB. Der Transaktionsdienst in EJB ist nichts anderes als eine Implementierung von CORBA OTS (siehe dazu auch später).

Damit ein EJB-Server mit CORBA-Clients interagieren kann, muß der Server sowohl OTS (Object Transaction Service) als auch den CORBANaming Service unterstützen.

Eine andere Stärke von EJB ist auch gleichzeitig eine Schwäche. Die flexible Spezifikation erlaubt es den Herstellern, Erweiterungen einzubauen. Sie kennen das von SQL, wo fast alle dem SQL-92-

Standard folgen und noch Erweiterungen anbieten. Diese Flexibilität hat in EJB zur Integration von CORBAServices geführt. Sie kann aber auch dazu mißbraucht werden, zu viel Proprietät einzubauen und somit den Server selber abhängig von der Datenbank zu machen.

9.1.4
Rollenverteilung während des Entwicklungsprozesses

9.1.4.1 EJB-Entwickler

Der EJB-Entwickler schreibt EJB-Klassen unter Verwendung der in der Spezifikation vorgeschriebenen Klassen und Interfaces. Diese Klassen müssen Methoden für das

- Erzeugen und
- Löschen

enthalten, sowie die Geschäftslogik-Methoden der Klasse. Im Normalfall ist der EJB-Entwickler ein Java Entwickler, der die Interfaces und Semantik der EJB versteht. Außerdem muß er die Ansprüche der Geschäftslogik unterstützen. Der EJB-Ent-wickler ist verantwortlich für die Implementierung der Funktionalität der Geschäftslogik auf der Serverseite.

Auch wenn der Container für die Transaktionen verantwortlich ist, muß der EJB-Entwickler verstehen, wie Transaktionen arbeiten, so daß er die Ansprüche an die Applikation und deren Transaktionsansprüche mit dem EJB-Deployer (siehe gleich) vereinbaren kann.

9.1.4.2 EJB-Deployer

Laufzeitverwalter
Der EJB-Deployer ist dafür verantwortlich, daß die EJB-Klassen und alles was dazugehört korrekt auf dem EJB-Server installiert werden. Normalerweise hat der EJB-Deployer ein sehr großes Wissen im Bereich EJB und der Charakteristiken einer Serverumgebung, wie z.B. des Datenbankservers. Er weiß, welche Datenbank es ist, wo sie im Netz zu finden ist etc.

Der EJB-Deployer erhält die EJB-Klassen-Anforderungen vom EJB-Entwickler, z.B. Transaktionsforderungen, Namen und Beschreibungen der benötigten Umgebungsvariablen usw.

Der EJB-Deployer muß diese Eigenschaften und ihre korrekten
Werte zur Laufzeit nehmen und den EJB-Klassen zur Laufzeit bekannt machen oder setzen. Außerdem ist er verantwortlich dafür,
daß das Home Object für die EJB-Klassen in einem ansprechbaren
Namensraum für den Zugriff von JNDI ist.

Der EJB-Deployer muß weder ein Java Entwickler sein, noch
muß er die Geschäftslogik kennen, aber er muß den Rahmen für
die Applikation kennen, in dem die EJB Instanz abläuft. Der EJB-
Deployer weiß z.B. nichts über die Details der Datenbankapplikation, aber er kennt die Transaktionsbedingungen, die Lokation der
Datenbank (IP-Adresse z.B.) usw.

Aus dem bis hierher Gesagten geht klar hervor, daß Deployer
und Entwickler sehr eng in Kontakt stehen müssen und auf möglichst klare Weise miteinander kommunizieren müssen, um das
System zum Laufen zu bringen. Nur so ist gewährleistet, daß die
Applikation mit den richtigen Attributen versorgt wird.

9.1.4.3 EJB-Container-Hersteller

Der EJB-Container-Hersteller liefert Software, die sich um das Installieren von EJB-Klassen und den dazugehörigen Klassen in einem EJB-Server kümmert. Außerdem muß er auch Laufzeitklassen
zur Verfügung stellen, die zur Laufzeit der EJB-Instanz die entsprechenden Dienste bieten.

Beispiele zusätzlicher Aktionen sind die Erzeugung von Stubs
und Skeletons, um Zugriff auf das Home Object der EJB-Klasse zu
liefern, Installation der Referenzen zum Home Object in einem
JNDI-Namensraum und die Verfügbarkeit von EJBObject-Imple-
mentierungen, die die entsprechenden Proxy-Dienste für die EJB-
Klasse bereitstellen.

9.1.4.4 EJB-Serverhersteller

Der EJB-Serverhersteller liefert ein Applikationsframework, in dem
EJB-Container ablaufen können. Der EJB-Server implementiert oder
liefert Zugriff zu benötigten Diensten wie JNDI oder OTS.

Es gibt momentan kein Standard-Interface für die Kommunikation zwischen EJB-Server und EJB Container, daher wird heute
beides von einem Hersteller geliefert.

9.1.4.5 Applikationsentwickler

Der Applikationsentwickler schreibt den Client der Anwendung,
die die EJB-Klassen verwendet. Dies kann ein Java-Applet oder eine Applikation sein, welche die EJB-Klassen benutzt. Wenn

CORBA/IIOP verwendet wird, dann können es auch Servlets, C++-Applikationen etc. sein.

Der Applikationsentwickler liefert eine Geschäftsapplikation, die die EJB-Klassen und Methoden einsetzt und somit nicht mehr auf Low-Level-Dienste zurückgreifen muß. Damit kann er sich ganz auf sein Aufgabengebiet konzentrieren.

9.1.5
Entwicklungszyklus von Enterprise JavaBeans

Der Entwicklungszyklus der Enterprise JavaBeans kann mehrere eindeutige Phasen durchlaufen, die eine unterschiedliche Rolle im Entwicklungsprozeß spielen. Diese Rollen kennzeichnen spezifische Stadien in der Geschichte eines EJB, von einer zugrundeliegenden Bean-Instanz zu einer völlig konfigurierten und gebrauchsfertigen Anwendung. Diese Rollen können von den unterschiedlichen Gruppen von Entwicklern erfüllt werden, oder der gleiche Entwickler kann mehrere Rollen übernehmen.

Abbildung 2

Entwicklungszyklus einer Enterprise Java-Bean-Applikation

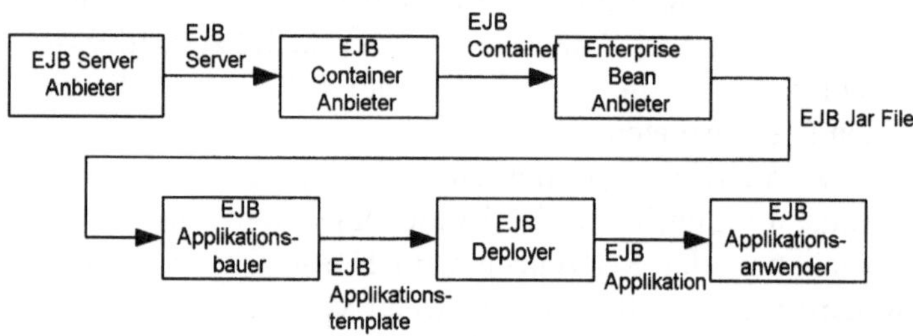

Initialisierung

Sie starten mit einem EJB-Server, der von einem EJB-Serveranbieter erzeugt wird. Hier haben Sie dann die grundlegende Umgebung zur Ausführung von System-Level-Funktionen. Dieser Level erlaubt normale Ausführung, Multiprocessing, Systemdienste, Peripherie-Zugriff und andere Operationen auf Betriebssystemebene. Der Serveranbieter erzeugt dann entweder einen sog. Base-Level-Container, der nur temporär vorhanden ist (für diese Sitzung), oder einen persistenten Container. Dieser wird normalerweise an einen Betriebssystemhersteller übergeben oder an ein Team von Systemprogrammierern. Es ist durchaus möglich, daß diese Funktionalität in der Zukunft im Betriebssystem mit einer Datenbank enthalten sein wird oder daß spezielle Firmen im Bereich Systemprogrammierung dies anbieten oder APIs dazu entwickeln.

Als nächstes kommt der EJB-Container-Hersteller, der den EJB-Server nimmt und einen applikationsspezifischen EJB-Container erzeugt. Dieser Container beschäftigt sich dann nur mit den gewünschten Funktionen. Mit Verwendung des Session-Containers oder Entity-Containers kann EJB in ein paralleles Datenbanksystem überführt werden, das mehrere Datenbankanfragen über mehrere Server verteilt stellen kann. Es ist also ein applikationsspezisicher Container, der vom nächsten Entwickler verwendet wird und dann letztendlich die Enterprise JavaBean erzeugt. Das Entwicklungsteam einer Datenbankfirma wäre demnach verantwortlich für die Erzeugung der applikationsspezifischen Container für dieses Beispiel.

Der Anbieter der Enterprise Bean erzeugt das erste zusammenhängende Basisprodukt, das dann in eine vollständige Applikation verwandelt werden kann. Er nimmt den applikationsspezifischen Container und erzeugt die eigentliche Bean. In diesem Fall ist das der Kern der parallelen Datenbank-Engine. Diese Bean wird dann als EJB-JAR-File verpackt. In unserem Beispiel würde dies die Entwicklungsgruppe der Datenbankfirma bewerkstelligen.

Der Applikationsbauer nimmt dieses JAR-File und fügt es z.B. in ein GUI oder ein Tool ein und erzeugt so die vollwertige Applikation, in unserem Fall also wieder das Datenbanksystem. Die Datenbankfirma könnte diese Rolle natürlich auch übernehmen, oder aber kleinere Firmen können sich auf diese Rolle spezialisieren.

Natürlich muß diese Applikation wie jede andere Datenbank noch konfiguriert und der jeweiligen Umgebung angepaßt werden. Dies liegt in der Verantwortung des „Verteilers". Das kann z.B. ein Netzwerk- oder Datenbankverwalter innerhalb des Unternehmens sein. Zu guter Letzt wird der Anwender den Client verwenden und die EJB-Applikation aufrufen, die dann komplett und genau den Wünschen angepaßt ist.

Nach diesem Entwicklungszyklus müssen natürlich Überarbeitungen und Veränderungen vorgenommen werden. Das Gute an EJB ist, daß die Überarbeitungen wesentlich einfacher von statten gehen als mit anderen Sprachen und Systemen.

9.2
EJB-Komponenten

Bis hierher sollten Sie die allgemeine Natur von EJB verstanden haben. Dieser Teil des Kapitels geht jetzt mehr in die Details der einzelnen Komponenten.

9.2.1
Home Interface

Ein Client, der eine EJB verwenden will, erzeugt diese mit seinem Home Interface. Dieses Interface besitzt eine oder mehrere create ()-Methoden, um Instanzen der EJB zu erzeugen. Dieses Home Interface wird nicht von der Bean implementiert, sondern durch andere Klassen, die als Home Object bekannt sind. Eine Instanz dieses Home Objects wird innerhalb des Servers instantiiert und wird den Clients als sog. Factory für die EJB zur Verfügung gestellt.

9.2.1.1   Lokalisieren des Home Objects

Eine Referenz zum Home Object wird in einem Namensdienst plaziert. Dieser Namensdienst muß für den Client ansprechbar sein und JNDI verwenden. Wo der Namespace sowie der sog. JNDI Context Factory Class Name zu finden sind muß dem Client bekannt sein. Zum Beispiel kann einem Applet diese Information über die Applet-Parameter mitgegeben werden.

Außerdem muß der Client auch irgendwie wissen, wie er das Home Object im Namensraum (normalerweise ein Baum) finden kann. Auch dies sollte dem Client beim Start mitgeteilt werden. Um also z.B. ein Home Object zu lokalisieren, das im EJB-Server-Namensraum unter

```
ejb/Bank/Kontostaende
```

angelegt ist, muß dieser Pfad dem Client mitgeteilt werden, damit er eine Referenz zum Home Object Kontostände bekommen kann.

Es ist nicht ganz richtig zu sagen, daß Container dem Client durch JNDI zur Verfügung gestellt werden. Clients schlagen Home-Interface-Implementierung durch Verwendung von JNDI nach. Diese Implementierung kann von einem Container zur Verfügung gestellt werden, aber dies ist ein herstellerabhängiges Detail, das prinzipiell ignoriert werden kann, sowohl vom EJB-Entwickler als auch vom Client.

9.2.1.2   Methoden des Home Interfaces

Der Entwickler, der ejbCreate ()-Methoden in der EJB definiert, muß auch entsprechende create ()-Methoden für das Home Interface zur Verfügung stellen. Entity Beans können auch sog. Finder-Methoden haben, die es dem Client erlauben, existierende Entity Beans anhand ihrer Identity zu finden. Das Home Interface erweitert `javax.ejb.EJBHome` und hat die folgenden Methoden:

```
public interface javax.ejb.EJBHome extends Remote
{
  public EJBMetaData getEJBMetaData() throws Remo-
teException;
  public void remove(Handle handle) throws Remote-
Exception,
RemoveException;
  public void remove(Object primaryKey) throws Re-
moteException, RemoveException;
}
```

Das Home Interface für eine Bean kann dann so aussehen:

```
public interface myHome extends EJBHome
{
  public myRem create() throws RemoteException;
  public myRem create(String str) throws RemoteEx-
ception;
}
```

Der Container-Hersteller ist dafür verantwortlich, das Home Object, das dieses Interface implementiert, bereitzustellen.

9.2.2
Container

9.2.2.1   Definition eines Containers

Wenn Sie die Spezifikation zu EJB lesen, sollten Sie den Begriff Container nicht wörtlich nehmen. Es ist nicht unbedingt eine Klasse, sondern eine Ebene der Verantwortlichkeit. Auf dieser Ebene müssen bestimmte Dienste für die Bean ausgeführt werden. Der Hersteller des Containers liefert Tools und Klassen, die innerhalb des EJB-Server laufen und diese Dienste bereitstellen. Im folgenden finden Sie eine Untermenge von Diensten:

Nicht wirklich ein Container

- Swapping auf die Festplatte oder andere Geräte

- Verwaltung der Persistenz

- Sichtbarkeit des Home Objects im JNDI-Namensraum

- Erzeugung, Löschung und Verwaltung von Beans

- Sicherstellung, daß Geschäftsmethoden im entsprechenden Kontext ablaufen

- Implementierung bestimmter Sicherheitsvorgaben

- Erzeugung von Stubs und Skeletons für RMI für das Home Object und EJBObject

9.2.2.2 Container und EJBObject als Paar

Sowohl EJBObject als auch die Container-Klassen werden vom Container-Hersteller geliefert, um die EJB zu unterstützen. Zusammen müssen diese Klassen die Aufgaben der Bean Container entsprechend der Spezifikation erfüllen.

Sowohl EJBObject als auch der Container haben ihre eigenen Einsprungspunkte in die Bean, daher haben beide eine eindeutige Zuständigkeit, welche der Dienste von wem unterstützt werden. Zum Beispiel kann der Container wissen, welche Transaktionsattribute zu welchen Methoden der Bean gehören, indem der Deployment Descriptor gelesen wird.

Wie dem auch sei, die Geschäftslogik wird immer durch das EJBObject angesprochen. Das EJBObject muß mit dem Container kommunizieren, um zu bestimmen, in welchem Transaktionskontext die Geschäftsmethoden aufgerufen werden sollen. Wenn dies festgelegt wurde, muß das EJBObject diesen Transaktionskontext herstellen, bevor die Methoden aufgerufen werden können.

Das einzige, was hier letztendlich zählt, ist, daß Container und EJBObject zusammenarbeiten müssen, um die geforderten Dienste bereitzustellen. Der Hersteller des Containers implementiert beide, und es ist ihm freigestellt, wie er die Arbeit aufteilt.

9.2.2.3 Beziehung zum Home Interface

Hersteller liefern im Augenblick noch eigene Tools, die das Home Interface lesen, und generieren daraus die Home Objects als Container. In diesem Fall verwendet der Hersteller separate Container-Klassen für jede EJB-Klasse.

Egal was der Hersteller auch tut, das einzige, was er erfüllen muß, ist die Verfügbarkeit des Home Objects via JNDI. Weder der Client noch der Bean-Entwickler sollten sich um die Details der Implementierung kümmern.

Enterprise JavaBean

Die Enterprise JavaBean ist die Klasse, die der Entwickler schreibt, um Applikationsfunktionen zu bieten. Er kann entweder eine Session Bean oder eine Entity Bean erzeugen. Diese Aufteilung geschieht dadurch, daß die entsprechenden Interfaces verwendet werden und durch Angabe des Typs im Deployment Descriptor.

Applikationsfunktionen

```
public class myBean implements ja-
vax.ejb.SessionBean
```

oder

```
public class myBean implements ja-
vax.ejb.EntityBean
```

Die Methoden in der Enterprise JavaBean werden niemals direkt aufgerufen, sondern immer indirekt unter Verwendung von EJBObject, das sich wie ein Proxy verhält. Dadurch ist der Hersteller in der Lage, seine eigene zusätzliche Funktionalität in den Aufruf einzubauen, indem er einen sog. Wrapper schreibt. Als Beispiel kann hier dienen, einen neuen Transaktionskontext für jeden Methodenaufruf zu erzeugen oder die Transaktion abzuschließen (commit) oder zurückzunehmen (rollback), wenn die Methode fertig ist.

Kein direkter Kontakt

Wenn der Hersteller des Containers die Stubs und Skeletons erzeugt, dann geschieht dies für EJBObject. Es wird kein Stub oder Skeleton für die Bean selber erzeugt, da sie niemals über das Netzwerk angesprochen wird. EJBObject ist das einzig wahre und echte Netzwerkobjekt.

Der Container kann evtl. auch diverse Methoden in der Bean aufrufen. Zum Beispiel kann der Container sicherstellen, daß nach der Neuerzeugung einer Bean deren Argumente, die verwendet wurden, um im Home Object create () aufzurufen, auch für ejbCreate () verwendet werden.

Es gibt noch zusätzliche Interfaces und Ansprüche für Enterprise JavaBeans. Diese sind jedoch abhängig davon, welchen Typ die Bean hat (Session oder Entity) und werden daher später im Detail diskutiert.

9.2.4
Remote Interface

Beschreibung der
Geschäftsmethoden

Nachdem der Entwickler die Enterprise JavaBean entwickelt hat, erzeugt er ein Home Interface mit der Auflage, für jede create ()-Methode eine entsprechende ejbCreate ()-Methode zur Verfügung zu stellen.

In ähnlicher Art und Weise muß der Entwickler ein Remote Interface erzeugen, welches die Geschäftsmethoden der Bean beschreibt, die der Client aufrufen können soll. Da alle Aufrufe durch das EJBObject gelotst werden, ist es das EJBObject und nicht das Home Object, das dieses Interface implementiert.

Die Methodennamen und Parameter, die im Remote Interface aufgelistet werden, entsprechen exakt denen in der Bean. Das unterscheidet sich vom Home Interface. Hier ein Beispiel für ein Remote Interface:

```
public interface Konto extends javax.ejb.EJBObject
{
   public void einzahlen(double summe) throws RemoteException;
   public void abheben(double summe)throws RemoteException;
   public double kontostand() throws RemoteException;
}
```

Alle Methoden zeigen an, daß sie die RemoteException auslösen, da die Spezifikation besagt, daß der clientseitige Stub RMI-kompatibel sein muß. Das schließt die Einbindung von CORBA/IIOP aber nicht aus, wie Sie jetzt denken könnten.

9.2.5
EJBObject

Netzwerkobjekt

Das EJBObject ist, wie schon erwähnt, das Objekt, das im Netzwerk sichtbar ist. Es hat die aus RMI bekannten Stubs und Skeletons und verhält sich wie ein Proxy-Objekt. Das Remote Object der Bean erweitert das EJBObject-Interface, und die EJBObject-Klasse implementiert das Remote Interface und macht daher die EJBObject-Klasse spezifisch zur Bean-Klasse. Für jede Bean-Klasse gibt es daher eine spezifische EJBObject-Klasse.

Hier folgt nun die Definition des EJBObject-Interfaces welches das Remote Interface der Bean erweitert:

```
public interface javax.ejb.EJBObject extends ja-
va.rmi.Remote
{
  public EJBHome getEJBHome() throws RemoteExcep-
tion;
  public Object getPrimaryKey() throws RemoteEx-
ception;
  public Handle getHandle() throws RemoteExcepti-
on;
  public void remove() throws RemoteException, Re-
moveException;
  public boolean isIdentical(EJBObject
other)throws RemoteException;
}
```


Die EJBObject-Klasse, die dieses Interface implementiert, ist ein RMI-Serverobjekt, da sie ein RMI-Remote-Interface implementiert. Anzumerken ist hier, daß die Bean selber kein Remote-Objekt ist und im Netzwerk nicht sichtbar ist. Wenn der Container die EJBObject-Klasse instantiiert, dann wird die Klasse mit einer Referenz zur Bean-Instanz initialisiert, so daß sie in der Lage ist, die Methodenaufrufe an das eigentliche Objekt zu delegieren. Die Herstellerimplementierung ist für die Verwaltung dieser 1-zu-1-Beziehung verantwortlich.

Da das Remote Interface die Methoden des EJBObject-Interface enthält, sollte die Bean dieses Interface nicht implementieren, auch wenn sie die Geschäftsmethoden liefert.

Da das EJBObject formal das Remote Interface der Bean implementieren muß, erzeugen die Hersteller von Containern den Sourcecode für das EJBObject zur Installationszeit der Bean. Hier erzeugt der generierte Code die Implementierung des Remote Interface der Bean.

9.2.6
Session Bean

Eine Session Bean ist eine EJB, wobei jede Instanz der Session Bean durch das Home Interface erzeugt wird und einer Clientverbindung privat zugeordnet ist. Die Session Bean kann nicht auf einfache Weise mit anderen Clients geteilt verwendet werden. Das erlaubt der Session Bean, den Status (State) des Clients zu verwalten. Als Beispiel kann hier ein Shopping Cart aus dem Internet dienen. Viele Kunden können im Web zur gleichen Zeit einkaufen und Produkte ihrem Warenkorb hinzufügen. Es wäre falsch, wenn alle Waren in einem Gruppenwarenkorb landen würden.

9.2.6.1 Definieren einer Session Bean

Eine Session Bean wird erzeugt, indem eine Klasse erstellt wird, die
das Interface javax.ejb.SessionBean implementiert. Das Interface
sieht folgendermaßen aus:

```
public interface javax.ejb.SessionBean extends ja-
vax.ejb.EnterpriseBean
{
  public void ejBActivate() throws RemoteExcepti-
on;
  public void ejBPassivate() throws RemoteExcepti-
on;
  public void ejBRemove() throws RemoteException;
  public void setSessionContext(SessionContext
context) throws RemoteException;
}
```

javax.ejb.EnterpriseBean ist ein leeres Interface und der Super-
typ für sowohl Session Beans als auch Entity Beans.

9.2.6.2 Swapping von Session Beans

Der Hersteller des Containers kann optional auch einen Swapping-
Mechanismus für Session Beans implementieren, um neue Instanzen vom Speicher auf ein Sekundärgerät wie die Festplatte auszu-
lagern. Damit kann die Anzahl der Beans, die verfügbar sind, erhöht werden. Der Algorithmus könnte ähnlich dem des Betriebssystems sein oder eine eigene, neue Logik besitzen.

Der Container kann jeden Mechanismus benutzen, um die Bean
dauerhaft zu speichern. In den meisten Fällen wird aber wohl der
Prozeß der Bean-Serialization verwendet werden. Der Bean-
Entwickler sollte es vermeiden, transiente Felder in der Bean einzusetzen. An deren Stelle sollte er lieber die Methoden ejbActivate
() und ejbPassivate () verwenden. Nur so können die Werte der
Felder erhalten werden.

9.2.6.3 Aktivierung (Activation) und Passivierung (Passivation)

Wo bin ich Um Unterstützung für Swapping zu erhalten, definiert die Spezifikation ganz formal Passivation als den Prozeß, eine Bean auszula-
gern, und Activation, um eine Bean wieder in den Speicher zu laden. Die Methoden ejbActivate () und ejbPassivate (), die im Session Bean Interface deklariert sind, erlauben es dem Container, der
Bean mitzuteilen, daß er sie auslagern will oder daß sie gerade
eben erst wieder in den Hauptspeicher geladen wurde. Der Ent-

wickler der Bean kann diese Methoden verwenden, um Werte, Referenzen und System-Ressourcen freizugeben oder wiederzugewinnen, die nicht im Speicher gehalten werden sollten, wenn die Bean ausgelagert wurde. Als Beispiel kann hier eine Datenbankverbindung genommen werden, da die Anzahl der Verbindungen limitiert sein kann und eine Verbindung von der ausgelagerten Bean nicht verwendet werden kann und soll.

Wenn diese Methoden verwendet werden, ist das Schlüsselwort transient nicht mehr notwendig. Tatsächlich kann die Verwendung von transient sogar unsicher sein, da die Felder durch den Serialisierungsmechanismus implizit auf die Werte null oder 0 zurückgesetzt werden. Es ist besser, diese Felder via ejbActivate () und ejbPassivate () zu verwalten.

Wenn der Container Swapping nicht unterstützt, dann werden diese Methoden niemals aufgerufen.

Die passivierte Bean wird durch einen Geschäftsmethodenaufruf des Clients reaktiviert. Wenn EJBObject einen Methodenaufruf erhält, informiert es den Container, daß die Bean aktiviert werden muß. Wenn die Aktivierung abgeschlossen ist, delegiert EJBObject den Aufruf an die Bean.

Wenn sich eine Bean gerade in einer Transaktion befindet, kann sie nicht ausgelagert werden. Es ist effizienter, sie im Speicher zu halten, da Transaktionen „normalerweise" in entsprechend kurzer Zeit beendet werden. Es ist ein reines „Tuning"-Feature.

Wenn die Bean keinen Status hat, der vor der Passivierung freigegeben werden muß oder nach der Aktivierung gebraucht wird, dann können diese Methoden leer bleiben. In den meisten Fällen sollte der Entwickler nicht erwarten, daß es hier Arbeit für ihn gibt.

9.2.6.4 Session Bean Management State

Der Deployment Descriptor der Session Bean muß definieren, welchen Zustand die Bean haben soll: stateless oder stateful. Stateless bedeutet, daß diese Bean keine Statusinformation verwalten muß, während sie sich zwischen zwei Methodenaufrufen befindet. Allgemein gesprochen liegt der Vorteil einer Session Bean darin, daß sie in der Lage ist, den Status anstelle des Clients beizubehalten. Es gibt auch Fälle, wo es Vorteile hat, eine Bean stateless zu machen.

Stateless Session Beans werden nicht passiviert (geswapped – ausgelagert). Da sie keine Zustandsinformationen beibehalten müssen, gibt es auch nichts, was gesichert werden muß. Der Container dagegen hat die Möglichkeit, die Bean-Instanz zu löschen. Der Client weiß niemals, daß die Bean zerstört wurde. Er hat ja nur eine Referenz zum EJBObject. Wenn der Client später dann eine Geschäftsmethode aufruft, informiert das EJBObject den Container und instantiiert eine neue Session Bean. Da kein Status vorliegt, gibt es auch nichts anderes zurückzuholen.

Viele Clients => eine stateless Session Bean

Stateless Session Beans können auch zwischen Clients verteilt verwendet werden. Sie haben ja keinen Status, der für jeden Client verwaltet werden muß. Als Beschränkung gilt aber, daß nur ein Client zu jeder beliebigen Zeit eine Methode aufrufen kann. Es ist nicht möglich, daß zwei Clients dieselbe Session Bean zur selben Zeit verwenden. Da es keinen Status zwischen zwei Methodenaufrufen zu verwalten gibt, kann jeder Client jede Instanz einer stateless Session Bean verwenden. Dadurch kann ggf. Speicher gespart werden. Aber es gibt keine Gewährleistung, daß nicht doch zwei Clients zur gleichen Zeit auf dieselbe Bean zugreifen und dann kann das Warten auf den Return des Aufrufs lange dauern.

Keine Parameter für create ()

Technisch gesprochen ist es ein Fehler, create ()-Methoden, die Parameter verwenden im Home Interface zu definieren. Das Übergeben von Argumenten zur Bean, wenn sie erzeugt wird, impliziert, daß der Status erhalten werden sollte, nachdem ejbCreate () aufgerufen wurde. Des weiteren muß der Container in der Lage sein, eine stateless Session Bean, als Ergebnis eines Geschäftsmethodenaufrufs an EJBObject vollständig wiederherzustellen. Zu diesem Zeitpunkt sind die Argumente aber nicht mehr vorhanden. Das Tool des Herstellers sollte das Home Interface überprüfen, ob es stateless ist und ob es Methoden vom Typ create () enthält, die Argumente benötigen.

Steuerung von Transaktionen

Session Beans sind unersetzlich, wenn es um die allgemeine Steuerung der Transaktionen zwischen Methodenaufrufen geht. Ohne Session Beans kann es für den Applikationsentwickler nötig sein, über Transaktionen und ihr Verhalten Bescheid zu wissen. Dadurch kann er sich aber nicht mehr zu ausschließlich auf die Geschäftslogik konzentrieren. Dank EJB ist dies jedoch nicht nötig, es ist ja gerade die Stärke von EJB, daß die Entwicklung „vernünftig" verteilt wird.

9.2.7
Entity Bean

9.2.7.1 Rolle von Entity Beans

Bean => Datenbank

Entity Beans werden verwendet, um darunterliegende Objekte zu repräsentieren. Die wohl bekannteste Möglichkeit ist die Darstellung von Daten einer relationalen Datenbank. Eine einfache Entity Bean kann so definiert werden, daß sie eine Zeile einer Datenbanktabelle abbildet. Jede Instanz einer solchen Bean kann eine andere Zeile repräsentieren. Komplexere Entity Beans könnten dann unterschiedliche Ansichten der Datenbank wie Joins usw. darstellen. Für diese Art von Beans sollen die Hersteller die Möglichkeit haben, Erweiterungen einzubauen, z.B. das Umsetzen von relationalen Daten auf objektorientierte Daten.

9.2.7.2 Vergleich von Entity Beans und Session Beans

Nun kann der Anschein erweckt werden, daß Session Beans nicht besonders hilfreich sind, wenn die Applikation eine Datenbankapplikation ist. Das ist jedoch nicht wahr. Stellen Sie sich vor, eine Entity Bean repräsentiert eine Zeile einer Datenbanktabelle. Die Beziehung von Entity Bean und Datenbankzeile ist eine 1-zu-1-Beziehung. Es muß mehreren Clients erlaubt sein, diese Zeile anzusprechen, d.h., die Entity-Bean-Instanz muß zwischen Clients geteilt verwendet werden können – anders als Session Beans. Da dies die Vorgabe für Entity Beans ist, bedeutet dies auch, daß es keine Speicherung von Statusinformationen pro Client gibt.

Session Beans erlauben, wie Sie gesehen haben, den Status des Clients zu speichern, und die Beziehung von Session Bean zu Client ist eine 1-zu-1-Beziehung. Entity Beans dagegen erlauben die Speicherung der Zeileninformationen und erzeugen damit eine 1-zu-1-Beziehung von Bean zu Zeile. Ideal wäre daher ein Client, der den Server durch eine Session Bean aufruft, die wiederum ihre Daten durch den Zugriff auf eine Entity Bean erhält. Damit können Zustandsinformationen sowohl für den Client als auch für die Zeilen der Datenbanken gesichert werden.

Das folgende Bild soll dies illustrieren:

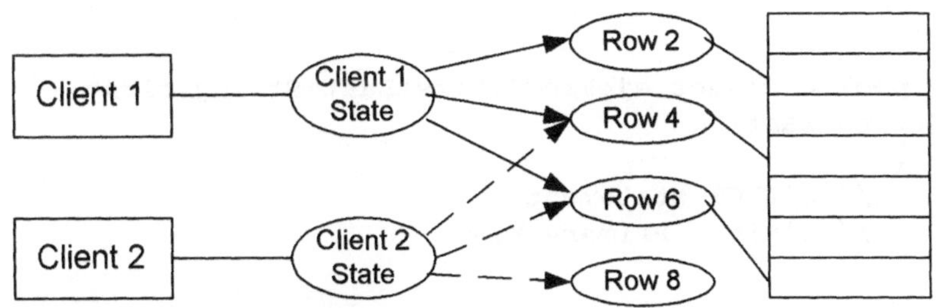

Abbildung 3
Session und Entity Beans

9.2.7.3 Finder-Methoden

Das Erzeugen und Löschen von Bean-Instanzen durch das Home Interface und das Remote Interface muß für Session Beans und Entity Beans unterschiedlich interpretiert werden. Für Session Beans bedeutet Löschen, daß die Instanz vom Container gelöscht

wird, aus dem Container verschwindet und nicht mehr verwendet
werden kann. Die Zustandsinformationen sind verloren. Für Entity
Beans hingegen bedeutet es, daß die darunterliegende Zeile der
Datenbank gelöscht wird. Daher wird der Begriff Löschen für Entity Beans nicht als normaler Lebenszyklusteil der Entity Beans angesehen. Prinzipiell werden Entity Beans „nie" gelöscht.

Die einzige Art und Weise eine Session Bean zu erhalten ist, sie
zu erzeugen. Das Erzeugen einer Entity Bean bedeutet aber in unserem Fall, eine Zeile einer Datenbank hinzuzufügen. Genauso wie
das Löschen auch wird das Erzeugen einer Entity Bean nicht als
Teil des normalen Lifecycles angesehen.

Damit ein Client Zugriff auf eine Entity Bean bekommt, muß er
sie finden. Zusätzlich zu den create ()-Methoden enthält das Home
Interface auch die sog. Finder-Methoden. Der Client benötigt bestimmte Vorgaben, um die entsprechende Zeile zu finden.

Beispiel:

```
public interface AccountHome extends EJBHome
{
  ...
  public Account findByFirstLast(String first,
String last) throws RemoteException;
  public Account findByAccountNumber(String
acctNum) throws RemoteException;
}
```

Wenn der Client eine dieser Methoden im Home Object aufruft,
reicht der Container diese zur entsprechenden Entity Bean durch.

```
public class myEntityBean implements EntityBean
{
  ...
  public Object ejbFindByFirstLast(String first,
String last)
  {
    // SELECT statement
    // liefert Primary Key
  }

  public Object ejbFindByAccountNumber(String
acctNum)
  {
    // SELECT statement
    // liefert Primary Key
  }
}
```

Um Finder-Methoden besser zu verstehen, ist es hilfreich, sie sich als SELECT-Kommandos in SQL vorzustellen, wobei die dynamischen SQL-Parameter als Methodenargumente übergeben werden.

Anzumerken ist hier, daß die Finder-Methoden eine Remote Reference zum EJBObject an den Client zurückliefern. Die Finder-Methoden der Bean liefern dem Container einen eindeutigen Identifier, den Primary Key. Der Container nimmt den Primary Key und verwendet diesen, um ein neues EJBObject zu instantiieren, d.h. zur Darstellung der ausgewählten Zeile. Egal wie die Finder-Methoden implementiert sind, die ausgewählte Zeile präsentiert sich dem Container immer durch Verwendung des Primary Key. Es liegt jetzt an der Entity Bean, wie sie diesen Key erzeugt, um die Zeile eindeutig zu identifizieren.

Es ist möglich und wahrscheinlich, daß die Finder-Methoden mehrere Zeilen finden, die dem SELECT-Kritcrium entsprechen. In diesem Fall liefert die Finder-Methode eine Aufzählung (Java Enumeration) der gefundenen Primary Keys zurück. Die Finder-Methode im Home Interface ist so definiert, daß sie dem Client eine Aufzählung von EJBObject liefert.

```java
public interface AccountHome extends EJBHome
{
   ...
   public Enumeration findByCompany(String company-
Name) throws RemoteException;
}

public class myEntityBean implements EntityBean
{
   ...
   public Enumeration ejbFindByCompany(String com-
panyName)
   {
     // SELECT statement
     // liefert Java Enumeration der Primary Keys
   }
}
```

9.2.7.4 Primary Key

Der Begriff Primary Key kann mißverstanden werden, es handelt sich dabei eigentlich um einen eindeutigen Identifizierer. Im Falle einer Entity Bean, die eine Zeile einer Tabelle darstellt, kann der Primary Key z.B. eine Komposition der Werte dieser Tabelle sein.

Für jede Entity-Bean-Instanz gibt es ein korrespondierendes EJBObject. Wenn ein EJBObject mit einer Entity-Bean-Instanz verbunden wird, dann wird der Primary Key der Bean Instanz im EJBObject gespeichert. In diesem Fall sagt man auch, daß die Entity Bean nun eine Identität hat.

Wenn der Client eine Finder-Methode im Home Object aufruft, dann verwendet der Container eine Entity-Bean-Instanz, die keine Identität hat, um die Anfrage zu beantworten. Der Container kann in aller Stille eine oder mehrere solcher anonymen Instanzen für diesen Fall bereithalten. Egal wie die Finder-Methoden implementiert sind, die Implementierung in der Bean wird dem Container immer nur den Primary Key oder die Enumeration von Primary Keys liefern.

Nun, da der Container diesen (oder diese) Key(s) besitzt, kann er das EJBObject (oder die EJBObjects) instantiieren und mit dem Primary Key initialisieren. Der Container selber hat dann die Möglichkeit, die Entity Bean zu instantiieren und mit EJBObject in Verbindung zu bringen. Da die Identität der Datenzeile sich eigentlich im EJBObject befindet, gibt es keinen Status innerhalb der Bean-Instanz. Aus diesem Grund könnte der Container die Initialisierung der Bean-Instanz verschieben, bis eine Geschäftsmethode eine Anfrage an das EJBObject stellt. Dadurch wird Speicher gespart.

Wenn die Finder-Methode einen Primary Key zum Container liefert, dann überprüft dieser zuerst, ob es schon ein EJBObject mit diesem Key gibt. Wenn dies der Fall ist, dann erzeugt der Container kein neues EJBObject, sondern liefert die Referenz des EJBObjects zum Client. Das garantiert, daß es nur eine EJBObject-Instanz pro Zeile gibt und somit alle Clients sich dieses Objekt teilen. Der Primary Key identifiziert die Bean eindeutig nur in ihrer Klasse oder Home. Der Container ist verantwortlich dafür, daß dies unterschieden wird.

Das Home Object stellt den Clients die folgende Methode zur Verfügung:

```
public Remote findByPrimaryKey (Object key);
```

EJBObject liefert die Implementierung für die folgende Methode:

```
public Object getPrimaryKey ();
```

Der Client kann den Primary Key einer Entity Bean zu jeder Zeit erfragen und kann diesen dann zu einem späteren Zeitpunkt als Referenz zur Bean verwenden.

Der Klassentyp des Primary Key wird im Deployment Descriptor festgelegt. Der Bean-Entwickler kann den Primary Key in jeder denkbaren Art und Weise repräsentieren. Die einzige Vorgabe ist, daß die Klasse das Interface *Serializable* implementieren muß.

9.2.7.5 Swapping von Entity Beans

Nachfolgend ist das Interface einer Entity Bean,

javax.ejb.EntityBean   aufgelistet.

```
public interface javax.ejb.EntityBean extends
EnterpriseBean
{
  public void ejbActivate() throws RemoteExcepti-
on;
  public void ejbPassivate() throws RemoteExcepti-
on;
  public void ejbRemove() throws RemoteException,
RemoveException;
  public void setEntityContext(EntityContext ctx)
throws RemoteException;
  public void unsetEntityContext() throws Remote-
Exception;
  public void ejbLoad() throws RemoteException;
  public void ejbStore() throws RemoteException;
}
```

Activation und Passivation arbeiten ähnlich wie bei Session Beans. Doch sind Entity Beans stateless, wenn sie sich in keiner Transaktion befinden. Ihr Status wird immer mit den darunterliegenden Daten synchronisiert. Wenn Sie dieselben Regeln für Swapping von den Session Beans anwenden, dann wird eine stateless Bean nicht ausgelagert, sondern gelöscht. Da der Container aber anonyme Entity Beans benötigt, um die Finder-Methoden zu verwenden, wird der Container mit ziemlicher Sicherheit die Bean in einen privaten Bereich des Hauptspeichers auslagern. Wenn die Entity-Bean-Instanz vom EJBObject losgelöst wird, dann hat sie keine Identität mehr (es gibt keine Primary Key-EJBObject-Verbindung).

Der Container kann diesen Pool im Memory auch für die Reallokierung von Entity Beans verwenden, wenn ein Geschäftsobjekt ohne korrespondierende Entity Bean eine Anfrage an EJBObject stellt. Vergessen Sie nicht, wenn eine Bean in diesem Pool ohne Primary Key ist, dann kann sie von jedem anderen EJBObject verwendet werden.

9.2.7.6 Bean-managed Persistence

Laden und Speichern

Da eine Entity Bean die Daten einer Datenbank darstellt, müssen wir die Daten aus der Datenbank holen und in der Bean plazieren. Wenn der Container das erste Mal eine Entity-Bean-Instanz mit einem EJBObject verbindet, dann ruft er die Methode ejbLoad () der Bean auf. In dieser Methode muß der Entwickler den Code schreiben, der die Daten aus der Datenbank lädt und in der Bean anordnet. Wenn der Container die Bean passivieren will, ruft er erst die Methode ejbStore () auf, die dafür verantwortlich ist, daß die Daten in der Datenbank abgelegt werden. Dies wird auch Bean-managed Persistence genannt, da der Code, der die Synchronisation vornimmt, in der Bean enthalten ist.

Transaktionskontext aufbauen

Wenn die ejbLoad ()-Methode beendet ist, kann es zu potentiellen Synchronisationsproblemen kommen. Daher muß die Geschäftsmethode, die die Allokierung der Bean und des EJBObjects vorgenommen hat und ejbLoad () aufgerufen hat, im Deployment Descriptor als Methode deklariert werden, die in einer Transaktion abläuft. Container und EJBObject müssen daher einen Transaktionskontext aufbauen und bereitstellen. Dann erst verbindet der Container die Bean und EJBObject und ruft die Methode ejbLoad () auf. Nun läuft die Methode im gegebenen Transaktionskontext. Dieser Kontext wird an die Datenbank weitergegeben. Das sorgt u.a. dafür, daß die Zeilen in der Datenbank durch die Transaktion gelockt werden, und zwar abhängig davon, welcher Transaction Isolation Level (siehe Abschnitt 8.6.8) im Deployment Descriptor angegeben wurde.

Die Zeilen der Datenbank bleiben so lange gelockt, wie der Transaktionskontext existiert. Wenn die Transaktion abgeschlossen wird, dann ruft der Container zuerst die Methode ejbStore () auf, die dafür sorgt, daß die Daten in die Datenbank geschrieben werden.

Durch das Sperren der Zeile zwischen den Aufrufen ejbLoad () und ejbStore () wird gewährleistet, daß die Bean und die Zeile der Datenbank immer synchronisiert sind. Während dieser Zeit könnten mehrere Methodenaufrufe geschehen. ejbLoad () und ejbStore () geben also die Grenzen der Transaktion an.

Die Dauer einer Transaktion hängt u.a. vom Deployment Descriptor und möglicherweise vom Client ab.

Bitte bedenken Sie, daß ejbLoad () und ejbActivate () nicht zur Synchronisation mit der Datenbank verwendet werden sollten.

9.2.7.7 Container-managed Persistence

Wenn im Deployment Descriptor festgelegt wird, daß Container-managed Persistence verwendet werden soll, werden die Methoden ejbLoad () und ejbStore () nicht für den Datenzugriff eingesetzt. Der Container lädt die Daten aus der Datenbank in die Bean und ruft dann die Methode ejbLoad () der Bean auf, um anzuzeigen, daß gerade neue Daten eingetroffen sind. Auf dieselbe Weise ruft der Container auch die Methode ejbStore () der Bean auf, um anzuzeigen, daß in Kürze die Daten in die Datenbank geschrieben werden. Beide Methoden führen keine Datenbankoperationen aus.

Hersteller können hier viele eigene Erweiterungen einbringen, da die Spezifikation nur einen minimalen Satz von Bedingungen festlegt, die eingehalten werden müssen, um Container-managed Persistence zu unterstützen.

Der Deployment Descriptor kann ein einfaches Mapping von public Werten der Bean zu Spalten in der Datenbank spezifizieren. Der Container verwendet dies dann, um die public Werte aus der Bean zu lesen und sie in die entsprechenden Spalten zu schreiben und um Datenbankspalten zu lesen und sie in die entsprechenden Felder der Bean zu schreiben.

Auch wenn der Mechanismus der Container-managed Persistence hervorragend für den EJB-Entwickler geeignet ist, kann es doch sein, daß er Bean-managed Persistence vorzieht, wenn er keine komplexen Umsetzungen wie relational nach objektorientiert vornehmen muß.

9.2.8
Deployment Descriptor

9.2.8.1 Bestimmung der Rollen während der Entwicklung

Es gibt im allgemeinen zwei Rollen während der EJB-Entwicklung: den Bean-Entwickler und den Bean-Verteiler. Bei der Entwicklung treten eine ganze Reihe von Parametern und Attributen auf, deren Werte vom Entwickler nicht vorhergesehen werden können, z.B. die IP-Adresse des Datenbankservers, Datenbanktreiber etc. Der Deployment Descriptor ist im Prinzip ein Template für diese ganzen Parameter. Der Entwickler definiert das Template und der Verteiler füllt das Template mit entsprechenden Daten. Der Deployment Desciptor hat ein fest vorgegebenes Format und ist daher portabel.

9.2.8.2 Steuerung des Bean-Verhaltens

Neben den offensichtlichen Informationen, die der Deployment Descriptor für die Datenbank enthält, führt er außerdem noch detaillierte Informationen darüber, wie sich die Bean im Kontext zu Transaktionen und Sicherheit verhalten soll. Dinge wie Zugriffslisten (Access-Control-Lists) sollte der Verteiler verwalten und nicht der Entwickler. Andere Informationen dagegen können vom Entwickler programmiert werden.

9.2.8.3 Definieren des Deployment Descriptors

Der Deployment Descriptor ist eine ganz normale Java-Klasse. Der Ablauf sieht so aus: Eine Instanz dieser Klasse wird erzeugt, mit Werten gefüllt und serialisiert. Dieser serialisierte Deployment Descriptor wird dann in dem JAR-File plaziert und zusammen mit den Bean-Klassen an die Verteiler gegeben. Der Verteiler liest diesen serialisierten Deployment Descriptor, modifiziert ihn möglicherweise und verwendet diesen modifizierten Deployment Descriptor, um die EJB zu installieren.

Der folgende Text gibt den Inhalt des Deployment Descriptors wieder. DeploymentDescriptor ist die Oberklasse von zwei anderen Klassen, SessionDescriptor und EntityDescriptor. Diese beiden Unterklassen liefern die Beschreibung.

```
javax.ejb.deployment.DeploymentDescriptor
```

- bean home name
- bean class name
- home interface class name
- remote interface class name
- environment properties
- control descriptors
- access control list

Die folgenden zwei Klassen erben von der eben genannten Klasse:

```
javax.ejb.deployment.SessionDescriptor
```

- state management type
- session timeout

```
javax.ejb.deployment.EntityDescriptor
```

- list of container-managed fields
- primary key class name

Der folgende Descriptor definiert sowohl für die gesamte Bean als auch für die einzelnen Methoden die Attribute für Transaktion und Sicherheit. Ein Array dieser Objekte ist im DeploymentDescriptor angegeben.

```
javax.ejb.deployment.ControlDescriptor
```

- transaction isolation level
- Method object to which this descriptor applies
- run-as mode (for identity mapping)
- run-as identity (for identity mapping)
- transaction attribute

Um eine Enterprise Bean zu verteilen, wird der entsprechende Descriptor allokiert, initialisiert, serialisiert und in das JAR-File gepackt. Wie mit dem Deployment Descriptor umgegangen wird, ist nicht festgelegt. Es kann mit einem GUI-Tool geschehen oder als Textfile. Das Endergebnis ist ein standardisiertes Format, das portabel ist.

9.2.9
EJB-JAR-File

Zusammen mit dem Deployment Descriptor werden die Interfaces und Bean-Klassen in ein JAR-File gepackt. Diese Datei braucht eine sog. Manifest-Datei (siehe Kapitel 6 über JavaBeans), die den Deployment Descriptor als eine Enterprise Bean deklarieren muß:

```
Name: AccountDD.ser
Enterprise-Bean: true
```

Es ist der Deployment Descriptor und nicht die Bean-Klasse, die hier angegeben wird. Der Deployment Descriptor liefert die volle Beschreibung aller Dateien im JAR-File, die zusammen die Bean darstellen.

Der Entwickler sollte sich keine Gedanken über das JAR-File machen müssen. Der Hersteller sollte ein Tool zur Verfügung stellen, das dem Entwickler hilft, den Deployment Descriptor zu erzeugen, und dann die benötigten Files samt Manifest-File in ein JAR-File verpackt.

9.3
Transaktionen

9.3.1
CORBA OTS

Das Transaktionsmodell, das in EJB verwendet wird, ist vergleichbar mit dem von CORBA OTS (Object Transaction Service). Es ist tatsächlich sogar so, daß CORBA-kompatible EJB-Server einen OTS-kompatiblen Transaktionsdienst bereitstellen müssen. Daher macht es durchaus Sinn, sich zuerst mit OTS zu befassen, um danach EJB besser verstehen zu können.

9.3.1.1   Definieren von Transaktionen

Atomar Formal gesprochen ist eine Transaktion eine atomare Einheit einer Aktion. Mehrere Operationen können in dieser Transaktion vorgenommen werden. Wenn sich die Transaktion beendet, werden alle Änderungen als ein Ganzes entweder angewendet (commit) oder zurückgenommen (rollback) (siehe dazu auch Abschnitt 8.6.7).

Transaktionen werden vor allem in Datenbankanwendungen eingesetzt. Gute Datenbankprodukte unterstützen Transaktionen auf allen Ebenen. Zum Beispiel wird beim Zugriff auf eine Datenbankzeile diese Zeile gesperrt (gelockt) und sie bleibt gelockt, bis sich die Transaktion beendet. Abhängig von der Datenbank können verschiedene Ebenen von Locking verwendet und implementiert werden. Diese können vor der Transaktion festgelegt werden. Wesentlich ist hier, daß die Integrität der Daten gewährleistet ist. Zu überdenken ist außerdem die Optimierung der gleichzeitigen Zugriffe (Concurrency).

Verteilung Transaktionen können auch über Netzwerke hinweg verteilt werden, z.B. wenn ein Client zwei Datenbankserver innerhalb einer Transaktion anspricht. Daher unterstützen die meisten Transaktionsmanager eine zweischichtige Commitlösung. Dies ist eine recht einfache Implementierung mit einem einfachen Protokoll, welches folgendermaßen aussieht:

Der Transaktionsmanager fragt alle Teilnehmer, ob sie ihre Arbeit abgeschlossen haben und ob diese jetzt bestätigt werden soll. Das ist der erste Teil des Protokolls. Wenn sich hier alle einig sind, wird die zweite Phase eingeläutet. Der Transaktionsmanager gibt das Kommando, daß alle Teilnehmer ihre Transaktionen abschließen können.

9.3.1.2 Key Components in OTS

Um OTS besser verstehen zu können, müssen wir uns die Key-Komponenten anschauen. Die folgende Liste von Komponenten kann im Prinzip direkt auf EJB umgesetzt werden, daher ist es sinnvoll, diese sich hier näher anzusehen. Dann verstehen Sie auch EJB.

- Control
- Terminator
- Coordinator
- Resource
- Synchronization

Das folgende Diagramm zeigt die wichtigsten Methoden, die für diese Objekte definiert sind, und wie diese Objekte in die Transaktionsarchitektur passen.

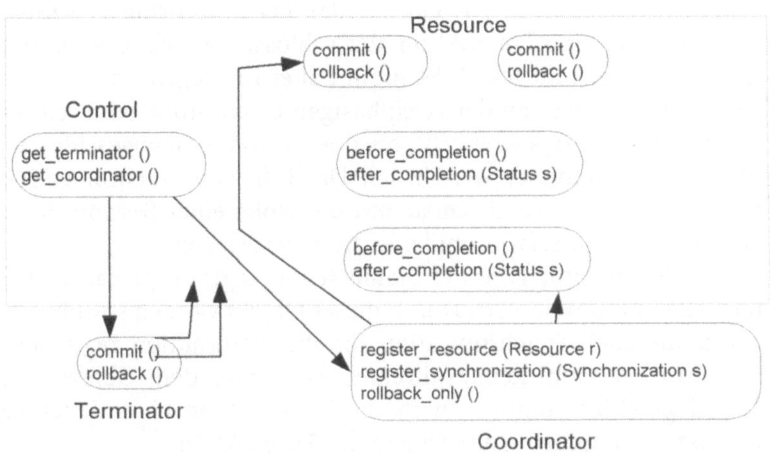

Die gestrichelte Linie beschreibt eine Transaktion. In dieser Transaktion befinden sich alle Objekte, die an der Transaktion teilnehmen. Die Methoden commit () und rollback () werden auf alle Objekte vom Typ Resource in dieser Gruppe angewendet.

Das Control-Objekt stellt die Transaktion dar. Von diesem Objekt aus können wir den Coordinator und den Terminator erhalten. Der EJB-Entwickler sieht niemals das Control-Objekt. Es **wird** vom Container verwendet, um die Transaktion anstelle der Bean zu verwalten.

Der Terminator wird auch vom Container verwendet, um die Transaktion zu bestätigen oder zurückzunehmen, und zwar immer dann, wenn ein Thread einer Bean-Methode beendet ist. Diese Methode muß im Deployment Descriptor als eine Methode beschrieben werden, die den Container benötigt, um eine Transaktion zu beenden. Wenn ein commit oder rollback gebraucht wird, dann werden alle Objekte in der Transaktion bestätigt oder zurückgenommen.

Resource ist das Objekt, das den Transaktionsstatus enthält. Es kann z.B. die Verbindung zur Datenbank sein. Ein Aufruf der Methode commit () in diesem Objekt bedeutet, daß die Änderungen in der Datenbank vorgenommen werden. Ein rollback () dagegen nimmt alle Änderungen zurück. Wenn der Zugriff abgeschlossen ist, werden die entsprechenden Zeilen in der Datenbank freigegeben (denn sie waren ja gelockt). Der Level des Locking ist im Deployment Descriptor angegeben. In diesem Objekt ist auch das zweiphasige Protokoll implementiert, das wurde vorhin beschrieben.

Synchronization ist ein Objekt, das gerne informiert werden möchte, wenn eine Transaktion abgeschlossen wurde, egal ob mit commit () oder rollback (). Es nimmt aber im Gegensatz zum Resource-Objekt nicht an der zweiphasigen Commitprozedur teil. Es hat auch kein Mitspracherecht, ob eine Transaktion abgeschlossen oder zurückgenommen werden soll. Die Rolle von Synchronization ist passiv. Dies ist vergleichbar mit der Rolle einer Session Bean, wenn spezielle Interfaces implementiert werden sollen.

Der Coordinator (wie der Name schon sagt) sorgt dafür, daß auch alles so funktioniert. Durch dieses Objekt werden sowohl Resource als auch Synchronization für die Transaktion registriert. Die Bean bekommt keinen direkten Zugriff zu dem Objekt. Der Zugriff geschieht immer durch die Verwendung einer Referenz zum aktuellen Coordinator-Objekt der Transaktion.

9.3.1.3 Transactional und recoverable Objects

OTS unterscheidet zwischen Transaktionsobjekten (transactional Objects) und zurücknehmbaren Objekten (recoverable Objects). Diese Unterscheidung ist wichtig für EJB. Die Spezifikation in OTS ist sehr ausführlich zu diesem Thema, aber wenn man es zusammenfassen will, dann bedeutet es schlicht, daß recoverable Objects die beiden Methoden commit () und rollback () enthalten und es damit der Transaktion erlauben, Status oder Verhalten der Transaktion direkt zu manipulieren.

Ein Transaktionsobjekt besitzt diesen Mechanismus nicht und kann daher nicht durch die Transaktion beeinflußt werden. Trotzdem hat ein Transaktionsobjekt eine Transaktion, mit der es verbunden ist. Das führt dazu, daß recoverable Objects (oder Resources), die allokiert wurden, mit der gegenwärtigen Transaktion des Transaktionsobjekts verbunden werden.

Kein Einfluß

Eine Enterprise Bean ist ein gutes Beispiel für eine Transaktion. Ein Container verwaltet die Transaktion anstelle der Bean. Alle recoverable Objects, die von der Bean allokiert werden, werden transparent mit Hilfe des Containers in der Transaktion plaziert. Die Bean hat keine commit ()- oder rollback ()-Methoden und damit kann die Transaktion auch die Bean nicht direkt manipulieren. Es ist auch nicht sinnvoll aus einer Bean eine recoverable Resource zu machen, das würde zu zusätzlichem Aufwand für den Bean-Entwickler führen, und das für jede Bean, die geschrieben wird. Außerdem haben Enterprise Beans selten einen internen Status, der das Ergebnis einer Transaktion direkt beeinflußt. Sie funktionieren besser als Verwalter von recoverable Objects.

Anzumerken sei hier noch, daß eine Bean einen rollback () erbeten kann, bevor der Container einen rollback oder commit absetzt. Die methode rollback_only () im Coordinator wird der Bean zur Verfügung gestellt, so daß die Bean der Transaktion anzeigen kann, daß sie einen rollback haben möchte. Durch das Interface SessionSynchronization kann eine Bean trotzdem vom Ergebnis der Transaktion informiert werden.

9.3.2
Spezifizieren von Transaktionssteuerungselementen im Deployment Descriptor

Der Deployment Decriptor für eine Bean enthält ein Array von Objekten vom Typ ControlDescriptor. Jeder dieser Deskriptoren beschreibt neben anderen Dingen die Steuerung der Transaktion, die mit der individuellen Methode verbunden ist.

Der Bean-Entwickler spezifiziert die Transaktionssteuerung für die Methoden in der Bean. Normalerweise sollte der Verteiler diese Werte nicht ändern, wenn er nicht die genauen Details des Transaktionsverhaltens der Methoden kennt.

Die folgenden sechs Transaktionssteuerungen sind Integer-Konstanten, die in der ControlDescriptor-Klasse definiert sind. Es gibt keine anderen Methoden, die diese Daten ansprechen, außer den Methoden in der Klasse selber. Die Bean selber hat keinen Zugriff auf die Steuerungselemente der Methoden. Der Container liest die Werte, um das entsprechende Transaktionsverhalten zu steuern.

- TX_NOT_SUPPORTED
- TX_SUPPORTS
- TX_REQUIRED
- TX_REQUIRES_NEW
- TX_MANDATORY
- TX_BEAN_MANAGED

Den entsprechenden Wert für die Bean übergeben Sie normalerweise dem ControlDescriptor, indem Sie ein Tool des Herstellers verwenden, der den Deployment Descriptor erzeugt.

TX_NOT_SUPPORTED
Dies bedeutet, die Methode sollte nicht in einem Transaktionskontext ablaufen. Wenn der dazugehörige Thread jedoch in einer Transaktion läuft, dann wird die Transaktion suspendiert, bis der Thread den Methodenaufruf beendet.

TX_SUPPORTS
Eine Transaktion wird für diese Methode nicht verlangt, trotzdem kann der Thread eine aktive Transaktion haben, wenn diese Methode abläuft.

TX_REQUIRED
Diese Methode muß in einer Transaktion ablaufen. Wenn der Thread aber schon eine Transaktion hat, dann wird ihm erlaubt, in diese Methode einzutreten. Wenn der Thread noch keine Transaktion hat, dann wird eine neue Transaktion vom Container gestartet. Der Thread tritt dann in die Methode ein und beendet die Transaktion, wenn der Thread zurückkommt. Normalerweise wird eine Transaktion hier abgeschlossen, es sei denn, der Thread ruft die Methode setRollbackOnly () auf, dann wird ein rollback durchgeführt.

TX_REQUIRES_NEW
Wenn dieses Steuerungselement gesetzt wird, ist es egal, ob der Thread eine Transaktion hat oder nicht. Der Container wird im-

mer eine neue Transaktion für die Dauer der Methode erzeugen.
Wenn der Thread ausläuft, wird entweder ein commit oder roll-
back vom Container durchgeführt. Wenn der Thread schon eine
Transaktion in Arbeit hatte, dann wird diese suspendiert, bis der
Thread fertig und die Transaktion der Methode beendet ist.

TX_MANDATORY

Das bedeutet, daß der Thread sich schon in einer Transaktion befinden muß, wenn er diese Methode aufrufen will. Wenn der
Thread keine Transaktion hat, löst der Container eine Exception
aus.

TX_BEAN_MANAGED

Dieses Element unterscheidet sich von allen anderen. Eine Methode, die diesen Wert setzt, sagt aus, daß der Container keinen
Einfluß auf die Transaktion in dieser Methode nehmen soll. Statt
dessen erzeugt und beendet die Methode ihre eigene Transaktion
durch Verwendung eines speziellen Interfaces, das nur für Methoden innerhalb dieser Transaktionssteuerung ansprechbar ist. Darauf gehen wir später noch etwas näher ein.

9.3.3
JTS – Java Transaction Service

JTS ist eigentlich gar kein Transaktionsdienst, sondern ein Interface für einen darunterliegenden Transaktionsdienstanbieter. JTS
ist äußerst einfach und beinhaltet nur ein Interface und mehrere
Exceptions. Wenn Sie sich die Liste der Exceptions ansehen, dann
werden Sie feststellen, daß beim Design von JTS OTS im Hinter-
kopf enthalten war, auch wenn es so gestaltet ist, daß es auch mit
anderen Diensten zusammenarbeiten kann.

Interface

Für Beans, die als Bean-managed deklariert wurden, kann die
Bean Zugriff auf den Transaktionsdienst durch das Interface bekommen. Hier folgt nun die Interface-Definition für UserTransaction:

```
public interface javax.jts.UserTransaction
{
   public void begin() throws IllegalStateExcepti-
on;
   public void commit() throws TransactionRolled-
BackException, HeuristicMixedException, Heuri-
sticRollbackException, SecurityException, Illegal-
StateException;
```

```java
  public void rollback() throws SecurityException,
IllegalStateException;
  public void setRollbackOnly() throws IllegalSta-
teException;
  public void setTransactionTimeout(int seconds);
  public int getStatus();
  // STATUS_ACTIVE, STATUS_COMMITTING,
  // STATUS_COMMITTED, STATUS_MARKED_ROLLBACK
  // STATUS_NO_TRANSACTION, STATUS_PREPARED
  // STATUS_PREPARING, STATUS_ROLLEDBACK
  // STATUS_ROLLING_BACK, STATUS_UNKNOWN
}
```

9.3.4
Bean-managed Transaktionen

Wenn eine Bean Zugriff auf den Transaktionsdienst haben will,
muß sie als Steuerungselement Bean-managed haben. Normalerweise werden diese Steuerungselemente auf Methoden angewendet, nicht aber TX_BEAN_MANAGED. Diese kann nur auf eine
ganze Bean angewendet werden. Daher ist es ein Fehler, eine Methode als Bean-managed zu deklarieren und eine andere Methode
mit einem anderen Steuerungselement zu belegen. Das Tool des
Herstellers sollte dies abfangen.

Verwendung eines Kontext Die Bean bekommt Zugriff auf den Transaktionsservice, indem
sie SessionContext oder EntityContext verwendet. Dies geschieht
zur Initialisierungszeit mit den Methoden setSessionContext ()
oder setEntityContext (). Beide Interfaces erben letztendlich von
EJBContext. Hier folgt nun die Definition für EJBContext.

```java
public interface javax.ejb.EJBContext
{
  public Identity getCallerIdentity();
  public boolean isCallerInRole(Identity other);
  public EJBHome getEJBHome();
  public Properties getEnvironment();
  public UserTransaction getUserTransaction()
throws IllegalStateException;
  public boolean getRollbackOnly();
  public void setRollbackOnly();
}
```

Transaktionslogik Wenn eine Bean eine Referenz zu UserTransaction hat, dann
kann diese Referenz verwendet werden, um die eigenen Transaktionen zu verwalten. Für stateful Session Beans kann eine Methode

in der Bean eine Transaktion erzeugen und sich beenden, ohne die Transaktion zu beenden. Sollte ein weiterer Aufruf geschehen, dann erkennt der Container, daß eine Bean-erzeugte Transaktion noch aktiv ist. Wenn die Transaktion vom aufrufenden Thread dieselbe ist, dann kann der Thread erneut in die Bean eintreten. Wenn die Bean aber in einer Transaktion ist und der Thread einen anderen Transaktionskontext besitzt und versucht in die Bean einzutreten, blockt der Container den Thread bis die Transaktion abgeschlossen ist. Wenn eine Bean in keiner Transaktion ist und der Thread versucht einzutreten, wobei der Thread eine eigene Transaktion enthält, dann wird diese Transaktion vom Container suspendiert und der Thread kann in die Bean eintreten. Die eigentliche Transaktion wird dann fortgeführt, wenn der Thread die Methode verläßt. Aber jede Transaktion, die von einer Methode erzeugt wurde, wird nicht vom Container beendet.

Sowohl für stateless Session Beans als auch Entity Beans gilt, daß sie sich nicht beenden dürfen, solange die Transaktion aktiv ist. Der Container sollte dies abfangen und eine Exception auslösen. Eine Methode über mehrere Methodenaufrufe aktiv zu erhalten, bedeutet stateful und ist daher nicht für stateless Session Beans erlaubt. Aus vergleichbaren Gründen ist es auch Entity Beans verboten, einen offenen Status einer Transaktion über mehrere Methodenaufrufe hinweg zu erhalten, wenn die Bean als Bean-managed deklariert wurde (TX_BEAN_MANAGED).

9.3.5
Session Synchronization Interface

Jede der beiden genannten Session Beans kann eine Datenbank ansprechen und an Transaktionen teilnehmen. Um die Bean bei ihrer Arbeit zu unterstützen, kann der Bean-Entwickler das Interface javax.ejb.SessionSynchronization implementieren. Dieses Interface wird automatisch vom Container erkannt, und der Container verwendet die Methoden des Interfaces als Callbacks, um die Bean auf dem Laufenden über den Status der Transaktion zu halten.

Entity Beans unterstützen dieses Interface nicht. Sie sind implizit transaktionsbewußt (transaction-aware). Daher verwendet der Container eine andere Semantik, um die Entity Bean zu steuern, solange sie sich in einer Transaktion befindet. Das Interface sieht folgendermaßen aus:

```
public interface javax.ejb.SessionSynchronization
{
    public void afterBegin() throws RemoteException;
```

```
    public void beforeCompletion() throws RemoteEx-
ception;
    public void afterCompletion(boolean yn) throws
RemoteException;
}
```


Eine Transaktion gehört nicht unbedingt zu einer Bean-Instanz. Ein Thread erzeugt entweder im Client oder im Container eine Transaktion und nimmt sie mit, wenn der Code der Bean ausgeführt wird. Wenn ein Thread mit einem Transaktionskontext in eine Session Bean eintritt, ruft der Container zuerst die Methode afterBegin () auf.

Wenn ein Thread mit einem Transaktionskontext versucht, in eine Bean einzutreten, die schon Teil einer anderen Transaktion ist, blockt der Container dies so lange ab, bis die Transaktion abgeschlossen ist (entweder commit oder rollback) und die Methode afterCompletion () aufgerufen wurde und somit der Bean erlaubt, ihren vorherigen Status anzunehmen. Der Container ist für dieses Verhalten verantwortlich.

Die Methode beforeCompletion () wird für alle Session Beans aufgerufen, die Teil einer speziellen Transaktion sind, wenn der Container realisiert, daß er kurz vor einem Commit steht. Das gibt der Bean die Möglichkeit, ihre Transaktionen abzuschließen, z.B. alle Daten an die Datenbank zu übergeben, bevor die Transaktion abgeschlossen wird. Wenn er aber realisiert, daß er einen Rollback durchführen wird, dann wird diese Methode nicht aufgerufen, da es keinen Sinn macht, Daten zu schreiben, die dann sowieso wieder zurückgenommen werden.

Die Methode afterCompletion () wird aufgerufen, nachdem die Transaktion entweder abgeschlossen oder zurückgenommen wurde, um die Bean über das Ergebnis der Transaktion zu informieren. Sie kann diese Informationen verwenden, um ihren internen Status zu erneuern, sollte diese aber nicht für eine eigene interne Transaktionsverwaltung nutzen, was durchaus denkbar ist. Das Interface SessionSynchronization liefert keine Möglichkeit, äußere und innere Transaktionen zu mischen oder zu verwalten.

Eine Session Bean, die dieses Interface implementiert, impliziert, daß es den Status über Methodenaufrufe hinweg beibehält. Außerdem impliziert dieser Ablauf, daß sich die Bean zwischen den Aufrufen afterBegin () und afterCompletion () in einer Transaktion befindet. Daher ist es ein Fehler, eine Session Bean das Interface SessionSynchronization implementieren zu lassen, sie aber als stateless im Deployment Descriptor zu deklarieren. Auch hier sollte das Installationstool des Herstellers einen Fehler melden, wenn es solch eine Konfiguration findet.

Stateless Session Beans können an Transaktionen teilnehmen, können dieses Interface aber nicht implementieren. Schließlich könnte die Transaktion Bean-managed sein, oder der Container könnte eine Transaktion starten und abschließen, während in eine Methode ein- oder aus einer Methode ausgetreten wird. Der Container sollte es nicht erlauben, daß ein Thread mit einer Transaktion in eine Methode eintritt, da die stateless Bean-Methode nicht wissen kann, ob der Thread im Kontext der gerade ablaufenden Transaktion läuft oder nicht. Eine Lösung dafür kann es geben, indem der Container die existierende Transaktion suspendiert und damit veranlaßt, daß die Methode annimmt, der Thread laufe nicht in einem Transaktionskontext ab.

Stateful Session Beans können an der Transaktion teilnehmen, auch ohne das Interface zu implementieren. Aber dafür muß der Deployment Descriptor so konfiguriert werden, daß die Geschäftsmethoden immer im richtigen Transaktionskontext ablaufen. Die Bean hätte dann nicht den Vorteil, durch ihr Interface vom Transaktionsstatus informiert zu werden.

9.3.6
Teilnahme an Transaktionen

Wenn wir nochmals zurückgehen und uns das Interface von EJB-Context anschauen, dann sollten wir uns noch mal die folgenden beiden Methoden betrachten:

```
public boolean getRollbackOnly();
public void setRollbackOnly();
```

Diese Methoden können von jeder Bean verwendet werden, nicht nur von Beans, bei denen die Transaktionssteuerung als Bean-managed angegeben wurde. Tatsächlich ist es aber so, daß Beans, die ihre eigenen Transaktionen verwalten, diese Methoden niemals aufrufen würden, da diese Methoden dafür da sind, den Transaktionsstatus an einen Transaktionsmanager zu geben, der sich außerhalb befindet.

Wenn eine Bean die Methode rollback () aufruft, dann erbittet sie vom Transaktionsmanager, daß die aktuelle Transaktion zurückgenommen werden soll, wenn sie sich beendet. Es gibt damit Beans eine Möglichkeit, die Transaktionen und ihre Ergebnisse, an denen sie teilnehmen, zu beeinflussen. Diese Methoden sind auch im Interface UserTransaction zu finden, da aber die meisten Beans keinen Zugriff auf dieses Interface haben, müssen diese Methoden der Bean direkt zugänglich gemacht werden, indem sie in EJB-

Context zur Verfügung gestellt werden. Diese Methode initiiert keinen Rollback, sie setzt lediglich ein Flag, welches besagt, die Transaktion soll zurückgenommen werden, wenn sich die Transaktion beendet.

Im Unterschied zu JavaBeans-Methoden die Properties setzen, wird dieser kein Booleanwert als Parameter übergeben. Das hat seinen Grund: Es soll vermieden werden, daß eine Bean die Anfrage zum Rollback einer anderen Bean zurücknehmen kann.

Es kann nun auch möglich sein, daß eine Bean die Methode get RollbackOnly () verwenden möchte, um den gegenwärtigen Stand der Transaktion zu erfragen. Wenn eine andere Bean bereits das Flag für die rollback ()-Methode gesetzt hat, wird die aufrufende Bean wohl entscheiden, keine intensiven Operationen auszuführen, z.B. Datenbank-Updates, die ja dann sowieso wieder zurückgenommen werden.

9.3.7
Transaktionsmanagement von Datenbankoperationen

Kein auto-commit mit JDBC

Es ist mit Sicherheit für eine Bean wünschenswert, JDBC zu verwenden (siehe dazu Kapitel 8 über JDBC), um Verbindungen mit einer Datenbank aufzunehmen und Operationen auf der Datenbank auszuführen. Damit dies aber in die Welt von EJB paßt, vor allem wenn der Container die Transaktionen der Bean verwaltet, darf die Verbindung kein auto-commit verwenden und die Bean sollte weder versuchen die Methoden commit () noch rollback () auf der Verbindung zu starten. Es sollte der Container sein, der bestimmt, ob alles Verhalten, was innerhalb der Transaktion vor sich geht, zurückgenommen oder abgeschlossen werden soll.

Zwillinge

Nun stellt sich aber die Frage, wie ein Container diese Verbindung sieht? Sie wurde ja von der Bean direkt mit der Datenbank aufgenommen. Auch wenn es nicht explizit in der Spezifikation angegeben ist, sollten Enterprise Beans nur die JDBC-Treiber verwenden, die für EJB erzeugt wurden. Fazit: Es gibt momentan zwei Arten von JDBC-Treibern – das ist nicht sonderlich hilfreich und aus der Sicht des Autors sehr verwirrend.

Diese Treiber registrieren sich beim Verbindungsaufbau mit dem Thread der aktuellen Transaktion. Wenn der Container sich später entscheidet, die Transaktion zu beenden, wird auch diese Datenbankverbindung automatisch beendet. Um OTS-Vokabular zu gebrauchen (mit dem Sie jetzt vertraut sein sollten) ist die Datenbankverbindung eine recoverable Resource, die implizit vom Transaktionsdienst mit Hilfe des Containers verwaltet wird.

Es ist auch möglich, JDBC-Treiber zu verwenden, die nicht transaktionsbewußt (transaction-aware) sind, aber der Entwickler muß dann bedenken, daß alles, was mit der Datenbankverbindung zu tun hat, nicht Teil der Transaktion der Bean ist, und er muß sicherstellen, daß die Datenbankverbindung abgebaut wird, bevor die Methode zurückkehrt.

9.4
Beispiele und Anwendungen

9.4.1
Einführung

Die folgenden Beispiele verwenden den frei verfügbaren EJB-Server von EJBHome, in der Version 0.4. Auch die mitgelieferten Tools, werden hier eingesetzt. Es kann hier kein komplettes Beispiel aufgezeigt werden, da dies sehr komplex wäre und den Rahmen des Buches sprengen würde. Sie finden daher hier nur Teile vor. Um die Beispiele auszuprobieren, benötigen Sie den EJB-Server von EJBHome (ejbhome.iona.com), eine Datenbank und einen JDBC-Treiber für die Datenbank. Folgen Sie bei der Installation den Informationen der Webseite.

9.4.2
Entity Bean mit Container-managed Persistence

9.4.2.1   Einführung

Entity Beans reflektieren Objekte aus dem realen Leben. Wenn Sie die Kapitel 4 (RMI) und 5 (CORBA) verfolgt haben, dann können Sie erahnen, was das Beispiel sein wird. Wir werden wiederum als Beispiel eine Bank und ein Konto verwenden.

Als erstes muß überlegt werden, was das Objekt vom Typ Bankkonto tun und sein soll. Formell kann dies direkt in ein Datenmodell und ein Funktionsmodell umgesetzt werden.

9.4.2.2 Anlegen einer Tabelle

Um das Beispiel erfolgreich ausführen zu können, müssen Sie eine Tabelle mit dem Namen ACCOUNT in der Datenbank anlegen, die die folgenden Felder hat:

Feld	Typ
ACCNO	INTEGER
CUSTOMER	VARCHAR
BALANCE	DECIMAL

Die Namen der Datentypen können auf verschiedenen Datenbanksystemen variieren, Sie sollten daher Datentypen verwenden, die überall verfügbar sind und den obigen ähnlich sind.

9.4.2.3 Design des Remote Interfaces

Jede Enterprise Bean hat ein Remote Interface, das angibt, welche Methoden verwendet werden können. Erzeugen Sie die Datei Account.java, die folgendermaßen aussieht:

```
import javax.ejb.*;
import java.rmi.*;

public interface Account extends EJBObject
{
  void credit(double amount) throws RemoteException;
  void debit(double amount) throws RemoteException;
  double getBalance() throws RemoteException;
}
```

Das Interface enthält nur drei einfache Methoden. Wichtig ist hier, daß das Interface von javax.ejb.EJBObject erbt, was nichts anderes bedeutet, als daß es ein Remote Interface ist. Desweiteren muß jede der Methoden der Spezifikation von RMI folgen, d.h., die Argumente und der Rückgabewert müssen serialisierbar sein und die Methode muß eine java.rmi.RemoteException auslösen.

Die drei Methoden erlauben das Einzahlen und Abheben sowie die Kontostandsabfrage.

9.4.2.4 Design des Home Interfaces

Jede Bean hat zwei Interfaces. Das erste Interface beschreibt, was die Bean tut. Das zweite Interface, das Home Interface, beschreibt den Bean-Lebenszyklus. Das bedeutet, wie wird die Bean im Container erzeugt, gelöscht, gefunden etc. Nun müssen Sie eine neue Datei erzeugen, AccountHome.java. Die Datei sieht in unserem Beispiel so aus:

```
import javax.ejb.*;
import java.rmi.*;

public interface AccountHome extends EJBHome
{
   Account create(int accno, String customer)
throws CreateException, RemoteException;
   Account create(int accno, String customer, double startingBalance) throws CreateException, RemoteException;
   Account findByPrimaryKey(AccountPK accno) throws
FinderException, RemoteException;
}
```

Wie bereits erwähnt wurde, muß von javax.ejb.EJBHome geerbt werden. Auch hier müssen alle Methoden den RMI-Spielregeln folgen. Jede Methode muß entweder eine create ()-Methode oder eine Finder-Methode sein. Alle Methoden zum Erzeugen müssen create () heißen, und die Finder-Methoden müssen alle den Namen finder<METHODE> () haben. Außerdem müssen create ()-Methoden eine javax.ejb.CreateException auslösen und Finder-Methoden eine javax.ejb.FinderException.

Wenn Sie eine Entity Bean verwenden, brauchen Sie nur eine Finder-Methode, findByPrimaryKey (). Sie liefert das Konto anhand der korrespondierenden Kontonummer. In unserem Beispiel ist die Kontonummer der Primary Key.

Alle anderen Methoden sind optional. Aber natürlich wollen wir Konten aus der Client-Applikation erzeugen, daher sind hier zwei create ()-Methoden angegeben. Die erste Methode erzeugt ein Konto mit einer Kontonummer und einem Startwert von 0. Die zweite Methode macht dasselbe, aber mit einem Startwert ungleich 0.

9.4.2.5 Schreiben der Enterprise-Bean-Klasse

Nun brauchen wir noch eine dritte Datei, AccountBean.java. Der folgende Code ist etwas länger, wird aber gleich beschrieben.

```
import javax.ejb.*;
import java.rmi.RemoteException;
```

```java
public class AccountBean implements EntityBean
{
  public int accno;
  public String customer;
  public double balance;

  protected EntityContext ctx;

  public void credit (double amount)
  {
    balance += amount;
  }

  public void debit (double amount)
  {
    balance -= amount;
  }

  public double getBalance ()
  {
    return balance;
  }

  public void ejbCreate (int accno, String custo-
mer) throws CreateException, RemoteException
  {
    this.accno = accno;
    this.customer = customer;
    this.balance = 0d;
  }

  public void ejbCreate (int accno, String custo-
mer, double balance) throws CreateException, Remo-
teException
  {
    this.accno = accno;
    this.customer = customer;
    this.balance = balance;
  }

  public void setEntityContext (ja-
vax.ejb.EntityContext ctx) throws RemoteException
  {
    this.ctx = ctx;
  }

  public void unsetEntityContext () throws Remote-
Exception
```

```java
{
   ctx = null;
}

public void ejbRemove () throws RemoteException,
RemoveException
{
}

public void ejbActivate () throws RemoteExcepti-
on
{
}
public void ejbPassivate () throws RemoteExcep-
tion
{
}

public void ejbLoad () throws RemoteException
{
}

public void ejbStore () throws RemoteException
{
}
}
```

Der oben gezeigte Code mag etwas lang aussehen. Wenn Sie anfangen, Beans zu entwickeln, können Sie sich aber entweder ein Template erzeugen oder eine Oberklasse, von der geerbt wird, oder einen der Wizards (Tools) verwenden, die die Hersteller versprochen haben. Ich bevorzuge den Vererbungsmechanismus, aber Sie können es handhaben, wie Sie möchten. Viele Entwickler verwenden Wizards, weil diese Integritätsprüfungen vornehmen.

Jede Methode sollte eine java.rmi.RemoteException auslösen. Damit wird ein Fehler auf Systemebene erzeugt. Ansonsten müssen Sie selber wissen, welche Exceptions außer den geforderten noch benötigt werden.

9.4.2.6   Vorbereiten der Primary-Key-Klasse

Alle Container-managed Beans müssen eine Primary-Key-Klasse haben, die serialisierbar ist. Das beinhaltet auch öffentliche Felder (public) aus der Menge der vom Container verwalteten Felder. Normalerweise würden Sie nur einen kleinen Wrapper für ein einzelnes Feld schreiben, aber vielleicht könnten Sie auch auf die Idee kommen, als Primary Key eine Komposition von Feldern zu verwenden.

Nun erzeugen Sie eine neue Datei AccountPK.java, die folgendermaßen aussieht:

```java
public class AccountPK implements java.io.Serializable
{
  public int accno;

  public AccountPK (int accno)
  {
    this.accno = accno;
  }
  public AccountPK ()
  {
  }
}
```

9.4.2.7   Kompilierung bisherigen Codes und Erzeugung der Container-Klasse

```
C:\> javac Account*.java
```

Enterprise Beans werden von Containern verwaltet. Dieser Container wird durch eine Menge von Klassen dargestellt, die Persistenz, Sicherheit und Transaktionseigenschaften der Bean verwalten. Wie Sie gesehen haben, werden diese vom Container-Hersteller geliefert.

EJBHomes Containererzeuger kann mit dem Deployment Tool oder durch eine Kommandozeile verwendet werden. Wenn Sie eines der Tools von EJBHome einsetzen wollen, brauchen Sie die Swing-Version 1.1 Beta 2. Wenn Sie diese nicht haben, dann sind Sie auf die Kommandozeile angewiesen.

9.4.2.8   Verwendung des Deployment Tools

Starten Sie das Deployment Tool mit

```
C:\> java com.ejbhome.Deployer
```

und klicken Sie mit der rechten Maustaste auf das Main-Icon. Wählen Sie dann „Load Bean ...“ vom Menü aus und tippen „AccountBean“, wenn Sie nach dem vollem Pfad der Klasse gefragt werden.

Wenn wir davon ausgehen, daß Ihr CLASSPATH in Ordnung ist, sollte die Bean in den Deployer geladen werden.

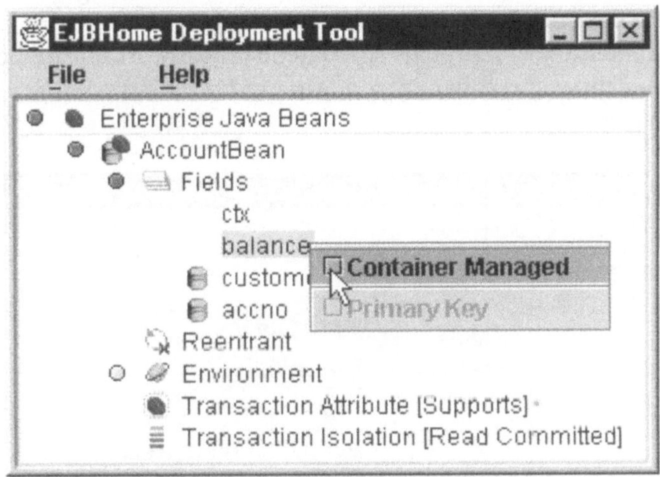

Abbildung 5
Deployment Tool

Öffnen Sie den Baum vollständig, indem Sie auf die blauen Kreise klicken. Setzen Sie balance, accno und customer auf „Container Managed", indem Sie wiederum den rechten Mausknopf drücken.

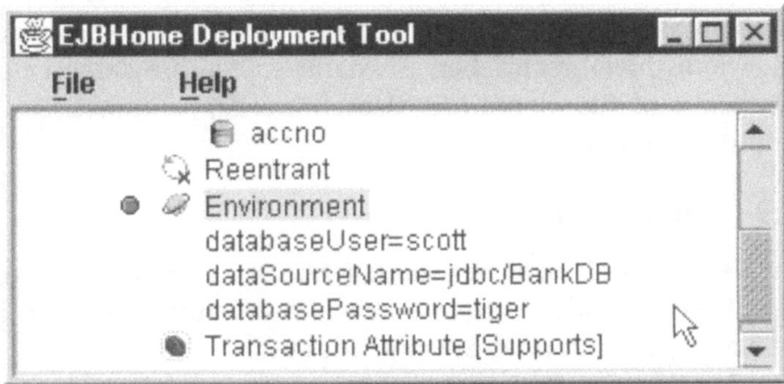

Abbildung 6
*Deployment
Environment*

Öffnen Sie den Baum bei Environment und klicken Sie mit der rechten Maustaste auf jede der Properties. Wenn Sie „Edit..." klikken, können Sie die Werte setzen. dataSourceName muß mit einem Namen versehen werden, der als Daten Quelle im EJB-Server zu finden ist. Anzumerken sei hier, daß es sich nicht um eine JDBC-URL handelt. Es kann zwar JDBC sein, kann in der Zukunft aber auch ein anderes Protokoll sein.

Wenn Sie selbst für die Verantwortung des Servers zuständig sind, dann können Sie diesen Namen später immer noch in eine reine JDBC-URL umsetzen. Ansonsten fragen Sie Ihren EJB-Serveradministrator. Das Feld databaseUser muß mit dem Usernamen des Datenbankaccounts versehen werden, das gleiche gilt auch für das Paßwort.

Anzumerken ist hier, daß das Datenbankpaßwort für die Bean-Clients nicht ansprechbar ist, sondern nur für die Bean selber.

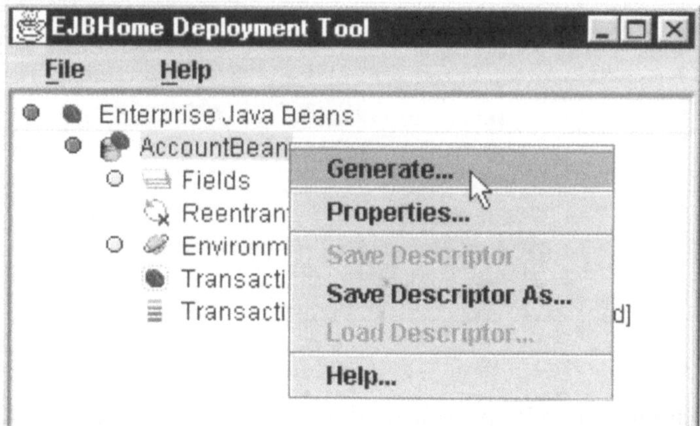

Nun müssen noch die Container-Klassen erzeugt werden. Klikken Sie mit der rechten Maustaste auf den Eintrag AccountBean und wählen Sie „Generate" aus. Wenn Sie bisher alles so gemacht haben, wie es hier beschrieben ist, dann sollten Sie keine Fehler bekommen und die Container-Klassen werden automatisch erzeugt und kompiliert.

9.4.2.9   Kommandozeile

Wenn Sie das Tool nicht verwenden können (z.B. weil Sie kein Swing 1.1 haben), oder wenn Sie lieber mit Kommandozeilen arbeiten wollen, dann können Sie folgendes tun.

Erzeugen Sie eine Datei account.properties mit dem folgenden Inhalt:

```
name=Account
type=entity
primaryKeyClass=AccountPK
containerManagedFields=accno,customer,balance
environment=environment
transactionAttribute=TX_SUPPORTS
```

Außerdem benötigen Sie eine Datei mit dem Namen „environment" und folgendem Inhalt:

```
dataSourceName=jdbc/BankDB
databaseUser=scott
databasePassword=tiger
```

Wenn Sie beide Dateien erzeugt haben, lassen Sie den Generator
auf folgende Weise laufen:

```
C:\>java com.ejbhome.Generator -f ac-
count.properties
```

Sie sollten nun in der Lage sein, EJBHome EJB und die Tools
verwenden zu können. Jetzt folgt ein zweites Beispiel.

9.4.3
Stateful Session Bean

9.4.3.1   Einführung

In diesem Beispiel wird eine stateful Session Bean eingeführt. Es
wird dabei nur ein Client bedient. Wie Sie gesehen haben, sind Session Beans diejenigen, die mit Ihrer Applikation in Verbindung
stehen. Es ist wichtig, sich daran zu erinnern, daß Session Beans
instantiiert werden, um genau einem Client zu dienen. In unserem
Beispiel bedient die Session Bean den Client bis an sein Ende, da
sie als stateful deklariert ist. Sie können also Daten, die vom User
eingegeben werden, speichern und wiederverwenden.

Wenn Sie eine Applikation entwickeln, sollten Sie daran denken, welche Klassen mit dem Server interagieren. Sie werden für
den Manager der Firma andere Session Beans verwenden wollen,
als wenn der User ein Angestellter ist. Beide kommunizieren mit
der Datenbank, aber beide haben andere Ansprüche und Rechte.
Im folgenden Beispiel verwenden wir einen Kunden, der einkaufen
will.

Der Kunde in unserem Beispiel kann einen Shopping Cart erzeugen und Waren hinzufügen. Das ist für Webseiten, auf denen
ein Kunde elektronisch einkaufen möchte, wichtig. Das Beispiel
hier ist, wie schon gesagt, sehr einfach gehalten.

9.4.3.2   Design des Remote Interfaces

Der Client kommuniziert mit der Bean-Instanz durch eine ganze
Reihe von Methoden. Diese werden im Remote Interface der Bean
deklariert. Dieses Interface beschreibt exakt, was der Anwender, in

diesem Fall der Kunde, mit dem System anfangen kann und was nicht.

Da das Interface von Remote erbt (durch EJBObject), kann es überall im Netzwerk verwendet werden. In EJB muß jede Methode innerhalb der Bean durch das Remote Interface eingesetzt werden. Keine Bean-Methode kann direkt verwendet werden. Hier folgt nun der Code des Remote Interface:

```java
import javax.ejb.*;
import javax.swing.table.*;
import java.rmi.*;
import java.util.Enumeration;

public interface Cart extends EJBObject
{
    void addItem(Product p, int qty) throws Remote-
Exception;
    void remove(int line) throws RemoteException;
    TableModel getTable() throws RemoteException;
    void purchase() throws CreateException, Remote-
Exception;
}
```

Die Methoden besagen, daß der Kunde Waren dem Warenkorb hinzufügen kann, aus dem Warenkorb löschen kann (zurück ins Regal), sie anzeigen lassen kann oder letztendlich auch kaufen kann.

Die Waren werden in einer Tabelle gespeichert. Hier kommt Ihnen das TableModel aus Swing zugute, da es serialisierbar ist. In diesem Beispiel werden wir purchase () nicht verwenden, es ist nur der Vollständigkeit halber erwähnt.

Sie müssen außerdem die Klasse Product erzeugen, die oben als Parameter verwendet wurde. Hier folgt der Code dafür:

```java
import com.ejbhome.util.*;
import java.util.*;

public class Product implements ja-
va.io.Serializable
{
    private String sku;
    private String description;
    private double price;
    private char vatcode;
```

```java
    private final static Hashtable vatrates = new
Hashtable();

    static
    {
      vatrates.put("E", new Double(0.175d));
      vatrates.put("Z", new Double(0d));
    }

    public Product(String sku, String description,
double price, char vatcode)
    {

    Trace.method(sku+','+description+','+price+','+v
atcode);
      this.sku = sku;
      this.description = description;
      this.price = price;
      this.vatcode = vatcode;
    }

    public String getSKU()
    {
      Trace.method();
      return sku;
    }

    public String toString()
    {
      Trace.method();
      return description;
    }

    public String getDescription()
    {
      Trace.method();
      return description;
    }

    public double getPriceExVat()
    {
      Trace.method();
      return price;
    }

    public double getPriceIncVat()
    {
      Trace.method();
```

```
    return price + getVat();
  }

  public double getVat()
  {
    Trace.method();
    Double rate = (Double)vatrates.get
(String.valueOf (vatcode));
    if (rate == null)
    {
      return 0.175 * price;
    }
    else
    {
      return rate.doubleValue() * price;
    }
  }
}
```

Das ist alles, was für das Remote Interface benötigt wird. Im
Beispiel wird die Möglichkeit von RMI genutzt, Objekte „by Value"
zu übergeben. Das ist einer der Gründe, warum EJB RMI favori-
siert, auch wenn EJB IIOP- und CORBA-Unterstützung erhalten
wird.

9.4.3.3   Design des Home Interfaces

Das Home Interface beschreibt, wie die Bean erzeugt und gelöscht
wird. Alle Session Beans müssen mindestens eine create ()-Metho-
de besitzen. Die remove ()-Methode ist im EJBHome Interface deklariert und muß bzw. sollte hier nicht angegeben werden. Hier der
Code für das Interface CartHome:

```
import javax.ejb.*;
import java.rmi.*;


public interface CartHome extends EJBHome
{
  Cart create() throws CreateException, RemoteEx-
ception;
}
```

9.4.3.4   Schreiben der Enterprise-Bean-Klasse

Wenn die Interfaces entworfen sind, müssen Sie diese implementieren. Sie können sich hier ganz auf die Logik konzentrieren. Dinge wie Thread-Sicherheit, Datensicherung usw. brauchen Sie nicht
zu berühren, diese sind schon im EJB-Container-System erledigt.

Erzeugen Sie eine Datei CartBean.java, die folgendes Aussehen hat:

```java
import java.rmi.*;
import javax.ejb.*;
import javax.naming.*;
import java.util.*;
import javax.swing.*;
import javax.swing.table.*;
import com.ejbhome.util.Trace;

public class CartBean implements SessionBean
{
  SessionContext ctx;

  public DefaultTableModel table;

  public void purchase() throws CreateException,
RemoteException
  {

  }

  public void add(Product p, int qty)
  {
    Vector v = new Vector();
    v.addElement(p.getSKU());
    v.addElement(p.getDescription());
    v.addElement(new Integer(qty));
    double price = p.getPriceExVat();
    v.addElement(new Double(p.getPriceExVat()));
    v.addElement(new Dou-
ble(p.getPriceExVat()*qty));
    v.addElement(new Double(p.getVat()*qty));
    v.addElement(new Dou-
ble(p.getPriceIncVat()*qty));
    table.addRow(v);
  }

  public void remove(int row)
  {
    table.removeRow (row);
  }

  public TableModel getTable()
  {
    return table;
  }
```

```java
    public void ejbCreate()
    {
        String[] cols = { "SKU", "Description", "Qty",
"Price each", "Subtotal", "VAT", "Total" };
        table = new DefaultTableModel(cols, 0);
    }

    public void ejbActivate() throws RemoteException
    {
    }

    public void ejbPassivate() throws RemoteExcepti-
on
    {
    }

    public void ejbRemove() throws RemoteException
    {
        table = null;
    }

    public void setSessionContext(SessionContext
ctx) throws RemoteException
    {
        this.ctx = ctx;
    }
}
```

Nehmen Sie sich die Zeit, den Code durchzusehen. Sie werden
feststellen, daß javax.ejb importiert wird. Die Klasse muß das Ses-
sionBean Interface implementieren, aber nicht das Cart Interface.
Wenn Sie RMI kennen, wirkt das etwas befremdend, es ist in EJB
aber notwendig, damit das Bean-Objekt niemals in das Remote Interface verwandelt werden kann (unter Verwendung eines Cast).
Wenn das möglich wäre, könnte die Bean an den Client zurückgegeben werden und das EJB-Container-System würde verletzt werden. Das Feld ctx speichert den Kontext der Sitzung (Session Context). Dieses Objekt kann dazu benutzt werden, Informationen zu
finden, die evtl. beim Schreiben der Geschäftslogik hilfreich sein
können.

Zum Beispiel kann eine Bean die Methode getEJBObject () im
Kontext aufrufen, wenn es eine Referenz auf sich selber als Parameter oder als Rückgabewert haben will. Da EJBContext Superklasse von Interface SessionContext ist, hat die Bean Zugriff auf
zusätzliche Informationen wie Umgebungsvariablen, Transaktionsstatus und das Home Interface der Bean.

9.4.3.5 Kompilierung des Codes

Die drei eben erzeugten Dateien müssen jetzt kompiliert werden.

```
C:\>javac Cart*.java
```

9.4.3.6 Verpacken der Bean

Wenn die Bean verteilt werden soll, verpacken Sie sie in einem JAR-File. Im normalen Entwicklungsprozeß ist das evtl. nicht nötig, da Ihnen die mitgelieferten Tools das abnehmen.

9.4.3.7 Testen der Bean

Nun sollten Sie die erzeugte Bean testen. Das beste Weg ist hier, sie zu verteilen und mit einem Minimal-Client zu testen. Folgen Sie hierbei den Instruktionen, die mit Ihrem EJB-Container/Server mitgeliefert wurden.

Nach diesen Beispielen sollten Sie einen Einblick haben, was EJB ist, wie es angewendet wird und was die Vor- und Nachteile sein können.

9.5
Software

9.5.1
Firmen, die EJB unterstützen

- WebLogic, Inc.
- Visigenic Software
- Tandem
- Sybase
- Symantec
- Progress Software
- Oracle
- Novera
- Novell
- Netscape
- Lotus
- IONA Technologies

- Informix

- IBM

- Gemstone

- Forte Software

- Inprise

- BEA Systems

- Baan

- Art Technology Group

9.5.2
Entwicklungsumgebungen

Die folgenden Firmen haben Entwicklungsumgebungen für EJB
oder haben sie zumindest angekündigt:

- Inprise

- Gemstone

- Informix

- Information Builders, Inc. (IBI)

- IBM

- NCR

- NetDynamics

- Netscape

- Novell

- Oracle

- Persistence Software

- Progress

- Secant

- Sybase

- Symantec

- Weblogic

9.6
Zusätzliche Informationen

9.6.1
Internet

JavaSoft Artikel über EJB
http://developer.java.sun.com/developer/technicalArticles/EBeans/index.html

JavaSoft: JavaBeans Homepage
http://www.javasoft.com/beans/

JavaSoft EJB Homepage
http://java.sun.com/products/ejb/

OpenSource für EJB
http://ejbhome.iona.com/

9.6.2
Bücher

Tom Valesky: Enterprise JavaBeans: Developing Component-Based Distributed Applications. Addison-Wesley Pub Co, 352 S., Mai 1999

Andreas Vogel; Madhavan Rangarao: Programming with Enterprise JavaBeans, JTS, and OTS. John Wiley & Sons, 356 S., May 1999

10 Java Commerce Client Framework

10.1
Einführung

Das JavaSoft-Team hat viel Aufwand und Mühe investiert und Ihnen damit viel Arbeit abgenommen, um das Java Commerce Client
(JCC)-Framework zu entwickeln. Es ist jetzt Teil der JavaWallet-
API und wird als solches weiterentwickelt. Dieses Kapitel beschäftigt sich nur mit dieser API und nicht mit den anderen, wie z.B. JavaCard.

JavaWallet

Heute können Groß- und Kleinunternehmen gleichermaßen am
E-Commerce teilnehmen. Das JCC liefert eine sichere, robuste und
zuverlässige Plattform, die Softwareanbieter jeder Größe verwenden können, um elektronische Handelsanwendungen zu schreiben. Mit diesem Framework konzentrieren Sie sich auf die anwen-
dungsspezifische Geschäftslogik und überlassen dem Framework
die Low-Level-Programmierschichten.

E-Commerce

Anwendungsspezifischer Code wird in Modulen organisiert, die
Kassetten (Cassettes) genannt werden. Eine Kassette stellt einen
Teil (oder Modul) einer Transaktion dar. Kassetten werden ge-
mischt und zusammengebracht, um die Grundlage für eine elektronische Transaktion zu legen. Eine Kassette, die von einem Hersteller entworfen wird, kann auf eine oder mehrere Kassetten
durch den gleichen Hersteller zugreifen oder durch Übereinstim-
mung mit einer Kassette von einem anderen Hersteller zusammenarbeiten. Das JCC-Framework instrumentalisiert Kassetten-
interoperationen und „erzwingt" eine hohe Stufe der Sicherheit,
die für zuverlässige Transaktionen zwischen Clients und Transak-
tionsservern gefordert wird.

Cassette

Die Framework- und Kasseteninnovation unterstützt eine ganze Menge der großen und kleinen geldorientierten Anwendungen,
wie persönliche Finanzsoftware, Steuerberechnungsprogramme
und Einzelverkaufsanwendungen – die auf jeder möglichen Java-

Plattformunabhängig

kompatiblen Plattform mit dem installierten JCC-Framework laufen können und damit auch in Applets und im Internet.

Dieses Kapitel beschreibt das Erstellen von Kassetten. Es stellt das JCC-Framework vor und faßt die vier Schritte zum Schreiben einer Kassette zusammen.

Sie können die neueste Demoversion des JCC-Frameworks von der JCC-Downloadseite erhalten.

10.1.1
Grundlagen

Das JCC-Framework besteht aus Klassen, die mit dem Handel verbunden sind, dazugehörigen Interfaces und Kassetten, damit Sie Ihren eigenen anwendungsspezifischen elektronischen Handelscode einführen können, in dessen Umgebung Ihre Anwendung läuft. Clients mit einem installierten und konfigurierten JCC-Framework können Transaktionen auf einem Handelserver initialisieren, die dann auf der Clientmaschine ausgeführt werden.

10.1.2
Module (Cassettes)

Digital unterschrieben

Das JCC-Framework erlaubt die Kasseteninteroperationen, die eine Transaktion bilden. Eine Kassette ist ein digital unterschriebenes Java ARchive (JAR), das die kompilierten Klassen enthält, die einen Teil einer elektronischen Transaktion auf der Clientseite implementieren. Eine Transaktion involviert gewöhnlich mehrere interoperierende Kassetten. Kassettenfunktionalität wird hauptsächlich durch den Code in einer „Commerce-Bean" definiert. Es gibt verschiedene Arten von Commerce-Beans, dieses Kapitel bezieht sich aber auf die folgenden drei Arten, die die grundlegende Funktionalität für eine Erwerbstransaktion zur Verfügung stellen:

- Eine Operation-Bean zum Implementieren einer Tätigkeit z.B. eines Erwerbs eines Produkts

- Eine Protokoll-Bean zum Implementieren des elektronischen Transfer-Standards, der verwendet werden soll

- Eine Instrument-Bean zum Implementieren der Zahlungsform wie z.B. VISA

Eine elektronische Erwerbstransaktion benötigt eine Erwerbs-operationskassette (purchase operation cassette), eine oder mehrere Protokollkassetten und eine oder mehrere Instrumentkassetten.

Kassettenvielfalt

Beachten Sie, daß eine Commerce-Bean ähnlich, aber nicht genau wie eine Standard-JavaBean ist. Commerce-Beans werden nicht zu den gleichen Spezifikationen wie JavaBeans geschrieben, um zusätzliche Sicherheit und andere Funktionen, die durch das JCC-Framework gefordert werden, zu unterstützen.

Commerce-Bean!
= JavaBean

Die Kassetten für eine Transaktion können Sie entweder selbst schreiben und verwenden oder Sie können die vom JCC-Framework mitgelieferten Kassetten verwenden und modifizieren. Folgende Kassetten werden vom JCC-Framework geliefert:

Mitgelieferte Kassetten

- Benutzerschnittstelle (einschließlich JavaWallet)
- Erwerbsoperation
- Protokoll
- Instrument
- Service (für lokale Operationen)

10.1.3
Der JCC-Sicherheitsmechanismus (Security Mechanisms)

Das JCC-Framework benutzt Roles (Rollen), Tickets (Karten), Gates (Gatter) und Permits (Erlaubnis), um sicherzugehen, daß nur autorisierte Kassetten Zugriff auf die Informationen und auf die Betriebsmittel in anderen Kassetten und im JCC-Framework haben. Dieses Modell wird das Gateway-Sicherheitsmodell (Gateway Security Model) genannt, weil Zugriffe auf die empfindlichen Daten innerhalb einer Kassette nur durch spezifisch kontrollierte Gateways erlaubt sind. Rollen definieren, was eine Kassette tun kann. Eine Kassette wird für eine Rolle oder einen Satz von Rollen digital unterschrieben. Zum Beispiel wird jede Kassette für die Kassettenrolle mit einer digitalen Unterschrift versehen, weil diese Rolle benötigt wird, um die Kassette zu installieren. Wenn eine Kassette nicht installiert ist, kann die Kassette nicht mit dem JCC-Framework arbeiten. Operationskassetten werden mit der Operationsrolle, Protokollkassetten werden mit der Protokollrolle und Instrumentkassetten werden mit der Instrumentrolle unterschrieben, also können sie sich auf diese Art im JCC-Framework-Kassetenregister registrieren. Das Kapitel über Roles im Cassette Developer's Cookbook zeigt die zur Zeit verfügbaren Rollen an.

Gateway Security Model

Ein Ticket ist ein „verwende-einmal"-Zeichen mit den Fähigkeiten, die durch eine gegebene Rolle autorisiert werden. Eine Operationskassette hängt von einer oder mehreren spezifischen Protokollkassetten ab. Protokollkassetten implementieren die Funktionalität, um Online-Commerce-Protokolle durchzuführen.

Gates sind Authentisierungsmethoden. Die gesamte Kommunikation mit einer Kassette findet durch ihr Gatter statt. Zum Beispiel gibt die Protokollkassette das Ticket, das sie von der Operationskassette erhalten hat, zum JCC-Role-Manager. Dieser prüft, ob das Ticket nicht geändert worden ist, seit es zuerst geladen wurde. Wenn die Sicherheitsüberprüfung in Ordnung ist, wird der Kassette eine Erlaubnis gegeben.

Permits   Permits sind Objekte, die durch das Gate zurückgegeben werden. Wenn das Ticket z.B. nicht geändert worden ist, „stempelt" das JCC-Framework das Ticket und schickt es zurück zum Gate der Protokollkassette.

Fassen wir noch einmal: Eine Kassette wird mit einer Rolle unterschrieben, die ihr ein Ticket gibt, das der Kassette eine Erlaubnis erteilt, etwas zu tun. Das JCC-Framework handhabt die Interoperationen zwischen den Operations-, den Protokoll- und den Instrumentkassetten mit Tickets, Gates und Permits.

10.1.4
Vier Schritte, um ein Modul (Cassette) zu schreiben

Web-Beispiel   Das kurze Beispiel für dieses Kapitel beschreibt, wie man die Operations-, die Protokoll- und die Instrumentkassetten für eine einfache Erwerbstransaktion schreibt. Eine Erwerbstransaktion könnte initialisiert werden, wenn ein Websurfer bzw. Käufer ein Teil auswählt und die Bezahlungstaste auf einem Handelsserver (in diesem Fall im Webserver, der Produkte anbietet) anklickt. Die Java Commerce Message (JCM) enthält Informationen über gültige Instrumente für diesen Käufer. Das JCC-Framework findet den Schnittpunkt der gültigen Instrumente für den Käufer und die Instrumente, die durch den Handelsserver erkannt werden und zeigt jene Instrumente auf dem Handelsserver an, also kann der Käufer den Modus der Zahlung wählen. Das JCC-Framework sendet die JCM, die noch andere Informationen über die Transaktion enthält, zum Clientrechner, wo die korrekten Kassetten geladen (oder installiert und geladen) werden, um die Transaktion durchzuführen.

Die vier Schritte zum Schreiben einer Kassette sind wie folgt:

1. Implementieren einer CassetteControl-Klasse und erstellen einer Datei für die Java Commerce Message (JCM).

2. Implementieren der Operations-, der Protokoll- oder der Instrument-Commerce-Bean, um mit der CassetteControl-Klasse zu arbeiten.

3. Implementieren von Gates und Permits.

4. Unterschreiben der JAR-Datei mit einer Rolle. Die JAR-Datei bündelt die kompilierte CassetteControl-Klasse, Commerce-Bean-Klasse und andere in Verbindung stehende Dateien in einer Kassette.

10.1.5
Schritt 1: Implementierung einer CassetteControl-Klasse

Jede Kassette muß genau eine CassetteControl-Klasse haben, die java.commerce.cassette.Cassette erweitert (also davon erbt). Diese Klasse ist die erste Klasse, die durch den CassetteClassLoader geladen wird. Das Installationsprogramm benutzt diese Klasse, um die Registerdatenbank für das Registrieren von Operationen, Protokollen und Instrumenten zu installieren. Die Cassette-Runtime verwendet diese Klasse zum Aktualisieren der Kassette mit neuen Software-Versionen.

Der folgende Code implementiert eine CassetteControl-Klasse für eine Kassette, die eine Kaufoperation behandelt. Die Operationskassette arbeitet mit einer oder mehreren Protokollkassetten zusammen, die selber wieder mit einer oder mehreren Instrumentkassetten arbeiten.

Die CassetteControl-Methoden werden durch das JCC-Framework während der Kasetteninstallation aufgerufen, die auf den Informationen basiert, die in der installierten Java-Commerce-Message-Datei (JCM) bereitgestellt werden, die weiter unten erläutert wird. Der CassetteControl-Teil im Cassette Developer's Cookbook beschreibt die CassetteControl-Methoden. Beachten Sie, daß Kassetten nur mit Kassetten interagieren können, mit denen sie eine klare Abhängigkeit haben, entsprechend den Angaben für die Operation im JCM. Diese Abhängigkeitsinformationen werden durch die get*Identifier-Methoden zurückgeliefert.

```java
import java.net.URL;
import.java.util.Date;
import javax.commerce.*;
import javax.com.sun.commerce.*;

public final class CassetteControl extends Casset-
te
{

  private static final CassetteIdentifier myCas-
setteIdentifier = new CassetteIdentifier ("Kauf",
1, 1);

  private static final CassetteIdentifier[] depen-
dencyIdentifiers = null;

  public CassetteControl() {     }

/* Redefinition der abstrakten Cassette-Methoden
*/

  protected CassetteIdentifier getCurrentVersionI-
dentifier ()
  {
    return myCassetteIdentifier;
  }

  protected CassetteIdentifier[] getDependencyI-
dentifiers ()
  {
    return dependencyIdentifiers;
  }

  protected void install()
  {
    registerOperation (PurchaseOperati-
on.OPERATION_NAME,
"com.sun.commerce.purchase.PurchaseOperation");
  }

/* Diese Methoden sind noch nicht implementiert.
*/

  protected void init() { }
  protected void shutdown() { }
  protected URL[] getJCMForLatestVersion()
  {
    return null;
```

```java
    }
    protected Date getExpirationDate()
    {
       return null;
    }
    protected boolean doUpdate(Date lastUpdate)
    {
       return false;
    }
    protected void uninstall()
    {
    }
}
```

10.1.6
Erzeugen einer Java Commerce Message für eine Erwerbsoperation

Jede Operation benötigt eine dazugehörige Java Commerce Message (JCM). Eine JCM ist eine elektronische Meldung, die vom Webserver zum JCC-Framework des Clients geschickt wird. Es gibt viele Arten, eine JCM-Transaktion zu strukturieren. Ein Szenario für eine Erwerbstransaktion, die in einem Applet initialisiert wird, könnte wie folgt sein:

Ein Käufer macht eine Auswahl, die die elektronische Erwerbsoperation startet. Das Webserver-Applet erfragt dann Informationen vom Käufer zur Zahlung und anderer relevanter Information, packt diese Informationen in eine JCM-Schablone (Template) und sendet das JCM zum JCC-Framework, das auf dem initialisierenden System des Client installiert ist. Das JCM enthält einen Body von Paaren der Art name=value. Wenn das JCC-Framework die Zeile

```
operation=purchase
```


im JCM findet, sucht es nach der Erwerbsoperationskassette, die in der CassetteIdentifier-Methode der CassetteControl-Klasse spezifiziert ist. In diesem Beispiel ist die Erwerbskassette purchase_1.1. Das JCC-Framework gibt diese Operation-Bean dann an das JCM, die die Operation-Bean analysiert.

Hier folgt die JCM für die Erwerbsoperation. Die Erwerbsoperationskassette verwendet MasterCard und VISA als Instrumente und Secure Electronic Transfer (SET) und Secure Socket Layer

(SSL) als Protokolle. Die JCM für die Erwerbsoperation umfaßt auch Produkt und Preisinformationen. Hier die Beispieldatei:

```
#Spezifizieren der Operation
Operation=Purchase

#Spezifizieren der gültigen Instrumente und Proto-
kolle
ValidInstruments=Visa, MasterCard
ValidProtocols=SSL, SET

#Parameter für die Erwerbsoperation
purchase.item=widget
purchase.price=3.45 DM

#Parameter für die Protokolle SSL und SET
SSL.Submit=http://somecgi
SET.MerchantServer=http://setserver
```

10.1.7
Erzeugen einer Java Commerce Message für eine Installationsoperation

Statische Datei

Nachfolgend ist die JCM für die Installationsoperation aufgeführt. Wenn die korrekte Erwerbskassette nicht auf dem lokalen System gefunden wird, dann wird die korrekte Erwerbskassette automatisch vom Webserver geladen und installiert. Die Erwerbs- und Installationsoperationen sind unterschiedliche Operationen. Jede benötigt ihre eigene JCM. Die Installations-JCM ist üblicherweise eine normale Datei, weil sie keine dynamischen Informationen enthält.

```
#Installieren der Cassette
Operation=Install
CassetteIdentifier=purchase_1.1
CassetteLoca-
tors.1=http://www.IhreFirma.de/purchase.jar
DependencyCassetteLoca-
tors.1.1=http://www.IhreFirma.de/set.jcm
```

Der CassetteIdentifier-Parameter ist die eindeutige Kennung, die zur myCassetteIdentifier-Methode in der CassetteControl-Klassenimplementierung geführt wird.

Der CassetteLocators-Parameter ist die Stelle des JAR-Files, der die Kassette enthält, und der DependencyCassetteLocators-Parameter zeigt auf die Installations-JCMs für die Kassetten, von denen diese Kassette abhängt.

10.1.8
Fazit

Die CassetteControl-Klasse und in Verbindung stehende JCMs definieren die Spezifikationen für eine Operationskassette, die in unserem Beispiel eine Erwerbskassette ist. Die Erwerbsoperation besteht aus einigen Klassen und benötigt insbesondere eine Operation-Bean, um das Protokoll und die Instrumentkassetten zu definieren, die es benutzt. Der nächste Teil beschreibt die Operations-, die Protokoll- und die Instrumentkassetten und wie man Commerce-Beans implementiert.

10.2
Erstellung einer Transaktion (Transaction)

Eine Transaktion ist die Brücke zwischen der Serverseite und elektronischen Handelsanwendungen der Clientseite.

Brücke

In den vorhergehenden Abschnitten lernten Sie die Cassette-Control-Klasse und die Java Commerce Messages (JCMs) kennen, die die Grundbausteine in der Transaktion sind. Der nächste Schritt besteht darin, zu lernen, wie die Transaktion aufgebaut wird, indem man versteht, was eine Kassette enthält und wie Commerce-Beans implementiert werden. Später erfahren Sie, was noch zusätzlich eingebaut werden muß, um Kasseteninteroperationen sicher zu machen.

10.2.1
Rückblick: Wie eine Beschaffungstransaktion arbeitet

Elektronische Transaktionen beinhalten eine Menge von Operationen, einschließlich der ATM-Transfers, des Bezahlens von Rechnungen, der Hypothekenverwaltung, der Kreditbereitstellungen und der finanziellen Planung – um nur einige zu nennen. Dieses Unterkapitel konzentriert sich auf eine generische Erwerbsoperation, um Ihnen zu helfen, ein Grundverständnis zu erlangen, das Sie dann bei anderen Arten von Operationen anwenden können. Das JCC-Framework enthält Beispiel-Erwerbsoperationskassetten. Die-

Generische Erwerbsoperation

ses Unterkapitel und das Cassette Developer's Cookbook, sollen
Ihnen helfen, das Beispiel zu verstehen.

Wenn ein Käufer „Bezahlung" auf dem Handelsserver auswählt,
um eine Erwerbstransaktion abzuschließen, sendet der Webserver
die passende JCM von der Serverseite an das JCC-Framework, das
auf der Maschine des Benutzers installiert ist. Beim Empfang der
Meldung fragt das JCC-Framework das Operationsregister ab, um
herauszufinden, welche Kassette für eine Erwerbsoperation registriert ist, und lädt sie zusammen mit den anwendbaren Protokoll-
und Instrumentkassetten. Wenn die passende Kassette nicht vorhanden ist oder die benötigten Funktionen nicht vorhanden sind,
dann kann das JCC-Framework die passende Kassette lokalisieren
und installieren, indem es die Informationen der JCM verwendet.

10.2.2
Operation-Cassette-Klassen

Definieren einer Aktion

Ohne Aktion kann es keine Transaktion geben. Eine Operationskassette definiert die Aktion. Eine Aktion ist eine Aktivität wie z.B.
der Erwerb eines Produktes. Operationskassetten benötigen eine
CassetteControl-Unterklasse, eine Operation-Commerce-Bean, eine Implementierung der Operation-Interface-Klasse und eine Unterklasse von

```
javax.commerce.util.Receipt.
```

Wenn die Transaktion eine Benutzerschnittstelle hat, benötigt
die Kassette auch eine Implementierung der ServiceUI-Schnitt-
stellenklasse.

*Spezifikation der
Protokollkassetten*

Die Implementierung für die Methode canUseProtocol () der
Operation-Bean spezifiziert die Protokollkassetten, die diese Operation benutzen. Wenn die Erwerbsoperation geladen wird, lädt
das JCC-Framework die installierten Protokolle und stellt die installierten Protokolle der canUseProtocol-Methode dar.

10.2.3
Protocol-Cassette-Klassen

Standards

Elektronische Tätigkeiten werden zwischen dem JCC und dem
Webserver entsprechend den allgemein anerkannten Standards
übertragen. Eine Protokollkassette implementiert einen elektronischen Transferstandard. Eine Operation benötigt mindestens ein
Protokoll, kann aber mit zwei oder mehr arbeiten, je nachdem, was

in der JCM für die Operation angegeben ist. Eine Protokollkassette benötigt eine CassetteControl-Unterklasse und eine Protokoll-Commerce-Bean sowie eine Implementierung der Protokoll-Interface-Klasse.

Die Implementierung für die Methode canUseInstrument () der Protokoll-Bean spezifiziert die angeforderten Instrumentkassetten, die das Protokoll benutzt. Wenn die Protokolle geladen werden, lädt das JCC-Framework die installierten Instrumente und stellt die installierten Instrumente der canUseInstrument ()-Methode dar.

10.2.4
Instrument-Cassette-Klassen

Eine Instrumentkassette stellt ein benutzerspezifisches Finanzierungsinstrument wie eine Kreditkarte dar. Die JCM für die Operation spezifiziert gültige Instrumente für eine gegebene Webseite.

Instrumentkassetten benötigen eine CassetteControl-Unterklasse, eine Instrument-Commerce-Bean, eine Implementierung der Instrument-Interface-Klasse, eine Implementierung der InstrumentAdministration-Interface-Klasse, ein spezielles WPANEL für das Erstellen der neuen Instanzen des Instrumentes, ein spezielles WPANEL für das Editieren der Instanzen des Instrumentes und ein GIF- oder JPEG-Bild, um das Instrument darzustellen.

10.2.5
Schritt 2: Implementierung der Operation-Bean

Operation-, Protokoll- und Instrument-Bean-Implementierungen sind ähnlich und irgendwie miteinander ein wenig verwoben. Die gute Nachricht ist, daß ihre Interface-Klassen ein allgemeines Designmuster haben, um Commerce-Bean-Operationen zu vereinfachen und zu aktivieren. Wenn Ihre Commerce-Bean-Implementierungen dasselbe Muster hat, welches in den Interfaces und in den Klassen vorkommt, verwaltet das JCC-Framework problemlos die unteren Details und erspart Ihnen eine Menge Zeit (und damit Geld) an Kodierung, Testen und Debuggen.

Schauen Sie sich das Kapitel zu Operation-Beans im Cassette Developer's Cookbook für eine komplette Beispieloperations-Bean-Implementierung an.

Das JCC-Framework instantiiert eine Operation-Bean und ruft seine execute ()-Methode auf. Die execute ()-Methode führt die folgenden Initialisierungen durch:

1. Holt den Satz (Instrument, Protocol [ ]) der Paare, die zu der aktuellen JCM passen und innerhalb der aktuellen Operation verwendbar sind.

2. Trifft eine Entscheidung bezüglich der Instrumente und Protokolle, die zu verwenden sind (häufig durch das Darstellen der Informationen, damit der Benutzer eine Auswahl treffen kann).

3. Sendet das ausgewählte Instrument oder die Instrumente und die JCM an das ausgewählte Protokoll(e), um die Operation durchzuführen.

4. Speichert die Resultate im Transaktions-Log.

Für eine komplette Beispielprotokoll-Bean – und Instrument-Bean-Implementierung sollten Sie sich das Protokoll-Bean-Kapitel des Cassette Developer's Cookbook ansehen.

10.2.6
Fazit

Verschiedene Arten der Kassetten bestehen aus unterschiedlichen Elementen. Der Schlüssel zum Schreiben einer Kassette liegt im Verständnis und Wissen, was diese Kassette benötigt, und in der Implementierung der Klassen entsprechend den Designmustern, die in den Interfaces und in den Klassen eingebaut sind. Im nächsten Teil sehen Sie, wie einfach es die Designmuster einem machen, wenn es darum geht, Gates und Permits hinzuzufügen, um sichere Kasseteninteroperationen auszuführen.

10.3
Sicherheit

Gate Code und
Permit Code

Nachdem Sie die ersten Schritte durchgeführt haben, sind Sie nun in der Lage, etwas über die Sicherheit des JCC-Frameworks zu lernen. Elektronische Transaktionen müssen sicher sein. Es gibt zu viele persönliche und finanzielle Informationen, die involviert sind und daher von Interesse für Dritte sein könnten. Glücklicherweise macht das JCC-Framework den Sicherheitsteil recht einfach.

Dieser Teil beschreibt, wie man den Gate Code und den Permit Code erstellt und wie man die Cassettes JAR-Files digital mit Rollen unterschreibt, so daß der Zugriff auf eine Kassette und der Zugriff einer Kassette auf die JCC-Ressourcen genau so gestaltet werden, wie Sie es möchten.

10.3.1
Sicherheit und das JCC-Framework

Kassetten werden in JAR-Dateien zusammengefaßt und digital für Rollen unterzeichnet. Rollen definieren, wie Informationen geteilt werden. Eine Kassette kann nur auf die Informationen in einer anderen Kassette oder im JCC-Framework zugreifen, die seine Rolle oder Rollen erlauben. *Digitale Rollen*

Digitale Unterschriften verwenden öffentliche und private Schlüsselpaare (key pairs). Der private Schlüssel wird geheim gehalten, während der öffentliche Schlüssel (public Key) überall verfügbar ist. Die Schlüssel im Paar stehen in einem mathematischen Verhältnis, wenn Sie also eine Kassette mit einem öffentlichen Schlüssel verschlüsseln, kann der Empfänger der Kassette sie nur mit einem privaten Schlüssel entschlüsseln. Ebenso kann jedermann einer anderen Person eine Kassette schicken, die mit dem öffentlichen Schlüssel des Empfängers verschlüsselt wird, die der Empfänger nur mit seinem privaten Schlüssel entschlüsseln kann. *Schlüsselpaare*

Als Beispiel entwickelt ein Hersteller von Steueranwendungen eine Steuervorbereitungskassette, und ein Hersteller von Bankanwendungen entwickelt eine Bankingkassette. Beide Hersteller sind damit einverstanden, daß die Steuerkassette Steuerinformationen aus der Bankingkassette liest. Die Bank unterzeichnet die Steuerkassette mit der TaxReport-Rolle mit ihrem privaten Schlüssel und hinterlegt den allgemeinen Schlüssel in ihrer Bankingkassette.

Wenn der Kunde die zwei Kassetten installiert, ruft die Steuerkassette die Bankingkassette auf. Die Bankingkassette durchsucht die Rollenliste im Verzeichnis der Steuerkassette, und nach Auffinden und Überprüfen der TaxReport-Rolle, erlaubt sie der Steuerkassette den Zugriff auf die Methoden, mit denen die Steuerkassette die relevante Steuerauskunft der Bankingkassette lesen kann. Sie sollten die Diskussion über Rollen, Tickets, Gates und Permits im Kopf haben, bevor Sie weiterlesen, wie man Gates und Permits implementiert.

10.3.2
Schritt 3: Implementierung der Gates und Permits

Verträge

Die Idee der Gates und Permits basiert auf dem Limited Trust Model (LTM), in dem eine Kassette nur in der Art mit einer anderen Kassette zusammenarbeiten kann, die durch die Vertragsvereinbarung zwischen den Beteiligten spezifiziert ist, die die Kassetten besitzen. Die Stufe des Vertrauens, die Sie mit einem anderen Beteiligten haben, wird in Ihrem Sicherheitscode reflektiert, und daher wird die Stufe des Vertrauens, die ein anderer Partner zu Ihnen hat, in seinem Sicherheitscode angezeigt.

Jede Kassette hat ein oder mehrere Gates, durch die die Kassettendaten oder -Ressourcen erreicht werden können. Das Gate wird durch andere Kassetten erreicht, um Permits zu erhalten. Ein Permit erlaubt der anfordernden Kassette, auf bestimmte spezifische Methoden in der anderen Kassette zuzugreifen.

Kassette➜Rolle➜ Ticket➜Gate

Das JCC lädt die erste Kassette und seine Rolle, lädt die Rolle in ein Ticket und führt das Ticket zum Gate der zweiten Kassette. Das Sicherheitskapitel im Cassette Developer's Cookbook enthält weitere Informationen über Gates und Permits.

Der Code für das zweite Gate der Kassette wird unten gezeigt. Die erste Kassette benötigt keinen expliziten Code, um auf das Gate der zweiten Kassette zuzugreifen. Der ganze Prozeß wird vom JCC-Framework abgehandelt, basierend auf den Informationen der Abhängigkeiten, die von der JCM für diese Operation geliefert werden.

```
package javax.commerce.cassette;
import javax.commerce.base.*;

public class ServerGate
{
  public static openPermit(Ticket tix)
  {
    try
    {
// Hole eine Kopie meiner exportierten role
// Der Name der role, W_USR, kann sich von
// dem verwendeten Namen in der ersten
// Cassette unterscheiden
      Role role = RoleMgr.getExportedRole (myCID,
"W_USR");
      if (role == null) throw new ServerException
("Cannot find exported role");
      tix.stampTicket(role);
```

```
    }
    catch (Exception e)
    {
      e.printStackTrace();
      throw e;
    }
    return new ServerPermitImpl();
  }
}
```

10.3.3
Schritt 4: Unterschreiben einer Kassette mit Rollen

Kassetten-JAR-Dateien werden für spezifische Rollen digital unterzeichnet. Das JCC-Framework unterstützt einen festgelegten Satz
von Rollen, die z.B. die Installation, Commerce-Bean-Registration
und Zugriff auf JavaWallet aktivieren. Sie können auch Rollen wie
die TaxReport-Rolle erstellen, damit kann Ihre Kassette Informationen mit einem anderen Hersteller teilen.

Der JCC-Role-Manager unterzeichnet mit einer von drei Möglichkeiten. Das Sicherheitskapitel des Cassette Developer's Cookbook hat Informationen über das Unterschreiben von Kassetten-
JAR-Dateien.

Sobald eine Kassette komplett implementiert wurde und ihre
JAR-Datei unterzeichnet ist, kann sie dort installiert werden, wo sie
sicher mit den anderen unterzeichneten Kassetten zusammenarbeitet, für die sie entworfen worden ist. Beachten Sie, daß die Java Commerce Message (JCM) nicht Teil der Kassette ist, aber Teil
der elektronischen Commerce-Applikation der Webserver-Seite.

10.3.4
Zusammenfassung

Dieser Abschnitt faßt noch einmal kurz die vier Schritte zum
Schreiben einer Kassette zusammen:

1. Implementieren einer CassetteControl-Klasse und Erstellen
    einer JCM.

2. Implementierung der entsprechenden Commerce-Bean.

3. Implementieren der Gates und Permits.

4. Unterzeichnen der Kassetten-JAR-Datei mit Rollen.

Die gesamte Prozedur für das Herstellen einer Kassette ist ziemlich einfach, sobald Sie alle notwendigen Schritte und den Code dazu kennen. Die meisten Low-Level-Programmieraufgaben werden durch das JCC-Framework abgehandelt.

10.4
Fazit

Schauen Sie sich die Java Commerce Homepage an, und werfen Sie hier speziell einen Blick auf das schon genannte Cassette Developer's Cookbook, in dem die Themen dieses Kapitels ausführlicher behandelt werden.

Das JCC-Framework schließt APIs für das Arbeiten mit intelligenten Karten (Smart Cards) mit ein. JavaWorld enthält eine Serie, die erklärt, wie man sie verwendet:

- Intelligente Karten: Eine Einführung

- Intelligente Karten und das Open Card Framework

- Einführung zum Thema JavaCard

JavaCard 2.0 ist ein Framework und ein Satz von Anwendungsprogramm-Schnittstellen (APIs) für das Entwerfen und das Schreiben von Applets, die intelligente Kartenlogik implementieren. Auf dem Earthwebserver gibt es einen JavaCard-Artikel, der die JavaCard 2.0 API beschreibt.

10.5
Zusätzliche Informationen

10.5.1
Internet

Das erwähnte Cookbook
   http://java.sun.com/products/commerce/docs/cookbooks/cassette_writer/

Home aller Commerce Information
   http://java.sun.com/products/commerce/

Home von JavaCard
   http://java.sun.com/products/javacard

JavaWorld-Artikel über Smart Cards
   http://www.javaworld.com/javaworld/jw-12-1997/jw-12-javadev.html
   http://www.javaworld.com/javaworld/jw-01-1998/jw-01-javadev.html
   http://www.javaworld.com/jw-02-1998/jw-02-javadev.html?020998

Earthweb-Artikel zu JavaCard
   http://www.developer.com/news/techfocus/n_tech_javacard.html

JavaWallet Download
   http://java.sun.com/products/commerce/download.html

10.5.2
Bücher

David R. Kosiur: Understanding Electronic Commerce. Microsoft Press, 287 S., Mai 1997

Glossar

API	Application Programming Interface
ATM	Asynchronous Transfer Mode
BeanInfo	Informationen einer Bean
BLOB	Binary Large Object
BOA	Basic Object Adapter
CLOB	Character Large Object
CORBA	Common Object Request Broker
DBMS	Database Management System
DTD	Document Type Definition
Entity Beans	„Server Beans"; dauerhafte Beans im EJB Kontext
Gates (Gatter)	Authentifizierung zur Kommunikation mit einer Kassette
GIOP	General InterOperability Protocol
GUI	Graphical User Interface
Heavyweight	Komponente mit nativem Peer zum OS
IDE	Integrated Development Environment
IDL	Interface Definition Language
IFC	Internet Foundation Classes von Netscape
IIOP	Internet InterOperability Protocol
JavaBean	Wiederverwendbare Komponente in Java geschrieben
JCC	Java Commerce Client
JCM	Java Commerce Message
JDBC	Java Database Connectivity
JFC	Java Foundation Classes von Sun Microsystems
JNDI	Java Naming and Directory Interface
JTS	Java Transaction Service
JVM	Java Virtual Machine
Lightweight	Komponente die keine native Verbindung hat

LTM	Limited Trust Model
MVC	Model-View-Control
ODBC	Open Database Connectivity
OMA	Object Modeling Architecture
OMG	Object Management Group
OpenGL	Open Graphics Library
ORB	Object Request Broker
OTS	Object Transaction Service
Permits (Erlaubnis)	Objekte, die durch das Gate zurückgegeben werden und bestimmte Zugriffe erlauben
Property	Eigenschaft einer Bean wie Farbe
Reflection	Java Mechanismus zum dynamischen Erkennen der Funktionalität eines Objektes
RMI	Remote Method Invocation (RPC fuer Java)
rmic	remote method invocation compiler
rmid	remote method invocation daemon
Roles	Definition, was eine Kassette tun kan
RPC	Remote Procedure Call
RRL	Remote Reference Layer
Session Beans	"Client Beans"; Beans fuer eine Sitzung im EJB Kontext
SGML	Structured General Markup Language
Skeleton	Server-Datei
SSL	Secure Socket Layer Interface
Stub	Client-Datei
Swing	Teil der JFC zur Erzeugung von GUIs
Tickets (Karten)	ein „verwende-einmal" Zeichen mit den Fähigkeiten, die durch eine gegebene Role autorisiert werden
UDT	User Defined Types
VRML	Virtual Reality Modeling Language
AWT	Abstract Windowing Toolkit
JDK	Java Developer's Kit
URL	Iniform Resource Locator
FQDN	Fully Qualified Domain Name
SNA	System Network Architecture
TCP	Transmission Control Protocol
IPX	Internet Packet Exchange
BDK	Beans Developer's Kit

DAC	Data Access Component
CLI	Call Level Interface/Command Line Interface
ADO	ActiveX Data Objects
RDO	Remote Data Objects
OLE DB	Object Linking and Embedding Database
SET	Secure Electronic Transfer

Sachverzeichnis